QUANGUOCHENG GONGCHENG ZIXUN CONGSHU

全过程工程咨询丛书

工程项目全过程造价咨询

主　编　张国华

副主编　方春艳

参　编　刘彦林　孙　丹　马立棉
　　　　徐树峰　杨晓方

中国电力出版社
CHINA ELECTRIC POWER PRESS

内 容 提 要

本书内容包括全过程工程造价管理概述、工程计价方法及依据、工程项目前期阶段造价管理、工程项目招投标阶段造价管理、工程项目施工阶段造价管理、工程项目竣工结算与决算阶段造价管理及全过程工程项目造价咨询管理案例等。

本书内容丰富，参考性强，适合从事全过程工程咨询的各类管理和项目管理工作者使用，也可以作为高等院校相关专业的师生学习全过程工程咨询的参考书。

图书在版编目（CIP）数据

工程项目全过程造价咨询／张国华主编. —北京：中国电力出版社，2021.1
（全过程工程咨询丛书）
ISBN 978-7-5198-4428-8

Ⅰ.①工…　Ⅱ.①张…　Ⅲ.①工程项目管理-造价管理　Ⅳ.①F284

中国版本图书馆 CIP 数据核字（2020）第 071681 号

出版发行：中国电力出版社
地　　址：北京市东城区北京站西街 19 号（邮政编码 100005）
网　　址：http：//www.cepp.sgcc.com.cn
责任编辑：王晓蕾
责任校对：黄　蓓　闫秀英
装帧设计：张俊霞
责任印制：杨晓东

印　　刷：三河市航远印刷有限公司
版　　次：2021 年 1 月第一版
印　　次：2021 年 1 月北京第一次印刷
开　　本：787 毫米×1092 毫米　16 开本
印　　张：18.75
字　　数：462 千字
定　　价：68.00 元

前言

　　全过程工程咨询是工程咨询方综合运用多种学科知识、工程实践经验、现代科学技术和经济管理方法，采用多种服务方式组合，为委托方在工程项目策划决策、建设实施乃至运营维护阶段持续提供局部或整体解决方案的智力性服务活动。其核心是通过采用一系列工程技术、经济、管理方法和多阶段集成化服务，为委托方提供增值服务。

　　2017年2月，国务院办公厅印发了《关于促进建筑业持续健康发展的意见》（国办发〔2017〕19号），首次明确提出"全过程工程咨询"的概念，之后住房和城乡建设部相继出台了《关于开展全过程工程咨询试点工作的通知》《关于征求推进全过程工程咨询服务发展的指导意见（征求意见稿）》和《建设工程咨询服务合同示范文本（征求意见稿）意见函》等一系列文件。国家发展改革委于2017年11月出台了新的《工程咨询行业管理办法》（2017第9号令），从多个角度对全过程工程咨询做了推进、阐释和规范工作。2018年3月，住房和城乡建设部发布了《关于推进全过程工程咨询服务发展的指导意见（征求意见稿）》（建办市函〔2018〕9号），对全过程工程咨询进行了规范化，对培育全过程工程咨询市场、建立全过程工程咨询管理机制、提升工程咨询企业全过程工程咨询能力和水平等问题提出了指导意见。

　　国家大力推行全过程工程咨询，旨在完善工程建设组织模式和全过程工程咨询服务市场，鼓励投资咨询、勘察、设计、监理、招标代理、造价等企业采取联合经营、并购重组等方式开展全过程工程咨询，培育一批具有国际水平的全过程工程咨询企业。提出政府投资工程应带头推行全程工程咨询，鼓励非政府投资工程委托全过程工程咨询服务。

　　全过程工程咨询有别于传统建设模式的优势是：

　　（1）全过程工程咨询涉及建设工程全生命周期内的策划咨询、前期可研、工程设计、招标代理、造价咨询、工程监理、施工前期准备、施工过程管理、竣工验收及运营保修等各个阶段的管理服务。

　　（2）强调项目总策划。总体策划咨询是全过程工程咨询的首要工作，对未来项目实施起指导和控制作用，是开展工程咨询服务的行动纲领和指南。

　　（3）重视设计优化。全过程工程咨询模式紧紧抓住前期和方案设计阶段，实现项目设计价值的最大化。

（4）全过程工程咨询以建设目标为出发点，对项目各个阶段的服务进行高度集成，并以有效的手段和合同机制进行系统性全方位管理。

（5）强调独立性。独立性是第三方咨询机构的立业之本，更是国际咨询机构的典型特征，全过程工程咨询服务模式始终要求坚持此特性。

（6）全过程工程咨询更加注重责任划分和合同体系。可借助法务人员作用，规范咨询管理行为，减少过程控制风险，促进和提高咨询成果质量。

本丛书以全过程工程咨询实践经验为基础，对其产生背景、内涵与特征、服务范围与内容等进行全面讲解，以助推全过程工程咨询模式的发展。具体特色如下：

（1）实用性。注重应用性，将咨询服务管理制度、操作流程和业务分类安排编写，使读者阅读时能尽快掌握书的主旨和要领。

（2）专业性。根据工程咨询专业术语和规范及相应内容"量身定做"每一阶段业务知识。

（3）指导性。用典型的案例给读者以借鉴和指引。

（4）前瞻性。将全新的思维和理念融入全书内容之中。

（5）通俗易懂。从全过程工程咨询参与各方考虑和安排书的结构，用咨询项目涉及人员便于理解的角度和语言进行描述。

由于时间所限，书中不妥和疏漏之处还望各位读者朋友批评指正，在此表示感谢！

编 者

目 录 ◆◆

前言

第一章　全过程工程造价管理概述 ………………………………………… 1

第一节　全过程工程造价相关概念 ……………………………………… 1

一、全过程造价咨询概念 ………………………………………………… 1

二、其他概念 ……………………………………………………………… 1

三、全过程造价管理发展简介 …………………………………………… 2

四、全过程造价管理（LCC）的应用 …………………………………… 4

五、各阶段项目造价的关系和控制 ……………………………………… 6

六、工程造价控制的主要内容 …………………………………………… 7

七、项目全过程造价服务的主要任务和措施 …………………………… 8

第二节　建设项目总投资构成 …………………………………………… 9

一、建设项目总投资简介 ………………………………………………… 9

二、建设项目总投资的构成 ……………………………………………… 9

第二章　工程项目前期决策与设计及投标阶段造价管理 ……………… 28

第一节　工程项目前期决策与设计阶段造价情况简介 ………………… 28

一、工程决策和设计阶段造价管理的工作内容 ………………………… 28

二、工程决策和设计阶段造价管理的意义 ……………………………… 30

三、工程决策和设计阶段影响造价的主要因素 ………………………… 32

四、建设项目可行性研究及其对工程造价的影响 ……………………… 36

五、设计方案的评价、比选及其对工程造价的影响 …………………… 38

第二节　投资估算的编制 ………………………………………………… 40

一、投资估算的概念及作用 ……………………………………………… 40

二、投资估算编制内容及依据 …………………………………………… 41

三、投资估算的编制方法 ………………………………………………… 42

四、投资估算的文件组成 ………………………………………………… 48

五、投资估算编制实例 …………………………………………………… 51

六、投资估算的审核 …………………………………………………… 53

第三节　设计概算的编制 ……………………………………………… 55
一、设计概算的概念与作用 …………………………………………… 55
二、设计概算编制内容及依据 ………………………………………… 56
三、设计概算的编制方法 ……………………………………………… 59
四、设计概算文件的组成 ……………………………………………… 67
五、设计概算的审查 …………………………………………………… 68
六、设计概算的调整 …………………………………………………… 70

第四节　施工图预算的编制 …………………………………………… 73
一、施工图预算的概念与作用 ………………………………………… 73
二、施工图预算编制内容及依据 ……………………………………… 74
三、施工图预算的编制方法 …………………………………………… 75
四、施工图预算的文件组成 …………………………………………… 76
五、施工图预算的审查 ………………………………………………… 77

第五节　基于 BIM 的工程概算 ……………………………………… 80
一、广联达云计价平台 GCCP5.0 编制概算的特点和流程 ………… 80
二、场景设计 …………………………………………………………… 81

第三章　工程项目招投标阶段造价管理 …………………………… 114

第一节　最高投标限价的编制 ………………………………………… 114
一、最高投标限价概述 ………………………………………………… 114
二、最高投标限价的编制规定与依据 ………………………………… 115
三、最高投标限价的编制内容 ………………………………………… 116
四、最高投标限价的确定 ……………………………………………… 117

第二节　投标控制价管理 ……………………………………………… 119
一、投标报价编制的原则与依据 ……………………………………… 119
二、投标报价的前期工作 ……………………………………………… 120
三、询价与工程量复核 ………………………………………………… 122
四、投标报价的编制方法和内容 ……………………………………… 124

第三节　施工合同价款细化 …………………………………………… 133

第四节　基于 BIM 的招标控制价管理 ……………………………… 139
一、新建招标项目 ……………………………………………………… 139
二、工程量清单编制 …………………………………………………… 141
三、招标控制价编制 …………………………………………………… 144
四、造价指标分析 ……………………………………………………… 152
五、文件导出 …………………………………………………………… 154
六、投标报价编制 ……………………………………………………… 155
七、造价指标分析 ……………………………………………………… 161

八、保存文件 …………………………………………………………… 161

第四章　工程项目施工阶段造价管理 ……………………………………… 162

第一节　工程施工成本管理 ………………………………………………… 162
一、施工成本管理流程 ……………………………………………… 162
二、施工成本管理内容 ……………………………………………… 163
第二节　工程变更管理 ……………………………………………………… 172
一、工程变更的范围 ………………………………………………… 172
二、工程变更权 ……………………………………………………… 172
三、工程变更工作内容 ……………………………………………… 173
第三节　工程索赔管理 ……………………………………………………… 175
一、工程索赔产生的原因 …………………………………………… 176
二、工程索赔的分类 ………………………………………………… 176
三、工程索赔的结果 ………………………………………………… 178
四、工程索赔的依据和前提条件 …………………………………… 179
五、工程索赔的计算 ………………………………………………… 179
第四节　工程计量和支付 …………………………………………………… 182
一、工程计量 ………………………………………………………… 182
二、预付款及期中支付 ……………………………………………… 184
第五节　基于 BIM 的工程项目施工阶段造价管理 ……………………… 186
一、云计价平台 GCCP5.0 编制工程验工计价的特点和流程 ……… 186
二、场景设计 ………………………………………………………… 187

第五章　工程项目结算与决算阶段造价管理 …………………………… 205

第一节　工程结算 …………………………………………………………… 205
一、工程竣工结算的编制和审核 …………………………………… 205
二、竣工结算款的支付 ……………………………………………… 207
三、合同解除的价款结算与支付 …………………………………… 208
四、最终结清 ………………………………………………………… 209
五、工程质量保证金的处理 ………………………………………… 210
第二节　竣工决算 …………………………………………………………… 211
一、项目竣工决算的编制 …………………………………………… 211
二、项目竣工决算审查 ……………………………………………… 214
第三节　基于 BIM 的项目结算造价管理 ………………………………… 217
一、云计价平台 GCCP5.0 编制结算计价的特点和流程 …………… 217
二、场景设计 ………………………………………………………… 218

第六章　全过程工程项目造价管理案例 ………………………………… 232

案例一　大型群体性公共建筑项目的全过程造价管理 ………………… 232

一、项目基本概况 ·· 232

二、咨询服务范围及组织模式 ··· 232

三、咨询服务的运作过程 ·· 233

四、咨询服务的实践成效 ·· 240

案例二 基于全过程视角下某省运动会场馆项目造价咨询 ········· 243

一、项目基本概况 ··· 243

二、咨询服务范围及组织模式 ··· 243

三、咨询服务的运作过程 ·· 245

四、咨询服务的实践成效 ·· 251

案例三 某医院项目全过程造价咨询典型案例 ························ 255

一、项目基本概况 ··· 255

二、咨询服务范围及组织模式 ··· 255

三、咨询服务的运作过程 ·· 256

四、咨询服务的实践成效 ·· 259

案例四 以投资控制为核心的某总部大厦工程 BIM 技术应用 ····· 269

一、项目基本概况 ··· 269

二、咨询服务范围及组织模式 ··· 269

三、咨询服务的运作过程 ·· 272

四、咨询服务已实现的实践成效 ······································ 278

五、预计本项目后续实现的其他实践成效 ·························· 280

附录 工程项目成本全过程控制建议及问题 ·················· 282

一、施工企业成本管理存在的主要问题 ····························· 282

二、工程项目成本全过程控制的必要性 ····························· 282

三、工程项目成本全过程控制的前提和方法 ······················ 282

四、工程项目成本全过程控制的措施 ································· 283

五、强化意识，完善机制，保障精细核算全面实施 ··············· 287

参考文献 ··· 290

第一章

全过程工程造价管理概述

第一节　全过程工程造价相关概念

一、全过程造价咨询概念

全过程造价咨询是指工程造价咨询企业接受委托，依据国家有关法律、法规和建设行政主管部门的有关规定，运用现代项目管理的方法，以工程造价管理为核心，以合同管理为手段，对建设项目各个阶段、各个环节进行计价，协助建设单位进行建设投资的合理筹措与投入，控制投资风险，实现造价控制目标的智力服务活动。全过程造价咨询企业协助建设单位建立由项目设计、施工、监理等各方参与的造价确定与协同管控机制，并在项目实施各个阶段、各个环节对项目各专业造价采用预测、统筹、平衡、确定等手段实现工程造价动态控制的管理活动。

二、其他概念

1. 工程造价咨询成果文件

工程造价咨询成果文件是指工程造价咨询企业在承担工程造价咨询业务过程中为委托人出具的反映各阶段工程造价确定与控制成果以及管理要求的文件。

2. 合同管理

合同管理是指对项目相关合同策划、签订、履行、变更、索赔和争议解决的管理。它是建设项目管理的重要组成部分。

3. 招标策划

招标策划是指对招标活动事先的计划和准备。

4. 价值工程

价值工程是指以提高产品或作业的价值为目的，通过有组织的创造性工作，用最低的寿命周期成本实现使用者所需功能的一种管理技术。

5. 限额设计

限额设计是指按照投资或造价的限额开展满足技术要求的设计工作，即按可行性研究报告批准的投资限额进行初步设计，按照批准的初步设计概算进行施工图设计，按照施工图预算对施工图设计中各专业设计文件做出决策的设计工作程序。

6. 设计方案经济比选

设计方案经济比选是指依据价值工程理论，将技术与经济相结合，按照建设工程经济效果，针对不同的设计方案，分析其技术经济指标，从中选出经济效果最优的方案。

7. 全寿命周期成本

全寿命周期成本是指项目在运作期间所发生的与之有关的所有成本，包括项目前期决策的成本、设计成本、建造成本、采购成本、使用成本、维修保养成本以及处置成本等。

8. 投资估算

投资估算是指以方案设计或可行性研究文件为依据，按照规定的程序、方法和依据，对拟建项目所需总投资及其构成进行的预测和估计。

9. 设计概算

设计概算是指以初步设计文件为依据，按照规定的程序、方法和依据，对建设项目总投资及其构成进行的概略计算。

10. 施工图预算

施工图预算是指以施工图设计文件为依据，按照规定的程序、方法和依据，在工程施工前对工程项目的工程费用进行的预测与计算。

11. 期中结算

期中结算是指发、承包双方按合同付款周期的约定，对已完成工程项目的工程进度款的调整和确认，以及符合施工合同约定结算节点的单项工程、单位工程、规模较大的分部工程或标段工程完成后工程价款的调整和确认。

12. 终止结算

终止结算是指施工合同未履行完毕而终止时，依据国家有关法律、法规、规范和合同约定，对工程终止时已完成工程价款的调整和确认。

13. 竣工结算

竣工结算是指发承包双方根据国家有关法律、法规、规范和合同约定，在承包人完成合同约定的全部工作后，对最终工程价款的调整和确定。

14. 竣工决算

竣工决算是指在建设项目全部建成后，由建设单位以实物数量和货币指标为计量单位，编制综合反映建设项目从筹建到投入使用为止全部建设费用、建设成果和财务状况总结性文件的过程。

三、全过程造价管理发展简介

1. 发展历程

全过程造价（Life Cycle Cost，LCC）也被称为寿命周期费用。对于 LCC 的研究，大致可划分为四个阶段。

第一阶段（1950—1970 年）：萌芽阶段。早在 1950 年美国对可靠性的研究过程中就已有萌芽，LCC 概念最早由美国国防部（DoD）提出，1966 年 6 月美国国防部开始正式研究 LCC 并主要应用于其军工产品的成本核算，并在 1970 年开始使用 LCC 评价法，使该经济评价方法在国防领域得到了广泛的应用并逐步向民用领域扩展。

第二阶段（20 世纪 70 年代）：初步形成阶段。A. Gordon 于 1974 年 6 月在英国皇家特许测量师协会《建筑与工料测量》季刊上发表了《3L 概念的经济学》一文，首次提出"全生命周期工程造价管理"的概念。1977 年由美国建筑师协会（American Institute of Architects，AIA）发表的《生命周期成本分析——建筑师指南》一书，给出了全生命周期成本分析初步的概念和思想，指出了开展研究的方向和分析方法。

第三阶段（20 世纪 80 年代）：发展阶段。英国、美国的一些工程造价界的学者和实际工作者将 LCC 作为一种造价管理方法在工程造价领域应用，后在英国皇家测量师协会（RICS）的直接组织和大力推动下，LCC 理论和实践都得到了广泛深入的研究和推广。O. Orsha 在《生命周期造价：比较建筑方案的工具》一文中，将全生命周期造价作为建筑设计方案比较的一种工具，并提出了在建筑方案设计中应该全面考虑项目的建造成本和运营维护成本的概念和思想，以及对工程项目 LCC 的分析方法，如工程项目成本划分方法、工程项目造价的数学模型和工程项目的不确定性风险的估算方法；R. Flanagan 编著了一系列有关 LCC 理论的论文与书籍，包括《生命周期造价管理所涉及的问题》《工程项目生命周期造价核算》《生命周期造价管理：理论与实践》等。J. W. Bull 在《建筑项目生命周期成本估价》的著作中，分析了建设成本、运营和维护成本与生命周期成本之间的关系并给出了关系图；Robert. J. Brown，Rudolph. R，Yanuck. E 给出了生命周期成本估价的应用领域及研究方法。

第四阶段（20 世纪 90 年代以后）：成熟阶段。《生命周期成本分析手册》（Life Cycle Cost Analysis Handbook）比较系统地给出了全生命周期造价分析（LCCA）的有关概念、术语及实施的总体性步骤。美国的 Sielinda K. fuller 和 Stephen R. Petersen 给出了 LCCA 的分析流程。而在应用领域，LCC 也不断扩大其范围，制造业、建筑业、能源、交通等领域已能将 LCCA 作为比较常用的决策支持工具。

2. 全过程工程造价其他相关概念

（1）生命周期造价分析（LCCA）：一种测定在一定时期内拥有和运营设施的总成本的经济评价方法。

（2）初始成本（Initial Cost/Expense）：占用建筑物/设施之前所发生的全部成本/费用。

（3）未来成本（Future Cost/Expense）：占用建筑物/设施之后所发生的全部成本/费用。通常可分为两类：一类是一次性成本（One-time Cost），即在研究期内只发生一次而不是每年发生，如大多数的重置/替换成本（Replacement Cost）；另一类是重复发生成本（Recurring Cost），即在研究期内每年都要发生，如大多数的运营和维护成本（Operational&Maintenance Cost）。

（4）残值（Residual Value）：建筑物/项目在研究期末的净价值。与未来成本不同，它可以为正、负甚至为零。

（5）研究期（Study Period）：是用于估测设施拥有和运营费用的时间范围。研究期通常在 20～40 年，与研究者的偏好和项目预期的稳定使用寿命有关。一般研究期比设施的寿命期短。

（6）折现率（Discount Rate）：反映了投资者资金时间价值的利率，它使得投资在现在获得一笔收入和在将来获得一笔更大的收入没有什么不同。折现率可分为两种：名义折现率（Nominal Discount Rate）和真实折现率（Real Discount Rate）。二者的区别在于前者包括了通胀率。

（7）现值（Present Value）：把发生在过去、现在和未来的现金流通过等值计算折算到基年的价值。

四、全过程造价管理（LCC）的应用

建设项目全过程分为项目决策阶段、设计阶段、招标阶段、施工阶段、运行和维护阶段和拆除阶段等。如图 1-1 所示，建设项目全生命周期造价分析的主要任务是在满足特定的性能（安全性、可靠性、耐久性）以及其他要求的同时，优化建筑产品的生命周期成本。其目的是在建筑产品生命周期的所有阶段，特别是前期的决策、规划和设计阶段，为其做出正确决策提供科学依据。因此，要使投入的资金达到最佳效果，投资者就必须综合考虑项目的前期成本、建设成本、未来成本，以及项目的社会成本和项目所产生的综合效益。同时，决策者们必须对项目的整个生命周期进行系统考虑，进行全方位的综合管理，LCC 分析流程如图 1-1 所示，建设项目全过程阶段分类如图 1-2 所示。

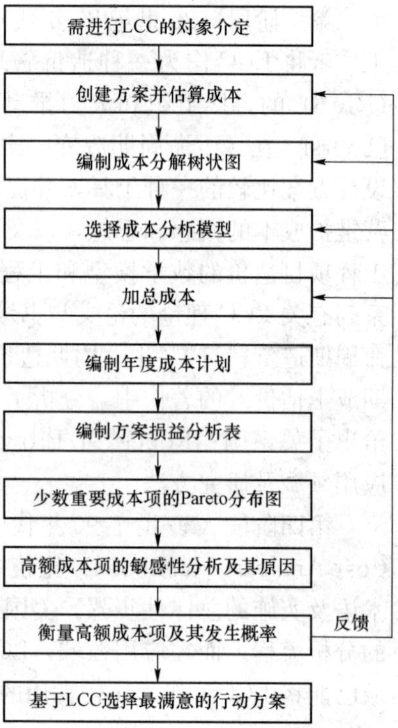

项目全生命周期造价管理（LCC）的具体内容如下。

首先，应确定各种目标值，在建设实施过程中阶段性地收集完成目标的实际数据，将实际数据与计划值进行比较，当出现较大偏差时应采取纠正措施，以确保目标值的实现。

图 1-1 LCC 分析流程

其次，工程成本的有效控制是以合理确定为基础，以有效控制为核心，它是贯穿于建设工程全过程的控制。

在建设项目投资决策阶段、设计阶段、招标阶段、施工阶段和运营维护阶段，把建设项目成本控制在批准的限额以内，随时纠正发生的偏差，以保证管理目标的实现，以求合理使用人力、物力、财力，取得较好的投资效益和社会效益；要有效地控制工程成本，应从组织、技术、经济、合同与信息管理等多方面采取措施，其中，技术与经济相结合是控制工程成本最为有效的手段，要通过技术比较、经济分析和效果评价，正确处理技术先进与经济合理两者之间的对立统一关系，力求在技术先进条件下的经济合理，以及在经济合理基础上的技术先进，把控制工程成本观念渗透到设计和施工措施中去。

最后，要立足于事先控制，即主动控制，尽可能地减小及避免目标值与实际值的偏差。也就是说，工程成本控制不仅要反映投资决策，反映设计、发包和施工被动的控制，更要主动地影响投资决策，影响设计、发包和施工，主动地控制。

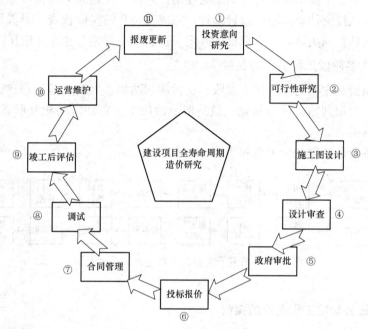

图 1-2 建设项目全过程阶段分类

项目全过程造价管理如图 1-3 所示。

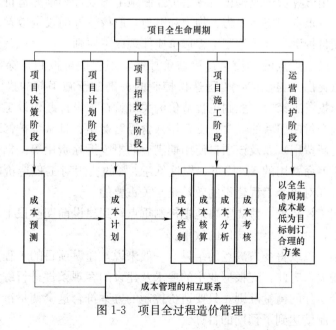

图 1-3 项目全过程造价管理

五、各阶段项目造价的关系和控制

在建设工程的各个阶段，项目造价分别通过投资估算、设计概算、施工图预算、最高投标限价、合同价、工程结算等进行确定与控制。建设项目是一个从抽象到实际的建设过程，工程造价也从投资估算阶段的投资预计，到竣工决算的实际投资，形成最终建设工程的实际造价。从估算到决算，工程造价的确定与控制存在着相互独立又相互关联的关系。

1. 工程建设各阶段工程造价的关系

建设工程项目从立项论证到竣工验收、交付使用的整个周期，是工程建设各阶段工程造价由表及里、由粗到精、逐步细化、最终形成的过程，它们之间相互联系、相互印证，具有密不可分的关系。

工程建设各阶段项目造价关系如图 1-4 所示。

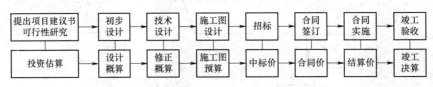

图 1-4　工程建设各阶段工程造价关系示意图

2. 工程建设各阶段工程造价的控制

所谓工程造价控制，就是在优化建设方案、设计方案的基础上，在建设程序的各个阶段，采用一定的方法和措施把工程造价控制在合理的范围和核定的限额以内。具体来说，就是要用投资估算价控制设计方案的选择和初步设计概算造价，用概算造价控制技术设计和修正概算造价，用概算造价或修正概算造价控制施工图设计和预算造价，用最高投标限价控制投标价等，以求合理使用人力、物力和财力，取得较好的投资效益。控制造价在这里强调的是限定项目投资。有效控制工程造价应体现以下原则。

（1）以设计阶段为重点的建设全过程造价控制。工程造价控制贯穿于项目建设全过程，但是必须重点突出。很显然，工程造价控制的关键在于施工前的投资决策和设计阶段，而在项目做出投资决策后，控制工程造价的关键就在于设计。建设工程全寿命费用包括工程造价和工程交付使用后的经常开支费用（含经营费用、日常维护修理费用、使用期内大修理和局部更新费用）以及该项目使用期满后的报废拆除费用等。据分析，设计费一般只占建设工程全寿命费用的 1% 以下，但这低于 1% 的费用对工程造价的影响很大。由此可见，设计的好坏对整个工程建设的效益是至关重要的。

要有效地控制工程造价，就要坚决地把控制重点转到建设前期阶段上来，尤其应抓住设计这个关键阶段，以取得事半功倍的效果。

（2）主动控制，以取得令人满意的结果。一般来说，建设项目的工程造价与建设工期和工程质量密切相关，为此，应根据业主的要求及建设的客观条件进行综合研究，实事求是地确定一套切合实际的衡量准则。只要造价控制的方案符合这套衡量准则，取得令人满意的结果，造价控制就达到了预期的目标。

自 20 世纪 70 年代初开始，人们将系统论和控制论研究成果用于项目管理后，将控制立足于事先主动地采取决策措施，以尽可能地减少目标值与实际值的偏离，这是主动的、积极的控制方法，因此被称为主动控制。也就是说，我们的工程造价控制工作，不应仅反映投资决策，反映设计、发包和施工等被动控制工程造价，更应积极作为，能动地影响投资决策，影响设计、发包和施工，主动地控制工程造价。

（3）技术与经济相结合是控制工程造价最有效的手段。要有效地控制工程造价，应从组织、技术、经济等多方面采取措施。从组织上采取的措施，包括明确项目组织结构、明确造价控制者及其任务、明确管理职能分工；从技术上采取措施，包括重视设计多方案选择，严格审查监督初步设计、技术设计、施工图设计、施工组织设计，深入技术领域研究节约投资的可能；从经济上采取措施，包括动态地比较造价的计划值和实际值、严格审核各项费用支出、采取对节约投资的有力奖励措施等。

技术与经济相结合是控制工程造价最有效的手段。由于工作分工与责任主体的不同，在工程建设领域，技术与经济的结合往往不能有效统一。工程技术人员以提高专业技术水平和专业工作技能为核心目标，对工程的质量和性能尤其关心，往往会忽视工程造价。片面追求技术的绝对先进而脱离实际应用情况，不仅导致工程造价高昂，也是一种功能浪费。这就迫切需要以提高工程投资效益为目的，在工程建设过程中把技术与经济有机结合，通过技术比较、经济分析和效果评价，正确处理技术先进与经济合理两者之间的对立统一关系，力求在技术先进条件下的经济合理，在经济合理基础上的技术先进，把控制工程造价观念渗透到各项设计和施工技术措施之中。

工程造价的确定和控制之间，存在相互依存、相互制约的辩证关系。首先，工程造价的确定是工程造价控制的基础和载体。没有造价的确定，就没有造价的控制；没有造价的合理确定，也就没有造价的有效控制。其次，造价的控制寓于工程造价确定的全过程，造价的确定过程也就是造价的控制过程，只有通过逐项控制、层层控制才能最终合理确定造价。最后，确定造价和控制造价的最终目的是一致的，即合理使用建设资金，提高投资效益，遵循价值规律和市场运行机制，维护有关各方合理的经济利益。由此可见，二者是相辅相成的。

六、工程造价控制的主要内容

要做好建设工程造价的有效控制，就要把握好工程建设各阶段的工程重点，充分认识各阶段的控制重点和关键环节。

1. 项目决策阶段

在项目决策阶段，根据拟建项目的功能要求和使用要求，作出项目定义，并按照项目规划的要求和内容以及项目分析和研究的不断深入，确定投资估算的总额，将投资估算的误差率控制在允许的范围之内。

投资估算对工程造价起到指导性和总体控制的作用。在投资决策过程中，特别是从工程规划阶段开始，预先对工程投资额度进行估算，有助于业主对工程建设各项技术经济方案做出正确决策，从而对今后工程造价的控制起到决定性的作用。

2. 初步设计阶段

在初步设计阶段，运用设计标准与标准设计、价值工程和限额设计方法等，以可行性研究报告中被批准的投资估算为工程造价目标值，控制和修改初步设计，以满足投资控制目标的要求。

设计阶段是仅次于决策阶段影响投资的关键阶段。为了避免浪费，采取方案比选、限额设计等是控制工程造价的有力措施。强调限额设计并不是意味着一味追求节约资金，而是体现了尊重科学，实事求是，保证设计科学合理，以进一步优化设计方案。

初步设计是工程设计投资控制的最关键环节，经批准的设计概算是工程造价控制的最高限额，也是控制工程造价的主要依据。

3. 施工图设计阶段

在此阶段，以被批准的设计概算为控制目标，应用限额设计、价值工程等方法进行施工图设计。通过对设计过程中所形成的工程造价层层限额把关，以实现工程项目设计阶段的工程造价控制目标。

4. 工程施工招标阶段

招标阶段以工程设计文件（包括概算、预算）为依据，结合工程施工的具体情况，如现场条件、市场价格、业主的特殊要求等，按照招标文件的规定，编制工程量清单和最高投标限价，明确合同计价方式，初步确定工程的合同价。

业主通过施工招标这一经济手段，择优选定承包商，不仅有利于确保工程质量和缩短工期，更有利于降低工程造价，是工程造价控制的重要手段。施工招标应根据工程建设的具体情况和条件，采用合适的招标形式，编制的招标文件应符合法律法规，内容齐全，前后一致，避免出错和遗漏。评标前要明确评标原则。招标工作的最终结果，是实现工程发承包双方签订施工合同这一目标。

5. 工程施工阶段

施工阶段以工程合同价等为控制依据，通过控制工程变更、风险管理等方法，按照承包人实际应予计量的工程量，并考虑物价上涨、工程变更等因素，合理确定进度款和结算款，控制工程费用的支出。

施工阶段是工程造价的执行和完成阶段。在施工中通过跟踪管理，对发承包双方的实际履约行为掌握第一手资料，经过动态纠偏，及时发现和解决施工中的问题，有效地控制工程质量、进度和造价。事前控制的工作重点是控制工程变更和防止发生索赔。施工过程要搞好工程计量与结算，做好与工程造价相统一的质量、进度等各方面的事前、事中、事后控制。

6. 竣工验收阶段

全面汇总工程建设中的全部实际费用，编制竣工结算与决算，如实体现建设项目的工程造价，并总结经验，积累技术经济数据和资料，不断提高工程造价管理水平。

七、项目全过程造价服务的主要任务和措施

（1）建立健全工程造价全过程管理制度，实现工程项目投资估算、概算与最高投标限价、合同价、结算价的政策衔接。注重工程造价与招投标、合同的管理制度协调，形成制

度合力，保障工程造价的合理确定和有效控制。

（2）完善建设工程价款结算办法，转变结算方式，推行过程结算，简化竣工结算。建筑工程在交付竣工验收时，必须具备完整的技术经济资料，鼓励将竣工结算书作为竣工验收备案的文件，引导工程竣工结算按约定及时办理，遏制工程款拖欠行为。创新工程造价纠纷调解机制，鼓励联合行业协会成立专家委员会进行造价纠纷专业调解。

（3）推行工程全过程造价咨询服务，更加注重工程项目前期和设计的造价确定。充分发挥造价工程师的作用，从工程立项、设计、发包、施工到竣工全过程，实现对造价的动态控制。发挥造价管理机构的专业作用，加强对工程计价活动及参与计价活动的工程建设各方主体、从业人员的监督检查，规范计价行为。

第二节 建设项目总投资构成

一、建设项目总投资简介

建设项目总投资是指为完成工程项目建设并达到使用要求或生产条件，在建设期内预计或实际投入的全部费用总和。生产性建设项目总投资包括工程造价（或固定资产投资）和流动资金（或流动资产投资）。非生产性建设项目总投资一般仅指工程造价。

二、建设项目总投资的构成

建设项目总投资的构成内容如图 1-5 所示。

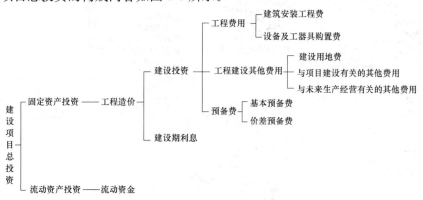

图 1-5 建设项目总投资构成

工程造价（固定资产投资）包括建设投资和建设期利息。

建设投资是工程造价中的主要构成部分，是为完成工程项目建设，在建设期内投入且形成现金流出的全部费用。建设投资包括工程费用、工程建设其他费用和预备费三部分。工程费用是指建设期内直接用于工程建造、设备购置及其安装的建设投资，可以分为建筑工程费、安装工程费和设备及工器具购置费，其中建筑工程费和安装工程费有时又统称为建筑安装工程费。工程建设其他费用是指建设期发生的与土地使用权取得、整个工程项目建设以及未来生产经营有关的构成建设投资，但不包括在工程费用中的费用。预备费是在建设期内因各种不可预见因素的变化而预留的可能增加的费用,包括基本预备费和价差预备费。

流动资金是指为进行正常生产运营,用于购买原材料、燃料,以及支付工资及其他经营费用等所需的周转资金。

在可行性研究阶段可根据需要计为全部流动资金,在初步设计及以后阶段可根据需要计为铺底流动资金。铺底流动资金是指生产经营性建设项目为保证投产后正常的生产营运所需,并在项目资本金中筹措的自有流动资金。

(一) 建筑安装工程费

为了加强工程建设的管理,有利于合理确定工程造价,提高基本建设投资效益,国家统一了建筑、安装工程费用项目组成的口径。这一做法,使得工程建设各方在编制工程概预算、工程结算、工程招投标、计划统计、工程成本核算等方面的工作有了统一的标准。

按照住房和城乡建设部、财政部《关于印发〈建筑安装工程费用项目组成〉的通知》(建标〔2013〕44 号)规定,建筑安装工程费用项目组成有以下两种划分方式。

1. 按费用构成要素划分

建筑安装工程费用项目组成按费用构成要素划分,如图 1-6 所示。

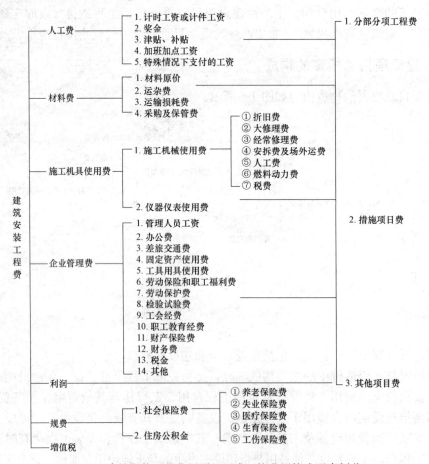

图 1-6 建筑安装工程费用项目组成(按费用构成要素划分)

建筑安装工程费按费用构成要素划分：由人工费、材料（包含工程设备，下同）费、施工机具使用费、企业管理费、利润、规费和增值税组成。其中，人工费、材料费、施工机具使用费、企业管理费和利润包含在分部分项工程费、措施项目费和其他项目费中。

（1）人工❶费。人工费是指支付给直接从事建筑安装工程施工作业的生产工人的各项费用。人工费包括以下内容。

1）计时工资或计件工资：是指按计时工资标准和工作时间或对已做工作按计件单价支付给个人的劳动报酬。

2）奖金：是指对超额劳动和增收节支支付给个人的劳动报酬，如节约奖、劳动竞赛奖等。

3）津贴、补贴：是指为了补偿职工特殊或额外的劳动消耗和因其他特殊原因支付给个人的津贴，以及为了保证职工工资水平不受物价影响支付给个人的物价补贴，如流动施工津贴、特殊地区施工津贴、高温（寒）作业临时津贴、高空津贴等。

4）加班加点工资：是指按规定支付的在法定节假日工作的加班工资和在法定日工作时间外延时工作的加点工资。

5）特殊情况下支付的工资：是指根据国家法律、法规和政策规定，因病、工伤、产假、计划生育假、婚丧假、事假、探亲假、定期休假、停工学习、执行国家或社会义务等原因按计时工资标准或计时工资标准的一定比例支付的工资。

（2）材料费。材料费是指施工过程中耗费的原材料、辅助材料、构配件、零件、半成品或成品、工程设备的费用，以及周转材料等的摊销、租赁费用。材料费包括：

1）材料原价：是指材料的出厂价格或商家供应价格。

2）运杂费：是指材料自来源地运至工地或指定堆放地点所发生的包装、捆扎、运输、装卸等费用。

3）运输损耗费：是指材料在运输装卸过程中不可避免的损耗费用。

4）采购及保管费：是指在组织采购和保管材料的过程中所需要的各项费用。

材料费的基本计算公式为

$$材料费 = \sum(材料消耗量 \times 材料单价)$$

当采用一般计税方法时，材料单价需扣除增值税进项税额。

1）材料消耗量。材料消耗量是指在正常施工生产条件下，完成规定计量单位的建筑安装产品所消耗的各类材料的净用量和不可避免的损耗量。

2）材料单价。材料单价是指建筑材料从其来源地运到施工工地仓库直至出库形成的综合平均单价。它由材料原价、运杂费、运输损耗费、采购及保管费组成。当采用一般计税方法时，材料单价中的材料原价、运杂费等均应扣除增值税进项税额。

3）工程设备是指构成或计划构成永久工程一部分的机电设备、金属结构设备、仪器

---

❶　为了完善建设工程人工单价市场形成机制，住房和城乡建设部发布了《住房城乡建设部关于加强和改善工程造价监管的意见》（建标〔2017〕209 号），文件中提出改革计价依据中人工单价的计算方法，使其更加贴近市场，满足市场实际需要。扩大人工单价计算口径，将单价构成调整为工资、津贴、职工福利费、劳动保护费、社会保险费、住房公积金、工会经费、职工教育经费以及特殊情况下工资性费用。

装置及其他类似的设备和装置。

（3）施工机具使用费。施工机具使用费是指施工作业所发生的施工机械、仪器仪表使用费或其租赁费。

当采用一般计税方法时，施工机械台班单价和仪器仪表台班单价中的相关子项均需扣除增值税进项税额。

1）施工机械使用费：以施工机械台班耗用量乘以施工机械台班单价表示，施工机械台班单价通常由折旧费、检修费、维护费、安拆费及场外运费、人工费、燃料动力费以及其他费用组成。

2）仪器仪表使用费：以施工仪器仪表耗用量乘以仪器仪表台班单价表示，施工仪器仪表台班单价由四项费用组成，包括折旧费、维护费、校验费、动力费等。施工仪器仪表台班单价中的费用组成不包括检测软件的相关费用。

（4）企业管理费。企业管理费是指建筑安装企业组织施工生产和经营管理所需的费用。包括内容如下。

1）管理人员工资：是指按规定支付给管理人员的计时工资、奖金、津贴补贴、加班加点工资及特殊情况下支付的工资等。

2）办公费：是指企业管理办公用的文具、纸张、账表、印刷、邮电、书报、办公软件、现场监控、会议、水电、烧水和集体取暖降温（包括现场临时宿舍取暖降温）等费用。当采用一般计税方法时，办公费中增值税进项税额的扣除原则为：以购进货物适用的相应税率扣减，其中购进自来水、暖气、冷气、图书、报纸、杂志等适用的税率为 10%，接受邮政和基础电信服务等适用的税率为 10%，接受增值电信服务等适用的税率为 6%，其他税率一般为 16%。

3）差旅交通费：是指职工因公出差、调动工作的差旅费、住勤补助费，市内交通费和误餐补助费，职工探亲路费，劳动力招募费，职工退休、退职一次性路费，工伤人员就医路费，工地转移费以及管理部门使用交通工具的油料、燃料等费用。

4）固定资产使用费：是指管理和试验部门及附属生产单位使用的属于固定资产的房屋、设备、仪器等的折旧、大修、维修或租赁费。当采用一般计税方法时，固定资产使用费中增值税进项税额的扣除原则为：购入的不动产适用的税率为 10%，购入的其他固定资产适用的税率为 16%。设备、仪器的折旧、大修、维修或租赁费以购进货物、接受修理修配劳务或租赁有形动产服务适用的税率扣除均为 16%。

5）工具用具使用费：是指企业施工生产和管理使用的不属于固定资产的工具、器具、家具、交通工具和检验、试验、测绘、消防用具等的购置、维修和摊销费。当采用一般计税方法时，工具用具使用费中增值税进项税额的扣除原则为：以购进货物或接受修理修配劳务适用的税率扣减，均为 16%。

6）劳动保险和职工福利费：是指由企业支付的职工退职金、按规定支付给离休干部的经费，集体福利费、夏季防暑降温、冬季取暖补贴、上下班交通补贴等。

7）劳动保护费：是指企业按规定发放的劳动保护用品的支出，如工作服、手套、防暑降温饮料以及在有碍身体健康的环境中施工的保健费用等。

8）检验试验费：是指施工企业按照有关标准规定，对建筑以及材料、构件和建筑安装物进行一般鉴定、检查所发生的费用，包括自设试验室进行试验所耗用的材料等费用，不包括新结构、新材料的试验费，对构件做破坏性试验及其他特殊要求检验试验的费用和建设单位委托检测机构进行检测的费用，对此类检测发生的费用，由建设单位在工程建设其他费用中列支。但对施工企业提供的具有合格证明的材料进行检测不合格的，该检测费用由施工企业支付。当采用一般计税方法时，检验试验费中增值税进项税额以现代服务业适用的税率 6% 扣减。

9）工会经费：是指企业按《中华人民共和国工会法》规定的全部职工工资总额比例计提的工会经费。

10）职工教育经费：是指按职工工资总额的规定比例计提，企业为职工进行专业技术和职业技能培训，专业技术人员继续教育、职工职业技能鉴定、职业资格认定以及根据需要对职工进行各类文化教育所发生的费用。

11）财产保险费：是指施工管理所用财产、车辆等的保险费用。

12）财务费：是指企业为施工生产筹集资金或提供预付款担保、履约担保、职工工资支付担保等所发生的各种费用。

13）税金：是指企业按规定缴纳的房产税、非生产性车船使用税、土地使用税、印花税、城市维护建设税、教育费附加、地方教育附加❶等各项税费。

14）其他：包括技术转让费、技术开发费、投标费、业务招待费、绿化费、广告费、公证费、法律顾问费、审计费、咨询费、保险费等。

（5）利润。利润是指施工单位从事建筑安装工程施工所获得的盈利。

（6）规费。规费是指按国家法律、法规规定，由省级政府和省级有关权力部门规定施工单位必须缴纳，应计入建筑安装工程造价的费用，包括以下费用。

1）社会保险费。

a. 养老保险费：是指企业按照规定标准为职工缴纳的基本养老保险费。

b. 失业保险费：是指企业按照规定标准为职工缴纳的失业保险费。

c. 医疗保险费：是指企业按照规定标准为职工缴纳的基本医疗保险费。

d. 生育保险费：是指企业按照规定标准为职工缴纳的生育保险费。

e. 工伤保险费：是指企业按照规定标准为职工缴纳的工伤保险费。

2）住房公积金：是指企业按照规定标准为职工缴纳的住房公积金。

其他应列而未列入的规费，按实际发生计取。

根据《财政部、国家发展和改革委员会、环境保护部、国家海洋局关于停征排污费等行政事业性收费有关事项的通知》（财税〔2018〕4 号），原列入规费的工程排污费已经于 2018 年 1 月停止征收。

（7）增值税。建筑安装工程费用中的增值税是指按照国家税法规定的应计入建筑安装工程造价内的增值税额，按税前造价乘以增值税适用税率确定。

---

❶ 根据《财政部关于印发〈增值税会计处理规定〉的通知》（财会〔2016〕22 号），城市维护建设税、教育费附加、地方教育附加等均作为"税金及附加"，在管理费中核算。

2. 按造价形成划分

建筑安装工程费按工程造价形成由分部分项工程费、措施项目费、其他项目费、规费、增值税组成，分部分项工程费、措施项目费、其他项目费包含人工费、材料费、施工机具使用费、企业管理费和利润。建筑安装工程费用项目组成（按造价形成划分）如图 1-7 所示。

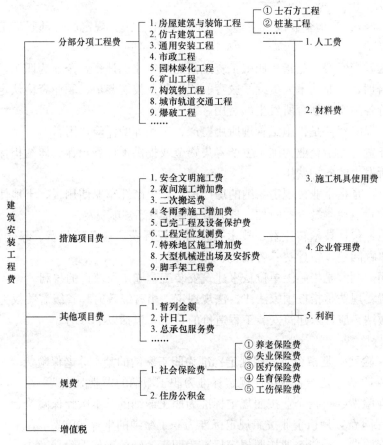

图 1-7　建筑安装工程费用项目组成（按造价形成划分）

（1）分部分项工程费。分部分项工程费是指各专业工程的分部分项工程应予列支的各项费用。

1）专业工程：是指按现行国家计量规范划分的房屋建筑与装饰工程、仿古建筑工程、通用安装工程、市政工程、园林绿化工程、矿山工程、构筑物工程、城市轨道交通工程、爆破工程等各类工程。

2）分部分项工程：指按现行国家计量规范对各专业工程划分的项目，如房屋建筑与装饰工程划分的土石方工程、地基处理与桩基工程、砌筑工程、钢筋及钢筋混凝土工程等。

各类专业工程的分部分项工程划分详见现行国家或行业计量规范。

（2）措施项目费。措施项目费是指为完成建设工程施工，发生于该工程施工前和施工过程中的技术、生活、安全、环境保护等方面的费用。包括以下费用。

1) 安全文明施工费：是指在工程项目施工期间，施工单位为保证安全施工、文明施工和保护现场内外环境等发生的措施项目费用。

a. 环境保护费：是指施工现场为达到环保部门要求所需要的各项费用。

b. 文明施工费：是指施工现场文明施工所需要的各项费用。

c. 安全施工费：是指施工现场安全施工所需要的各项费用。

d. 临时设施费：是指施工企业为进行建设工程施工所必须搭设的生活和生产用临时建筑物、构筑物和其他临时设施费用。包括临时设施的搭设、维修、拆除、清理费或摊销费等。

2) 夜间施工增加费：是指因夜间施工所发生的夜班补助费、夜间施工降效、夜间施工照明设备摊销及照明用电等费用。

3) 二次搬运费：是指因施工场地条件限制而发生的材料、构配件、半成品等一次运输不能到达堆放地点，必须进行二次或多次搬运所发生的费用。

4) 冬雨期施工增加费：是指在冬期或雨期施工需增加的临时设施、防滑、排除雨雪，人工及施工机械效率降低等费用。

5) 已完工程及设备保护费：是指竣工验收前，对已完工程及设备采取必要保护措施所发生的费用。

6) 工程定位复测费：是指工程施工过程中进行全部施工测量放线和复测工作的费用。

7) 特殊地区施工增加费：是指工程在沙漠或其边缘地区、高海拔、高寒、原始森林等特殊地区施工时增加的费用。

8) 大型机械设备进出场及安拆费：是指机械整体或分体自停放场地运至施工现场或由一个施工地点运至另一个施工地点时所发生的机械进出场运输及转移费用以及机械在施工现场进行安装、拆卸所需的人工费、材料费、机械费、试运转费和安装所需的辅助设施的费用。

9) 脚手架工程费：是指施工需要的各种脚手架搭、拆、运输费用以及脚手架购置费的摊销（或租赁）费用。

除上述按整体单位或单项工程项目考虑需要支出的措施项目费用外，还有各专业工程施工作业所需支出的措施项目费用，如现浇混凝土所需的模板、构件或设备安装所需的操作平台搭设等措施项目费用。

措施项目及其包含的内容详见各类专业工程的现行国家或行业计量规范。

（3）其他项目费。

1) 暂列金额：是指建设单位在工程量清单中暂定并包括在工程合同价款中的一笔款项。包括用于施工合同签订时尚未确定或者不可预见的所需材料、工程设备、服务的采购，施工中可能发生的工程变更、合同约定调整因素出现时的工程价款调整以及发生的索赔、现场签证确认等的费用。

2) 计日工：是指在施工过程中，施工企业完成建设单位提出的施工图纸以外的零星项目或工作所需的费用。

3) 总承包服务费：是指总承包人为配合、协调建设单位进行的专业工程发包，对建设单位自行采购的材料、工程设备等进行保管以及施工现场管理、竣工资料汇总整理等服务所需的费用。

（二）设备及工器具购置费

设备及工器具费由设备购置费和工器具、生产家具购置费组成。它是固定资产投资中的组成部分。在生产性工程建设中，设备及工器具费用占工程造价比重的增大意味着生产技术的进步和资本有机构成的提高。

1. 设备购置费

设备购置费是指购置或自制的达到固定资产标准的设备所需的费用。由设备原价和设备运杂费构成，即

$$设备购置费＝设备原价＋设备运杂费$$

式中，设备原价指国内采购设备的出厂（场）价格，或国外采购设备的抵岸价格；设备运杂费指除设备原价之外的关于设备采购、运输、途中包装及仓库保管等方面支出费用的总和。

（1）国产设备原价的构成及计算。国产设备原价一般指的是设备制造厂的工厂交货价（出厂价）。它一般根据生产厂或供应商的询价、报价、合同价确定，或采用一定的方法计算确定。国产设备原价分为国产标准设备原价和国产非标准设备原价。

1）国产标准设备原价。国产标准设备是指按照标准图纸和技术要求，由我国设备生产厂批量生产的符合国家质量检测标准的设备。国产标准设备原价有两种，即带有备件的原价和不带有备件的原价。在计算时，一般采用带有备件的原价。国产标准设备一般有完善的设备交易市场，因此可以通过查询相关交易市场价格或向设备生产厂家询价得到国产标准设备原价。

2）国产非标准设备原价。国产非标准设备是指国家尚无定型标准，各设备生产厂不可能在工艺过程中采用批量生产，只能按订货要求并根据具体设计图纸制造的设备。由于非标准设备单件生产、无定型标准，所以无法获取市场交易价格，只能按其成本构成或相关技术参数估算其价格。非标准设备原价有多种不同的计算方法，如成本计算估价法、系列设备插入估价法、分部组合估价法、定额估价法等。但无论采用哪种方法都应该使非标准设备计价接近实际出厂价，并且计算方法要简便。成本计算估价法是一种比较常用的估算非标准设备原价的方法。按成本计算估价法，非标准设备的原价由以下各项组成。

a. 材料费。其计算公式为

$$材料费＝材料净重×（1＋加工损耗系数）×每吨材料综合价$$

b. 加工费。包括生产工人工资和工资附加费、燃料动力费、设备折旧费、车间经费等。其计算公式为

$$加工费＝设备总重量（吨）×设备每吨加工费$$

c. 辅助材料费（简称辅材费）。包括焊条、焊丝、氧气、氩气、氮气、油漆、电石等费用。其计算公式为

$$辅助材料费＝设备总重量×辅助材料费指标$$

d. 专用工具费。按 a～c 项之和乘以一定百分比计算。

e. 废品损失费。按 a～d 项之和乘以一定百分比计算。

f. 外购配套件费。按设备设计图纸所列的外购配套件的名称、型号、规格、数量、重量，根据相应的价格加运杂费计算。

g. 包装费。按以上 a～f 项之和乘以一定百分比计算。

h. 利润。可按 a～e 项加第 g 项之和乘以一定利润率计算。

i. 非标准设备设计费。按国家规定的设计费收费标准计算。

j. 增值税。计算公式为

$$增值税＝当期销项税额－进项税额$$

$$当期销项税额＝不含税销售额×适用增值税率$$

不含税销售额为 a～i 项之和。

综上所述，单台非标准设备原价可表达为

$$单台非标准设备原价＝\{[（材料费＋加工费＋辅助材料费）×（1＋专用工具费率）×$$
$$（1＋废品损失费率）＋外购配套件费]×（1＋包装费率）－$$
$$外购配套件费\}×（1＋利润率）＋外购配套件费＋$$
$$非标准设备设计费＋增值税$$

（2）进口设备原价的构成及计算。进口设备的原价是指进口设备的抵岸价，即设备抵达买方边境、港口或车站，交纳完各种手续费、税费后形成的价格。抵岸价通常是由进口设备到岸价（CIF）和进口从属费构成。进口设备的到岸价即抵达买方边境港口或边境车站的价格。在国际贸易中，交易双方所使用的交货类别不同，交易价格的构成内容也有所差异。进口从属费用包括银行财务费、外贸手续费、进口关税、消费税、进口环节增值税等，进口车辆还需缴纳车辆购置税。

1）进口设备的常用国际贸易术语。在国际贸易中，较为广泛使用的交易价格术语有FOB、CFR 和 CIF。根据《国际贸易术语解释通则》（INCOTERMS 2010）的规定介绍如下。

a. FOB（Free On Board），船上交货，意为装运港船上交货，亦称为离岸价。"船上交货"是指卖方以在指定装运港将货物装上买方指定的船舶或通过取得已交付至船上货物的方式交货。货物灭失或损坏的风险在货物交到船上时转移，同时买方承担自交付时起的一切费用。该术语仅用于海运或内河水运。

b. CFR（Cost and Freight），成本加运费，或称之为运费在内价。"成本加运费"是指卖方在船上交货或以取得已经这样交付的货物方式交货。货物灭失或损坏的风险在货物交到船上时转移。卖方必须签订合同，并支付必要的成本和运费，将货物运至指定的目的港。该术语仅用于海运或内河水运。

c. CIF（Cost Insurance and Freight），成本、保险费加运费，习惯称到岸价格，是实际工程中采用较多的价格类型。"成本、保险费加运费"是指卖方在船上交货或以取得已经这样交付的货物方式交货。货物灭失或损坏的风险在货物交到船上时转移。卖方必须签订合同，并支付必要的成本和运费，以将货物运至指定的目的港。该术语仅用于海运或内河水运。

上述三个术语中买卖双方分别承担的主要责任和义务见表 1-1。

表 1-1 三个术语中买卖双方分别承担的主要责任和义务

术语	交货地点	风险转移	办理运输	办理保险	出口手续	进口手续
FOB	装运港船上	装港货物置于船上	买方	买方	卖方	买方
CFR	装运港船上	装港货物置于船上	卖方	买方	卖方	买方
CIF	装运港船上	装港货物置于船上	卖方	卖方	卖方	买方

2）进口设备到岸价的构成及计算。进口设备到岸价的计算公式为

$$进口设备到岸价（CIF）=离岸价（FOB）+国际运费+运输保险费$$

$$=运费在内价（CFR）+运输保险费$$

a. 货价。一般指装运港船上交货价（FOB）。设备货价分为原币货价和人民币货价，原币货价一律折算为美元表示，人民币货价按原币货价乘以外汇市场美元兑换人民币汇率的中间价确定。进口设备货价按有关生产厂商询价、报价、订货合同价计算。

b. 国际运费。即从装运港（站）到达我国目的港（站）的运费。我国进口设备大部分采用海洋运输，小部分采用铁路运输，个别采用航空运输。进口设备国际运费计算公式为

$$国际运费（海、陆、空）=原币货价（FOB）\times 运费率$$

或

$$国际运费（海、陆、空）=运量\times 单位运价$$

式中：运费率或单位运价参照有关部门或进出口公司的规定执行。

c. 运输保险费。对外贸易货物运输保险是由保险人（保险公司）与被保险人（出口人或进口人）订立保险契约，在被保险人交付议定的保险费后，保险人根据保险契约的规定对货物在运输过程中发生的承保责任范围内的损失给予经济上的补偿。这是一种财产保险。计算公式为

$$运输保险费=\frac{原币货价（FOB）+国际运费}{1-保险费率}\times 保险费率$$

式中：保险费率按保险公司规定的进口货物保险费率计算。

3）进口从属费的构成及计算。进口从属费的计算公式为

$$进口从属费=银行财务费+外贸手续费+关税+消费税+$$

$$进口环节增值税+车辆购置税$$

a. 银行财务费。一般是指在国际贸易结算中，中国银行为进出口商提供金融结算服务所收取的费用，可简化计算为

$$银行财务费=离岸价格（FOB）\times 人民币外汇汇率\times 银行财务费率$$

b. 外贸手续费。指按规定的外贸手续费率计取的费用，外贸手续费率一般取 1.5%。计算公式为

$$外贸手续费=到岸价格（CIF）\times 人民币外汇汇率\times 外贸手续费率$$

c. 关税。由海关对进出国境或关境的货物和物品征收的一种税。计算公式为

$$关税＝到岸价格（CIF）×人民币外汇汇率×进口关税税率$$

式中：到岸价格（CIF）作为关税的计征基数时，通常称为关税完税价格。进口关税税率分为优惠和普通两种。优惠税率适用于与我国签订关税互惠条款的贸易条约或协定的国家的进口设备；普通税率适用于未与我国签订关税互惠条款的贸易条约或协定的国家的进口设备。进口关税税率按我国海关总署发布的进口关税税率计算。

d. 消费税。对部分进口设备（如轿车、摩托车等）征收，一般计算公式为

$$应纳消费税税额＝\frac{到岸价格（CIF）×人民币外汇汇率＋关税}{1-消费税税率}×消费税税率$$

式中：消费税税率根据规定的税率计算。

e. 进口环节增值税。是对从事进口贸易的单位和个人，在进口商品报关进口后征收的税种。我国增值税条例规定，进口应税产品均按组成计税价格和增值税税率直接计算应纳税额，即

$$进口环节增值税税额＝组成计税价格×增值税税率$$
$$组成计税价格＝关税完税价格＋关税＋消费税$$

式中：增值税税率根据规定的税率计算。

f. 车辆购置税。进口车辆需缴车辆购置税。其计算公式为

$$进口车辆购置税＝（关税完税价格＋关税＋消费税）×车辆购置附加税$$

（3）设备运杂费的构成及计算。

1）设备运杂费的构成。设备运杂费是指国内采购设备自来源地、国外采购设备自到岸港运至工地仓库或指定堆放地点发生的采购、运输、运输保险、保管、装卸等费用。通常由以下各项构成。

a. 运费和装卸费。国产设备由设备制造厂交货地点起至工地仓库（或施工组织设计指定需要安装设备的堆放地点）止所发生的运费和装卸费；进口设备则由我国到岸港口或边境车站起至工地仓库（或施工组织设计指定的需安装设备的堆放地点）止所发生的运费和装卸费。

b. 包装费。在设备原价中没有包含的，为运输而进行的包装支出的各种费用。

c. 设备供销部门的手续费。按有关部门规定的统一费率计算。

d. 采购与仓库保管费。指采购、验收、保管和收发设备所发生的各种费用，包括设备采购人员、保管人员和管理人员的工资、工资附加费、办公费、差旅交通费，设备供应部门办公和仓库所占固定资产使用费、工具用具使用费、劳动保护费、检验试验费等费用可按主管部门规定的采购与保管费费率计算。

2）设备运杂费的计算。设备运杂费按设备原价乘以设备运杂费率计算，其公式为

$$设备运杂费＝设备原价×设备运杂费率$$

式中：设备运杂费率按各部门及省、市等的规定计取。

2. 工器具及生产家具购置费

工器具及生产家具购置费，是指新建或扩建项目初步设计规定的，保证初期正常生产必须购置的没有达到固定资产标准的设备、仪器、工卡模具、器具、生产家具和备品备件

等的购置费用。一般以设备费为计算基数，按照部门或行业规定的工具、器具及生产家具费率计算。计算公式为

$$工器具及生产家具购置费＝设备购置费×定额费率$$

(三) 工程建设其他费用

工程建设其他费用，是指建设期发生的与土地使用权取得、整个工程项目建设以及未来生产经营有关的构成建设投资但不包括在工程费用中的费用。工程建设其他费用分为三类：第一类指土地使用权购置或取得的费用；第二类指与整个工程建设有关的各类其他费用；第三类指与未来企业生产经营有关的其他费用。

根据国家发展改革委《关于〈进一步放开建设项目专业服务价格〉的通知》（发改价格〔2015〕299号）的规定，政府有关部门对建设项目实施审批、核准或备案管理，需委托专业服务机构等中介提供评估评审等服务的，有关评估评审费用等由委托评估评审的项目审批、核准或备案机关承担，评估评审机构不得向项目单位收取费用。

政府有关部门对建设项目管理监督所发生的，并由财政支出的费用，不得列入相应建设项目的工程造价。

1. 建设用地费

任何一个建设项目都固定于一定地点与地面相连接，必须占用一定量的土地，也就必然要发生为获得建设用地而支付的费用，这就是建设用地费。它是指为获得工程项目建设土地的使用权而在建设期内发生的各项费用，包括通过划拨方式取得土地使用权而支付的土地征用及迁移补偿费，或者通过土地使用权出让方式取得土地使用权而支付的土地使用权出让金。

（1）建设用地取得的基本方式。建设用地取得的实质是依法获取国有土地的使用权。根据《中华人民共和国城市房地产管理法》的规定，获取国有土地使用权的基本方法有两种：一是出让方式；二是划拨方式。建设土地取得的基本方式还包括租赁和转让方式。

1）通过出让方式获取国有土地使用权。国有土地使用权出让，是指国家将国有土地使用权在一定年限内出让给土地使用者，由土地使用者向国家支付土地使用权出让金的行为。土地使用权出让最高年限按下列用途确定：①居住用地70年；②工业用地50年；③教育、科技、文化、卫生、体育用地50年；④商业、旅游、娱乐用地40年；⑤综合或者其他用地50年。

通过出让方式获取土地使用权又可以分成两种具体方式：一是通过招标、拍卖、挂牌等竞争出让方式获取国有土地使用权；二是通过协议出让方式获取国有土地使用权。

a. 通过竞争出让方式获取国有土地使用权。按照国家相关规定，工业（包括仓储用地，但不包括采矿用地）、商业、旅游、娱乐和商品住宅等各类经营性用地，必须以招标、拍卖或者挂牌方式出让；上述规定以外用途土地的供地计划公布后，同一宗地有两个以上意向用地者的，也应当采用招标、拍卖或者挂牌方式出让。

b. 通过协议出让方式获取国有土地使用权。按照国家相关规定，出让国有土地使用权，除依照法律、法规和规章的规定应当采用招标、拍卖或者挂牌方式外，方可采取协议方式。以协议方式出让国有土地使用权的出让金不得低于按国家规定所确定的最低价。协

议出让底价不得低于拟出让地块所在区域的协议出让最低价。

2）通过划拨方式获取国有土地使用权。国有土地使用权划拨，是指县级以上人民政府依法批准，在土地使用者缴纳补偿、安置等费用后将该幅土地交付其使用，或者将土地使用权无偿交付给土地使用者使用的行为。

国家对划拨用地有着严格的规定，下列建设用地，须经县级以上人民政府依法批准，可以以划拨方式取得：①国家机关用地和军事用地；②城市基础设施用地和公益事业用地；③国家重点扶持的能源、交通、水利等基础设施用地；④法律、行政法规规定的其他用地。

依法以划拨方式取得土地使用权的，除法律、行政法规另有规定外，没有使用期限的限制。因企业改制、土地使用权转让或者改变土地用途等不再符合目录要求的，应当实行有偿使用。

（2）建设用地取得的费用。建设用地如通过行政划拨方式取得，则须承担征地补偿费用或对原用地单位或个人的拆迁补偿费用；若通过市场机制取得，则不仅需要承担以上费用，还须向土地所有者支付有偿使用费，即土地出让金。

1）征地补偿费。建设征用土地费用由以下几个部分构成。

a. 土地补偿费。土地补偿费是对农村集体经济组织因土地被征用而造成经济损失的一种补偿。征用其他土地的补偿费标准由省、自治区、直辖市参照征用耕地的土地补偿费制定。土地补偿费归农村集体经济组织所有。

b. 青苗补偿费和地上附着物补偿费。青苗补偿费是因征地时对其正在生长的农作物受到损害而做出的一种赔偿。在农村实行承包责任制后，农民自行承包土地的青苗补偿费应付给本人，属于集体种植的青苗补偿费可纳入当年集体收益。凡在协商征地方案后抢种的农作物、树木等，一律不予补偿。地上附着物是指房屋、水井、树木、涵洞、桥梁、公路、水利设施、林木等地面建筑物、构筑物、附着物等，视协商征地方案前地上附着物价值与折旧情况确定，应根据"拆什么、补什么；拆多少，补多少，不低于原来水平"的原则确定。如附着物产权属个人，则该项补助费付给个人。地上附着物的补偿标准，由省、自治区、直辖市规定。

c. 安置补助费。安置补助费应支付给被征地单位和安置劳动力的单位，作为劳动力安置与培训的支出，以及作为不能就业人员的生活补助。征收耕地的安置补助费，按照需要安置的农业人口数计算。需要安置的农业人口数，按照被征收的耕地数量除以征地前被征收单位平均每人占有耕地的数量计算。每一个需要安置的农业人口的安置补助费标准，为该耕地被征收前三年平均年产值的 4~6 倍。但是，每公顷被征收耕地的安置补助费，最高不得超过被征收前三年平均年产值的 15 倍。土地补偿费和安置补助费，尚不能使需要安置的农民保持原有生活水平的，经省、自治区、直辖市人民政府批准，可以增加安置补助费。但是，土地补偿费和安置补助费的总和不得超过土地被征收前三年平均年产值的 30 倍。

d. 新菜地开发建设基金。新菜地开发建设基金指征用城市郊区商品菜地时支付的费用。这项费用交给地方财政，作为开发建设新菜地的投资。菜地是指城市郊区为供应城市居民蔬菜，连续三年以上常年种菜地或者养殖鱼、虾等的商品菜地和精养鱼塘。一年只种一茬或因调整茬口安排种植蔬菜的，均不作为需要收取开发基金的菜地。征用尚未开发的规划菜地，不缴纳新菜地开发建设基金。在蔬菜产销放开口，能够满足供应，不再需要开发新菜地的城市，不收取新菜地开发基金。

e. 耕地占用税。耕地占用税是对占用耕地建房或者从事其他非农业建设的单位和个人征收的一种税收，目的是合理利用土地资源、节约用地，保护农用耕地。耕地占用税的征收范围，不仅包括占用耕地，还包括占用鱼塘、园地、菜地及其农业用地建房或者从事其他非农业建设等，均按实际占用的面积和规定的税额一次性征收。其中，耕地是指用于种植农作物的土地。占用前三年曾用于种植农作物的土地也视为耕地。

f. 土地管理费。土地管理费主要作为征地工作中所发生的办公、会议、培训、宣传、差旅、借用人员工资等必要的费用。土地管理费的收取标准，一般是在土地补偿费、青苗费、地面附着物补偿费、安置补助费四项费用之和的基础上提取 2%~4%。如果是征地包干，还应在四项费用之和后再加上粮食价差、副食补贴、不可预见费等费用，在此基础上提取 2%~4%作为土地管理费。

2）拆迁补偿费用。在城市规划区内国有土地上实施房屋拆迁，拆迁人应当对被拆迁人给予补偿、安置。

a. 拆迁补偿。拆迁补偿的方式可以实行货币补偿，也可以实行房屋产权调换。

货币补偿的金额根据被拆迁房屋的区位、用途、建筑面积等因素，以房地产市场评估价格确定。具体办法由省、自治区、直辖市人民政府制定。

实行房屋产权调换的，拆迁人与被拆迁人按照计算得到被拆迁房屋的补偿金额和所调换房屋的价格结清产权调换的差价。

b. 搬迁、安置补助费。拆迁人应当对被拆迁人或者房屋承租人支付搬迁补助费，对于在规定的搬迁期限届满前搬迁的，拆迁人可以付给提前搬家奖励费；在过渡期限内，被拆迁人或者房屋承租人自行安排住处的，拆迁人应当支付临时安置补助费；被拆迁人或者房屋承租人使用拆迁人提供的周转房的，拆迁人不支付临时安置补助费。

搬迁补助费和临时安置补助费的标准，由省、自治区、直辖市人民政府规定。有些地区规定，拆除非住宅房屋，造成停产、停业引起经济损失的，拆迁人可以根据被拆除房屋的区位和使用性质，按照一定标准给予一次性停产停业综合补助费。

3）出让金、土地转让金。土地使用权出让金为用地单位向国家支付的土地所有权收益，出让金标准一般参考城市基准地价并结合其他因素制定。基准地价由市土地管理局会同市物价局、市国有资产管理局、市房地产管理局等部门综合平衡后报市级人民政府审定通过，它以城市土地综合定级为基础，用某一地价或地价幅度表示某一类别用地在某一土地级别范围的地价，以此作为土地使用权出让价格的基础。

在有偿出让和转让土地时，政府对地价不做统一规定，但应坚持下列原则：即地价对目前的投资环境不产生大的影响；地价与当地的社会经济承受能力相适应；地价要考虑已投入的土地开发费用、土地市场供求关系、土地用途、所在区位、容积率和使用年限等。有偿出让和转让使用权，要向土地受让者征收契税；转让土地如有增值，则要向转让者征收土地增值税；土地使用者每年应按规定的标准缴纳土地使用费。土地使用权出让或转让，应先由地价评估机构进行价格评估后，再签订土地使用权出让和转让合同。

2. 与项目建设有关的其他费用

(1) 建设管理费。建设管理费是指建设单位为组织完成工程项目建设，在建设期内发生的各类管理性费用。

1) 建设管理费的内容。

a. 建设单位管理费。建设单位管理费是指项目建设单位从项目筹建之日起至办理竣工财务决算之日止发生的管理性质的支出，包括工作人员薪酬及相关费用、办公费、办公场地租用费、差旅交通费、劳动保护费、工具用具使用费、固定资产使用费、招募生产工人费、技术图书资料费（含软件）、业务招待费、竣工验收费和其他管理性质开支。实行代建制管理的项目，计列代建管理费等同建设单位管理费，不得同时计列建设单位管理费。

建设单位管理费一般是以工程费用为基数乘以建设单位管理费费率的乘积作为建设单位管理费，即

$$建设单位管理费＝工程费用×建设单位管理费费率$$

b. 工程监理费。工程监理费是指建设单位委托工程监理单位实施工程监理的费用。按照国家发展改革委《关于进一步放开建设项目专业服务价格的通知》（发改价格〔2015〕299号）规定，此项费用实行市场调节价。

2) 建设单位管理费的计算。建设单位管理费按照工程费用之和（包括设备工器具购置费和建筑安装工程费用）乘以建设单位管理费费率计算，即

$$建设单位管理费＝工程费用×建设单位管理费费率$$

建设单位管理费费率按照建设项目的不同性质、不同规模确定。有的建设项目按照建设工期和规定的金额计算建设单位管理费。如采用监理，则建设单位部分管理工作量转移至监理单位。监理费应根据委托的监理工作范围和监理深度在监理合同中商定或按当地或所属行业部门有关规定计算；如建设单位采用工程总承包方式，则其总包管理费由建设单位与总包单位根据总包工作范围在合同中商定，从建设管理费中支出。

(2) 可行性研究费。可行性研究费是指在工程项目投资决策阶段，对有关建设方案、技术方案或生产经营方案进行的技术经济论证，以及编制、评审可行性研究报告等所需的费用。包括项目建议书、预可行性研究、可行性研究费等。此项费用应依据前期研究委托合同计列。按照国家发展改革委《关于进一步放开建设项目专业服务价格的通知》（发改价格〔2015〕299号）规定，此项费用实行市场调节价。

(3) 研究试验费。研究试验费是指为建设项目提供或验证设计数据、资料等进行必要的研究试验及按照相关规定在建设过程中必须进行试验、验证所需的费用，包括自行或委托其他部门研究试验所需人工费、材料费、试验设备及仪器使用费等。这项费用按照设计单位根据本工程项目需要提出的研究试验内容和要求计算。在计算时要注意不应包括以下项目。

1) 应由科技三项费用（即新产品试制费、中间试验费和重要科学研究补助费）开支的项目。

2) 应在建筑安装费用中列支的施工企业对建筑材料、构件和建筑物进行一般鉴定、检查所发生的费用及技术革新的研究试验费。

3) 应由勘察设计费或工程费用中开支的项目。

（4）勘察费。勘察费是指勘察人根据发包人的委托，收集已有资料、现场踏勘、制定勘察纲要，进行勘察作业，以及编制工程勘察文件和岩土工程设计文件等收取的费用。按照国家发展改革委《关于进一步放开建设项目专业服务价格的通知》（发改价格〔2015〕299 号）的规定，此项费用实行市场调节价。

（5）设计费。设计费是指设计人根据发包人的委托，提供编制建设项目初步设计文件、施工图设计文件、非标准设备设计文件、竣工图文件等服务所收取的费用。按照国家发展改革委《关于进一步放开建设项目专业服务价格的通知》（发改价格〔2015〕299 号）的规定，此项费用实行市场调节价。

（6）专项评价费。专项评价费是指建设单位按照国家规定委托相关单位开展专项评价及有关验收工作发生的费用。具体建设项目应按实际发生的专项评价项目计列，不得虚列项目费用。

专项评价费包括环境影响评价费、安全预评价费、职业病危害预评价费、地震安全性评价费、地质灾害危险性评价费、水土保持评价费、压覆矿产资源评价费、节能评估费、危险与可操作性分析及安全完整性评价费以及其他专项评价费。按照国家发展改革委《关于进一步放开建设项目专业服务价格的通知》（发改价格〔2015〕299 号）的规定，这些专项评价及验收费用均实行市场调节价。

1）环境影响评价费：是指为全面、详细地评价建设项目对环境可能产生的污染或造成的重大影响而编制环境影响报告书（含大纲）、环境影响报告表和评估等所需的费用。此项费用包括编制环境影响报告书（含大纲）、环境影响报告表以及对环境影响报告书（含大纲）、环境影响报告表进行评估等所需的费用。

2）安全预评价费：是指为预测和分析建设项目存在的危害因素种类和危险危害程度，提出先进、科学、合理可行的安全技术和管理对策而编制评价大纲、安全评价报告书和评估等所需的费用。

3）职业病危害预评价费：是指建设项目因可能产生职业病危害而编制职业病危害预评价书、职业病危害控制效果评价书和评估所需的费用。

4）地震安全性评价费：是指通过对建设场地和场地周围地震活动与地震、地质环境的分析而进行的地震活动环境评价、地震地质构造评价、地震地质灾害评价，编制地震安全评价报告书和评估所需的费用。

5）地质灾害危险性评价费：是指在灾害易发区对建设项目可能诱发的地质灾害和建设项目本身可能遭受地质灾害危险程度的预测评价，编制评价报告书和评估所需的费用。

6）水土保持评价评估费：是指对建设项目在生产建设过程中可能造成水土流失进行预测，编制水土保持方案和评估所需的费用。

7）压覆矿产资源评价费：是指对需要压覆重要矿产资源的建设项目，编制压覆重要矿床评价和评估所需的费用。

8）节能评估费：是指对建设项目的能源利用是否科学合理进行分析评估，并编制节能评估报告以及评估所发生的费用。

9）危险与可操作性分析及安全完整性评价费：是指对应用于生产具有流程性工艺特征的新、改、扩建项目进行工艺危害分析和对安全仪表系统的设置水平及可靠性进行定量评估所发生的费用。

10）其他专项评价费：是指除以上九项评价费外，根据国家法律法规、建设项目所在省（直辖市、自治区）人民政府有关规定，以及行业规定需进行的其他专项评价、评估、咨询（如重大投资项目社会稳定风险评估、防洪评价、交通影响评价费、消防性能化设计评估费等）所需的费用。

（7）场地准备及临时设施费。

1）场地准备及临时设施费的内容。

a. 场地准备费是指为使工程项目的建设场地达到开工条件，由建设单位组织进行场地平整等准备工作而发生的费用，包含建设项目为达到工程开工条件所发生的、未列入工程费用的场地平整以及对建设场地余留的有碍于施工建设的设施进行拆除清理所发生的费用。改扩建项目一般只计拆除清理费。

b. 临时设施费是指建设单位为满足施工建设需要而提供的未列入工程费用的临时水、电、路、信、气、热等工程和临时仓库等建（构）筑物的建设、维修、拆除、摊销费用或租赁费用，以及货场、码头租赁等费用。

2）场地准备及临时设施费的计算。

a. 场地准备及临时设施应尽量与永久性工程统一考虑。建设场地的大型土石方工程应计入工程费用中的总图运输费用中。

b. 新建项目的场地准备和临时设施费应根据实际工程量估算，或按工程费用的比例计算。改扩建项目一般只计拆除清理费。

$$场地准备和临时设施费＝工程费用×费率＋拆除清理费$$

c. 发生拆除清理费时可按新建同类工程造价或主材费、设备费的比例计算。凡可回收材料的拆除工程应采用以料抵工方式冲抵拆除清理费。

d. 此项费用不包括已列入建筑安装工程费用中的施工单位临时设施费用。

（8）工程保险费。工程保险费是指在建设期内对建筑工程、安装工程和设备等进行投保而发生的费用。工程保险费包括建筑安装工程一切险、工程质量保险、进口设备财产保险和人身意外伤害险等。

工程保险费是为转移工程项目建设的意外风险而发生的费用，不同的建设项目可根据工程特点选择投保险种。

（9）特殊设备安全监督检验费。特殊设备安全监督检验费是指对在施工现场安装的列入国家特种设备范围内的设备（设施）检验检测和监督检查所发生的应列入项目开支的费用。

特殊设备监造费的特殊设备包括锅炉及压力容器、消防设备、燃气设备、起重设备、电梯、安全阀等特殊设备和设施。

此项费用按照建设项目所在省（市、自治区）安全监察部门的规定标准计算。无具体规定的，在编制投资估算和概算时可按受检设备现场安装费的比例估算。

（10）市政公用设施费。市政公用配套设施费是指使用市政公用设施的工程项目，按照项目所在地政府有关规定建设或缴纳的市政公用设施建设配套费用。

市政公用配套设施可以是界区外配套的水、电、路、信等，包括绿化、人防等缴纳的费用。

此项费用按工程所在地人民政府的规定标准计列。

3. 与未来生产经营有关的其他费用

(1) 联合试运转费。联合试运转费是指新建或新增加生产能力的工程项目，在交付生产前按照设计文件规定的工程质量标准和技术要求，对整个生产线或装置进行负荷联合试运转所发生的费用净支出（试运转支出大于收入的差额部分费用）。试运转支出包括试运转所需原材料、燃料及动力消耗、低值易耗品、其他物料消耗、工具用具使用费、机械使用费、保险金、施工单位参加试运转人员工资以及专家指导费等；试运转收入包括试运转期间的产品销售收入和其他收入。联合试运转费不包括应由设备安装工程费用开支的调试及试车费用，以及在试运转中暴露出来的因施工原因或设备缺陷等发生的处理费用。

(2) 专利及专有技术使用费。

1) 专利及专有技术使用费的主要内容。

a. 国外设计及技术资料费、引进有效专利、专有技术使用费和技术保密费。

b. 国内有效专利、专有技术使用费用。

c. 商标权、商誉和特许经营权费等。

2) 专利及专有技术使用费的计算。在专利及专有技术使用费的计算时应注意以下问题：

a. 按专利使用许可协议和专有技术使用合同的规定计列。

b. 专有技术的界定应以省、部级鉴定批准为依据。

c. 项目投资中只计需在建设期支付的专利及专有技术使用费。协议或合同规定在生产期支付的使用费应在生产成本中核算。

d. 一次性支付的商标权、商誉及特许经营权费按协议或合同规定计列。协议或合同规定在生产期支付的商标权或特许经营权费应在生产成本中核算。

e. 为项目配套的专用设施投资，包括专用铁路线、专用公路、专用通信设施、送变电站、地下管道、专用码头等，如由项目建设单位负责投资但产权不归属本单位的，应作为无形资产处理。

(3) 生产准备费。

1) 生产准备费的内容。生产准备费是指在建设期内，建设单位为保证项目正常生产而发生的人员培训费、提前进厂费以及投产使用必备的办公、生活家具用具等的购置费用，具体包括以下两项。

a. 人员培训费及提前进厂费。包括自行组织培训或委托其他单位培训的人员工资、工资性补贴、职工福利费、差旅交通费、劳动保护费、学习资料费等。

b. 为保证初期正常生产（或营业、使用）所必需的办公、生活家具用具购置费。

2) 生产准备费的计算。

a. 新建项目按设计定员为基数计算，改扩建项目按新增设计定员为基数计算，有

$$生产准备费＝设计定员×生产准备费指标 \quad （元/人）$$

b. 可以采用综合的生产准备费指标进行计算，也可以按费用内容的分类指标计算。

(四) 预备费和建设期利息

1. 预备费

预备费是指在建设期内因各种不可预见因素的变化而预留的可能增加的费用，包括基本预备费和价差预备费。

(1) 基本预备费。基本预备费是指在投资估算或设计概算阶段预留的，由于工程实施中不可预见的工程变更及洽商、一般自然灾害处理、地下障碍物处理、超规超限设备运输等可能增加的费用，费用内容包括以下几项。

1）在批准的基础设计和概算范围内增加的设计变更、局部地基处理等费用。

2）一般自然灾害造成的损失和预防自然灾害所采取措施的费用。

3）竣工验收时为鉴定工程质量，对隐蔽工程进行必要的挖掘和修复的费用。

4）超规超限设备运输过程中可能增加的费用。

基本预备费估算，一般是以建设项目的工程费用和工程建设其他费用之和为基础，再乘以基本预备费率进行计算。基本预备费率的大小，应根据建设项目的设计阶段和具体的设计深度，以及在估算中所采用的各项估算指标与设计内容的贴近度、项目所属行业主管部门的具体规定确定。

(2) 价差预备费。价差预备费是指为在建设期间内利率、汇率或价格等因素的变化而预留的可能增加的费用。费用内容包括人工、设备、材料、施工机械的价差费，建筑安装工程费及工程建设其他费用调整，利率、汇率调整等增加的费用。

价差预备费的测算方法：一般根据国家规定的投资综合价格指数，按估算年份价格水平的投资额为基数，根据价格变动趋势，预测价值上涨率，采用复利方法计算。

2. 建设期利息

建设期利息主要是指在建设期内发生的为工程项目筹措资金的融资费用及债务资金利息。

债务资金包括向国内银行和其他非银行金融机构贷款、出口信贷、外国政府贷款、国际商业银行贷款以及在境内外发行的债券等。融资费用和应计入固定资产原值的利息包括借款（或债券）利息及手续费、承诺费、管理费等。建设期利息要计入固定资产原值。

国外贷款利息的计算中，还应包括国外贷款银行根据贷款协议向贷款方以年利率的方式收取的手续费、管理费、承诺费；以及国内代理机构经国家主管部门批准的以年利率的方式向贷款单位收取的转贷费、担保费、管理费等。

第二章

工程项目前期决策与设计及
投标阶段造价管理

第一节　工程项目前期决策与
设计阶段造价情况简介

一、工程决策和设计阶段造价管理的工作内容

工程决策和设计阶段项目管理工作程序和造价管理工作内容见表 2-1。随着项目管理工作的逐步展开，工程造价管理工作需要经过从多阶段投资估算、设计概算到施工图预算的工作过程。造价文件的编制工作不断深入和细化，预计的工程造价数据精度越来越高，造价偏差越来越小。工程决策和设计阶段工程造价管理工作的质量对工程项目建设的成功与否具有决定性的影响。

表 2-1　　　　工程决策和设计阶段项目管理工作程序和造价管理工作内容

阶段划分	项目管理工作程序	工程造价管理工作内容	造价偏差控制
决策阶段	1. 投资机会研究	投资估算	±30%左右
	2. 项目建议书		±30%以内
	3. 初步可行性研究		±20%以内
	4. 详细可行性研究		±10%以内
设计阶段	1. 方案设计		±10%以内
	2. 初步设计	设计概算	±5%以内
	3. 技术设计	修正概算	±5%以内
	4. 施工图设计	施工图预算	±3%以内

（一）工程决策阶段造价管理工作内容

在我国，建设工程项目投资决策阶段项目管理工作一般包括：投资机会研究、项目建议书、初步可行性研究、详细可行性研究等几个主要工作阶段，相应的工程造价管理工作统称为投资估算。在不同的工作阶段，由于对建设工程项目考虑的深入程度不同，掌握的资料不同，因此投资估算的准确程度也是有所不同的。随着项目管理工作的不断深化、项目条件的不断细化，投资估算的准确程度也会不断提高，从而对建设工程项目投资起到有效控制作用。

1. 投资机会研究、项目建议书阶段的投资估算

投资机会研究阶段的工作目标主要是根据国家和地方产业布局及产业结构调整计划，以及市场需求情况，探讨投资方向，选择投资机会，提出概略的项目投资初步设想。如果经过论证，初步判断该项目投资有进一步研究的必要，则制定项目建议书。对于较简单的投资项目来说，投资机会研究和项目建议书可视为一个工作阶段。

投资机会研究阶段投资估算依据的资料比较粗略，投资额通常是通过与已建类似项目的对比得来的，投资估算额度的偏差率应控制在30%左右。项目建议书阶段的投资额是根据产品方案、项目建设规模、产品主要生产工艺、生产车间组成、初选建设地点等估算出来的，其投资估算额度的偏差率应控制在30%以内。

2. 初步可行性研究阶段的投资估算

这一阶段主要是在项目建议书的基础上，进一步确定项目的投资规模、技术方案、设备选型、建设地址选择和建设进度等情况，对项目投资以及项目建设后的生产和经营费用支出进行估算，并对工程项目经济效益进行评价，根据评价结果初步判断项目的可行性。该阶段是介于项目建议书和详细可行性研究之间的中间阶段，投资估算额度的偏差率一般要求控制在20%以内。

3. 详细可行性研究阶段的投资估算

详细可行性研究阶段也称为最终可行性研究阶段，在该阶段应最终确定建设项目的各项市场、技术、经济方案，并进行全面、详细、深入的投资估算和技术经济分析，选择拟建项目的最佳投资方案，对项目的可行性提出结论性意见。该阶段的研究内容较为详尽，投资估算额度的偏差率应控制在10%以内。这一阶段的投资估算是项目可行性论证、选择最佳投资方案的主要依据，也是编制设计文件的主要依据。

在工程决策的不同阶段编制投资估算，由于种种条件不同，对其准确度的要求也就有所不同，不可能超越所处阶段的客观现实条件，要求与最终实际投资完全一致。造价管理人员应充分把握市场变化，在投资决策的不同阶段对所掌握的资料加以全面分析，使得在该阶段所编制的投资估算满足相应的准确性要求，达到为工程决策提供依据、对工程投资起到有效控制的目的。

（二）工程设计阶段造价管理工作内容

按照我国建设行业对建设工程项目设计的阶段划分，有"两阶段设计""三阶段设计""四阶段设计"的划分方法。一般工业与民用建设工程项目的设计工作可按初步设计和施工图设计两个阶段进行，称之为"两阶段设计"；对于技术上复杂而又缺乏设计经验的项目，可按初步设计、技术设计和施工图设计三个阶段进行，称之为"三阶段设计"；对于大型复杂的，对国计民生影响重大的建设工程项目，在初步设计之前，还应增加方案设计阶段，称之为"四阶段设计"。根据《建筑工程设计文件编制深度规定》（建质函〔2016〕247号）规定：房屋建筑工程一般应分为方案设计、初步设计和施工图设计三个阶段；对于技术要求相对简单的民用建筑工程，当有关主管部门在初步设计阶段没有审查要求，且合同中没有做初步设计的约定时，可以在方案设计审批后直接进入施工图设计。

1. 方案设计阶段的投资估算

方案设计是在项目投资决策立项之后，将可行性研究阶段提出的问题和建议，经过项目咨询机构和业主单位共同研究，形成具体、明确的项目建设实施方案的策划性设计文件，其深度应当满足编制初步设计文件的需要。方案设计的造价管理工作仍称为投资估算。该阶段投资估算额度的偏差率显然应低于可行性研究阶段投资估算额度的偏差率。

2. 初步设计阶段的设计概算

初步设计（也称为基础设计）的内容依工程项目的类型不同而有所变化，一般来说，应包括项目的总体设计、布局设计、主要的工艺流程、设备的选型和安装设计、土建工程量及费用的估算等。初步设计文件应当满足编制施工招标文件、主要设备材料订货和编制施工图设计文件的需要，是施工图设计的基础。例如，某项目的初步设计包括下列主要内容：初步系统设计，绘制各工艺系统的流程图；通过计算确定各系统的规模和设备参数并绘制管道及仪表图；编制设备的规程及数据表以供招标使用。

初步设计阶段的造价管理工作称为设计概算。设计概算的任务是对项目建设的土建、安装工程量进行估算，对工程项目建设费用进行概算。以整个建设项目为单位形成的概算文件称为建设项目总概算；以单项工程为单位形成的概算文件称为单项工程综合概算。设计概算一经批准，即作为控制拟建项目工程造价的最高限额。

3. 技术设计阶段的修正概算

技术设计（也称为扩大初步设计）是初步设计的具体化，也是各种技术问题的定案阶段。技术设计的详细程度应能够满足设计方案中重大技术问题的要求，应保证能够根据它进行施工图设计和提出设备订货明细表。技术设计时如果对初步设计中所确定的方案有所更改，则应对更改部分编制修正概算。对于不很复杂的工程，技术设计阶段可以省略，即初步设计完成后直接进入施工图设计阶段。

4. 施工图设计阶段的施工图预算

施工图设计（也称为详细设计）的主要内容是根据批准的初步设计（或技术设计），绘制出正确、完整和尽可能详细的建筑、安装图纸，包括建设项目部分工程的详图、零部件结构明细表、验收标准、方法等。此设计文件应当满足设备材料采购、非标准设备制作和施工的需要，并注明建筑工程合理使用年限。

施工图预算（也称为设计预算）是在施工图设计完成之后，根据已批准的施工图纸和既定的施工方案，结合现行的预算定额、地区单位估价表、费用计取标准、各种资源单价等计算并汇总的造价文件（通常以单位工程或单项工程为单位汇总施工图预算）。

二、工程决策和设计阶段造价管理的意义

工程决策阶段的产出是决策结果，是对投资活动的成果目标（使用功能）、基本实施方案和主要投入要素做出总体策划。这个阶段的产出对总投资的影响，一般工业建设项目的经验数据为 60%～70%，对项目使用功能的影响在 70%～80%。这表明项目决策阶段对项目投资和使用功能具有决定性的影响。

工程设计阶段的产出一般是用图纸表示的具体设计方案。在这个阶段项目成果的功

能、基本实施方案和主要投入要素就基本确定了。这个阶段的产出对总投资的影响，一般工业建设项目的经验数据为 20%～30%；对项目使用功能的影响为 10%～20%。这表明项目设计阶段对项目投资和使用功能具有重要的影响。

工程决策和设计阶段造价管理的意义体现在以下几个方面。

（一）提高资金利用效率和投资控制效率

工程决策和设计阶段造价的表现形式是投资估算和设计概预算（包括设计概算、修正概算、施工图预算），通过编制与审核投资估算和设计概预算，可以了解工程造价的构成，分析资金分配的合理性。在工程决策阶段，进行多方案的技术经济分析比较，选出最佳方案，为合理确定和有效控制工程造价提供良好的前提条件；在工程设计阶段，利用价值工程理论分析工程项目各个组成部分功能与成本的匹配程度，调整功能与成本的关系，使工程造价构成更趋于合理，提高资金利用效率。此外，通过对投资估算和设计概预算的分析，可以了解工程各组成部分的投资比例，进而将投资比例较大的部分作为投资控制的重点。

（二）使工程造价管理工作更主动

工程决策阶段确定的工程造价，是设定项目投资的一个期望值；工程设计阶段确定工程造价，是实现设定项目投资期望值方案的具体表现；工程建设施工阶段确定工程造价，是实现设定项目投资期望值的具体操作。长期以来，人们把控制理解为目标值与实际值的比较，以及当实际值偏离目标值时分析产生差异的原因，确定下一步对策。这对于批量性生产的制造业而言，是一种有效的管理方法。但是对于建筑业而言，由于建筑产品具有单件性的特点，采用这种管理方法只能发现差异，不能消除差异，也不能预防差异的发生，而且差异一旦发生，损失往往很大，因此是一种被动的控制方法。在工程决策和设计阶段进行投资估算和设计概预算，是为了使造价管理工作具有预见性和前瞻性，如在设计阶段，可以先按一定的质量标准，提出新建建筑物每一部分或分项的计划支出费用的报表，即造价计划。然后当详细设计制定出来以后，对工程的每一部分或分项的估算造价，对照造价计划中所列的指标进行审核，预先发现差异，主动采取控制方法消除差异，使设计更经济。由此，做好项目决策和设计阶段工程造价确定与控制，会使整个投资项目的工程造价管理工作更加主动。

（三）促进技术与经济相结合

由于体制和传统习惯原因，我国的项目建议书、可行性研究、初步设计、施工图设计等都是由技术人员牵头完成，很容易导致在这期间往往更关注的是项目规模大、功能齐全、技术先进、建设标准高等，而忽视了经济因素。如果在工程决策和设计阶段吸收造价人员参与，使工程决策和设计从一开始就建立在造价合理、效益最佳的基础之上，进行充分的方案比选和设计优化，会使项目投资发挥更大的效益，使项目建设取得最佳效果。在方案比选和设计优化过程中，技术人员和造价人员经过探讨与论证选择最佳方案，既能体现技术先进性，又能体现经济合理性，能够促进技术与经济的紧密结合。

（四）在工程决策和设计阶段控制造价效果更显著

工程造价管理工作贯穿于工程项目建设全过程。图 2-1 反映了各阶段工作影响工程投资和造价的一般规律。

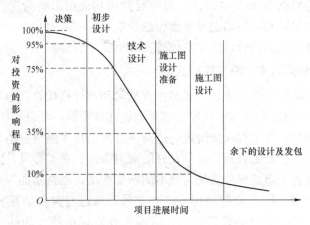

图 2-1　工程建设各阶段工作对投资的影响

从图 2-1 中可以看出，决策与设计阶段是整个工程造价确定与控制的龙头与关键。

三、工程决策和设计阶段影响造价的主要因素

（一）工程决策阶段影响造价的主要因素

工程决策阶段影响造价的主要因素有项目建设规模、建设地区及地点（厂址）、技术方案、设备方案、工程方案和环境保护措施等。

1. 项目建设规模

项目建设规模是指项目设定的正常生产运营年份可能达到的生产能力或者使用效益。项目规模的合理选择关系着项目的成败，决定着工程造价合理与否，其制约因素有市场因素、技术因素和环境因素。

（1）**市场因素**。市场因素是项目规模确定中需考虑的首要因素。首先，项目产品的市场需求状况是确定项目生产规模的前提。通过市场分析与预测，确定市场需求量，了解竞争对手情况，最终确定项目建成时的最佳生产规模，使所建项目在未来能够保持合理的盈利水平和可持续发展的能力。其次，原材料市场、资金市场、劳动力市场等对项目规模的选择起着程度不同的制约作用。例如，项目规模过大可能导致材料供应紧张和价格上涨，导致项目所需投资资金的筹集困难和资金成本上升等，将制约项目的规模。

（2）**技术因素**。先进适用的生产技术及技术装备是项目规模效益赖以存在的基础，而相应的管理技术水平则是实现规模效益的保证。若与经济规模生产相适应的先进技术及其装备的来源没有保障，或获取技术的成本过高，或管理水平跟不上，则不仅会导致预期的规模效益难以实现，还会给项目的生存和发展带来危机，导致项目投资效益低下、浪费严重。

（3）**环境因素**。项目的建设、生产和经营都是在特定的国家和地方政策与社会经济环境条件下进行的。政策因素包括产业政策、投资政策、技术经济政策、国家和地区以及行业经济发展规划等。特别是，为了取得较好的规模效益，国家对部分行业的新建项目规模

有明确的限制性规定，选择项目规模时应予以遵照执行。项目规模确定中需考虑的主要环境因素有：燃料动力供应，协作及土地条件，运输及通信条件等。

（4）建设规模方案比选。在对以上三方面进行充分考核的基础上，应确定相应的产品方案、产品组合方案和项目建设规模。可行性研究报告应根据经济合理性、市场容量、环境容量以及资金、原材料和主要外部协作条件等方面的研究，对项目建设规模进行充分论证，必要时进行多方案技术经济分析与比较。大型复杂项目的建设规模论证应研究合理、优化的工程分期分批，明确初期规模和远景规模。不同行业、不同类型项目在研究确定其建设规模时还应充分考虑其自身特点。

经过多方案比较，在项目决策的早期阶段（初步可行性研究或在此之前的阶段），应提出项目建设（或生产）规模的倾向意见，为项目决策提供有说服力的方案。

2. 建设地址选择

一般情况下，确定某个建设项目的地址需要经过建设地区选择和建设地点选择（厂址选择）这样两个不同层次的、相互联系又相互区别的工作阶段。这两个阶段是一种递进关系。其中，建设地区选择是指在几个不同地区之间，对拟建项目适宜配置在哪个区域范围的选择；建设地点选择是指对项目具体坐落位置的选择。

（1）建设地区的选择。建设地区选择得合理与否，在很大程度上决定着拟建项目的命运，影响着工程造价的高低、建设工期的长短、建设质量的好坏，还会影响到项目建成后的运营状况。因此，建设地区的选择要充分考虑各种因素的制约，具体要考虑规划发展要求、环境和水文特点、区域技术经济水平、劳动力供应等因素。

（2）建设地点（厂址）的选择。建设地点的选择是一项极为复杂的技术经济综合性很强的系统工程，它不仅涉及项目建设条件、产品生产要素、生态环境和未来产品销售等重要问题，受社会、政治、经济、国防等多因素的制约，而且它还直接影响到项目建设投资、建设速度、建设质量和安全，以及未来企业的经营管理及所在地点的城乡建设规划与发展。因此，必须从国民经济和社会发展的全局出发，运用系统观点和方法分析决策。

3. 技术方案

生产技术方案指产品生产所采用的工艺流程和生产方法。技术方案不仅影响项目的建设成本，也影响项目建成后的运营成本。因此，技术方案的选择直接影响项目的建设和运营效果，必须认真选择和确定。

4. 设备方案

在生产工艺流程和生产技术确定后，就要根据产品生产规模和工艺过程的要求，选择设备的型号和数量。设备的选择与技术密切相关，二者必须匹配。没有先进的技术，再好的设备也无法发挥作用；没有先进的设备，技术的先进性则无法体现。

5. 工程方案

工程方案构成项目的实体。工程方案选择是在已选定项目建设规模、技术方案和设备方案的基础上，研究论证主要建筑物、构筑物的建造方案，包括对于建造标准的确定。一般工业项目的厂房、工业窑炉、生产装置等建筑物、构筑物的工程方案，主要研究其建筑特征（面积、层数、高度、跨度）、建筑物和构筑物的结构形式以及特殊建筑要求（防火、防震、防爆、防腐蚀、隔声、保温、隔热等）、基础工程方案、抗震设防等。工程方案应在满足使用功能、确保质量和安全的前提下，力求降低造价、节约资金。

6. 环境保护措施

建设项目一般会引起项目所在地自然环境、社会环境和生态环境的变化，对环境状况、环境质量产生不同程度的影响，因此需要在确定建设地址和技术方案过程中，调查研究环境条件，识别和分析拟建项目影响环境的因素，研究提出治理和保护环境的措施，比选和优化环境保护方案。在研究环境保护治理措施时，应从环境效益、经济效益相统一的角度进行分析论证，力求使环境保护治理方案技术可行和经济合理。

（二）工程设计阶段影响造价的主要因素

1. 工业项目

（1）总平面设计。总平面设计中影响工程造价的因素有占地面积、功能分区和运输方式的选择。占地面积的大小一方面影响征地费用的高低，另一方面也会影响管线布置成本及项目建成运营的运输成本；合理的功能分区既可以使建筑物的各项功能充分发挥，又可以使总平面布置紧凑、安全，避免场地挖填平衡工程量过大，节约用地，降低工程造价；不同的运输方式，其运输效率及成本不同，从降低工程造价的角度来看，应尽可能选择无轨运输，这样可以减少占地，节约投资。

（2）工艺设计。工业项目的产品生产工艺设计是工程设计的核心，是根据工业产品生产的特点、生产性质和功能来确定的。工艺设计一般包括生产设备的选择、工艺流程设计、工艺作业规范和定额标准的制定以及生产方法的确定。工艺设计标准高低不仅直接影响工程建设投资的大小和建设进度，而且还决定着未来企业的产品质量、数量和经营费用。在工艺设计过程中影响工程造价的因素主要包括生产方法、工艺流程和设备选型。在工业建筑中，设备及安装工程投资占有很大比例，设备的选型不仅影响着工程造价，而且对生产方法及产品质量也有着决定作用。

（3）建筑设计。建筑设计部分要在考虑施工过程合理组织和施工条件的基础上，决定工程的平面与竖向设计以及结构方案的技术要求。在建筑设计阶段影响工程造价的主要因素有平面形状、流通空间、层高、建筑物层数、柱网布置、建筑物的体积与面积和建筑结构类型。一般来说，建筑物平面形状越简单、越规则，它的单位面积造价就越低，建筑物周长与建筑面积比 K（即单位建筑面积的外墙长度系数）越低，设计越经济。在建筑面积不变的情况下，建筑层高增加会引起各项费用的增加。据有关资料分析，单层厂房层高每增加 1m，单位面积造价增加 $1.8\%\sim3.6\%$；多层厂房的层高每增加 0.6m，单位面积造价增加 8.3% 左右。建筑物层数对造价的影响，因建筑类型、形式和结构不同而不同。如果增加一个楼层不影响建筑物的结构形式，则单位建筑面积的造价可能会降低。工业厂房层数的选择应该重点考虑生产性质和生产工艺的要求。确定多层厂房的经济层数主要有两个因素：一是厂房展开面积的大小，展开面积越大，层数越能提高；二是厂房宽度和长度，宽度和长度越大，则经济层数越能增高，造价也随之相应降低。柱网布置是确定柱子行距（跨度）和间距（每行柱子中相邻两个柱子间的距离）的依据。柱网布置是否合理，对工程造价和厂房面积的利用效率都有较大的影响。对于单跨厂房，当柱间距不变时，跨度越大，单位面积造价越低。对于多跨厂房，当跨度不变时，中跨数量越多越经济。随着建筑物体积和面积的增加，工程总造价会增加。对于工业建筑，在不影响生产能力的条件下，厂房、设备布置力求紧凑合理；要采用先进工艺和高效能的设备，节省厂房面积；要采用大跨度、大柱距的大厂房平面设计形式，提高平面利用系数。建筑材料和建筑结构选择是否合理，不仅直接影响到工程质量、使用寿命、耐火和抗震性能，而且对施工费用有很大的影响。尤其是建筑材料，一般约占人工费、材料费、施工机具使用费合计的 60％ 左右，降低材料费用，也会导致企业管理费、利润、增值税的降低。采用各种先进的结构形式和轻质高强建筑材料，能减轻建筑物自重，简化基础和结构工程，减少建筑材料和构配件的费用及运费，并且能提高劳动生产率和缩短建设工期，经济效果十分明显。

2. 民用项目

（1）居住小区规划。居住小区规划中影响工程造价的主要因素有占地面积和建筑群体的布置形式。占地面积不仅直接决定着土地费的高低，而且影响着小区内道路、工程管线长度和公共设备的多少，而这些费用对小区建设投资的影响通常很大。因而，用地面积指标在很大程度上影响小区建设的总造价。建筑群体的布置形式对用地的影响也不容忽视，通过采取高低搭配、点线结合和前后错列布置、斜向布置或拐角单元等手法，既满足采光、通风、消防等要求又能提高容积率、节省用地。在保证居住小区基本功能的前提下，适当集中公共设施，合理布置道路，充分利用小区内的边角用地，有利于提高建筑密度，降低小区的总造价。

（2）住宅建筑设计。住宅建筑设计中影响工程造价的主要因素有建筑物平面形状和周长系数、层高和净高、层数、单元组成、户型和住户面积、建筑结构等。与工业项目建筑设计类似，虽然圆形建筑 $K_{周}$ 最小，但由于施工复杂，施工费用比矩形建筑增加 20％～30％，故其墙体工程量的减少不能使建筑工程造价降低，而且使用面积有效利用率不高，用户使用也不便。因此一般都建造矩形住宅，既有利于施工，又能降低造价和使用方便。在矩形住宅建筑中，又以长：宽＝2：1 为佳。一般住宅单元以 3～4 个住宅单元、房屋长度 60～80m 较为经济。住宅的层高和净高直接影响工程造价。根据不同性质的工程综合测算，住宅层高每降低 10cm，可降低造价 1.2％～1.5％。层高降低还可以提高居住小区的建筑密度，节约土地成本及市政设施配套费。但是，层高设计中还需考虑采光与通风问题，层高过低不利于采光及通风，因此民用住宅的层高一般不宜低于 2.8m。随着住宅层数的增加，单方造价系数在逐渐降低，即层数越多越经济。但是边际造价系数也在逐渐减小，说明随着层数的增加，单方造价系数下降幅度减缓，当住宅达到 7 层及以上，就要增加电梯费用，需要较多的交通面积（过道、走廊要加宽）和补充设备（供水设备和供电设备等）。特别是高层住宅，要经受强风和地震等水平荷载，需要提高结构强度，改变结构形式，使工程造价大幅度提高。因此中小城市以建造多层住宅较为经济，大城市可沿主要街道建设高层住宅，以合理利用空间。对于土地特别昂贵的地区，为了降低土地费用，中、高层住宅是比较经济的选择。衡量单元组成、户型设计的指标是结构面积系数（住宅结构面积与建筑面积之比），系数越小设计方案越经济。结构面积系数除与房屋结构形式有关外，还与房屋建筑形状及其长度和宽度有关，同时也与房间平均面积大小和户型组成有关。房屋平均面积越大，内墙、隔墙在建筑面积所占比重就越小。随着我国建筑工业化水平的提高，住宅工业化建筑体系的结构形式多种多样，应根据实际情况，因地制宜、就地取材，采用适合本地区的经济合理的结构形式。

四、建设项目可行性研究及其对工程造价的影响

（一）可行性研究的概念

建设项目可行性研究是指在投资决策前，对项目有关的社会、经济和技术等方面情况进行深入细致的调查研究，对各种可能拟定的建设方案和技术方案进行认真的技术经济分析与比较论证，对项目建成后的经济效益进行科学的预测和评价，并在此基础上综合研究、论证建设项目的技术先进性、适用性、可靠性、经济合理性和盈利性，以及建设可能性和可行性，由此确定该项目是否投资和如何投资，使之进入项目开发建设的下一阶段等结论性意见。可行性研究是一项十分重要的工作。加强可行性研究，是对国家经济资源进行优化配置的最直接、最重要的手段，是提高工程决策水平的关键。

（二）可行性研究报告的作用

可行性研究报告在项目筹建和实施的各个环节中，可以起到以下几个方面的作用。

（1）作为投资主体投资决策的依据。

（2）作为向当地政府或城市规划部门申请建设执照的依据。

（3）作为环保部门审查建设项目对环境影响的依据。

（4）作为编制设计任务书的依据。

（5）作为安排项目计划和实施方案的依据。

（6）作为筹集资金和向银行申请贷款的依据。

（7）作为编制科研实验计划和新技术、新设备需用计划及大型专用设备生产预安排计划的依据。

（8）作为从国外引进技术、设备以及与国外厂商谈判签约的依据。

（9）作为与项目协作单位签订经济合同的依据。

（10）作为项目后评价的依据。

（三）可行性研究报告的内容

可行性研究报告是项目可行性研究工作的成果文件，按照原国家发展计划委员会审定发行的《投资项目可行性研究指南》（计办投资〔2002〕15号）的规定，项目可行性研究报告一般包括以下基本内容。

（1）项目兴建理由与目标，包括项目兴建理由、项目预测目标、项目建设基本条件。

（2）市场分析与预测，包括市场预测内容、市场现状调查、产品供需预测、价格预测、竞争力分析、市场风险分析、市场调查与预测方法。

（3）资源条件评价，包括资源开发利用的基本要求、资源评价。

（4）建设规模与产品方案，包括建设规模方案选择、产品方案选择、建设规模与产品方案比选。

（5）场（厂）址选择，包括场址选择的基本要求、场址选择研究内容、场址方案

比选。

（6）技术方案、设备方案和工程方案，包括技术方案选择、主要设备方案选择、工程方案选择、节能措施、节水措施。

（7）原材料、燃料供应，包括主要原材料供应方案，燃料供应方案，主要原材料、燃料供应方案比选。

（8）总图运输与公用辅助工程，包括总图布置方案、场内外运输方案、公用工程与辅助工程方案。

（9）环境影响评价，包括环境影响评价基本要求、环境条件调查、影响环境因素分析、环境保护措施。

（10）劳动安全卫生与消防，包括劳动安全卫生、消防设施。

（11）组织机构与人力资源配置，包括组织机构设置及其适应性分析、人力资源配置、员工培训。

（12）项目实施进度，包括建设工期、实施进度安排。

（13）投资估算，包括建设投资估算内容、建设投资估算方法、流动资金估算、项目投入总资金及分年投入计划。

（14）融资方案，包括融资组织形式选择、资金来源选择、资本金筹措、债务资金筹措、融资方案分析。

（15）建设项目经济评价，包括财务分析和经济效果评价。

（16）社会评价，包括社会评价作用与范围、社会评价主要内容、社会评价步骤与方法。

（17）风险分析，包括风险因素识别、风险评估方法、风险防范对策。

（18）研究结论与建议，包括推荐方案总体描述、主要比选方案描述、结论与建议。

（19）附件。

（四）建设项目经济评价

建设项目经济评价是项目可行性研究的重要内容。国家发展改革委、建设部 2006 年发布的《建设项目经济评价方法与参数》（第三版）规定：建设项目经济评价包括财务评价（也称财务分析）和经济效果评价（也称经济分析）。

（1）财务评价，是指在国家现行财税制度和价格体系的前提下，从项目的角度出发，计算项目范围内的财务效益和费用，分析项目的盈利能力和清偿能力，评价项目在财务上的可行性。具体内容包括：财务分析内容与步骤、财务评价基础数据与参数选取、销售收入与成本费用估算、新设项目法人项目财务分析、既有项目法人项目财务分析、不确定性分析、非盈利性项目财务分析。

（2）经济效果评价，是指在合理配置社会资源的前提下，从国家经济整体利益的角度出发，计算项目对国民经济的贡献，分析项目的经济效率、效果和对社会的影响，评价项目在宏观经济上的合理性。具体内容包括：经济效果评价范围和内容、效益与费用识别、影子价格的选取与计算、经济效果评价报表编制、经济效果评价指标计算、经济效果评价参数。

建设项目经济评价内容的选择应根据项目性质、项目目标、项目投资者、项目财务主体以及项目对经济与社会的影响程度等具体情况确定。对于费用效益计算比较简单、建设期和运营期比较短、不涉及进出口平衡等一般项目，如果财务评价的结论能够满足投资决策需要，则可以不进行经济效果评价；对于关系公共利益、国家安全和市场不能有效配置资源的经济和社会发展的项目，除应进行财务评价外，还应进行经济效果评价；对于特别重大的建设项目，尚应辅以区域经济与宏观经济影响分析方法进行经济效果评价。

（五）可行性研究对工程造价的影响

从项目可行性研究报告的内容与作用可以看出，项目可行性研究与工程造价有着密不可分的联系。

（1）项目可行性研究结论的正确性是工程造价合理性的前提。项目可行性研究结论正确，意味着对项目建设做出科学的决断，优选出最佳投资行动方案，达到资源的合理配置。这样才能合理地确定工程造价，并且在实施最优投资方案过程中，有效地控制工程造价。

（2）项目可行性研究的内容是决定工程造价的基础。工程造价的确定与控制贯穿于项目建设全过程，但依据可行性研究所确定的各项技术经济决策对该项目的工程造价有重大影响，特别是建设规模与产品方案、场（厂）址、技术方案、设备方案和工程方案的选择直接关系到工程造价的高低。据有关资料统计，在项目建设各阶段中，投资决策阶段影响工程造价的程度最高。因此，决策阶段是决定工程造价的基础阶段，直接影响着决策立项之后各个建设阶段的工程造价及其管理工作的科学合理性。

（3）工程造价高低、投资多少也影响可行性研究结论。可行性研究的重要工作内容及成果——投资估算，是进行投资方案选择的重要依据之一，同时也是决定项目是否可行及主管部门进行项目审批的参考依据。

（4）可行性研究的深度影响投资估算的精确度，也影响工程造价的控制效果。投资决策过程是一个由浅入深、不断深化的过程，依次分为若干工作阶段，不同阶段决策的深度不同，投资估算的精确度也不同。按照"前者控制后者"的制约关系，前一阶段的造价文件对其后面的各种形式的造价起着制约作用，作为限额目标。由此可见，只有加强可行性研究的深度，采用科学的估算方法和可靠的数据资料，合理地计算投资估算，保证投资估算一定的精确度，才能保证项目建设后续阶段的造价被控制在合理范围内，使投资控制目标能够实现。

五、设计方案的评价、比选及其对工程造价的影响

（一）设计方案评价、比选的原则与内容

1. 设计方案评价、比选的原则

建设项目的经济评价应系统分析、计算项目的效益和费用，通过多方案经济比选推荐最佳方案，对项目建设的必要性、财务可行性、经济合理性、投资风险等进行全面的评价。由此，作为寻求合理的经济和技术方案的必要手段——设计方案评价、比选应遵循以下原则。

（1）建设项目设计方案评价、比选要协调好技术先进性和经济合理性的关系，即在满足设计功能和采用合理先进技术的条件下，尽可能降低投入。

（2）建设项目设计方案评价、比选除考虑一次性建设投资外，还应考虑项目运营过程中的运维费用，即要评价、比选项目全寿命周期的总费用。

（3）建设项目设计方案评价、比选要兼顾近期与远期的要求，即建设项目的功能和规模应根据国家和地区远景发展规划，适当留有发展余地。

2. 设计方案评价、比选的内容

建设项目设计方案比选的内容在宏观方面有建设规模、建设场址、产品方案等，对于建设项目本身有厂区（或居民区）总平面布置、主题工艺流程选择、主要设备选型等，在具体项目的微观方面有工程设计标准、工业与民用建筑的结构形式、建筑安装材料的选择等。一般在具体的单项、单位工程项目设计方案评价、比选时，应以单位或分部分项工程为对象，通过主要技术经济指标的对比，确定合理的设计方案。

（二）设计方案评价、比选的方法

在建设项目多方案整体宏观方面的评价、比选，一般采用投资回收期法、计算费用法、净现值法、净年值法、内部收益率法，以及上述几种方法选择性综合使用等。对于具体的单项、单位工程项目多方案的评价、比选，一般采用价值工程原理或多指标综合评分法（对参与评价、比选的设计方案设定若干评价指标，并按其各自在方案中的重要程度给定各评价指标的权重和评分标准，计算各设计方案的加权得分的方法）比选。

在建设项目设计阶段，多方案比选多属于局部方案比选。对于技术上先进、适用的设计方案，进行经济评价、比选时，可以采用造价额度、运行费用、净现值、净年值等方法，极特殊的、复杂的方案比选采用综合财务评价方法。

（三）设计方案评价、比选应注意的问题

对设计方案进行评价、比选时需注意以下几点。

（1）工期的比较。工程施工工期的长短涉及管理水平、投入劳动力的多少和施工机械的配备情况，因此应在相似的施工资源条件下进行工期比较，并应考虑施工的季节性。由于工期缩短而工程提前竣工交付使用所带来的经济效益，应纳入分析评价范围。

（2）采用新技术的分析。设计方案采用某项新技术，往往在项目的早期经济效益较差，因为生产率的提高和生产成本的降低需要经过一段时间来掌握和熟悉新技术后方可实现。因此进行设计方案技术经济分析评价时应预测其预期的经济效果，不能仅由于当前的经济效益指标较差而限制新技术的采用和发展。

（3）对产品功能的分析评价。对产品功能的分析评价是技术经济评价内容不能缺少而又常常被忽视的方面。必须明确方案经济性评价、比选应具有可比性。当参与对比的设计方案功能项目和水平不同时，应对其进行可比性处理，使之满足下列几方面的可比条件：①需要可比；②费用消耗可比；③价格可比；④时间可比。

（四）设计方案对工程造价的影响

工程建设项目由于受资源、市场、建设条件等因素的限制，拟建项目可能存在建设场址、建设规模、产品方案、所选用的工艺流程等多个整体设计方案，而在一个整体设计方案中也可以存在全厂总平面布置、建筑结构形式等多个设计方案。显然，不同的设计方案工程造价各不相同，必须对多个若干不同设计方案进行全面的技术经济评价分析，为建设项目投资决策提供方案比选意见，推荐最合理的设计方案，才能确保建设项目在经济合理的前提下做到技术先进，从而为工程造价管理提供前提和条件，最终达到提高工程建设投资效果的目的。

此外，对于已经确定的设计方案，也可以依据有关技术经济资料对设计方案进行评价，提出优化设计的建议与意见，通过深化、优化设计使技术方案更加经济合理，使工程造价的确定具有科学的依据，使建设项目投资获得最佳效果。

第二节　投资估算的编制

一、投资估算的概念及作用

（一）投资估算的概念

投资估算是指在建设项目前期各阶段（包括投资机会研究、项目建议书、初步可行性研究、详细可行性研究、方案设计等）按照规定的程序、办法和依据，通过对拟建项目所需投资的测算和估计形成投资估算文件的过程，是进行建设项目技术经济分析与评价和投资决策的基础。投资估算的准确与否不仅影响到项目前期各阶段的工作质量和经济评价结果，而且也直接关系到后续设计概算和施工图预算的工作及其成果的质量，对建设项目资金筹措方案也有直接的影响。因此全面准确地估算建设项目投资，是建设项目前期各阶段造价管理的重要任务。

（二）投资估算的作用

（1）投资机会研究与项目建议书阶段的投资估算是项目主管部门审批项目建议书的依据之一，并对项目的规划、规模起参考作用。

（2）可行性研究阶段的投资估算是项目投资决策的重要依据，也是研究、分析、计算项目投资经济效果的重要条件。

（3）方案设计阶段的投资估算是项目具体建设方案技术经济分析、比选的依据。该阶段的投资估算一经确定，即成为限额设计的依据，用以对各专业设计进行投资切块分配，作为控制和指导设计的尺度。

（4）项目投资估算可作为项目资金筹措及制订建设贷款计划的依据，建设单位可根据批准的项目投资估算额，进行资金筹措和向银行申请贷款。

（5）投资估算是核算建设项目固定资产投资需要额和编制固定资产投资计划的重要依据。

（6）投资估算是建设工程设计招标、优选设计单位和设计方案的重要依据。在工程设计招标阶段，投标单位报送的投标书中包括项目设计方案、项目的投资估算和经济性分析，招标单位根据投资估算对各项设计方案的经济合理性进行分析、衡量、比较，在此基础上，择优确定设计单位和设计方案。

二、投资估算编制内容及依据

(一) 编制内容

建设项目投资估算包括建设投资、建设期利息和流动资金的估算。

按照费用的性质划分，建设投资估算的内容包括工程费用、工程建设其他费用和预备费用三部分。其中，工程费用包括建筑工程费、设备及工器具购置费、安装工程费；工程建设其他费用包括建设用地费、与建设有关的其他费用、与生产经营有关的费用；预备费用包括基本预备费和价差预备费。在按形成资产法估算建设投资时，工程费用形成固定资产；工程建设其他费用可以分别形成固定资产、无形资产及其他资产；预备费为简化计算，一并计入固定资产。

建设期利息是指为工程建设筹措债务资金而发生的融资费用以及在建设期内发生并应计入固定资产原值的利息，包括支付金融机构的贷款利息和为筹集资金而发生的融资费用。建设期利息单独估算，以便对建设项目进行融资前和融资后财务分析。

流动资金是指生产经营性项目投产后，用于购买原材料、燃料、支付工资及其他经营费用等所需的周转资金。它是伴随着建设投资而发生的长期占用的流动资产投资，流动资金＝流动资产－流动负债。其中：流动资产主要考虑现金、应收账款、预付账款和存货；流动负债主要考虑应付账款和预收账款。因此流动资金的概念，实际上就是财务中的营运资金。

建设项目投资估算的基本步骤如下。

(1) 分别估算各单项工程所需的建筑工程费、设备及工器具购置费、安装工程费。

(2) 在汇总各单项工程费用的基础上，估算工程建设其他费用和基本预备费。

(3) 估算价差预备费。

(4) 估算建设期利息。

(5) 估算流动资金。

(6) 汇总出总投资。

(二) 编制依据

建设项目投资估算编制依据，是指在编制投资估算时需要对拟建项目进行工程计量、计价所依据的有关数据参数等基础资料，主要有以下几个方面。

(1) 国家、行业和地方政府的有关规定。

(2) 拟建项目建设方案确定的各项工程建设内容。

(3) 工程勘察与设计文件或有关专业提供的主要工程量和主要设备清单。

(4) 行业部门、项目所在地工程造价管理机构或行业协会等编制的投资估算指标、概算指标 (定额)、工程建设其他费用定额 (规定)、综合单价、价格指数和有关造价文件等。

(5) 类似工程的各种技术经济指标和参数。

(6) 工程所在地的工、料、机市场价格，建筑、工艺及附属设备的市场价格和有关费用。

（7）政府有关部门、金融机构等部门发布的价格指数、利率、汇率、税率等有关参数。

（8）与项目建设相关的工程地质资料、设计文件、图纸等。

（9）其他技术经济资料。

三、投资估算的编制方法

建设项目投资估算要根据所处阶段对建设方案构思、策划和设计深度，结合各自行业的特点，采用生产技术工艺的成熟性，以及所掌握的国家及地区、行业或部门相关投资估算基础资料和数据的合理、可靠、完整程度（包括造价咨询机构自身统计和积累的可靠的相关造价基础资料）等编制，需要根据所处阶段、方案深度、资料占有等情况的不同采用不同的编制方法。投资机会研究和项目建议书阶段，投资估算的精度低，可以采取简单的匡算法，如单位生产能力法、生产能力指数法、系数估算法、比例估算法、指标估算法等。在可行性研究阶段，投资估算精度要求就要比前一阶段高一些，需采用相对详细的估算方法，如指标估算法等。

下面阐述项目建议书阶段和可行性研究阶段的投资估算方法。

（一）项目建议书阶段的投资估算

由于项目建议书阶段是初步决策的阶段，对项目还处在概念性的理解，因此投资估算只能在总体框架内进行，投资估算对项目决策只是概念性的参考，投资估算只起指导性作用。该阶段的投资估算方法主要有以下几种。

1. 单位生产能力估算法

依据调查的统计资料，利用相近规模的单位生产能力投资乘以建设规模，即得拟建项目投资。其计算公式为

$$C_2 = \left(\frac{C_1}{Q_1}\right) \times Q_2 \times f$$

式中　　C_1——已建类似项目的静态投资额；

　　　　C_2——拟建项目静态投资额；

　　　　Q_1——已建类似项目的生产能力；

　　　　Q_2——拟建项目的生产能力；

　　　　f——不同时期、不同地点定额、单价、费用变更等的综合调整系数。

【例 2-1】 某公司拟于 2018 年在某地区开工兴建年产 45 万 t 合成氨的化肥厂。2014 年兴建的年产 30 万 t 同类项目总投资为 28 000 万元。根据测算拟建项目造价综合调整系数为 1.216，试采用单位生产能力估算法，计算该拟建项目所需静态投资为多少万元。

解：

$$C_2 = \left(\frac{C_1}{Q_1}\right) \times Q_2 \times f = \left(\frac{28\ 000}{30}\right) \times 45 \times 1.216 = 51\ 072\ （万元）$$

单位生产能力估算法只能是快速粗略地估算，误差较大，可达±30%。应用该估算法时需要注意建设区域的差异性、配套工程的差异性、建设时间的差异性等方面可能造成的投资估算精度的差异。

2. 生产能力指数法

生产能力指数法又称指数估算法，它是根据已建成的类似项目生产能力和投资额来粗略估算拟建项目投资额的方法，是对单位生产能力估算法的改进。其计算公式为

$$C_2 = C_1 \times \left(\frac{Q_2}{Q_1}\right)^x \times f$$

式中 x——生产能力指数。其他符号含义同前。

上式表明造价与规模（或容量）呈非线性关系，且单位造价随工程规模（或容量）的增大而减小。在正常情况下，$0 \leqslant x \leqslant 1$。

若已建类似项目的生产规模与拟建项目生产规模相差不大，Q_1 与 Q_2 的比值在 $0.5 \sim 2.0$，则指数 x 的取值近似为 1。

若已建类似项目的生产规模与拟建项目生产规模相差不大于 50 倍，且拟建项目生产规模的扩大仅靠增大设备规模来达到时，则 x 的取值约在 $0.6 \sim 0.7$；若是靠增加相同规格设备的数量达到时，x 的取值约在 $0.8 \sim 0.9$。

生产能力指数法主要应用于拟建装置或项目与用来参考的已知装置或项目的规模不同的场合。

【例 2-2】 接［例 2-1］，如果根据两个项目规模差异，确定生产能力指数为 0.81，试采用生产能力指数估算法，计算该拟建项目所需静态投资为多少万元。

解：

$$C_2 = C_1 \times \left(\frac{Q_2}{Q_1}\right)^x \times f = 28\ 000 \times \left(\frac{45}{30}\right) \times 1.216 = 47\ 285\ （万元）$$

生产能力指数法与单位生产能力估算法相比，精确度略高一些。尽管估价误差仍较大，但有它独特的好处，即这种估价方法不需要详细的工程设计资料，只知道工艺流程及规模就可以。在总承包工程报价时，承包商大都采用这种方法估价。

3. 系数估算法

系数估算法也称为因子估算法，它是以拟建项目的主体工程费或主要设备购置费为基数，以其他工程费与主体工程费或设备购置费的百分比为系数，依此估算拟建项目总投资的方法。这种方法简单易行，但是精度较低，一般应用于设计深度不足、拟建建设项目与已建类似建设项目的主体工程费或主要生产工艺设备投资比重较大，行业内相关系数等基础资料完备的情况。其计算公式为

$$C = E\ (1 + f_1 P_1 + f_2 P_2 + f_3 P_3 + \cdots)\ + I$$

式中 C——拟建建设项目的静态投资；

E——拟建建设项目的主体工程费或主要生产工艺设备费；

P_1、P_2、$P_3 \cdots$——已建类似建设项目的辅助或配套工程费占主体工程费或主要生产工艺设备费的的比重；

f_1、f_2、$f_3 \cdots$——由于建设时间、地点而产生的定额水平、建筑安装材料价格、费用变更和调整等综合调整系数；

I——根据具体情况计算的拟建建设项目各项其他建设费用。

4. 比例估算法

根据统计资料，先求出已有同类企业主要设备投资占全厂建设投资的比例，然后再估算出拟建项目的主要设备投资，即可按比例求出拟建项目的建设投资。其表达式为

$$I = \frac{1}{K} \sum_{i=1}^{n} Q_i P_i$$

式中　I——拟建项目的建设投资；

　　　K——已建项目主要设备投资占拟建项目投资的比例；

　　　n——设备种类数；

　　　Q_i——第 i 种设备的数量；

　　　P_i——第 i 种设备的单价（到厂价格）。

5. 指标估算法

指标估算法是指依据投资估算指标，对各单位工程或单项工程费用进行估算，进而估算建设项目总投资，再按相关规定估算工程建设其他费用、基本预备费、建设期利息等，形成拟建项目静态投资。

（二）可行性研究阶段的投资估算

建设项目可行性研究阶段投资估算原则上应采用指标估算法。对投资有重大影响的主体工程，应估算出分部分项工程量，参考相关概算指标或概算定额编制主要单项工程的投资估算。对于子项单一的大型民用公共建筑，主要单项工程估算应细化到单位工程估算书。可行性研究投资估算应满足项目的可行性研究与评价，并最终满足国家和地方相关部门审批或备案的要求。初步可行性研究阶段、方案设计阶段项目建设投资估算视设计深度，可以参照本章讲述的可行性研究阶段投资估算的编制办法进行。

1. 建筑工程费用估算

建筑工程费用是指为建造永久性建筑物和构筑物所需要的费用，一般采用单位建筑工程投资估算法、单位实物工程量投资估算法、概算指标投资估算法等进行估算。

（1）单位建筑工程投资估算法以单位建筑工程量投资乘以建筑工程总量计算。一般工业与民用建筑以单位建筑面积（m²）的投资，工业窑炉砌筑以单位容积（m³）的投资，水库以水坝单位长度（m）的投资，铁路路基以单位长度（km）的投资，矿上掘进以单位长度（m）的投资，乘以相应的建筑工程量计算建筑工程费。这种方法可以进一步分为单位长度价格法、单位面积价格法、单位容积价格法和单位功能价格法。

1）单位长度价格法。此方法是利用每单位长度的费用价格进行估算，首先要用已知的项目建筑工程费用除以该项目的长度，得到单位长度价格，然后将结果应用到拟建项目的建筑工程费估算中。

2）单位面积价格法。此方法首先要用已知的项目建筑工程费用除以该项目的房屋总面积，即为单位面积价格，然后将结果应用到拟建项目的建筑工程费估算中。

3）单位容积价格法。在一些项目中，建筑高度是影响成本的重要因素。例如，仓库、工业窑炉砌筑的高度根据需要会有很大的变化，显然这时不再适用单位面积价格，而单位容积价格则成为确定初步估算的好方法。用已完工程总的建筑工程费用除以建筑容积，即

可得到单位容积价格。

4）单位功能价格法。此方法是利用每功能单位的成本价格估算，将选出所有此类项目中共有的单位，并计算每个项目中该单位的数量。例如，可以用医院里的病床数量为功能单位，新建一所医院的费用被细分为其所提供的病床数量。这种计算方法首先给出每张病床的单价，然后乘以该医院所有病床的数量，从而确定该医院项目的工程费用。

（2）单位实物工程量投资估算法：以单位实物工程量的投资乘以实物工程总量计算。土石方工程按每立方米投资，矿井巷道衬砌工程按每延长米投资，场地、路面铺设工程按每平方米投资，乘以相应的实物工程总量计算建筑工程费。

（3）概算指标投资估算法：对于没有上述估算指标且建筑工程费占总投资比例较大的项目，可采用概算指标估算法。采用此种方法，应占有较为详细的工程资料、建筑材料价格和工程费用指标，投入的时间和工作量较大。

2. 设备购置费估算

设备购置费是指为建设项目购置或自制的达到固定资产标准的各种国产或进口设备、工具、器具的购置费用。设备购置费根据项目主要设备表及价格、费用资料编制，工器具购置费按设备费的一定比例计取。价值高的设备应按单台（套）估算购置费，价值较小的设备可按类估算，国内设备和进口设备应分别估算（具体估算方法请参见本书第三章第二节相关内容）。

3. 工程建设其他费用估算

工程建设其他费用的估算应结合拟建项目的具体情况，有合同或协议明确的费用按合同或协议列入。无合同或协议明确的费用，根据国家和各行业部门、工程所在地地方政府的有关工程建设其他费用定额和估算办法估算。

（1）土地使用费估算。土地使用费是指通过划拨方式取得土地使用权而支付的土地征用及迁移补偿费，或通过土地使用权出让方式取得土地使用权而支付的土地使用权出让金。土地征用及迁移补偿费应依照《中华人民共和国土地管理法》等规定估算支付。土地使用权出让金应依照《中华人民共和国城镇国有土地使用权出让和转让暂行条例》的规定估算支付。

（2）与项目建设有关的其他费用估算。与项目建设有关的其他费用包括：①建设管理费；②可行性研究费；③研究试验费；④勘察费；⑤设计费；⑥专项评价费；⑦场地准备及临时设施费；⑧工程保险费；⑨特殊设备安全监督检验费；⑩市政公用设施费等。

（3）与未来企业生产经营有关的其他费用估算。

1）联合试运转费：按照整个车间的负荷或无负荷联合试运转发生的费用支出大于试运转收入的亏损部分计算。费用支出内容包括：试运转所需的原料、燃料、油料和动力的费用，机械使用费，低值易耗品及其他物品的购置费用和施工单位参加联合试运转人员的工资等。试运转收入包括试运转产品销售和其他收入，不包括应由设备安装工程费项下开支的单台设备调试费及试车费用。联合试运转费一般根据不同性质的项目按需要试运转车间的工艺设备购置费的百分比计算。

2）生产准备费：一般根据需要培训和提前进厂人员的人数及培训时间按生产准备费

指标进行估算。

4. 基本预备费估算

基本预备费一般是以建设项目的工程费用和工程建设其他费用之和为基础，乘以基本预备费率进行计算。基本预备费率的大小应根据建设项目的设计阶段和具体的设计深度，以及在估算中所采用的各项估算指标与设计内容的贴近度、项目所属行业主管部门的具体规定确定。

上述各项费用是不随时间的变化而变化的费用，故称为静态投资部分。

5. 价差预备费

价差预备费的内容包括人工、设备、材料、施工机械的价差费，建筑安装工程费及工程建设其他费用调整，利率、汇率调整等增加的费用。

价差预备费一般根据国家规定的投资综合价格指数，按估算年份价格水平的投资额为基数，采用复利方法计算。计算公式为

$$P = \sum_{i=1}^{n} I_t \left[(1+f)^m (1+f)^{0.5} (1+f)^{i-1} - 1 \right]$$

式中　P——价差预备费（万元）；

　　　n——建设期（年）；

　　　I_t——静态投资部分第 t 年投入的工程费用（万元）；

　　　f——年涨价率（%）；

　　　m——建设前期年限（从编制估算到开工建设，年）；

　　　t——年度数。

【例 2-3】 某建设项目建筑安装工程费 8000 万元，设备购置费 4500 万元，工程建设其他费用 3000 万元，已知基本预备费率 5%，项目建设前期年限为 1 年，建设期为 3 年，各年投资计划额为：第一年完成投资 30%，第二年完成 50%，第三年完成 20%。年均投资价格上涨率为 5%，求建设项目建设期间价差预备费。

解：

基本预备费 =（8000＋4500＋3000）×5% = 775（万元）

静态投资额 = 8000＋4500＋3000＋775 = 16 275（万元）

建设期第一年完成静态投资 = 16 275×30% = 4882.5（万元）

第一年价差预备费为：$P_1 = I_1 \left[(1+f)(1+f)^{0.5} - 1 \right] = 370.73$（万元）

第二年完成静态投资 = 16 275×50% = 8137.5（万元）

第二年价差预备费为：$P_2 = I_2 \left[(1+f)(1+f)^{0.5}(1+f) - 1 \right] = 1055.65$（万元）

第三年完成静态投资 = 16 275×20% = 3255（万元）

第三年价差预备费为：$P_3 = I_3 \left[(1+f)(1+f)^{0.5}(1+f)^2 - 1 \right] = 606.12$（万元）

所以建设期的价差预备费为

$P = 370.73＋1055.65＋606.12 = 2032.5$（万元）

6. 建设期利息估算

在建设项目分年度投资计划的基础上设定初步融资方案，对采用债务融资的项目应估

算建设期利息。建设期利息是指筹措债务资金时在建设期内发生并按规定允许在投产后计入固定资产原值的利息，即资本化利息。建设期利息包括向国内银行和其他非银行金融机构贷款、出口信贷、外国政府贷款、国际商业银行贷款以及在境内外发行的债券等在建设期间应计的借款利息。

对于多种借款资金来源、每笔借款的年利率各不相同的项目，既可以分别计算每笔借款的利息，也可以先计算出各笔借款加权平均的年利率，并以此利率计算全部借款的利息。

建设期利息的估算，根据建设期资金用款计划，可按当年借款在当年年中支用考虑，即当年借款按半年计息，上年借款按全年计息。国外贷款利息的计算中，还应包括国外贷款银行根据贷款协议向贷款方以年利率的方式收取的手续费、管理费、承诺费，以及国内代理机构向贷款单位收取的转贷费、担保费、管理费等。

建设期各年利息的计算公式为

$$q_j = \left(P_{j-1} + \frac{1}{2}A_j\right)i \qquad (j=1, \cdots, n)$$

式中　g_j——建设期第 j 年利息；

　P_{j-1}——建设期第 $(j-1)$ 年末贷款累计金额与利息累计金额之和；

　A_j——建设期第 j 年贷款金额；

　i——年利率；

　n——建设期年份数。

建设期利息合计为

$$q = \sum_{j=1}^{n} q_j$$

【例 2-4】　某新建项目，建设期为 3 年，分年度贷款，第一年贷款 600 万元，第二年贷款 900 万元，第三年贷款 500 万元，年利率为 6%，计算建设期利息。

解：在建设期，各年利息计算如下。

$$q_1 = \frac{1}{2}A_1 \cdot i = \frac{1}{2}\times 600 \times 6\% = 18 \ (万元)$$

$$g_2 = \left(P_1 + \frac{1}{2}A_2\right) \cdot i = (600+18+\times 900)\times 6\% = 64.08 \ (万元)$$

$$q_3 = \left(P_2 + \frac{1}{2}A_3\right) \cdot i = (618+900+64.08+\times 500)\times 6\% = 109.92 \ (万元)$$

所以建设期利息之和为

$$q = q_1 + q_2 + q_3 = 18+64.08+109.92 = 192 \ (万元)$$

价差预备费和建设期利息是随时间的变化而变化的费用，故称为动态投资部分。

(三) 流动资金的估算

流动资金也称流动资产投资，是指生产经营性项目投产后，为进行正常生产运营，用于购买原材料、燃料，支付工资及其他经营费用等所需的周转资金。流动资金的估算可以采用分项详细估算法和扩大指标估算法。

1. 分项详细估算法

分项详细估算法是指根据项目的流动资产和流动负债，估算项目所占用流动资金的方法。流动资产的构成要素一般包括存货、库存现金、应收账款和预付账款；流动负债的构成要素一般包括应付账款和预收账款。流动资金等于流动资产和流动负债的差额。可行性研究阶段的流动资金估算应采用分项详细估算法。

2. 扩大指标估算法

扩大指标估算法是指根据现有同类企业的实际资料，求得各种流动资金率指标，亦可依据行业或部门给定的参考值或经验确定比率。将各类流动资金率乘以相对应的费用基数来估算流动资金。一般常用的基数有销售收入、经营成本、总成本费用和固定资产投资等，究竟采用何种基数依行业习惯而定。扩大指标估算法简便易行，但准确度不高，适用于项目建议书阶段的估算。扩大指标估算法计算流动资金的公式为

$$年流动资金额＝年费用基数×各类流动资金率$$
$$年流动资金额＝年产量×单位产品产量占用流动资金额$$

需要注意的是，流动资金属于长期性（永久性）流动资产。其筹措可按自有资本金和长期负债两种方式解决。自有资本金部分一般不能低于流动资金总额的30%（该部分称为铺底流动资金，根据原国家计委的规定，工业建设项目按流动资金总额的30%作为铺底流动资金，计入建设期投资总额）。在投产的第一年开始按生产负荷安排流动资金需用量。流动资金的借款部分按全年计算利息，并计入生产期间财务费用，项目计算期末收回全部流动资金。

四、投资估算的文件组成

投资估算文件一般由封面、签署页、编制说明、投资估算分析、总投资估算表、单项工程投资估算表、主要技术经济指标等内容组成。

（一）编制说明

投资估算编制说明一般应阐述以下内容。

（1）工程概况。

（2）编制范围。

（3）编制方法。

（4）编制依据。

（5）主要技术经济指标。

（6）有关参数、率值选定的说明。

（7）特殊问题的说明，包括采用新技术、新材料、新设备、新工艺时，必须说明的价格的确定，进口材料、设备、技术费用的构成与计算参数，采用巨型结构、异型结构的费用估算方法，环保（不限于）投资占总投资的比重，未包括项目或费用的必要说明等。

（8）采用限额设计的工程还应对投资限额和投资分解作进一步说明。

（9）采用方案比选的工程还应对方案比选的估算和经济指标作进一步说明。

（二）投资估算分析

投资估算分析应包括以下内容。

（1）工程投资比例分析。一般建筑工程要分析土建、装饰、给排水、电气、暖通、空调、动力等主体工程和道路、广场、围墙、大门、室外管线、绿化等室外附属工程占总投资的比例；一般工业项目要分析主要生产项目（列出各生产装置）、辅助生产项目、公用工程项目（给排水、供电和通信、供气、总图运输及外管）、服务性工程、生活福利设施、厂外工程占建设总投资的比例。

（2）分析设备购置费、建筑工程费、安装工程费、工程建设其他费用、预备费占建设总投资的比例；分析引进设备费用占全部设备费用的比例等。

（3）分析影响投资的主要因素。

（4）与国内类似工程项目进行比较，分析说明投资高低原因。

（三）总投资估算汇总表

总投资估算汇总表将工程费用、工程建设其他费用、预备费、建设期利息、流动资金等估算额以表格的形式进行汇总，形成建设项目投资估算总额。其表格形式见表2-2。

表 2-2　　　　　　　　　　　总 投 资 估 算 汇 总 表

工程名称：

序号	工程和费用名称	估算价值（万元）					技术经济指标			
		建筑工程费	设备及工器具购置费	安装工程费	其他费用	合计	单位	数量	单位价值	比例（%）
一	工程费用									
（一）	主要生产系统									
1										
2										
（二）	辅助生产系统									
1										
2										
（三）	公用设施									
1										
2										
（四）	外部工程									
1										
2										

续表

工程名称：

序号	工程和费用名称	估算价值（万元）					技术经济指标			
		建筑工程费	设备及工器具购置费	安装工程费	其他费用	合计	单位	数量	单位价值	比例（%）
二	工程建设其他费用									
1										
2										
三	预备费									
1	基本预备费									
2	价差预备费									
四	建设期利息									
五	流动资金									
	投资估算合计（万元）									
	比例（%）									

编制人：	审核人：	审定人：

（四）单项工程投资估算表

单项工程投资估算应按建设项目划分的各个单项工程分别计算组成工程费用的建筑工程费、设备购置费、安装工程费，具体见表 2-3。

表 2-3 单项工程投资估算汇总表

工程名称：

序号	工程和费用名称	估算价值（万元）					技术经济指标			
		建筑工程费	设备及工器具购置费	安装工程费	其他费用	合计	单位	数量	单位价值	比例（%）
一	工程费用									
（一）	主要生产系统									
1	××车间									
	土建工程									

续表

工程名称：										
序号	工程和费用名称	估算价值（万元）					技术经济指标			
		建筑工程费	设备及工器具购置费	安装工程费	其他费用	合计	单位	数量	单位价值	比例（%）
	建筑安装									
	工艺工程									
	非标准件									
	工艺管道									
	筑炉工程									
	保温工程									
	电气工程									
	自动化工程									
	给排水工程									
	暖通空调									
	动力工程									
	小计									
2										
3										
编制人：			审核人：				审定人：			

（五）主要技术经济指标

投资估算人员应根据项目特点、计算并分析整个建设项目、各单项工程和主要单位工程的主要技术经济指标。

五、投资估算编制实例

【例 2-5】　某企业拟兴建一项年产某种产品 3000 万 t 的工业生产项目，该项目由一个综合生产车间和若干附属工程组成。根据项目建议书中提供的同行业已建年产 2000 万 t 类似综合生产车间项目主设备投资和与主设备投资有关的其他专业工程投资系数见表 2-4。

表 2-4　已建类似项目主设备投资、与主设备投资有关的其他专业工程投资系数表

主设备投资	锅炉设备	加热设备	冷却设备	仪器仪表	起重设备	电力传动	建筑工程	安装工程
2200 万元	0.12	0.01	0.04	0.02	0.09	0.18	0.27	0.13

拟建项目的附属工程由动力系统、机修系统、行政办公楼工程、宿舍工程、总图工程、场外工程等组成,其投资初步估计见表2-5。

表 2-5 　　　　　　　　　　　附属工程投资初步估计数据表　　　　　　　　　单位:万元

工程名称	动力系统	机修系统	行政办公楼	宿舍工程	总图工程	场外工程
建筑工程费用	1800	800	2500	1500	1300	80
设备购置费用	35	20				
安装工程费用	200	150				
合计	2035	970	2500	1500	1300	80

据估计工程建设其他费用约为工程费用的20%,基本预备费率约为5%。从投资估算完成到正式开工建设需要一年的时间,开工后预计物价年平均上涨率约为3%。该项目建设投资的70%为企业自有资本金,其余资金采用贷款方式解决,贷款利率7.85%(按年计息)。在2年建设期内贷款和资本金均按第1年60%、第2年40%投入。流动资金占用额按年生产能力每吨25元估算。

问题:

1. 试用生产能力指数估算法估算拟建项目综合生产车间主设备投资。拟建项目与已建类似项目主设备投资综合调整系数取1.20,生产能力指数取0.85。

2. 试用主体专业系数法估算拟建项目综合生产车间投资额。经测定拟建项目与类似项目由于建设时间、地点和费用标准的不同,在锅炉设备、加热设备、冷却设备、仪器仪表、起重设备、电力传动、建筑工程、安装工程等专业工程投资的综合调整系数分别为:1.10、1.05、1.00、1.05、1.20、1.20、1.05、1.10。

3. 估算拟建项目全部建设投资。

4. 估算拟建项目建设期利息、流动资金,汇总该建设项目投资估算总额。

解:

问题1:

拟建项目综合生产车间主设备投资＝2200×(3000/2000)0.85×1.20＝3726.33(万元)

问题2:

拟建项目综合生产车间投资额＝设备费用＋建筑工程费用＋安装工程费用

(1) 设备费用＝3726.33×(1＋1.10×0.12＋1.05×0.01＋1.00×0.04＋1.05×0.02＋1.20×0.09＋1.20×0.18)＝3726.33×(1＋0.528)＝5693.83(万元)

(2) 建筑工程费用＝3726.33×(1.05×0.27)＝1056.41(万元)

(3) 安装工程费用＝3726.33×(1.10×0.13)＝532.87(万元)

拟建项目综合生产车间投资额＝5693.83＋1056.41＋532.87＝7283.11(万元)

问题3:

(1) 工程费用＝拟建项目综合生产车间投资额＋附属工程投资

　　　　　　＝7283.11＋2035＋970＋2500＋1500＋1300＋80＝15 668.11(万元)

(2) 工程建设其他费用＝工程费用×工程建设其他费用百分比

　　　　　　＝15 668.11×20%＝3133.62(万元)

（3）基本预备费＝（工程费用＋工程建设其他费用）×基本预备费率

　　　　　＝（15 668.11＋3133.62）×5％＝940.09（万元）

（4）静态投资合计＝15 668.11＋3133.62＋940.09＝19 741.82（万元）

（5）建设期各年静态投资如下。

第1年：19 741.82×60％＝11 845.09（万元）

第2年：19 741.82×40％＝7896.73（万元）

（6）价差预备费为

P＝11 845.09×［（1＋3％）^{1}×（1＋3％）$^{0.5}$×（1＋3％）$^{1-1}$－1］

　　＋7896.73×［（1＋3％）1×（1＋3％）$^{0.5}$×（1＋3％）$^{2-1}$－1］

　　＝537.01＋605.65＝1142.66（万元）

（7）预备费为

预备费＝940.09＋1142.66＝2082.75（万元）

（8）拟建项目全部建设投资＝工程费用＋工程建设其他费用＋预备费

　　　　　　　＝15 668.11＋3133.62＋2082.75＝20 884.48（万元）

问题4：

（1）建设期每年贷款额为

第1年贷款额＝20 884.48×60％×30％＝3759.21（万元）

第2年贷款额＝20 884.48×40％×30％＝2506.14（万元）

（2）建设期利息为

第1年利息＝（0＋3759.21÷2）×7.85％＝147.55（万元）

第2年利息＝（3759.21＋147.55＋2506.14÷2）×7.85％＝405.05（万元）

建设期利息合计＝147.55＋405.05＝552.60（万元）

（3）流动资产投资＝3000×25＝75 000（万元）

（4）该建设项目投资估算总额＝建设投资＋建设期利息＋流动资产投资

　　　　　　　＝20 884.48＋552.60＋75 000＝96 437.08（万元）

如果按流动资产投资的30％作为铺底流动资金计入建设期建设项目投资估算总额，则该建设项目投资估算总额应为43 937.08万元。

六、投资估算的审核

为保证投资估算的完整性和准确性，必须加强对投资估算的审核工作。有关文件规定：对建设项目进行评估时应进行投资估算的审核，政府投资项目的投资估算审核除依据设计文件外，还应依据政府有关部门发布的有关规定、建设项目投资估算指标和工程造价信息等计价依据。

投资估算的审核主要从以下几个方面进行。

1. 审核和分析投资估算编制依据的时效性、准确性和实用性

估算项目投资所需的数据资料有很多，如已建同类型项目的投资、设备和材料价格、运杂费率，有关的指标、标准以及各种规定等，这些资料可能随时间、地区、价格及定额水平的差异，使投资估算有较大的出入，因此要注意投资估算编制依据的时效性、准确性和实用性。针对这些差异必须做好定额指标水平、价差的调整系数以及费用项目的调查。同时在工艺水平、规模大小、自然条件、环境因素等方面对已建项目与拟建项目在投资方面形成的差异进行调整，使投资估算的价格和费用水平符合项目建设所在地实际情况。针对调整的过程及结果要进行深入细致的分析和审查。

2. 审核选用的投资估算方法的科学性与适用性

投资估算的方法有许多种，每种估算方法都有各自适用条件和范围，并具有不同的精确度。如果使用的投资估算方法与项目的客观条件和情况不相适应，或者超出了该方法的适用范围，就不能保证投资估算的质量。而且还要结合设计的阶段或深度等条件，采用适用、合理的估算办法进行估算。

当采用"单位工程指标"估算法时，应该审核套用的指标与拟建工程的标准和条件是否存在差异，及其对计算结果影响的程度，是否已采用局部换算或调整等方法对结果进行修正，修正系数的确定和采用是否具有一定的科学依据。处理方法不同，技术标准不同，费用相差可能很大。当工程量较大时，对估算总价影响甚大，如果在估算中不按科学方法进行调整，将会因估算准确程度差导致工程造价失控。

3. 审核投资估算的编制内容与拟建项目规划要求的一致性

审核投资估算的工程内容，包括工程规模、自然条件、技术标准、环境要求，与规定要求是否一致，是否在估算时已进行了必要的修正和反映，是否对工程内容尽可能地量化和质化，有没有出现内容方面的重复或漏项以及费用方面的高估或低算。

例如，建设项目的主体工程与附加工程或辅助工程、公用工程、生产与生活服务设施、交通工程等是否与规定的一致；是否漏掉了某些辅助工程、室外工程等的建设费用。

4. 审核投资估算的费用项目、费用数额的真实性

（1）审核各个费用项目与规定要求、实际情况是否相符，有无漏项或多项，估算的费用项目是否符合项目的具体情况、国家规定及建设地区的实际要求，是否针对具体情况做了适当的增减。

（2）审核项目所在地区的交通、地方材料供应、国内外设备的订货与大型设备的运输等方面，是否针对实际情况考虑了材料价格的差异问题；偏远地区或有大型设备时是否已考虑了增加设备的运杂费。

（3）审核是否考虑了物价上涨以及引进国外设备或技术项目是否考虑了每年的通货膨胀率对投资额的影响，考虑的波动变化幅度是否合适。

（4）审核"三废"处理所需相应的投资是否进行了估算，其估算数额是否符合实际。

（5）审核项目投资主体自有的稀缺资源是否考虑了机会成本，沉没成本是否剔除。

（6）审核是否考虑了采用新技术、新材料以及现行标准和规范相比已建项目的要求提高所需增加的投资额，考虑的额度是否合适。

值得注意的是：投资估算要留有余地，既要防止漏项少算，又要防止高估冒算。要在优化和可行的建设方案的基础上，根据有关规定认真、准确、合理地确定经济指标，以保证投资估算具有足够的精度水平，使其真正地对项目建设方案的投资决策起到应有的作用。

第三节 设计概算的编制

一、设计概算的概念与作用

（一）设计概算的概念

设计概算是以初步设计文件为依据，按照规定的程序、方法和依据，对建设项目总投资及其构成进行的概略计算。设计概算的成果文件称为设计概算书，也简称设计概算。设计概算书是设计文件的重要组成部分，在报批设计文件时，必须同时报批设计概算文件。采用两阶段设计的建设项目，初步设计阶段必须编制设计概算；采用三阶段设计的建设项目，扩大初步设计阶段必须编制修正概算。设计概算额度控制、审批、调整应遵循国家、各省市地方政府或行业有关规定。如果设计概算值超过控制额，以致因概算投资额度变化影响项目的经济效益，使经济效益达不到预定目标值的，必须修改设计或重新立项审批。

（二）设计概算的作用

（1）设计概算是编制固定资产投资计划，确定和控制建设项目投资的依据。根据国家规定，编制年度固定资产投资计划，确定计划投资总额及其构成数额，要以批准的初步设计概算为依据，没有批准的初步设计文件及其概算，建设工程就不能列入年度固定资产投资计划。

（2）设计概算是控制施工图设计和施工图预算的依据。设计单位必须按照批准的初步设计和总概算进行施工图设计，施工图预算不得突破设计概算，如确需突破总概算的，应按规定程序报批。

（3）设计概算是衡量设计方案技术经济合理性和选择最佳设计方案的依据。设计部门在初步设计阶段要选择最佳设计方案，设计概算是从经济角度衡量设计方案经济合理性的重要依据。因此，设计概算是衡量设计方案技术经济合理性和选择最佳设计方案的依据。

（4）设计概算是编制招标限价（招标标底）和投标报价的依据。以设计概算进行招投标的工程，招标单位以设计概算作为编制招标限价（招标标底）的依据。承包单位也必须以设计概算为依据，编制投标报价，以合适的投标报价在投标竞争中取胜。

（5）设计概算是签订建设工程施工合同和贷款合同的依据。我国《合同法》中明确规定，建设工程合同价款是以设计概算价、设计预算价为依据，且总承包合同不得超过设计总概算的投资额。银行贷款或各单项工程的拨款累计总额不能超过设计总概算，如果项目投资计划所列支投资额与贷款突破设计概算，必须查明原因，之后由建设单位报请上级主管部门调整或追加设计概算，凡未批准之前，银行对其超支部分拒不拨付。

（6）设计概算是考核建设项目投资效果的依据。通过设计概算与竣工决算对比，可以分析和考核投资效果的好坏，同时还可以验证设计概算的准确性，有利于加强设计概算管理和建设项目的造价管理工作。

二、设计概算编制内容及依据

(一) 编制内容

设计概算可分为单位工程概算、单项工程综合概算和建设项目总概算三级。各级概算之间的相互关系如图 2-2 所示。

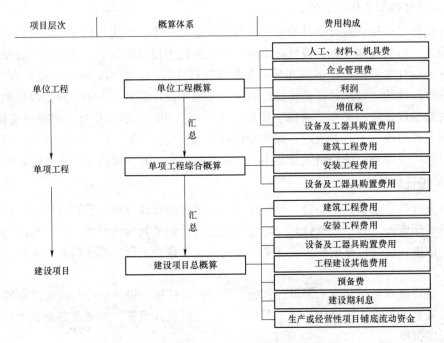

图 2-2　三级概算之间的相互关系和费用构成

1. 单位工程概算

单位工程是指具有相对独立施工条件的工程。它是单项工程的组成部分。以此为对象编制的设计概算称为单位工程概算。单位工程概算分为建筑工程概算、设备及安装工程概算。

建筑工程概算包括土建工程概算、给排水与采暖工程概算、通风与空调工程概算、动力与照明工程概算、弱电工程概算、特殊构筑物工程概算等。设备及安装工程概算包括机械设备及安装工程概算，电气设备及安装工程概算，热力设备及安装工程概算，工具、器具及生产家具购置费概算等。

2. 单项工程概算

单项工程是指具有独立的设计文件、建成后可以独立发挥生产能力或具有使用效益的工程。它是建设项目的组成部分，如生产车间、办公楼、食堂、图书馆、学生宿舍、住宅楼、配水厂等。单项工程概算是确定一个单项工程（设计单元）费用的文件，是总概算的组成部分，一般只包括单项工程的工程费用。单项工程综合概算的组成内容如图 2-3

所示。

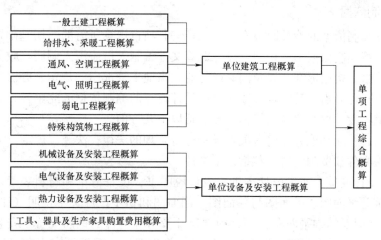

图 2-3　单项工程综合概算的组成内容

3. 建设项目总概算

建设项目是指按一个总体规划或设计进行建设的，由一个或若干个互有内在联系的单项工程组成的工程总和，也称为基本建设项目。

建设项目总概算是以初步设计文件为依据，在单项工程综合概算的基础上计算建设项目概算总投资的成果文件。总概算是设计概算书的主要组成部分。它是由各单项工程综合概算、工程建设其他费用概算、预备费和建设期利息概算汇总编制而成的，如图 2-4所示。

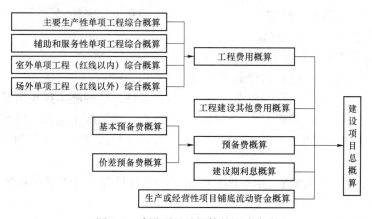

图 2-4　建设项目总概算的组成内容

若干个单位工程概算汇总后成为单项工程概算，若干个单项工程概算和工程建设其他费用、预备费、建设期利息等概算文件汇总成为建设项目总概算。单项工程概算和建设项目总概算仅是一种归纳、汇总性文件，因此最基本的计算文件是单位工程概算书。一个建设项目若仅包括一个单项工程，则建设项目总概算书与单项工程综合概算书可以合并编制。

（二）编制依据

设计概算编制依据的涉及面很广，一般指编制项目概算所需的一切基础资料。对于不同项目，其概算编制依据不尽相同。设计概算文件编制人员应深入调研，收集编制概算所需的定额、价格、费用标准，以及国家或行业、当地主管部门的规定、办法等资料。投资方（项目业主）也应当主动配合，才能保证设计概算的编制依据的完整性、合理性和时效性。一般来说，设计概算的编制依据主要包括以下几方面。

（1）国家、行业和地方政府有关建设和造价管理的法律、法规、规定。

（2）相关文件和费用资料，包括以下文件。

1）初步设计或扩大初步设计图纸、设计说明书、设备清单和材料表等。其中，土建工程包括建筑总平面图、平面图与立面图、剖面图和初步设计文字说明（注明门窗尺寸、装修标准等），以及结构平面布置图、构件尺寸及特殊构件的钢筋配置；安装工程包括给排水、采暖通风、电气、动力等专业工程的平面布置图、系统图、文字说明和设备清单等；室外工程包括平面图、总图、建设场地的地形图和场地设计标高以及道路、排水沟、挡土墙、围墙等构筑物的断面尺寸。

2）批准的建设项目设计任务书（或批准的可行性研究报告）和主管部门的有关规定。

3）国家或省、直辖市、自治区现行的建筑设计概算定额（综合概算定额或概算指标），现行的安装设计概算定额（或概算指标），类似工程概预算及技术经济指标。

4）建设工程所在地区的人工工资标准、材料价格、施工机械台班价格，标准设备和非标准设备价格资料，现行的设备原价及运杂费率，各类造价信息和指数。

5）国家或省、直辖市、自治区现行的建筑安装工程企业管理费等有关费用标准；工程所在地区的土地征购、房屋拆迁、青苗补偿等费用和价格资料。

6）资金筹措方式或资金来源。

7）正常的施工组织设计及常规施工方案。

8）项目涉及的有关文件、合同、协议等。

（3）施工现场资料。概算编制人员应熟悉设计文件，掌握施工现场情况，充分了解设计意图，掌握工程全貌，明确工程的结构形式和特点。掌握施工组织与技术应用情况，深入施工现场了解建设地点的地形、地貌及作业环境，并加以核实、分析和修正。主要现场资料如下。

1）建设场地的工程地质、地形地貌等自然条件资料和建设工程所在地区的有关技术经济条件资料。

2）项目所在地区有关的气候、水文、地质地貌等自然条件。

3）项目所在地区的经济、人文等社会条件。

4）项目的技术复杂程度，以及新工艺、新材料、新技术、新结构、专利使用情况等。

5）建设项目拟定的建设规模、生产能力、工艺流程、设备及技术要求等情况。

6）项目建设的准备情况，包括"三通一平"，施工方式的确定，以及施工用水、用电的供应等诸多因素。

三、设计概算的编制方法

（一）单位工程概算的编制方法

单位工程概算书是概算文件的基本组成部分，是编制单项工程综合概算（或项目总概算）的依据，应根据单项工程中所属的每个单体按专业分别编制，一般分为建筑工程、设备及安装工程两大类。建筑及安装单位工程概算投资由人工费、材料费、施工机具使用费、企业管理费、利润、增值税组成。

1. 建筑单位工程概算编制方法

《建设项目设计概算编审规程》（CECA/GC 2—2015）规定：建筑工程概算应按构成单位工程的主要分部分项工程编制，根据初步设计（或扩初设计）工程量按工程所在省、市、自治区颁发的概算定额（指标）或行业概算定额（指标），以及工程费用定额计算。对于通用结构建筑可采用"造价指标"编制概算；对于特殊或重要的建构筑物，必须按构成单位工程的主要分部分项工程编制，必要时需要结合施工组织设计进行计算。在实务操作中，可视概算编制时具备的条件选用以下方法编制。

（1）概算定额法。概算定额法又叫扩大单价法或扩大结构定额法，是利用概算定额编制单位工程概算的方法。根据设计图纸资料和概算定额的项目划分计算出工程量，然后套用概算定额单价（基价），计算汇总后，再计取有关费用，便可以得出单位工程概算造价。

概算定额法适用于设计达到一定深度，建筑结构尺寸比较明确，能按照设计的平面、立面、剖面图纸计算出楼地面、墙身、门窗和屋面等分项工程（或扩大分项工程或扩大结构构件）工程量的项目。这种方法编制出的概算精度较高，但是编制工作量大，需要大量的人力和物力。

利用概算定额编制概算的具体步骤如下。

1）熟悉图纸，了解设计意图、施工条件和施工方法。

2）按照概算定额的分部分项顺序，列出分部工程（或扩大分项工程或扩大结构构件）的项目名称，并计算工程量。

3）确定各分部工程项目的概算定额单价。

4）根据分部工程的工程量和相应的概算定额单价计算人工、材料、机械费用。

5）计算企业管理费、利润和增值税。

6）计算单位工程概算造价。

7）编写概算编制说明。

【例 2-6】　某市拟建一座 $12\,000\text{m}^2$ 的教学楼，请按给出的工程量和扩大单价表 2-6 编制出该教学楼土建工程的设计概算造价和平方米造价。企业管理费费率为人工、材料、机械费用之和的 15%，利润率为人工、材料、机械费用与企业管理费之和的 8%，增值税税率为 10%。

表 2-6   某教学楼土建工程量和扩大单价

分部工程名称	单位	工程量	扩大单价（元）
基础工程	10m³	250	3600
混凝土及钢筋混凝土	10m³	260	7800
砌筑工程	10m³	470	3900
地面工程	100m²	54	2400
楼面工程	100m²	90	2700
屋面工程	100m²	60	5500
门窗工程	100m²	65	9500
石材饰面	10m²	150	3600
脚手架	100m²	280	900
措施	100m²	120	2200

注 表中价格为人、材、机费用，均不含管理费、利润、增值税。

解： 根据已知条件和表 2-6 中的数据及扩大单价，求得该教学楼土建工程概算造价见表 2-7。

表 2-7   某教学楼土建工程概算造价计算表

序号	分部工程或费用名称	单位	工程量	扩大单价（元）	合价（元）
1	基础工程	10m³	250	3600	900 000
2	混凝土及钢筋混凝土	10m³	260	7800	2 028 000
3	砌筑工程	10m³	470	3900	1 833 000
4	地面工程	100m²	54	2400	129 600
5	楼面工程	100m²	90	2700	243 000
6	屋面工程	100m²	60	5500	330 000
7	门窗工程	100m²	65	9500	617 500
8	石材饰面	10m²	150	3600	540 000
9	脚手架	100m²	280	900	252 000
10	措施	100m²	120	2200	264 000
A	人、材、机费用小计	以上十项之和			7 137 100
B	管理费	$A \times 15\%$			1 070 565
C	利润	$(A+B) \times 8\%$			656 613
D	增值税	$(A+B+C) \times 10\%$			886 428
概算造价	$A+B+C+D$	9 750 706			
平方米造价（元/m²）		9 750 706/12 000			812.56

（2）概算指标法。概算指标法是利用概算指标编制单位工程概算的方法，是用拟建的厂房、住宅的建筑面积（或体积）乘以技术条件相同或基本相同工程的概算指标，得出人工费、材料费、施工机具使用费合计，然后按规定计算出企业管理费、利润和增值税等，

编制出单位工程概算的方法。

概算指标法的适用条件是设计深度不够，不能准确地计算出工程量，但工程设计技术比较成熟而又有类似工程概算指标可以利用。概算指标法主要适用于初步设计概算编制阶段的建筑物工程土建、给排水、暖通、照明等，以及较为简单或单一的构筑工程这类单位工程编制，计算出的费用精确度不高，往往只起到控制性作用。这是由于拟建工程（设计对象）往往与类似工程概算指标的技术条件不尽相同，而且概算指标编制年份的设备、材料、人工等价格与拟建工程当时当地的价格也不会一样。如果想要提高精确度，需对指标进行调整。下面列举几种调整方法。

1）设计对象的结构特征与概算指标有局部差异时的调整。计算方法为

$$结构变化修正概算指标（元/m^2）= J + Q_1 P_1 - Q_2 P_2$$

式中　J——原概算指标；

　　　Q_1——概算指标中换入结构的工程量；

　　　Q_2——概算指标中换出结构的工程量；

　　　P_1——换入结构的单价指标；

　　　P_2——换出结构的单价指标。

或

$$
\begin{aligned}
&\begin{array}{c}结构变化修正概算指\\标的人工、材料、机械数量\end{array} = \begin{array}{c}原概算指标的\\人工、材料、机械数量\end{array} + \begin{array}{c}换入结构\\件工程量\end{array} \times \begin{array}{c}相应定额人工、\\材料、机械消耗量\end{array}\\
&\qquad\qquad - \begin{array}{c}换出结构\\件工程量\end{array} \times \begin{array}{c}相应定额人工、\\材料、机械消耗量\end{array}
\end{aligned}
$$

2）设备、人工、材料、机械台班费用的调整。计算方法为

$$
\begin{aligned}
&\begin{array}{c}设备、人工、材料、\\机械修正概算费用\end{array} = \begin{array}{c}原概算指标的设备、\\人工、材料、机械费用\end{array} + \sum\left(\begin{array}{c}换入设备、人工、\\材料、机械数量\end{array} \times \begin{array}{c}拟建地区\\相应单价\end{array}\right)\\
&\qquad\qquad - \sum\left(\begin{array}{c}换出设备、人工、\\材料、机械数量\end{array} \times \begin{array}{c}原概算指标设备\\人工、材料、机械单价\end{array}\right)
\end{aligned}
$$

以上两种方法，前者是直接修正结构件指标单价，后者是修正结构件指标工、料、机数量。

需要特别注意的是，换入部分与其他部分可能存在因建设时间、地点、经济政策等条件不同引起的价格差异。在进行指标修正时，要消除要素价格差异的影响，保证各部分价格是同条件下的可比价格。

【例 2-7】　假设新建职工宿舍一座，其建筑面积为 $3500m^2$，按当地概算指标手册查出同类土建工程单位造价 880 元$/m^2$（其中人、材、机费为 650 元$/m^2$），采暖工程 95 元$/m^2$，给排水工程 72 元$/m^2$，照明工程 180 元$/m^2$。但新建职工宿舍设计资料与概算指标相比较，其结构构件有部分变更。设计资料表明，外墙为 1.5 砖外墙；而概算指标中外墙为 1 砖墙。根据概算指标手册编制期采用的当地土建工程预算价格，外墙带形毛石基础的预算单价为 425.43 元$/m^3$，1 砖外墙的预算单价为 642.50 元$/m^3$，1.5 砖外墙的预算单价为 662.74 元$/m^3$；概算指标每 $100m^2$ 中含外墙带形毛石基础为 $3m^3$，1 砖外墙为 $14.93m^3$。新建工程设计资料表明，每 $100m^2$ 中含外墙带形毛石基础为 $4m^3$，1.5 砖外墙为 $22.7m^3$。

根据当地造价主管部门颁布的新建项目土建、采暖、给排水、照明等专业工程造价综合调整系数分别为：1.25、1.28、1.23、1.30。试计算：每平方米土建工程修正概算指标，该新建职工宿舍设计概算金额。

解：

1）土建工程结构变更人、材、机费用修正指标计算见表 2-8。

表 2-8 结构变化引起的单价调整

序号	结构名称	单位	数量 (m³)	单价 (元/m³)	单位面积价格 (元/m²)
	土建工程单位面积造价				650
1	换出部分				
1.1	外墙带形毛石基础	m³	0.03	425.43	12.76
1.2	1砖外墙	m³	0.1493	642.5	95.93
	换出合计	元			108.69
2	换入部分				
2.1	外墙带形毛石基础	m³	0.04	425.43	17.02
2.2	1.5砖外墙	m³	0.227	662.74	150.44
	换入合计	元			167.46

土建工程单位面积人、材、机费用修正指标为：$650-108.69+167.46=708.77$（元/m²）

2）每平方米土建工程修正概算指标为：$708.77 \times \dfrac{880}{650} \times 1.25 = 1199.46$（元/m²）

3）该新建职工宿舍设计概算金额为：

$(1199.46+95 \times 1.28+72 \times 1.23+180 \times 1.30) \times 3500 = 5\,752\,670$（元）

（3）类似工程预算法。类似工程预算法是指利用技术条件相类似工程的预算或结算资料，编制拟建单位工程概算的方法。类似工程预算法适用于拟建工程设计与已完工程或在建工程的设计相类似而又没有可供使用的概算指标时采用，但必须对建筑结构差异和价差进行调整。建筑结构差异的调整方法与概算指标法的调整方法相同，类似工程造价的价差调整有以下两种方法。

1）类似工程造价资料有具体人工、材料、机械台班的用量时，可按类似工程预算造价资料中的主要材料用量、工日数量、机械台班用量乘以拟建工程所在地的主要材料预算价格、人工单价、机械台班单价，计算出人材机费用合计，再计取相关费税，即可得出所需的造价指标。

2）类似工程预算成本包括人工费、材料费、施工机具使用费和其他费（指管理等成本支出）时，可按下面公式调整为

$$D = A \cdot K$$
$$K = a\%K_1 + b\%K_2 + c\%K_3 + d\%K_4$$

式中　　　　　　D——拟建工程成本单价；

　　　　　　　　A——类似工程成本单价；

K——成本单价综合调整系数；

$a\%$、$b\%$、$c\%$、$d\%$——类似工程预算的人工费、材料费、施工机具使用费、其他费占预算造价的比重，如 $a\%$＝类似工程人工费（或工资标准）/类似工程预算造价×100%，$b\%$、$c\%$、$d\%$ 类同；

K_1、K_2、K_3、K_4——拟建工程地区与类似工程预算造价在人工费、材料费、施工机具使用费和其他费之间的差异系数，如 K_1＝拟建工程概算的人工费（或工资标准）/类似工程预算人工费（或地区工资标准），K_2、K_3、K_4 类同。

【例 2-8】　新建一幢教学大楼，建筑面积为 6000m²，根据下列类似工程施工图预算的有关数据，试用类似工程预算编制概算。已知数据如下。

（1）类似工程的建筑面积为 4600m²，预算成本为 7 856 200 元。

（2）类似工程各种费用占预算成本的权重是：人工费 20%、材料费 57%、施工机具使用费 12%、其他费 11%。

（3）拟建工程地区与类似工程地区造价之间的差异系数为 K_1＝1.03、K_2＝1.04、K_3＝0.98、K_4＝1.05。

（4）利润和增值税率 18%。

根据上述条件，采用类似工程预算法计算拟建工程概算造价。

解：

（1）综合调整系数为

$$K = 20\% \times 1.03 + 57\% \times 1.04 + 12\% \times 0.98 + 11\% \times 1.05 = 1.032$$

（2）类似工程预算单位面积成本为：7 856 200/4600＝1707.87（元/m²）

（3）拟建教学楼工程单位面积概算成本为：1707.87×1.032＝1762.52（元/m²）

（4）拟建教学楼工程单位面积概算造价为：1762.52×（1+18%）＝2079.77（元/m²）

（5）拟建教学楼工程的概算造价为：2079.77×6000＝12 478 620（元）

2. 设备及安装单位工程概算的编制方法

设备及安装工程概算包括设备购置费概算和设备安装工程费概算两大部分。

（1）设备购置费概算。设备购置费是指根据初步设计的设备清单计算出设备原价，并汇总求出设备总原价，然后按有关规定的设备运杂费率乘以设备总原价，两项相加即为设备购置费概算。

有关设备原价、运杂费和设备购置费的计算方法见第三章第二节的介绍。

（2）设备安装工程费概算的编制方法。《建设项目设计概算编审规程》（CECA/GC 2—2015）规定：设备及安装工程概算按构成单位工程的主要分部分项工程编制，根据初步设计工程量按工程所在省、市、自治区颁发的概算定额（指标）或行业概算定额（指标），以及工程费用定额计算。当概算定额或指标不能满足概算编制要求时，应编制"补充单位估价表"。设备安装工程费概算的编制方法应根据初步设计深度和要求所明确的程度采用，主要编制方法有以下几种。

1）预算单价法。当初步设计较深，有详细的设备和具体满足预算定额工程量清单时，可以直接按工程预算定额单价编制安装工程概算，或者对于分部分项组成简单的单位工程也可采用工程预算定额单价编制概算，编制程序基本同于施工图预算编制。该方法具有计算比较具体、精确性较高的优点。

2）扩大单价法。当初步设计深度不够，设备清单不完备，只有主体设备或仅有成套设备重量时，可以采用主体设备、成套设备的综合扩大安装单价来编制概算。

上述两种方法的具体操作与建筑工程概算类似。

3）设备价值百分比法，也称安装设备百分比法。当设计深度不够，只有设备出厂价而无详细规格、重量时，安装费可以按占设备费的百分比计算。其百分比值（即安装费率）由相关主管部门制定或由设计单位根据已完成的类似工程确定。该法常用于价格波动不大的定型产品和通用设备产品，计算公式为

$$设备安装费＝设备原价×安装费率（％）$$

4）综合吨位指标法。当设计文件提供的设备清单有规格和设备重量时，可以采用综合吨位指标编制概算。综合吨位指标由主管部门或由设计院根据已完成的类似工程资料确定。该法常用于设备价格波动较大的非标准设备和引进设备的安装工程概算，或者安装方式不确定，没有定额或指标的概算，计算公式为

$$设备安装费＝设备吨重×每吨设备安装费指标（元/t）$$

（二）单项工程综合概算的编制方法

1. 单项工程综合概算的含义

单项工程综合概算（以下简称综合概算）是以初步设计文件为依据，在单位工程概算的基础上汇总单项工程工程费用的成果文件，是设计概算书的组成部分。

2. 单项工程综合概算的内容

综合概算是以单项工程所包括的各个单位工程概算为基础，采用"综合概算表"（见表 2-9）进行汇总编制而成的。综合概算表由建筑工程、设备及安装工程两大部分组成。

表 2-9 综合概算表

综合概算编号： 工程名称（单项工程）： 单位：万元 共 页 第 页

序号	概算编号	工程项目或费用名称	设计规模或主要工程量	建筑工程费	设备购置费	安装工程费	合计	其中：引进部分	
								美元	折合人民币
一		主要工程							
1		×××							
2		×××							
二		辅助工程							
1		×××							
2		×××							
三		配套工程							

续表

序号	概算编号	工程项目或费用名称	设计规模或主要工程量	建筑工程费	设备购置费	安装工程费	合计	其中：引进部分	
								美元	折合人民币
1		×××							
2		×××							
		单项工程概算费用合计							

编制人：　　　　　　　　审核人：　　　　　　　　审定人：

（三）建设项目总概算的编制方法

1. 建设项目总概算的含义

总概算是确定一个完整建设项目概算总投资的文件（以下简称总概算），是在设计阶段对建设项目投资总额度的概算，是设计概算的最终汇总性造价文件。一般来说，一个完整的建设项目应按三级编制设计概算（即单位工程概算→单项工程综合概算→建设项目总概算）。建设单位仅增建一个单项工程项目时，可以不需要编制综合概算，直接编制总概算，也就是按二级编制设计概算（即单位工程概算→单项工程总概算）。

2. 建设项目总概算的内容

总概算文件应包括：编制说明、总概算表、各单项工程综合概算书、工程建设其他费用概算表、主要建筑安装材料汇总表。独立装订成册的总概算文件宜加封面、签署页（扉页）和目录。

（1）编制说明。总概算编制说明一般应包括以下主要内容。

1）项目概况：简述建设项目的建设地点、建设规模、建设性质（新建、扩建或改建）、工程类别、建设期限（年限）、主要工程内容、主要工程量、主要工艺设备及数量等。

2）主要技术经济指标：项目概算总投资（有引进技术设备的给出所需外汇额度）及主要分项投资、主要单位投资（万元/m²、万元/m³、万元/t、万元/km、万元/套）等技术经济指标。

3）资金来源：按资金来源，不同渠道分别说明，发生资产租赁的说明租赁方式及租金。

4）编制依据：说明概算主要编制依据。

5）其他需要说明的问题。

6）总说明附表：包括建筑、安装工程工程费用计算表、引进设备材料清单及从属费用计算表、具体建设项目概算要求的其他附表及附件。

编制说明应针对具体项目的独有特征进行阐述，编制依据应符合国家法律法规和各级政府部门、行业颁发的规章制度，应符合现行的金融、财务、税收制度，应符合国家或建设项目所在地政府经济发展政策和规划；说明还应对概算存在的问题和一些其他相关的问题进行说明，如不确定因素、没有考虑的外部衔接等问题。

（2）总概算表。采用三级编制形式的总概算见表2-10。采用二级编制形式的总概算见

表 2-11。

表 2-10　　　　　　　　　　**总概算表（三级编制形式）**

总概算编号：　　　　　　　　工程名称：　　　　　　　单位：万元　　共 页 第 页

序号	概算编号	工程项目或费用名称	建筑工程费	设备购置费	安装工程费	其他费用	合计	其中：引进部分		占总投资比例（％）
								美元	折合人民币	
一		工程费用								
1		主要工程								
		×××								
		×××								
2		辅助工程								
		×××								
3		配套工程								
		×××								
二		其他费用								
1		×××								
2		×××								
三		预备费								
四		专项费用								
1		×××								
2		×××								
		建设工程概算总投资								

编制人：　　　　　　　　　　审核人：　　　　　　　　　审定人：

表 2-11　　　　　　　　　　**总概算表（二级编制形式）**

总概算编号：　　　　　　　　工程名称：　　　　　　　单位：万元　　共 页 第 页

序号	概算编号	工程项目或费用名称	设计规模或主要工程量	建筑工程费	设备购置费	安装工程费	其他费用	合计	其中：引进部分		占总投资比例（％）
									美元	折合人民币	
一		工程费用									
1		主要工程									
		×××									
		×××									
2		辅助工程									
		×××									
3		配套工程									
		×××									
二		其他费用									

续表

序号	概算编号	工程项目或费用名称	设计规模或主要工程量	建筑工程费	设备购置费	安装工程费	其他费用	合计	其中：引进部分		占总投资比例（%）
									美元	折合人民币	
1		×××									
2		×××									
三		预备费									
四		专项费用									
1		×××									
2		×××									
		建设工程概算总投资									

编制人： 审核人： 审定人：

编制时需注意以下要点。

1）工程费用按单项工程综合概算组成编制，采用二级编制的按单位工程概算组成编制。市政民用建设项目的一般排列顺序为：主体建（构）筑物、辅助建（构）筑物、配套系统。工业建设项目的一般排列顺序为：主要工艺生产装置、辅助工艺生产装置、公用工程、总图运输、生产管理服务性工程、生活福利工程、厂外工程。

2）其他费用一般按其他费用概算顺序列项。主要包括建设用地费、建设管理费、勘察设计费、可行性研究费、环境影响评价费、劳动安全卫生评价费、场地准备及临时设施费、工程保险费、联合试运转费、生产准备及开办费、特殊设备安全监督检验费、市政公用设施建设及绿化补偿费、引进技术和引进设备材料其他费用、专利及专有技术使用费、研究试验费等。

3）预备费包括基本预备费和价差预备费。基本预备费以总概算第一部分"工程费用"和第二部分"其他费用"之和为基数的百分比计算，价差预备费计算公式见本章第二节相关内容。

4）应列入项目概算总投资中的几项费用一般包括建设期利息、铺底流动资金等。

四、设计概算文件的组成

设计概算文件是设计文件的组成部分，概算文件编制成册应与其他设计技术文件统一。目录、表格的填写要求为：概算文件的编号层次分明、方便查找（总页数应编流水号），由分到合、一目了然。概算文件根据项目的功能、规模、独立性程度等因素来决定采用三级编制（总概算、综合概算、单位工程概算）还是二级编制（总概算、单位工程概算）形式。采用三级编制形式的设计概算文件，一般由封面、签署页及目录、编制说明、总概算表、其他费用计算表、单项工程综合概算表组成总概算册，根据情况由封面、单项工程综合概算表、单位工程概算表及附件组成各概算分册；采用二级编制形式的设计概算文件，一般由封面、签署页及目录、编制说明、总概算表、其他费用计算表、单位工程概算表组成，可将所有概算文件组成一册。概算文件及各种表格格式详见《建设项目设计概算编审规程》（CECA/GC 2—2015）。

五、设计概算的审查

（一）审查设计概算的意义

（1）有利于合理分配投资资金、加强投资计划管理，有助于合理确定和有效控制工程造价。设计概算编制偏高或偏低不仅会影响工程造价的控制，也会影响投资计划的真实性，影响投资资金的合理分配。

（2）有利于促进概算编制单位严格执行国家有关概算的编制规定和费用标准，从而提高概算的编制质量。

（3）有利于促进设计的技术先进性与经济合理性。概算中的技术经济指标，是概算的综合反映。与同类工程对比，便可看出它的先进与合理程度。

（4）有利于核定建设项目的投资规模，可以使建设项目总投资力求做到准确、完整，防止任意扩大投资规模或出现漏项，从而减少投资缺口，缩小概算与预算之间的差距，避免故意压低概算投资，搞"钓鱼"项目，导致最后实际造价大幅度地突破概算。

（5）为建设项目投资的落实提供可靠的依据。打足投资，不留缺口，有助于提高建设项目的投资效益。

（二）设计概算的审查内容

1. 审查设计概算的编制依据

（1）审查编制依据的合法性。采用的各种编制依据必须经过国家和授权机关的批准，符合国家有关的编制规定，未经批准的不能采用。不能强调情况特殊，擅自提高概算定额、指标或费用标准。

（2）审查编制依据的时效性。各种依据，如定额、指标、价格、取费标准等都应根据国家有关部门的现行规定进行，注意有无调整和新的规定，如有，则应按新的调整办法和规定执行。

（3）审查编制依据的适用范围。各种编制依据都有规定的适用范围，如各主管部门规定的各种专业定额及其取费标准，只适用于该部门的专业工程；各地区规定的各种定额及其取费标准，只适用于该地区范围内，特别是地区的材料预算价格，其区域性更强，如某市有该市区的材料预算价格，又编制了郊区内一个矿区的材料预算价格，则在编制该矿区某工程概算时，应采用该矿区的材料预算价格。

2. 审查概算编制深度

（1）审查编制说明。审查编制说明可以检查概算的编制方法、深度和编制依据等重大原则问题，若编制说明有差错，则具体概算必有差错。

（2）审查概算编制深度。一般大中型项目的设计概算应有完整的编制说明和"三级概算"（即总概算表、单项工程综合概算表、单位工程概算表），并按有关规定的深度进行编制。审查是否有符合规定的"三级概算"，各级概算的编制、核对、审核是否按规定签署，有无随意简化，有无把"三级概算"简化为"二级概算"的情况。

（3）审查概算的编制范围。审查概算编制范围及具体内容是否与主管部门批准的建设项目范围以及具体工程内容是否一致；审查分期建设项目的建筑范围及具体工程内容有无重复交叉，是否重复计算或漏算；审查其他费用应列的项目是否符合规定，静态投资、动态投资和经营性项目铺底流动资金是否分别列出等。

3. 审查概算的内容

（1）审查概算的编制是否符合国家的方针、政策，是否根据工程所在地的自然条件编制。

（2）审查建设规模（投资规模、生产能力等）、建设标准（用地指标、建筑标准等）、配套工程、设计定员等是否符合原批准的可行性研究报告或立项批文的标准。对总概算投资超过批准投资估算10％以上的，应查明原因，重新上报审批。

（3）审查编制方法、计价依据和程序是否符合现行规定，包括定额或指标的适用范围和调整方法是否正确；补充定额或指标的项目划分、内容组成、编制原则等是否与现行的定额规定相一致等。

（4）审查工程量是否正确，工程量的计算是否根据初步设计图纸、概算定额、工程量计算规则和施工组织设计的要求进行，有无多算、重算和漏算，尤其要对工程量大、造价高的项目重点审查。

（5）审查材料用量和价格，审查主要材料（钢材、木材、水泥、砖）的用量数据是否正确，材料预算价格是否符合工程所在地的价格水平，材料价差调整是否符合现行规定及其计算是否正确等。

（6）审查设备规格、数量和配置是否符合设计要求，是否与设备清单相一致，设备预算价格是否真实，设备原价和运杂费的计算是否正确，非标准设备原价的计价方法是否符合规定，进口设备各项费用的组成及其计算程序、方法是否符合国家主管部门的规定。

（7）审查建筑安装工程的各项费用的计取是否符合国家或地方有关部门的现行规定，计算程序和取费标准是否正确。

（8）审查综合概算、总概算的编制内容、方法是否符合现行规定和设计文件的要求，有无设计文件外的项目，有无将非生产性项目以生产性项目列入。

（9）审查总概算文件的组成内容，是否完整地包括了建设项目从筹建到竣工投产为止的全部费用组成。

（10）审查工程建设其他费用项目，这部分费用内容多、弹性大，约占项目总投资15％～25％，要按国家和地区规定逐项审查，不属于总概算范围的费用项目不能列入概算，具体费率或计取标准是否按国家、行业有关部门规定计算，有无随意列项、有无多列、交叉计列和漏项等。

（11）审查项目的"三废"治理。拟建项目必须同时安排"三废"（废水、废气、废渣）的治理方案和投资，对于未做安排或漏项或多算、重算的项目，要按国家有关规定核实投资，以保证"三废"排放达到国家标准。

（12）审查技术经济指标，技术经济指标计算方法和程序是否正确，综合指标和单项指标与同类型工程指标相比是偏高还是偏低，其原因是什么，并予纠正。

（13）审查投资经济效果。设计概算是初步设计经济效果的反映，要按照生产规模、工艺流程、产品品种和质量，从企业的投资效益和投产后的运营效益全面分析，是否达到了先进可靠、经济合理的要求。

（三）审查设计概算的方法

1. 对比分析法

对比分析法主要是通过建设规模、标准与立项批文对比，工程数量与设计图纸对比，综合范围、内容与编制方法、规定对比，各项取费与规定标准对比，材料、人工单价与统一信息对比，引进设备、技术投资与报价要求对比，技术经济指标与同类工程对比等，发现设计概算存在的主要问题和偏差，为解决问题和纠偏提供前提条件。

2. 查询核实法

查询核实法是对一些关键设备和设施、重要装置、引进工程图纸不全、难以核算的较大投资进行多方查询核对，逐项落实的方法。主要设备的市场价向设备采购部门或招标公司查询核实，重要生产装置、设施向同类企业（工程）查询了解，引进设备价格及有关税费向进出口公司调查落实，复杂的建筑安装工程向同类工程的建设、承包、施工单位征求意见，深度不够或不清楚的问题直接向原概算编制人员、设计者询问清楚。

3. 联合会审法

联合会审前，可以先采取多种形式分头审查，包括：设计单位自审，主管、建设、承包单位初审，工程造价咨询公司评审，邀请同行专家预审，审批部门复审等。经层层审查把关后，由有关单位和专家进行联合会审。在会审大会上，由设计单位介绍概算编制情况及有关问题，各有关单位、专家汇报初审、预审意见。然后进行认真分析、讨论，结合对各专业技术方案的审查意见所产生的投资增减，逐一核实原概算出现的问题，经过充分协商，认真听取设计单位意见后，实事求是地处理和调整。

对审查中发现的问题和偏差，按照单位工程概算、综合概算、总概算的顺序，按设备费、安装费、建筑费和工程建设其他费用分类整理；然后按照静态投资、动态投资和铺底流动资金三大类，汇总核增或核减的项目及其投资额；最后将具体审核数据，按照"原编概算""增减投资""增减幅度""调整原因"四栏列表，并按照原总概算表汇总顺序，将增减项目逐一列出，相应调整所属项目投资合计，再依次汇总审核后的总投资及增减投资额。对于差错较多、问题较大或不能满足要求的，责成编制单位按审查意见修改后，重新报批。

（四）设计概算的批准

经审查合格后的设计概算提交审批部门复核，复核无误后就可以批准，一般以文件的形式正式下达审批概算。审批部门应具有相应的权限，按照国家、地方政府，或者是行业主管部门规定，不同的部门具有不同的审批权限。

六、设计概算的调整

批准后的设计概算一般不得调整。由于以下原因引起的设计和投资变化可以调整概算，但要严格按照调整概算的有关程序执行。

（1）超出原设计范围的重大变更。凡涉及建设规模、产品方案、总平面布置、主要工艺流程、主要设备型号规格、建筑面积、设计定员等方面的修改，必须由原批准立项单位认可，原设计审批单位复审，经复核批准后方可变更。

（2）超出基本预备费规定范围，不可抗拒的重大自然灾害引起的工程变动或费用增加。

（3）超出工程造价调整预备费，属国家重大政策性变动因素引起的调整。

由于上述原因需要调整概算时，应当由建设单位调查分析变更原因报主管部门，审批同意后，由原设计单位核实编制调整概算，并按有关审批程序报批。由于设计范围的重大变更而需要调整概算时，还需要重新编制可行性研究报告，经论证评审可行审批后，才能调整概算。建设单位（项目业主）自行扩大建设规模、提高建设标准等而增加的费用不予调整。

需要调整概算的工程项目，影响工程概算的主要因素已经清楚，工程量完成了一定量后方可进行调整，一个工程只允许调整一次概算。

调整概算编制深度与要求、文件组成及表格形式同原设计概算，调整概算还应对工程概算调整的原因作详尽分析说明，所调整的内容在调整概算总说明中要逐项与原批准概算进行对比，并编制调整前后概算对比表（见表 2-12 和表 2-13），分析主要变更原因；当调整变化内容较多时，调整前后概算对比表以及主要变更原因分析应单独成册，也可以与设计文件调整原因分析一起编制成册。在上报调整概算时，应同时提供原设计的批准文件、重大设计变更的批准文件、工程已发生的主要影响工程投资的设备和大宗材料采购合同等依据作为调整概算的附件。

表 2-12　　　　　　　　**总 概 算 对 比 表**

总概算编号：　　　　　　　　工程名称：　　　　　　　单位：万元　　　共 页 第 页

序号	工程项目或费用名称	原批准概算（1）					调整概算（2）					差额（2）－（1）	备注
		建筑工程费	设备购置费	安装工程费	其他费用	合计	建筑工程费	设备购置费	安装工程费	其他费用	合计		
一	工程费用												
1	主要工程												
	×××												
2	辅助工程												
	×××												
3	配套工程												
	×××												
二	其他费用												
1	×××												

续表

序号	工程项目或费用名称	原批准概算（1）					调整概算（2）					差额(2)−(1)	备注
		建筑工程费	设备购置费	安装工程费	其他费用	合计	建筑工程费	设备购置费	安装工程费	其他费用	合计		
三	预备费												
四	专项费用												
1	×××												
	建设工程概算总投资												

编制人：　　　　　　　　　　审核人：

表 2-13　　综合概算对比表

总概算编号：　　　　　　　工程名称：　　　　单位：万元　共　页　第　页

序号	工程项目或费用名称	原批准概算（1）				调整概算（2）				差额(2)−(1)	调整的主要原因
		建筑工程费	设备购置费	安装工程费	合计	建筑工程费	设备购置费	安装工程费	合计		
一	主要工程										
1	×××										
2	×××										
二	辅助工程										
1	×××										
2	×××										
三	配套工程										
1	×××										
2	×××										
	单项工程费用概算合计										

编制人：　　　　　　　　　　审核人：

第四节　施工图预算的编制

一、施工图预算的概念与作用

（一）施工图预算的概念

施工图预算是以施工图设计文件为依据，按照规定的程序、方法和依据，在工程施工前对工程项目的工程费用进行的预测与计算。施工图预算的成果文件称作施工图预算书，也简称为施工图预算。

（二）施工图预算的作用

一般的建筑安装工程均是以所采用设计方案的施工图预算确定工程造价，并以此为基础开展招标投标、签约施工合同和结算工程价款。它对建设工程各方有着不同的目的和作用。

1. 施工图预算对设计方的作用

对设计单位而言，通过施工图预算来检验设计方案的经济合理性，其作用有以下两个。

（1）根据施工图预算控制投资。根据工程造价的控制要求，施工图预算不得超过设计概算，设计单位完成施工图设计后一般要将施工图预算与设计概算进行对比，突破概算时要决定该设计方案是否实施或需要修正。

（2）根据施工图预算调整、优化设计。设计方案确定后一般以施工图预算作为其经济指标，通过对设计方案进行技术经济分析与评价，寻求进一步调整、优化设计方案。

2. 施工图预算对投资方的作用

对投资单位而言，通过施工图预算控制工程投资，其作用有以下几个。

（1）施工图预算是设计阶段控制工程造价的重要环节，是控制工程投资不突破设计概算的重要措施。

（2）施工图预算是控制造价及资金合理使用的依据。投资方按施工图预算造价筹集建设资金，合理安排建设资金计划，确保建设资金的有效使用，保证项目建设顺利进行。

（3）施工图预算是确定工程招标限价（或标底）的依据。建筑安装工程的招标限价（或标底）可以按照施工图预算来确定。招标限价（或标底）通常是在施工图预算的基础上考虑工程的特殊施工措施、工程质量要求、目标工期、招标工程范围以及自然条件等因素后进行编制的。

（4）施工图预算可以作为确定合同价款、拨付工程进度款及办理工程结算的基础。

3. 施工图预算对施工方的作用

对施工方而言，通过施工图预算进行工程投标和控制分包工程合同价格。其作用有以下几个。

（1）施工图预算是投标报价的基础。在激烈的建筑市场竞争中，建筑施工企业需要根据施工图预算，结合企业的投标策略，确定投标报价。

（2）施工图预算是建筑工程预算包干的依据和签订施工合同的主要内容。施工方通过与建设方协商，可以在施工图预算的基础上，考虑设计或施工变更后可能发生的费用与其他风险因素，增加一定系数作为工程造价一次性包干价。同样地，施工方与建设方签订施工合同时，其中工程价款的相关条款也必须以施工图预算为依据。

（3）施工图预算是安排调配施工力量、组织材料设备供应的依据。施工企业在施工前，可以根据施工图预算的工、料、机分析，编制资源计划，组织材料、机具、设备和劳动力供应，并编制进度计划，统计完成的工作量，进行经济核算并考核经营成果。

（4）施工图预算是控制工程成本的依据。根据施工图预算确定的中标价格是施工方收取工程款的依据，企业只有合理利用各项资源，采取先进技术和管理方法，将成本控制在施工图预算价格以内，才能获得良好的经济效益。

（5）施工图预算是进行"两算"对比的依据。可以通过施工预算与施工图预算对比分析，找出施工成本偏差过大的分部分项工程，调整施工方案，降低施工成本。

4. 施工图预算对其他有关方的作用

（1）对于造价咨询企业而言，客观、准确地为委托方作出施工图预算，不仅体现出企业的技术和管理水平、能力，而且能够保证企业信誉、提高企业市场竞争力。

（2）对于工程项目管理、监理等中介服务企业而言，客观准确的施工图预算是为业主方提供投资控制咨询服务的依据。

（3）对于工程造价管理部门而言，施工图预算是监督、检查定额标准执行情况、测算造价指数以及审定工程招标限价（或标底）的重要依据。

（4）如在履行合同的过程中发生经济纠纷，施工图预算还是有关调解、仲裁、司法机关按照法律程序处理、解决问题的依据。

二、施工图预算编制内容及依据

（一）编制内容

施工图预算分为单位工程施工图预算、单项工程施工图预算和建设项目总预算。单位工程施工图预算，简称单位工程预算，是指根据施工图设计文件、现行预算定额、单位估价表、费用定额以及人工、材料、设备、机械台班等预算价格资料，以单位工程为对象编制的建筑安装工程费用施工图预算。然后以单项工程为对象，汇总所包含的各个单位工程施工图预算，成为单项工程施工图预算（简称单项工程预算）。再以建设项目为对象，汇总所包含的各个单项工程施工图预算和工程建设其他费用估算，形成最终的建设项目总预算。

单位工程预算包括建筑工程预算和设备安装工程预算。建筑工程预算按其工程性质分为一般土建工程预算、装饰装修工程预算、给排水工程预算、采暖通风工程预算、煤气工程预算、电气照明工程预算、弱电工程预算、特殊构筑物（如炉窑等）工程预算和工业管道工程预算等。设备安装工程预算可分为机械设备安装工程预算、电气设备安装工程预算和热力设备安装工程预算等。

（二）编制依据

施工图预算的编制依据包括以下几项。

（1）国家、行业和地方政府主管部门颁布的有关工程建设和造价管理的法律、法规和规定。

（2）经过批准和会审的施工图设计文件，包括设计说明书、设计图纸及采用的标准图、图纸会审纪要、设计变更通知单以及经建设主管部门批准的设计概算文件。

（3）工程地质、水文、地貌、交通、环境及标高测量等勘察、勘测资料。

（4）《建设工程工程量清单计价规范》（GB 50500—2013）和专业工程工程量计算规范或预算定额（单位估价表），地区材料市场与预算价格等相关信息以及颁布的人、材、机预算价格，工程造价信息，取费标准，政策性调价文件等。

（5）当采用新结构、新材料、新工艺、新设备而定额缺项时，按规定编制的补充预算定额，也是编制施工图预算的依据。

（6）合理的施工组织设计和施工方案等文件。

（7）招标文件、工程合同或协议书。它明确了施工单位承包的工程范围，应承担的责任、权利和义务。

（8）项目有关的设备、材料供应合同、价格及相关说明书。

（9）项目的技术复杂程度，以及新技术、专利使用情况等。

（10）项目所在地区有关的全年季节性气候分布和最高最低气温、最大降雨降雪和最大风力等气象条件。

（11）项目所在地区有关的经济、人文等社会条件。

（12）预算工作手册、常用的各种数据、计算公式、材料换算表、常用标准图集以及各种必备的工具书。

三、施工图预算的编制方法

1. 施工图预算的编制方法综述

施工图预算是按照单位工程→单项工程→建设项目逐级编制和汇总的，所以施工图预算编制的关键是在于单位工程施工图预算。

施工图预算的编制可以采用工料单价法和综合单价法。工料单价法是指分部分项工程的工料机单价，以分部分项工程量乘以对应工料单价汇总后另加企业管理费、利润、税金生成单位工程施工图预算造价。按照分部分项工程单价产生方法的不同，工料单价法又可以分为预算单价法和实物量法。而综合单价法是适应市场经济条件的工程量清单计价模式下的施工图预算编制方法。本章仅介绍实物量法。

2. 实物量法

用实物量法编制单位工程施工图预算，就是根据施工图计算的各分部分项工程量分别乘以地区定额中人工、材料、施工机械台班的定额消耗量，分类汇总得出该单位工程所需的全部人工、材料、施工机械台班消耗数量，然后再乘以当时当地人工工日单价、各种材料单价、施工机械台班单价，求出相应的人工费、材料费、施工机具使用费。企业管理

费、利润及增值税等费用的计取方法与预算单价法相同。即有

$$人工费＝综合工日消耗量×综合工日单价$$

$$材料费＝\sum（各种材料消耗量×相应材料单价）$$

$$施工机具使用费＝\sum（各种机械消耗量×相应机具台班单价）$$

实物量法的优点是能比较及时地将反映各种人工、材料、机械的当时当地市场单价计入预算价格，不需调价，反映当时当地的工程价格水平。

实物量法编制施工图预算的基本步骤如下。

（1）编制前的准备工作。具体工作内容同预算单价法相应步骤的内容。但此时要全面收集各种人工、材料、机械台班的当时当地的市场价格，应包括不同品种、规格的材料预算单价，不同工种、等级的人工工日单价，不同种类、型号的施工机械台班单价等。要求获得的各种价格全面、真实、可靠。

（2）熟悉图纸等设计文件和预算定额。

（3）了解施工组织设计和施工现场情况。

（4）划分工程项目和计算工程量。

（5）套用定额消耗量，计算人工、材料、机械台班消耗量。用地区定额中人工、材料、施工机械台班的定额消耗量，乘以各分项工程的工程量，分别计算出各分项工程所需的各类人工工日数量、各类材料消耗数量和各类施工机械台班数量。

（6）计算并汇总单位工程的人工费、材料费和施工机具使用费。在计算出各分部分项工程的各类人工工日数量、材料消耗数量和施工机械台班数量后，先按类别相加汇总求出该单位工程所需的各种人工、材料、施工机械台班的消耗数量，再分别乘以当时当地相应人工、材料、施工机械台班的实际市场单价，即可求出单位工程的人工费、材料费、施工机具使用费。

（7）计算其他费用，汇总工程造价。对于企业管理费、利润和增值税等费用的计算，可以采用与预算单价法相似的计算程序，有关费率根据当时当地建设市场的供求情况予以确定。将人工费、材料费、施工机具使用费、企业管理费、利润和增值税等汇总即为单位工程预算造价。

四、施工图预算的文件组成

施工图预算文件应由封面、签署页及目录、编制说明、建设项目总预算表、其他费用计算表、单项工程综合预算表、单位工程预算表等组成。

编制说明一般包括以下几个方面的内容。

（1）编制依据：包括本预算的设计文件全称、设计单位，所依据的定额名称，在计算中所依据的其他文件名称和文号，施工方案主要内容等。

（2）图纸变更情况：包括施工图中变更部位和名称，因某种原因变更处理的构部件名称，因涉及图纸会审或施工现场需要说明的有关问题。

（3）执行定额的有关问题：包括按定额要求本预算已考虑和未考虑的有关问题；因定额缺项，本预算所作的补充或借用定额情况说明；甲乙双方协商的有关问题。

总预算表、其他费用计算表、单项工程综合预算表、单位工程预算表等组成格式可参

见设计概算部分相关内容介绍。

五、施工图预算的审查

(一) 审查施工图预算的意义

施工图预算编制完成后，需要认真进行全面、系统地审查。施工图预算审查的意义如下。

(1) 有利于合理确定和有效控制工程造价，防止预算超概算现象发生。

(2) 有利于加强固定资产投资管理，合理使用建设资金。

(3) 有利于施工承包合同价的合理确定和控制。因为对于招标工程，施工图预算是编制招标限价、投标报价、签订工程承包合同、结算合同价款的基础。

(4) 有利于积累和分析各项技术经济指标，不断提高设计水平。通过审查工程预算，核实了预算价值，为积累和分析技术经济指标提供了准确数据，进而通过有关指标的比较，找出设计中的薄弱环节，以便及时改进，不断提高设计水平。

(二) 施工图预算审查的内容

施工图预算的审查工作应从工程量计算、预算定额套用、设备材料预算价格取定等是否正确，各项费用标准是否符合现行规定，采用的标准规范是否合理，施工组织设计及施工方案是否合理等几方面进行。

1. 工程量的审查

工程量计算是施工图预算的基础，也是施工图预算审查起点。按照施工图预算编制所依据的工程量计算规则，逐项审查各分部分项工程、单价措施项目工程量计算的正确性、准确性。

2. 审查设备、材料的预算价格

设备、材料费用是施工图预算造价中所占比例最大的，一般占50%～70%，市场上同种类设备或材料价格往往差别较大，应当重点审查。

(1) 审查设备、材料的预算价格是否符合工程所在地的真实价格及价格水平。若是采用市场价，则要核实其真实性、可靠性；若是采用有关部门公布的信息价，则要注意信息价的时间、地点是否符合要求，是否要按规定调整等。

(2) 设备、材料的原价确定方法是否正确。定做加工的设备或材料在市场上往往没有价格参考时，要通过计算确定其价格，因此要审查价格确定方法是否正确，如对于非标准设备，要对其原价的计价依据、方法是否正确、合理进行审查。

(3) 设备、材料的运杂费率及其运杂费的计算是否正确，预算价格的各项费用的计算方法是否符合规定，计算结果是否正确，引进设备、材料的从属费用计算是否合理、正确。

3. 审查预算单价的套用

审查预算单价套用是否正确应注意以下几个方面。

(1) 各分部分项工程采用的预算单价是否与现行预算定额的预算单价相符，其名称、规格、计量单位和所包括的工程内容是否与设计中分部分项工程的要求一致。

（2）审查换算的单价，首先要审查换算的分项工程是否是定额中允许换算的，其次要审查换算方法和结果是否正确。

（3）审查补充定额和单位估价表的编制是否符合编制原则，单位估价表计算是否正确。补充定额和单位估价表是预算定额的重要补充，同时也最容易产生偏差，因此要加强其审查工作。

4. 审查有关费用项目及其取值

有关费用项目计取的审查要注意以下几个方面。

（1）措施费的计算是否符合有关的规定标准，企业管理费和利润的计取基础是否符合现行规定，有无不能作为计费基础的费用列入计费的基础。

（2）预算外调增的材料差价是否计取了企业管理费。人工费增减后，有关费用是否相应做了调整。

（3）有无巧立名目，乱计费、乱摊费用现象。

（三）施工图预算审查方法

施工图预算审查方法较多，主要有全面审查法、标准预算审查法、分组计算审查法、对比审查法、筛选审查法、重点抽查法、利用手册审查法和分解对比审查法等多种。

1. 全面审查法

全面审查法又叫逐项审查法，就是按预算定额顺序或施工的先后顺序，逐项全部进行审查的方法。其具体计算方法和审查过程与编制施工图预算基本相同。此方法的优点是全面、细致，经审查的工程预算差错比较少，质量比较高；缺点是工作量大。因而在一些工程量比较小、工艺比较简单，编制工程预算的技术力量又比较薄弱的工程，采用全面审查法的相对较多。

2. 标准预算审查法

对于采用标准图纸或通用图纸施工的工程，先集中力量，编制标准预算，以此为标准审查施工图预算。按标准图纸设计或通用图纸施工的工程，预算编制和造价基本相同，可以集中力量细审一份预算或编制一份预算，作为这种标准图纸的标准预算，或以这种标准图纸的工程量为标准，对照审查，而对局部不同部分做单独审查即可。这种方法的优点是时间短、效果好；缺点是只适用于按标准图纸设计的工程，适用范围小，具有局限性。

3. 分组计算审查法

分组计算审查法是一种加快审查工程量速度的方法，把预算中的项目划分为若干组，并把相邻且有一定内在联系的项目编为一组，审查或计算同一组中某个分项工程量，利用工程量之间具有相同或相似计算基础的关系，判断同组中其他几个分项工程量计算准确程度的方法。

4. 对比审查法

对比审查法是用已建工程的预算或虽未建成但已通过审查的工程预算，对比审查拟建工程预算的一种方法。这种方法一般适用于以下几种情况。

（1）拟建工程和已建工程采用同一套设计施工图，但基础部分及现场条件不同。则拟建工程除基础外的上部工程部分可采用与已建工程上部工程部分对比审查的方法。基础部分和现场条件不同的部分采用其他方法进行审查。

（2）拟建工程和已建工程采用形式和标准相同的设计施工图，仅建筑面积规模不同。根据两个工程建筑面积之比与两个工程分部分项工程量之比基本一致的特点，可以审查拟建工程各分部分项工程的工程量。或者用两个工程每平方米建筑面积造价或每平方米建筑面积的各分部分项工程量进行对比审查，如果基本相同，则说明拟建工程预算是正确的，反之，说明拟建工程预算有问题，需找出差错原因，加以更正。

（3）拟建工程和已建工程的面积规模、建筑标准相同，但部分工程内容设计不同时，可以把相同的部分，如厂房中的柱子、房架、屋面、砖墙等，进行工程量的对比审查，因设计不同而不能直接对比的部分工程按图纸计算。

5. 筛选审查法

建筑工程虽然有建筑面积和高度的不同，但是它们的各个分部分项工程的工程量、造价、用工量在每个单位面积上的数值变化不大，把已建工程的这些数据加以分析汇集，归纳为工程量、造价（价值）、用工三个单位面积基本数值分析表，并注明其适用的建筑标准。这些基本数值犹如"筛子孔"，用来筛选各分部分项工程，筛下去的就不审查了，没有筛下去的就意味着此分部分项的单位建筑面积数值不在基本数值范围之内，应对该分部分项工程详细审查。

筛选法的优点是简单易懂，便于掌握，审查速度和发现问题快，但解决差错、分析其原因需继续审查。

6. 重点抽查法

选择工程结构复杂、工程量大或造价高的工程，重点审查其工程量、单价构成、各项费用计费基础及标准等。该方法的优点是重点突出，审查时间短、效果好。

7. 利用手册审查法

把工程中常用的构件、配件，事先整理成预算手册。例如，工程常用的标准预制构配件、梁板、检查井、化粪池等内容几乎每个工程都有。把这些内容按标准设计图纸或图集计算出工程量，套上单价，编制成预算手册。利用这些手册对新建工程进行对照审查，可以大大简化预算的审查工作量。

8. 分解对比审查法

将拟建工程按人工费、材料费、施工机具使用费与企业管理费等进行分解，然后再把人工费、材料费、施工机具使用费按工种和分部工程进行分解，分别与审定的标准预算进行对比分析。这种方法叫分解对比审查法。分解对比审查法一般有以下三个步骤。

第一步，全面审查某种建筑的定型标准施工图或复用施工图的工程预算，经审定后作为审查其他类似工程预算的对比基础。而且将审定预算按人工费、材料费、施工机具使用费与应取费用分解成两部分，再把人工费、材料费、施工机具使用费分解为各工种工程和分部工程预算。

第二步，把待审的工程预算与同类型预算单位面积造价进行对比，若出入不在允许范围以内，再按分部分项工程进行分解，边分解边对比，对出入较大者进一步深入审查。

第三步，对比审查。

（1）经分析对比，如发现应取费用相差较大，则应考虑建设项目的投资来源和工程类别及其取费项目、取费标准是否符合现行规定；如材料调价相差较大，则应进一步审查《材料调价统计表》，将各种调价材料的用量、单位差价及其调增数量等进行对比。

（2）经过分解对比，如发现某项工程预算价格出入较大，则应首先审查差异出现机会较大的项目。然后，再对比其余各个分部工程，发现某一分部工程预算价格相差较大时，再进一步对比各分项工程或工程细目。在对比时，先检查所列工程细目是否正确，预算价格是否一致。发现相差较大者，再进一步审查所套预算单价，最后审查该项工程细目的工程量。

（四）施工预算审查的步骤

1. 做好审查前的准备工作

（1）熟悉施工图纸等设计文件。施工图纸等设计文件是编审预算分项数量的重要依据，必须全面熟悉了解，核对所有图纸，清点无误后，依次识读。

（2）了解预算包括的范围。根据预算编制说明，了解预算包括的工程内容，如配套设施、室外管线、道路以及图纸会审后的设计变更等。

（3）弄清预算采用的单位估价表。任何单位估价表或预算定额都有一定的适用范围，应根据工程性质，搜集熟悉相应的单价、定额资料。

2. 选择合适的审查方法，按相应内容审查

由于工程规模、繁简程度不同，施工方法和施工企业情况不一样，所编制的工程预算质量也不同，因此需要选择适当的审查方法进行审查。

3. 预算调整

综合整理审查资料，并与编制单位交换意见，定案后编制调整后的预算。审查后，需要进行增加或核减的，经与编制单位沟通，达成共识，进行相应的修正。

（五）施工图预算的批准

经审查合格后的施工图预算提交审批部门复核，复核无误后就可以批准，一般以文件的形式正式下达审批预算。与设计概算的审批不同，施工图预算的审批虽然要求审批部门应具有相应的权限，但其严格程度略低些。

第五节　基于 BIM 的工程概算

一、广联达云计价平台 GCCP5.0 编制概算的特点和流程

基于广联达云计价平台 GCCP5.0 的概算编制，采用了概算编制方法中相对精确的"概算定额法"来编制建设工程项目的设计概算。相比较利用 GBQ4.0 软件编制建设项目的设计概算，GCCP5.0 软件在利用 GBQ4.0 软件编制建设工程建筑安装工程费的基础上，

将 GBQ4.0 软件中不能完成的一类费用中的设备购置费、二类费用（工程建设其他费用）以及三类费用（预备费、建设期利息、经营性铺底流动资金等）的概算费用计算及概算编制加入软件功能中，进而改变了在利用 GBQ4.0 软件编制建设项目设计概算的过程中，建筑安装工程费的计算靠软件、概算的其他费用计算靠 Excel 的方式（见图 2-5），实现了完全依靠 GCCP5.0 软件编制完整建设项目设计概算的目的。

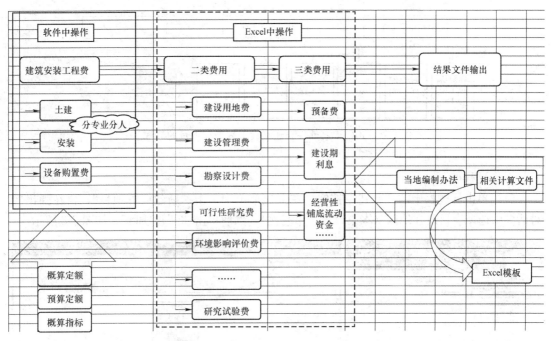

图 2-5　利用 GBQ4.0 软件编制概算的流程

此外，在 GCCP5.0 软件概算模块中，软件嵌入了各地概算定额和概算编制方法，并根据不同省份对概算编制要求的不同进行了明确区别：一是实现了不同省份利用 GCCP5.0 软件编制概算的需要；二是解决了造价人员在编制外地建设项目设计概算时，需要调取当地概算定额，查询当地与概算编制相关的文件、规定的情况，向用户提供了概算编制的一站式服务。同时，软件内嵌了各种复杂费用的计算工具，为用户编制概算提供了相应的便利。

综上所述，利用 CCCP5.0 软件编制建设项目设计概算，基本的编制流程如图 2-6 所示。

二、场景设计

（一）新建建设工程概算项目

GCCP5.0 软件新建建设工程概算项目，遵循建设工程

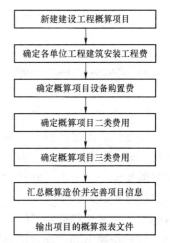

图 2-6　GCCP5.0 软件编制建设项目设计概算的流程

自单位工程，到单项工程，再到建设项目的三级概算项目管理体制，充分反映了建设工程项目概算造价的层次性、组合性计价特点。GCCP5.0 软件新建建设工程概算项目的流程如图 2-7 所示。

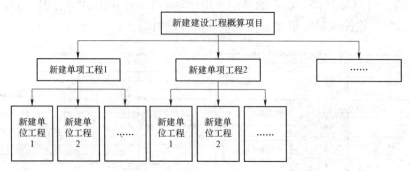

图 2-7　GCCP5.0 软件新建建设工程概算项目的流程

操作过程如下。

（1）单击标题栏中的"新建"按钮，在下拉菜单中单击"新建概算项目"，再在弹出的对话框中选择项目所在地区（本书以××市为例），然后单击"新建项目"，如图 2-8 所示。

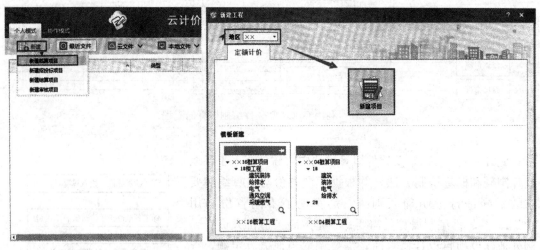

图 2-8　新建概算项目

此处的"新建项目"是指新建一个建设项目的概算模板，是三级概算项目管理体制中的最高阶。一般情况下，由于不同建设项目的单项工程构成不同，所以建议用户根据建设项目的实际情况单击"新建项目"，自行建立建设项目的概算模板。此外，软件也提供了一些标准模板，如"××16 概算工程"等，用户可以单击"放大镜"按钮，查看标准模板的组成，并选择使用。

（2）在弹出的"新建项目"对话框中依次输入项目名称、项目编码，选取项目所在地区的概算定额，导入价格文件，单击"下一步"按钮，即可完成建设项目概算模板的建立，如图 2-9 所示。

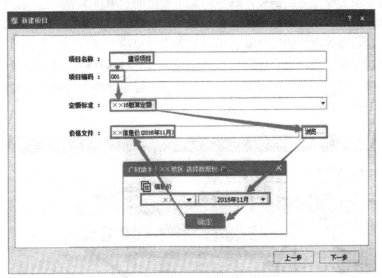

图 2-9　建立建设项目概算模板

需要说明的是，"定额标准"必须准确输入，新建项目完成后不能更改；其他信息可以按实际填写，新建项目完成后可以在软件中修改相应信息。

（3）进入"新建项目"对话框，单击"新建单项工程"按钮，在弹出的"新建单项工程"对话框中，按照建设项目的单项工程组成，依次输入各单项工程的"单项名称""单项数量"，并选择单项工程中所包含的相应单位工程项目，然后单击"确定"按钮，如图 2-10 所示。

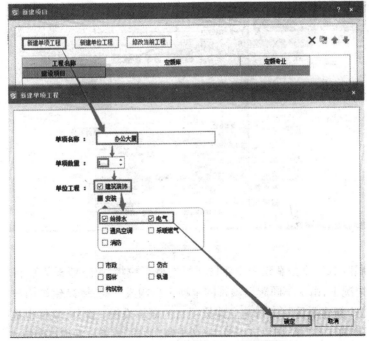

图 2-10　新建单项工程和单位工程概算模板

在"新建单项工程"对话框中，软件内置了相应的"单位工程"选项，因此用户只需按照工程的实际情况，在对话框中勾选各单项工程包含的相关单位工程即可，无须再手动建立，软件会自动按照用户的选择新建单项工程中的单位工程。

单项工程建立完毕后，用户还可以在"新建项目"对话框中，按照建设项目实际情况再新建多个单项工程，或者对已经建立完成的单项工程建立相应的单位工程，或者修改已经建立完成的单项工程、单位工程的相关信息，如图 2-11 所示。

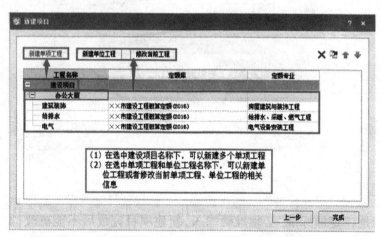

图 2-11　逐步新建"单项工程→单位工程"概算模板

(4) 新建项目完成后，进入软件概算模块的工作界面，在工作界面的导航栏中，形成了建设项目的三级概算项目管理体制，至此就完成了概算项目的新建操作，如图 2-12 所示。

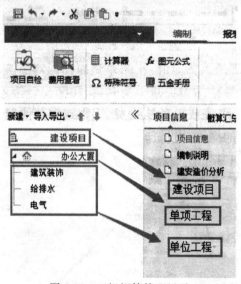

图 2-12　三级概算管理目录

（二）确定单位工程的概算建筑安装工程费

按照概算定额法编制建设项目概算的"分部—组合计价"思想，基本做法如下。

首先，在单位工程界面下，完成相应单位工程项目的建筑安装工程费的计算，如图 2-13 所示。

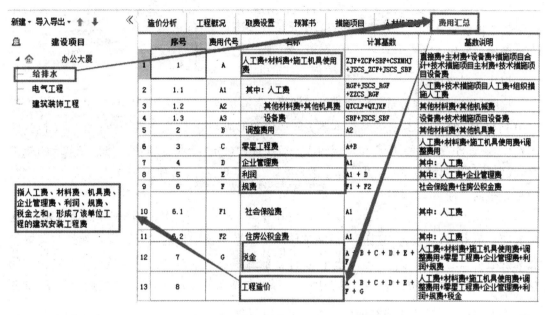

图 2-13　单位工程界面

其次，在单项工程界面下，软件自动汇总所包含的相应单位工程的建筑安装工程费，并分析该单项工程的相关造价指标，如图 2-14 所示。

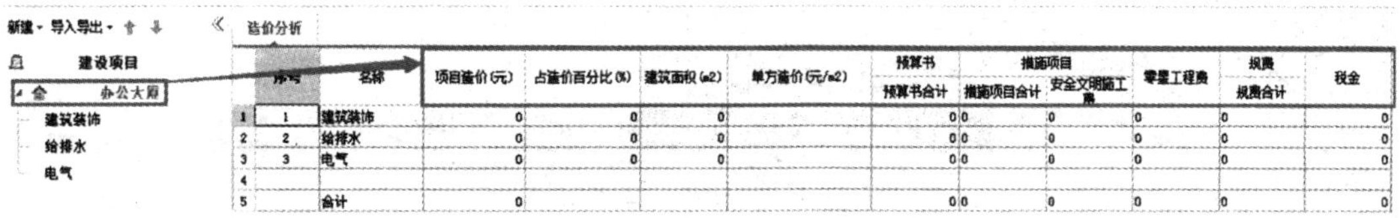

图 2-14　单项工程界面

最后，在建设项目界面下，完成设备购置费、工程建设其他费用和建设项目三类费用的取费计算，并汇总建设项目的概算总投资，如图 2-15 所示。

综上所述，如果要完成整个建设项目的概算编制，应先完成其所包含的各单位工程的建筑安装工程费的计算。操作过程如下。

1. 进行取费设置

按照《住房城乡建设部财政部关于印发〈建筑安装工程费用项目组成〉的通知》（建标〔2013〕44 号）的规定，建筑安装工程费按照造价的形成划分，由人工费、材料

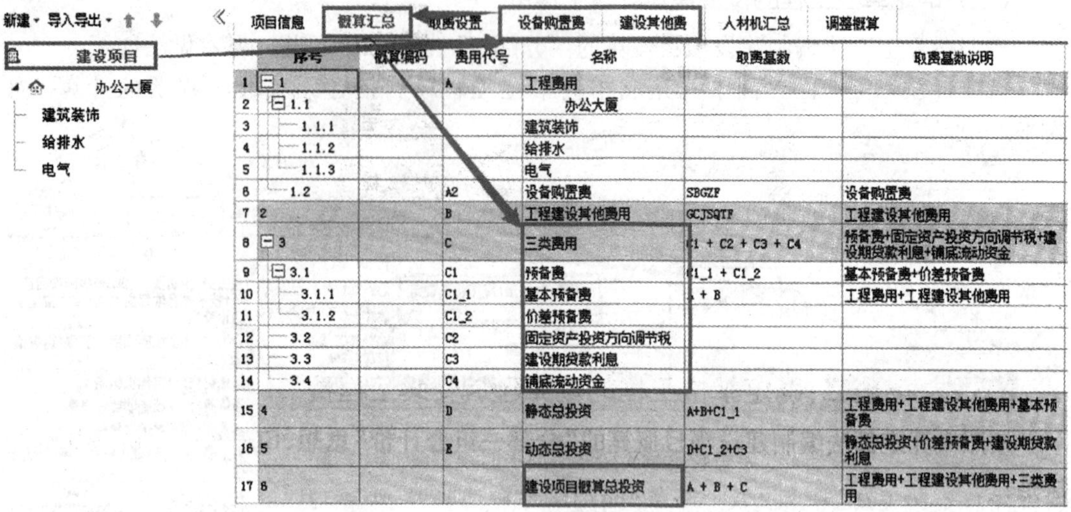

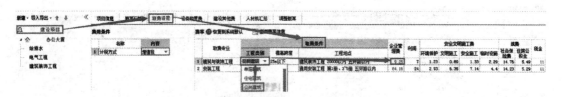

图 2-15　建设项目界面

费、施工机具使用费、企业管理费、利润、规费和税金构成。按照计价规定，企业管理费、利润、安全文明施工费、规费和税金的计算方式为"计算基数×费率"。因此，在进行建筑安装工程费计价之前，应首先根据工程的实际情况，对这些费用的取费费率进行设置。

在 GCCP5.0 软件中进行取费设置，可以在导航栏中将工作界面切换到建设项目界面，在该界面下单击"取费设置"按钮，然后在工作区中根据工程项目的实际情况对建筑与装饰工程和安装工程的"取费条件"进行选择，软件会依据相应地区对企业管理费、利润、安全文明施工费、规费和税金的取费规定，结合用户选择的取费条件，自动确定相关费用的费率，如图 2-16 所示。

图 2-16　进行"取费设置"

需要说明的是，在软件初始默认的取费条件下，相应费用的费率用黑色字体显示；当用户对取费条件中的相关信息进行更改后，软件会根据更改的信息内容自动变更与之相关的取费费率，并用红色字体显示，表示需要用户注意，该项费率与默认相比发生了变化。

另外，用户也可以通过单击"查询费率信息"按钮，手动查询相关费用的费率，并在工作区手动输入该费用的费率，如图 2-17 所示。一般情况下，手动查询是没有必要的。

在建设项目界面进行取费设置后，就可以在导航栏中将工作界面切换至需要计算建筑

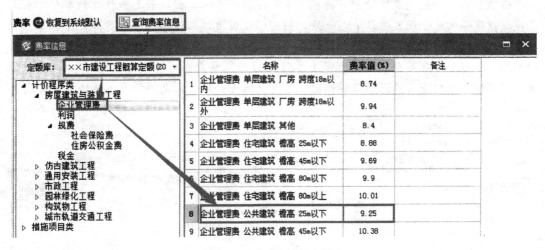

图 2-17　手动查询费率信息

安装工程费的相关单位工程界面，此时由于取费费率已经较默认值发生改变，软件会再次提示用户"取费设置数据有修改，是否应用？"，单击"是"按钮，软件会提示"应用成功"，即可完成对建筑与装饰工程、安装工程的取费设置，如图 2-18 所示。

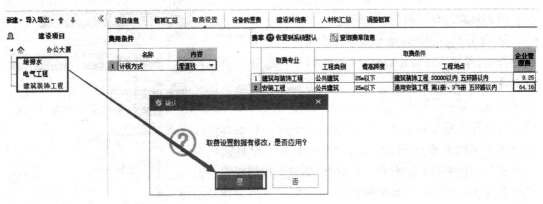

图 2-18　取费设置的确认

此时，在各单位工程的"取费设置"界面下，相应费用的取费费率已经进行了变更，如图 2-19 所示。

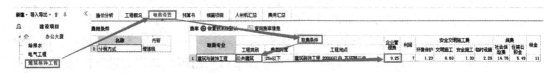

图 2-19　完成取费设置

提示：由于一个建设项目中可能包含不同性质的单位工程，若某一性质的单位工程与在建设项目界面统一设置的取费不一致，则可以在该单位工程界面单独更改该单位工程的取费条件。这种修改会使该单位工程的相关费率变为红色字体，并提示与默认费率不一致的原因，但这种修改不会影响其他同类单位工程的取费费率，如图 2-20 所示（注意：本案例中单位工程取费与建设项目界面统一设置的取费一致，故无须按上述做法单独修改）。

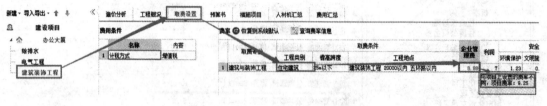

图 2-20　单位工程取费设置的修改

2. 编制分部分项工程概算

根据工程造价的计价流程，一般情况下，当需要进行概算计价时，单位工程相应的分部分项及措施项目工程量已经通过相关算量软件或者手工计算得出。因此，GCCP5.0 软件在进行各单位工程概算编制时，分部分项工程及措施项目概算计价一般采用"导入已完成的概算工程量＋补充工程量"的方式进行，从而达到与已有工程量资料进行交互，并且快速编制概算造价的目的。

3. 导入已完成的概算工程量

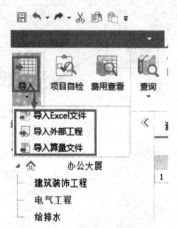

图 2-21　导入已完成的概算工程量的方法

GCCP5.0 软件提供了三种导入已完成的概算工程量的方法，即导入 Excel 文件、导入外部工程和导入算量文件，如图 2-21 所示。

（1）导入 Excel 文件。导入 Excel 文件，是指将已经完成的概算工程量汇总表（Excel 文件）中的工程量数据导入 GCCP5.0 软件中，通过软件自动识别并辅助人工手动识别表中数据的方式，完成相应单位工程的概算分部分项及措施项目工程量的输入。

具体操作方法：单击"导入"→"导入 Excel 文件"，在弹出的"导入 Excel 招标文件"对话框中，选择需要导入的 Excel 概算工程量汇总表并单击"打开"按钮，在工作区中将不需要识别的内容取消，将软件未能自动识别的内容手动识别，即可完成 Excel 概算工程量汇总表的导入，如图 2-22 所示。

如图 2-22 所示，软件需要导入的工程量表的内容主要包括项目的定额编码、项目名称、项目计量单位和定额工程量。因此，对于"无效行"内容，软件如果默认选择，则需要用户手动取消选择，软件不会导入该行数据；对于"未识别的列"内容，如果不手动指定该列的内容，软件则默认不导入该列数据，如果其内容确实为导入内容，则需要用户手动指定该列名称。

图 2-22 导入 Excel 文件的操作流程

提示：目前单位工程在进行概算造价时，建筑安装工程费计价采用的是定额计价模式，因此所导入的 Excel 概算工程量汇总表中的各项目定额必须与 GCCP5.0 软件所选择概算定额一致。否则，软件将无法识别 Excel 概算工程量汇总表中相应项目的编码和名称，进而将无法识别的项目新建为补充定额子目。

（2）导入算量文件。导入算量文件，是指将 GCCP5.0 软件与广联达算量软件（如 GCL，GQI 等）实现交互，将算量软件中的定额项目工程量直接导入 GCCP5.0 软件中，完成相应单位工程的概算分部分项及措施项目工程量的输入。

具体操作方法：单击"导入"→"导入算量文件"，在弹出的"打开文件"对话框中选择需要导入的广联达算量文件并单击"打开"按钮；在弹出的"GCL 对比导入"对话框中，勾选需要导入的定额子目，并单击"导入"按钮即可完成算量文件的导入，如图 2-23 所示。

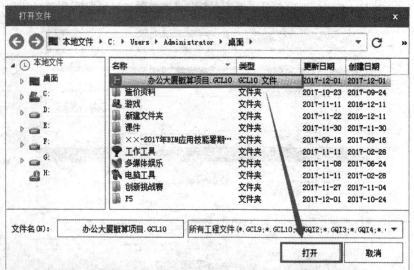

图 2-23 导入算量文件的操作流程

提示：导入算量文件时需要注意：首先，GCCP5.0软件目前所支持的算量文件主要包括广联达GCL土建算量文件、广联达GQI安装算量文件、广联达GDQ精装算量文件、广联达GMA市政算量文件；其次，所导入的算量文件必须经过汇总计算并且保存；再次，概算目前采用的是定额计价模式，因此所导入的算量文件必须采用定额计价模式；最后，所导入的算量文件的专业和所采用的概算定额必须与GCCP5.0软件一致。否则，软件无法导入算量文件。

（3）导入外部工程。导入外部工程，是指将利用GCCP5.0软件做好的单位工程概算导入新的基于GCCP5.0软件所做的概算工程中。当建设项目较大，所含单项工程、单位工程较多，需要多人分块协作完成时，采用该导入方法可以实现将不同编制人员各自利用GCCP5.0软件完成的单位工程概算进行汇总整合。具体操作方法这里不再赘述。

4. 整理子目

将已完成的概算工程量导入GCCP5.0软件后，单位工程工作区会呈现导入的所有分部分项工程，用户可以对这些导入的分部分项工程子目进行归纳整理，将不同的分部分项工程子目对应到不同的章、节中。软件提供了子目整理功能，用户可以根据需要选择子目整理的层级，让软件自动将不同的定额子目按照用户要求的层级进行快速整理。具体操作如下。

（1）单击工具栏中的"整理子目"→"分部整理"，如图2-24所示。

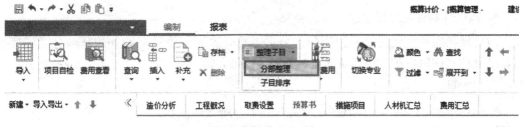

图2-24　进行定额子目的分部整理

（2）在弹出的"分部整理"对话框中选择需要整理的层级，一般情况下均选择"需要章分部标题"，单击"确定"按钮，如图2-25所示。此时软件会自动将不同的定额子目按照定额的"章"进行归纳分类。

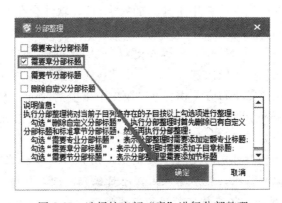

图2-25　选择按定额"章"进行分部整理

（3）软件自动整理完成后，工作区左侧会出现定额各章的名称，选择某章名称时，工作区右侧会出现该章所包含的相关定额子目，如图 2-26 所示。

| 造价分析 | 工程概况 | 取费设置 | 预算书 | 措施项目 | 人材机汇总 | 费用汇总 | | | | | |

	编码	类别	名称	单位	工程量表达式	含量	工程量	单价	合价
B1	0101		土石方工程						456924.35
1	1-1	定	平整场地	m2	1029.68		1029.68	4.54	4674.75
2	1-5	定	有地下室筏基础机挖土 槽深5m以内 地下室基础底板内包面积 2000（m2）以内	m3	5687.28+31.65		5718.93	64.9	370586.66
3	1-30	定	原土打夯	m3	1127.5262+19.6825		1147.39	1.47	1686.66
4	1-35	定	地下室内回填 夯实素土	m3	597		597	43.04	25694.88
5	1-37	定	场地回填 素土	m3	1206.11		1206.11	4.13	4981.23
6	1-41	定	土方运送运距1km以内	m3	3915.82		3915.82	12.59	49300.17

图 2-26　按"章"分部整理结果

此外，还可以对子目进行排序，单击工具栏中的"整理子目"→"子目排序"，在弹出的对话框中选择"子目排序"，单击"确定"按钮，软件会自动将同一分部内的子目按以下规则进行排序。

1）按当前子目→借用子目→补充子目顺序排序。

2）对当前子目按章节顺序排序。

3）对相同子目按输入的先后顺序排序。

4）对未指定专业章节的补充子目按输入编码排序。

5. 概算分部分项工程定额子目的补充

对已经导入并整理完成的相应分部分项工程，若还需要补充额外的分部分项定额子目，则软件允许用户在工作区手动自行补充。例如，需要在"土石方工程"中补充表 2-14 所示定额子目。

表 2-14　　　　　　　　　"场地回填灰土 3∶7"分项工程量表

定额编码	定额名称	计量单位	定额工程量
1.39	场地回填灰土 3∶7	m³	436

具体操作如下。

（1）在工作区左侧选择"土石方工程"，在工作区右侧单击该章中的任何一个定额子目，单击鼠标右键，在弹出的菜单中选择"插入子目"，软件会在所选子目下面自动插入一个子目行，如图 2-27 所示。

（2）在所插入的空白子目行中，鼠标左键双击"编码"栏，软件会自动弹出"查询"对话框。在"查询"对话框中依次选择"××市建设工程概算定额（2016）"→"房屋建筑与装饰工程"→"第一章土石方工程"→"第二节单项土（石）方"→"三、回填"→"2.场地回填"，在右侧的定额选择区鼠标左键双击选择"1∶39 场地回填灰土 3∶7"，即可将该定额项添加到空白子目行，如图 2-28 所示。

提示：本例中已知需要补充的定额子目编码，用户可以直接在所插入的空白子目行中，鼠标左键单击"编码"栏，然后输入定额子目编码，回车后即可添加相应定额子目，如图 2-29 所示。这样便省去了查询定额库的烦琐步骤。

造价分析　工程概况　取费设置　预算书　措施项目　人材机汇总　费用汇总

	编码	类别	名称	单位	工程量表达式	含量	工程量
	B1 0101		**土石方工程**				
	1	1-1	定	平整场地	m2	1029.68		1029.68
	2	1-5	定	有地下室满堂基础机挖土方 槽深5m以内 地下室基础底板内包面积 2000（m2)以内				
	3		定					
	4	1-30	定	原土打夯	m3			
	5	1-35	定	地下室内回填 夯实素土	m3			
	6	1-37	定	场地回填 素土	m3			
	7	1-41	定	土方回运运距1km以内	m3			
	8	1-39	定	场地回填 灰土3:7	m3			

右键菜单：
插入　Ins
插入子目　Alt+Ins
取消换算
剪切　Ctrl+X
复制　Ctrl+C
复制格子内容　Ctrl+Shift+C
粘贴　Ctrl+V
粘贴为子项
删除　Del
临时删除
插入批注
删除所有批注
查询　F3
存档
补充

图 2-27　插入子目行

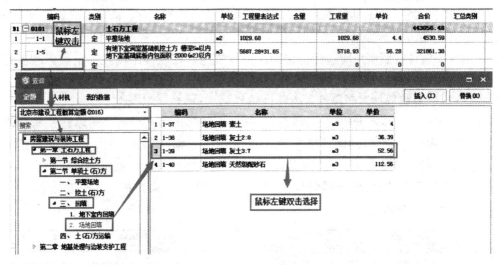

图 2-28　定额子目的选择

	编码	类别	名称	单位	工程量表达式	含量	工程量	单价	合价
B1	0101		**土石方工程**						456924.35
1	1-1	定	平整场地	m2	1029.68		1029.68	4.54	4674.75
2	1-5	定	有地下室满堂基础机挖土方 槽深5m以内 地下室基础底板内包面积 2000（m2)以内	m3	5687.28+31.65		5718.93	64.8	370586.66
3	1-39	定					0	0	0
4	1-30	定	原土打夯	m2	1127.5282+19.8625		1147.39	1.47	1686.66
5	1-35	定	地下室内回填 夯实素土	m3	597		597	43.04	25694.88
6	1-37	定	场地回填 素土	m3	1206.11		1206.11	4.13	4981.23
7	1-41	定	土方回运运距1km以内	m3	3915.82		3915.82	12.59	49300.17

图 2-29　直接输入定额子目编码

（3）添加了相应的定额子目后，鼠标左键双击该子目的"工程量表达式"或者"工程量"栏，输入该子目的定额工程量表达式或者定额工程量，即可完成该子目定额工程量的输入，如图2-30所示。

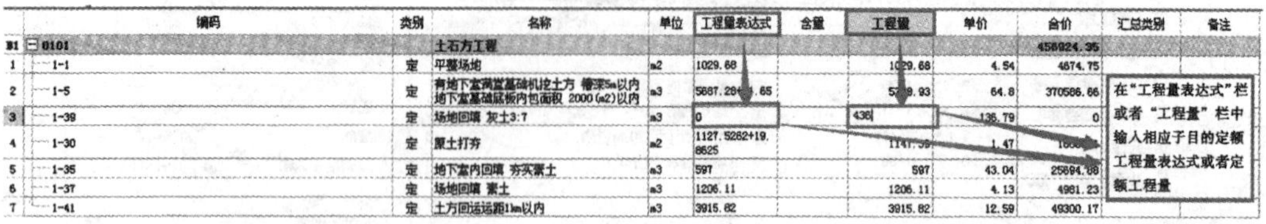

图2-30 定额子目工程量的输入

定额子目补充完成后，单击工具栏中的"整理子目"→"子目排序"，可以对定额子目重新排序。

6. 概算定额子目的标准换算

定额子目的标准换算，其实质就是用户按照实际工程的特点，结合定额规定的定额换算范围、内容和方法，对某些定额子目的定额单价按照定额计量规则的要求，在特定情况下进行合规的人为调整。一般情况下，定额单价的标准换算主要包括：砂浆、混凝土强度等级的改变进而调整单价，以及特定情况下对人、材、机消耗量的系数调整进而调整单价。

GCCP5.0软件按照用户所选计价定额的换算规定，在软件中内置了定额标准换算操作命令。其具体操作是：选择需要进行换算的定额子目，在工作区下方单击"标准换算"，在"标准换算"界面选择需要换算的内容。

例如，2016年《××市建设工程计价依据——概算定额》分册《房屋建筑与装饰工程概算定额》中，"4-4 砖砌体外墙厚度365mm"的定额及其人、材、机消耗量信息如图2-31所示。定额中规定砂浆为"商品砌筑砂浆DM5.0－HR"。而实际工程中，本定额子目所采用的砂浆为"混合砂浆M5"，则按照定额的规定，需要在软件中进行标准换算，换算步骤如图2-32所示。

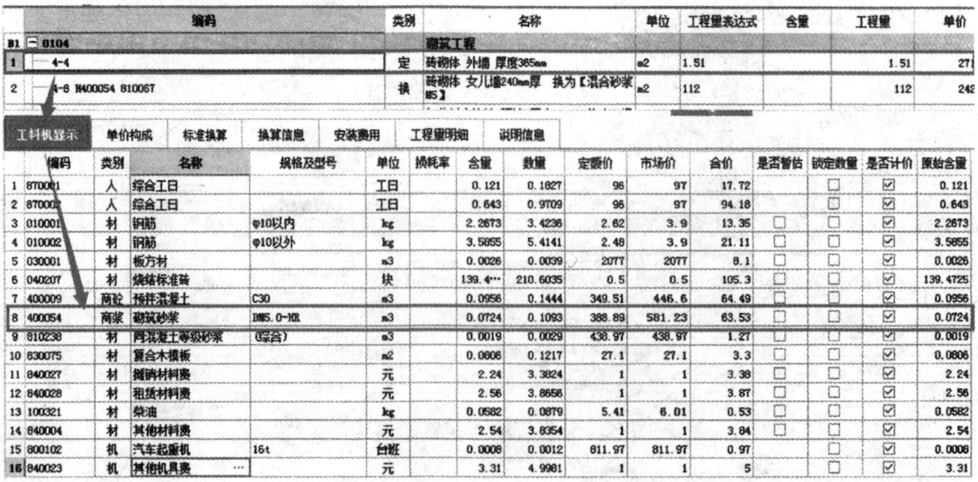

图2-31 定额及其人、材、机消耗量信息

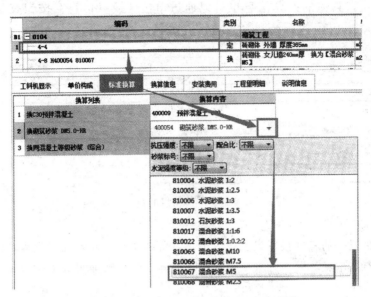

图 2-32 定额子目、人、材、机的标准换算

进行标准换算后的定额及其人、材、机消耗量信息如图 2-33 所示。

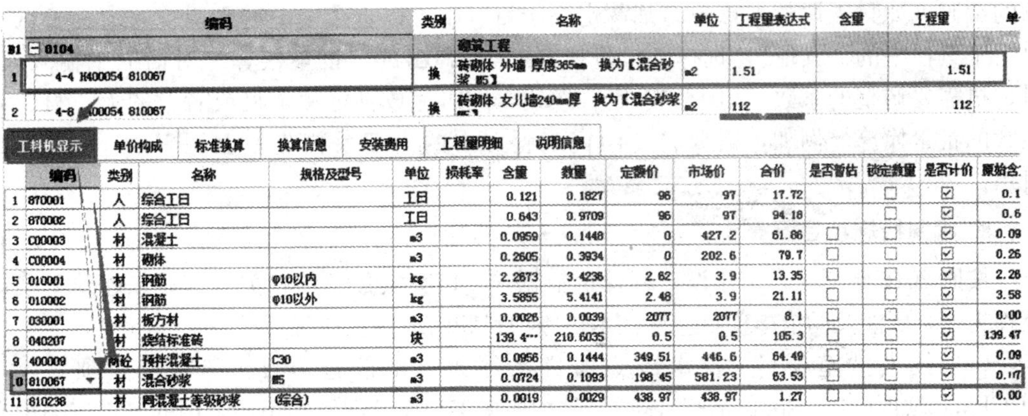

图 2-33 标准换算后的定额及其人、材、机消耗量信息

经过标准换算后，软件中原定额子目在定额"编码""类别""名称"中均会体现出变换信息，如图 2-34 所示。"4-4 H400054 810067"，表示将定额中原 400054 号材料（商品砌筑砂浆 DM5.0-HR）换算为 810067 号材料（混合砂浆 M5）；"类别"中将原来的"定"变化为"换"，表示该定额子目经过了换算；"名称"中体现了具体的换算信息。

图 2-34 标准换算信息在定额子目中的显示

定额换算后，具体的换算信息也可以通过单击"换算信息"按钮查看，如图 2-35 所示。

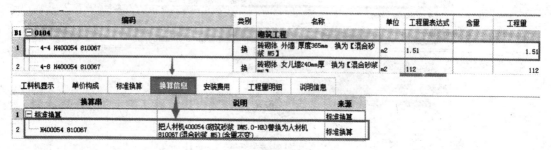

图 2-35　换算信息的查看

提示：软件提供的标准换算完全是依据用户所选择的定额的规则设置，如果用户单击某定额子目进行标准换算时，标准换算栏中无换算信息，则说明该定额子目的定额规则不允许换算。

7. 概算项目的批量换算

为了满足某些特定情况下概算编制的需要，需要对定额人、材、机消耗量进行强制调整时，可以使用软件提供的"批量换算"来完成。具体操作方法是：选中需要调整的章的编码（如只需调整本章中的某一定额子目，则可以直接选中需要调整的定额子目），单击工具栏中的"其他"，选择"批量换算"，在弹出的"批量换算"对话框中输入人、材、机需要调整的系数，单击"确定"按钮，即可完成某定额子目或者章的人、材、机系数的批量换算。例如，需要将"门窗工程"中的人工系数统一上调 1.3，如图 2-36 所示。

8. 编制措施项目概算

按照 2016 年《××市建设工程计价依据——概算定额》的相关规定，以建筑与装饰工程为例，所涉及的措施项目包括技术措施项目和组织措施项目两类。

（1）技术措施项目。技术措施项目又称为单价措施项目、定额措施项目，在 GCCP5.0 软件中以"措施费 2"体现，是指根据工程设计图纸和用户采用的概算定额中有明确工程量计算规则，可以计算相应措施项目的概算定额工程量，进而套取相应项目的概算定额基价进行价款计算的措施项目。

例如，2016 年《××市建设工程计价依据——概算定额》分册《房屋建筑与装饰工程概算定额》中包含的技术措施项目包括脚手架工程、混凝土模板及支架（撑）工程、垂直运输、超高施工增加、大型机械设备进出场以及安拆和施工排水、降水工程项目。GCCP5.0 软件将这些措施项目明确列出，如图 2-37 所示。各子目的计价方式与分部分项工程定额子目一致，这里不再赘述。

（2）组织措施项目。组织措施项目又称为总价措施项目，在 GCCP5.0 软件中以"措施费 1"体现，是指在现行的国家、地区工程量计算规定中无工程量计算规则，在概算计价中以"计算基数×费率"以及按照"总价"计算费用的措施项目。组织措施项目费包括

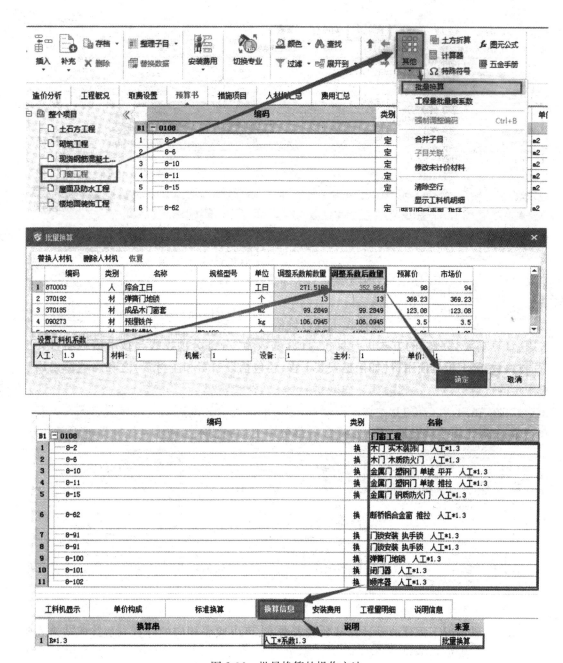

图 2-36　批量换算的操作方法

安全文明施工费，夜间施工增加费，非夜间施工照明，二次搬运费，冬雨期施工增加费，地上、地下设施、建筑物的临时保护设施费和已完工程及设备保护费等。

　　例如，按照 2016 年《××市建设工程计价依据——概算定额》的规定，安全文明施工费采用"计算基数×费率"的方式进行计价，计算基数为"分部分项工程与技术措施项目人工费、材料费、施工机具使用费（如果是安装工程，还包括设备费和主材费）之和"，

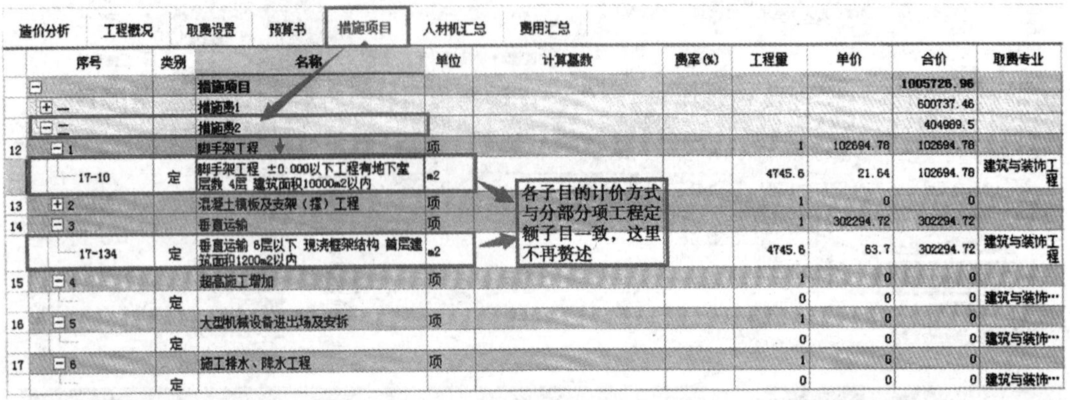

	序号	类别	名称	单位	计算基数	费率(%)	工程量	单价	合价	取费专业
	⊟		措施项目						1005726.96	
	⊞ 一		措施费1						600737.46	
	⊟ 二		措施费2						404989.5	
12	⊟ 1		脚手架工程	项			1	102694.78	102694.78	
	17-10	定	脚手架工程 ±0.000以下工程有地下室 层数 4层 建筑面积10000m2以内	m2			4745.6	21.64	102694.78	建筑与装饰工程
13	⊞ 2		混凝土模板及支架（撑）工程	项			1	0	0	
14	⊟ 3		垂直运输	项			1	302294.72	302294.72	
	17-134	定	垂直运输 6层以下 现浇框架结构 首层建筑面积1200m2以内	m2			4745.6	63.7	302294.72	建筑与装饰工程
15	⊟ 4		超高施工增加	项			1	0	0	
		定					0	0	0	建筑与装饰…
16	⊟ 5		大型机械设备进出场及安拆	项			1	0	0	
		定					0	0	0	建筑与装饰…
17	⊟ 6		施工排水、降水工程	项			1	0	0	
		定					0	0	0	建筑与装饰…

图 2-37 技术措施费的操作

费率采用其中规定的费率。

软件依据用户选择的专业和工程设置，结合地区计价标准自动取定该费用的计算基数和费率，一般无须手动设置，用户在完成分部分项工程和技术措施项目概算计价后，软件会自动计算安全文明施工费，如图 2-38 所示。

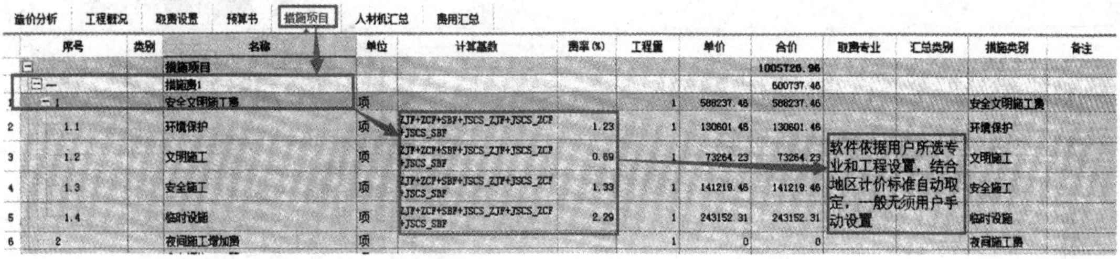

	序号	类别	名称	单位	计算基数	费率(%)	工程量	单价	合价	取费专业	汇总类别	措施类别	备注
	⊟		措施项目						1005726.96				
	⊟ 一		措施费1						600737.46				
1	⊟ 1		安全文明施工费	项			1	588237.46	588237.46			安全文明施工费	
2	1.1		环境保护	项	ZJF+ZCF+SBF+JSCS_ZJF+JSCS_ZCF+JSCS_SBF	1.23	1	130601.46	130601.46			环境保护	
3	1.2		文明施工	项	ZJF+ZCF+SBF+JSCS_ZJF+JSCS_ZCF+JSCS_SBF	0.69	1	73264.23	73264.23			文明施工	
4	1.3		安全施工	项	ZJF+ZCF+SBF+JSCS_ZJF+JSCS_ZCF+JSCS_SBF	1.33	1	141219.46	141219.46			安全施工	
5	1.4		临时设施	项	ZJF+ZCF+SBF+JSCS_ZJF+JSCS_ZCF+JSCS_SBF	2.29	1	243152.31	243152.31			临时设施	
6	2		夜间施工增加费	项			1	0	0			夜间施工费	

图 2-38 安全文明施工费的操作

如果特殊情况下需要改动计算基数或者费率，可以双击相应的计算基数代码或者费率栏，进行代码、费率的选择和编辑。

对于夜间施工增加费，非夜间施工照明，二次搬运费，冬雨期施工增加费，地上、地下设施、建筑物的临时保护设施费和已完工程及设备保护费等组织措施项目费，参照××市文件规定，编制概算时应考虑现场的场地情况、工期等因素，根据发包方要求并结合工程现场实际情况编制常规施工方案，所增加的费用以总价方式直接计入概算中。因此，这些费用在软件中的处理流程是：按照常规施工方案估算出相应措施项目的概算总价，将估算后的总价直接填入相应项目的“计算基数”中即可。例如，按照常规施工方案经过计算，工程需要支出总价为 12 500 元的二次搬运费，直接双击二次搬运费的“计算基数”栏，将总价 12 500 元填入，软件自动默认出该项目的总价，如图 2-39 所示。

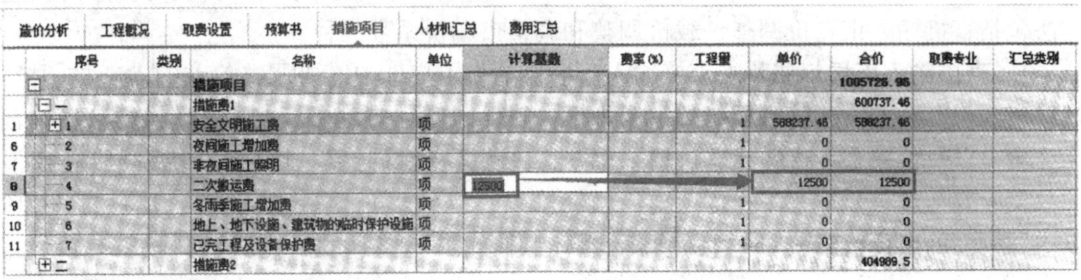

造价分析 | 工程概况 | 取费设置 | 预算书 | 措施项目 | 人材机汇总 | 费用汇总

	序号	类别	名称	单位	计算基数	费率(%)	工程量	单价	合价	取费专业	汇总类别
	⊟		措施项目						1005726.96		
	⊟ 一		措施费1						600737.46		
1	⊞ 1		安全文明施工费	项			1	588237.46	588237.46		
6	2		夜间施工增加费	项			1	0	0		
7	3		非夜间施工照明	项			1	0	0		
8	4		二次搬运费	项	12500			12500	12500		
9	5		冬雨季施工增加费	项			1	0	0		
10	6		地上、地下设施、建筑物的临时保护设施	项			1	0	0		
11	7		已完工程及设备保护费	项			1	0	0		
	⊞ 二		措施费2						404989.5		

图 2-39　其他组织措施项目费的操作

9. 概算人、材、机汇总及价差调整

(1) 人、材、机汇总界面显示。在完成分部分项工程和措施项目的概算计价后，按照概算定额计价的程序，需要对分部分项工程和技术措施项目中人、材、机的价差进行调整。在 GCCP5.0 软件“人材机汇总”界面，软件自动将相应单位工程中的分部分项工程和技术措施项目所消耗的人、材、机相关信息进行分类汇总，方便用户进行人、材、机相关信息的查看及价差的调整，如图 2-40 所示。

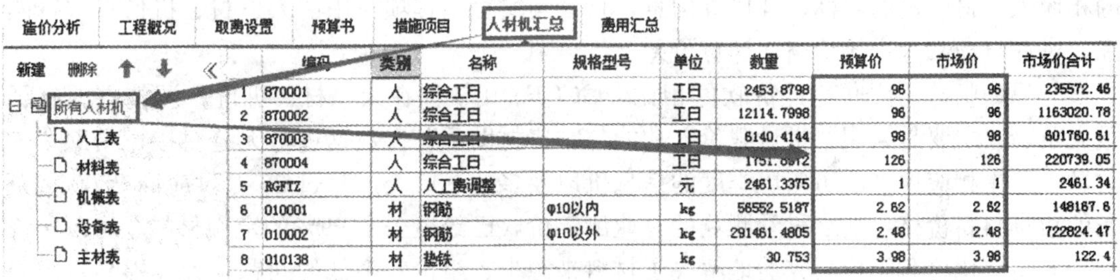

造价分析 | 工程概况 | 取费设置 | 预算书 | 措施项目 | 人材机汇总 | 费用汇总

新建　删除　↑　↓　«

所有人材机：人工表、材料表、机械表、设备表、主材表

	编码	类别	名称	规格型号	单位	数量	预算价	市场价	市场价合计
1	870001	人	综合工日		工日	2453.8798	96	96	235572.46
2	870002	人	综合工日		工日	12114.7998	96	96	1163020.78
3	870003	人	综合工日		工日	6140.4144	98	98	601760.61
4	870004	人	综合工日		工日	1751.[illegible]	126	126	220739.05
5	RGFTZ	人	人工费调整		元	2461.3375	1	1	2461.34
6	010001	材	钢筋	φ10以内	kg	56552.5187	2.62	2.62	148167.6
7	010002	材	钢筋	φ10以外	kg	291461.4805	2.48	2.48	722824.47
8	010138	材	垫铁		kg	30.753	3.98	3.98	122.4

图 2-40　单位工程中的“人材机汇总”显示

单击“人材机汇总”按钮，再单击左侧的“所有人材机”，软件会显示工程消耗的所有人、材、机的相应信息，如图 2-40 所示。此外，分别单击“人工表”“材料表”“机械表”“设备表”和“主材表”，软件会自动汇总相应的人、材、机信息。

表 2-40 中反映的“数量”是指该人、材、机在本工程中的全部消耗量合计值；“预算价”是指该人、材、机在概算定额中的定额基价；“市场价”是指该人、材、机在目前概算编制时的市场价格，在没有调价之前，软件默认市场价与预算价相等；“市场价合计”是指该人、材、机的“数量”与“市场价”的乘积。

另外，软件还提供了材料“产地”“厂家”“品牌”“送达地点”“质量等级”“供货时间”等信息标识，用户可以按照需要输入相应的材料信息，如图 2-41 所示。

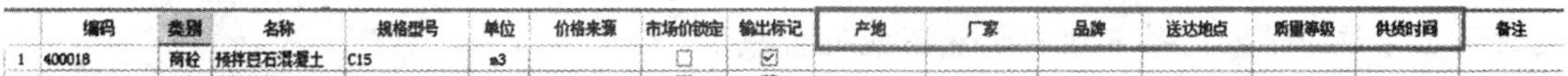

	编码	类别	名称	规格型号	单位	价格来源	市场价锁定	输出标记	产地	厂家	品牌	送达地点	质量等级	供货时间	备注
1	400018	商砼	预拌豆石混凝土	C15	m3		☐	☑							
2	810071	材	水泥砂浆	M5	m3		☐	☑							

图 2-41　材料的其他信息

（2）概算人、材、机的价差调整。GCCP5.0 软件提供的概算人、材、机价差的调整方法包括直接输入市场价调整、载价调整和调整市场价系数三种。

1）直接输入市场价调整。直接输入市场价是指用户选中需要调整价差的人、材、机，在"市场价"栏中直接输入相应的市场价格，软件即可自动计算该人、材、机的市场价合计、价差以及价差合计，并在"价格来源"栏注明"自行询价"。此时，"市场价"栏中该项数据会变为红色，提醒用户该项单价已经修改，与预算价不一致。例如，用户将"Φ10 以内"钢筋的市场价修改为 3.9 元/kg，具体操作如图 2-42 所示。

	编码	类别	名称	规格型号	单位	数量	预算价	市场价	市场价合计	价差	价差合计	价格来源	市场价锁定	输出标记
1	010001	材	钢筋	Φ10以内	kg	56552.5187	2.62	3.9	220554.82	1.28	72387.22	自行询价	□	☑

图 2-42　直接输入市场价

以材料为例，这种调整市场价的方法需要对相应材料的市场价逐个进行调整，并且材料价格来源由用户自行确定。因此，需要用户花费大量精力与时间做相应材料的市场价调查，调整过程也比较烦琐枯燥，容易漏项。所以，这种调整方法仅适用于对个别无法确定信息价或者市场指导价的主要材料进行价差调整。

2）载价调整。载价是指将相应的价格文件载入软件中，软件依据所载入价格文件中的相应人、材、机的名称、规格等信息，自动与概算工程项目中的人、材、机信息进行匹配，进而自动载入市场价格，计算价差。

与早期版本的广联达计价软件相比，GCCP5.0 软件在人、材、机价差调整方面有了重大革新，主要是采用"批量载价"功能与"广材助手"云数据进行无缝对接，借助"广材助手"中相应地区的历年历季度的信息价以及多达 900 类、超过 36 万供应商 2300 多万条的市场材料价格，加之科学测算的专业测定价，已经覆盖了 99% 的定额材料，可以实现一键载价、比价和组价，完美地解决了材料来源少、组价效率低的问题，大大提高了用户的工作效率。

以材料为例，"广材助手"对材料询价提供了信息价、市场价和专业测定价三种价格模式。其中，信息价是指地区造价主管部门定期发布的材料信息指导价格；市场价是指"广材助手"收集的材料供应商发布的相应材料的市场价格；专业测定价是指"广材助手"对从多方渠道获取的常用建筑材料的价格，通过综合对比、加权平均、专家复核等步骤进行标准化处理后推荐的材料参考价格，这种参考价格不包括材料的采购及保管费。

一般情况下，概算中人、材、机价差调整应采用信息价。具体操作步骤为：鼠标左键单击"载价"按钮，选择"批量载价"，在弹出的对话框中勾选"信息价"，选择需要载入信息价的期数，单击"下一步"按钮，如图 2-43 所示。

提示：这里需要注意两点：一是若某一期的信息价不完整，则可以添加备选地区信息价进行补充和完善，软件允许用户选择两个备选地区信息价；二是配合比材料、市场价锁定材料、单位为"元"的其他材料费不能进行载价。

在弹出的"广材助手 | 批量载价"对话框中，用户选择需要载入信息价的待载类型，一般情况下概算可以选择全部类型载入，如图 2-44 所示。

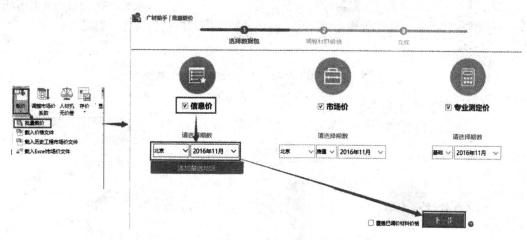

图 2-43　批量载价

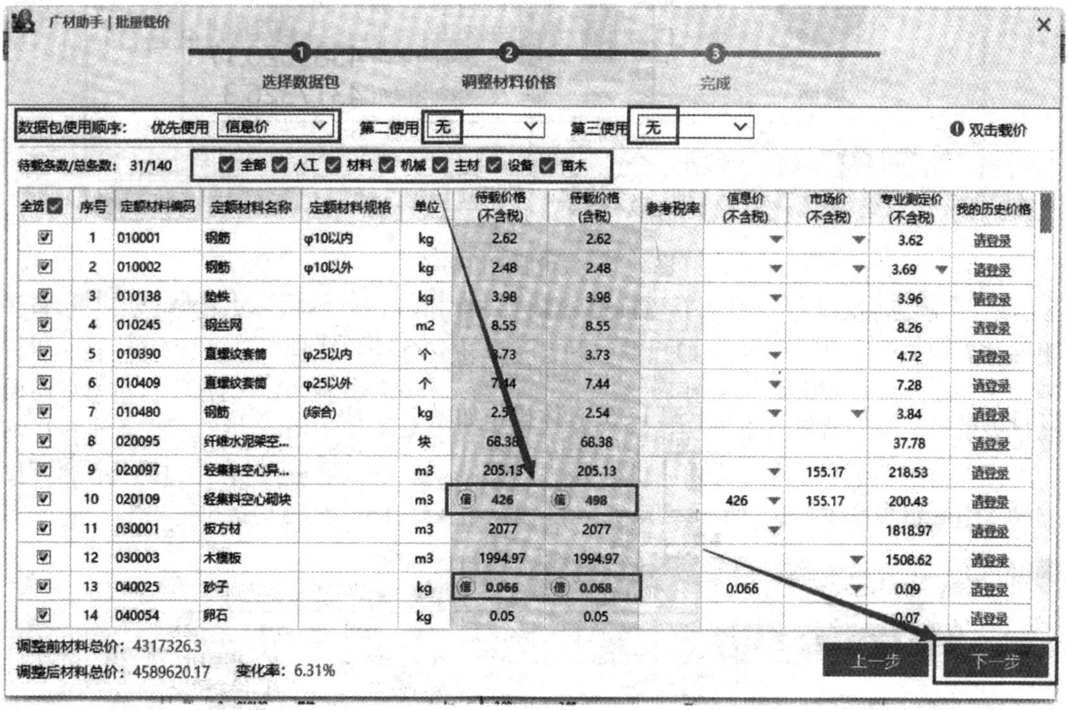

图 2-44　载价后的选择及价格变化显示

　　提示： 人、材、机的"待载价格"在对话框中用红色字体显示，分为含税价格和不含税价格，价格前用"信"表示该价格来自信息价。按照建筑行业现行的"营改增"计价规定，软件自动将含税价格换算为不含税价格，实际计算价差时采用不含税价格计算。

　　载入价格后，软件会自动按照所载入的信息价计算价格影响，如图 2-45 所示。单击"完成"按钮即可完成概算下对价差的计算调整，此时人、材、机"市场价"栏会自动采用信息价，以红色字体显示；在"价格来源"栏，会说明所采用的信息价信息，如图 2-46 所示。

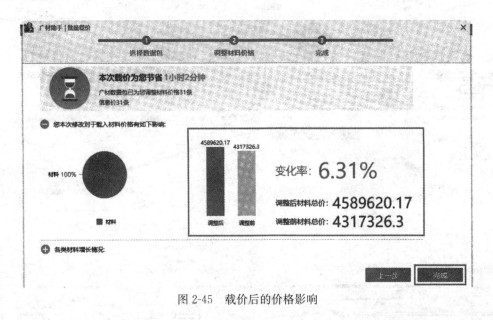

图 2-45 载价后的价格影响

| 10 | 020109 | 材 | 轻集料空心砌块 | m3 | 325.8344 | 168.03 | 426 | 138805.45 | 237.97 | 77538.81 | 北京信息价
(2016年11月) | □ | ☑ |

图 2-46 载价后的价格显示

3）调整市场价系数。对于二类辅助材料，往往采用系数法进行价差调整，即在材料定额基价的基础上乘以造价主管部门发布的调整系数进行价差调整。这种系数法调差可以通过 GCCP5.0 软件中的"调整市场价系数"进行，具体操作步骤是：选择需要进行系数法调差的二类辅助材料，单击工具栏中的"调整市场价系数"，在弹出的"设置系数"对话框中输入调整系数，单击"确定"按钮，即可完成对所选材料的调差。例如，若将"电焊条"材料价格在定额基价的基础上上调 1.35，具体操作如图 2-47 所示。

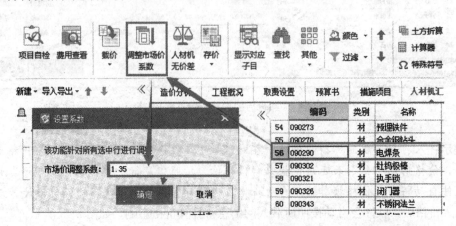

图 2-47 调整市场价系数

如果要一次调整多个材料系数，可以采用"Ctrl＋鼠标左键单击选择或者框选"的方法，一次选择多个材料进行系数法调差。

（3）其他功能。载入市场价之后，若载入有误，用户可以采用软件内置的"人材机无价差"功能进行价差还原。操作方法是：单击工具栏中的"人材机无价差"或者单击鼠标右键，在弹出的菜单中选择"人材机无价差"进行还原，如图 2-48 所示。

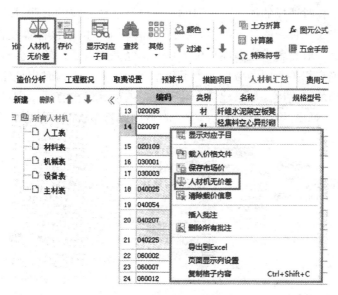

图 2-48　人材机无价差

此外，软件还提供了材料对应相应定额子目的功能。如果用户需要明确某种材料属于哪些实体项目的消耗，可以选择该材料，单击鼠标右键，在弹出的菜单中选择"显示对应子目"即可；同时，还可以在弹出的对话框中鼠标左键双击相应子目，软件会自动定位到该定额子目下，以方便用户的审查和修改，如图 2-49 所示。

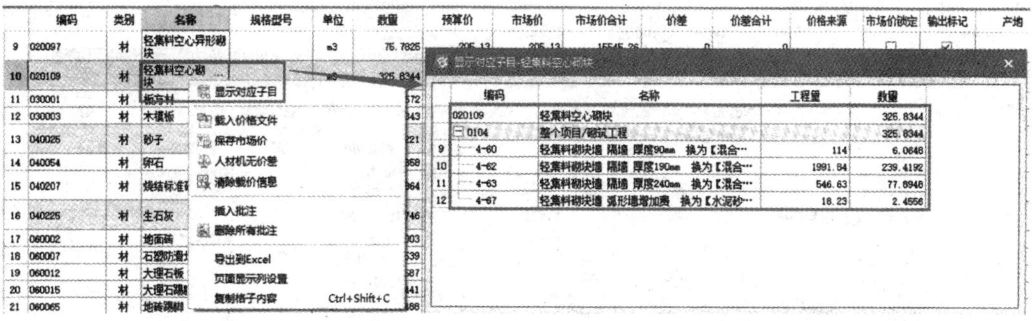

图 2-49　显示材料所对应的定额子目

10. 单位工程概算建筑安装工程费的计算与汇总

按照概算定额计价的流程，完成人、材、机价差调整之后，还需要计算企业管理费、利润、规费和税金，并汇总该单位工程的建筑安装工程费。

按照 2016 年《××市建设工程计价依据——概算定额》中的“房屋建筑与装饰工程费用标准”的规定，企业管理费、利润、规费和税金均以“计算基数×费率”的方式进行计算。因此，GCCP5.0 软件将这些费用与单位工程建筑安装工程费的汇总计算，在“费用汇总”工作界面下合并进行。

具体操作方法是：在单位工程界面，将工作区切换至“费用汇总”界面，软件会根据用户在新建单位工程时选择的该单位工程的专业以及已经完成的取费设置，自动显示该专业单位工程建筑安装工程费的计算模板，如图 2-50 所示。由于该计算模板与企业管理费、利润、规费和税金的取费费率在新建单位工程时已经完成设置，软件会自动套取建筑安装工程费的模板并确定相关费用的费率。为了防止在新建单位工程时出现错误的设置，建议用户复核自动套用的正确性。如果建筑安装工程费的计算模板有误，则可以单击工具栏中的“载入模板”，在弹出的对话框中选择合适专业的取费模板即可，如图 2-51 所示。

	序号	费用代号	名称	计算基数	基数说明	费率(%)	金额	费用类别	备注	输出
1	1	A	人工费+材料费+施工机具使用费	ZJF+ZCF+SBF+CSXMHJ+JSCS_ZCF+JSCS_SBF	直接费+主材费+设备费+措施项目合计+技术措施项目主材费+技术措施项目设备费		10,958,748.93	直接费		☑
2	1.1	A1	其中：人工费	RGF+JSCS_RGF+ZZCS_RGF	人工费+技术措施项目人工费+组织措施人工费		2,396,457.47			☑
3	1.2	A2	其他材料费+其他机具费	QTCLF+QTJXF	其他材料费+其他机械费		194,732.01			☑
4	1.3	A3	设备费	SBF+JSCS_SBF	设备费+技术措施项目设备费		0.00	设备费		☑
5	2	B	调整费用	A2	其他材料费+其他机具费	0	0.00			☑
6	3	C	零星工程费	A+B	人工费+材料费+施工机具使用费+调整费用	0	0.00	零星工程费		☑
7	4	D	企业管理费	A + B + C	人工费+材料费+施工机具使用费+调整费用+零星工程费	8.88	973,136.90	企业管理费	按不同工程类别、不同檐高取不同的费率	☑
8	5	E	利润	A + B + C + D	人工费+材料费+施工机具使用费+调整费用+零星工程费+企业管理费	7	835,232.01	利润		☑
9	6	F	规费	F1 + F2	社会保险费+住房公积金费		485,282.64	规费		☑
10	6.1	F1	社会保险费	A1	其中：人工费	14.76	353,717.12	社会保险费	社会保险费包括：基本医疗保险基金、基本养老保险费、失业保险基金、工伤保险基金、残疾人就业保障金、生育保险。	☑
11	6.2	F2	住房公积金费	A1	其中：人工费	5.49	131,565.52	住房公积金费		☑
12	7	G	税金	A + B + C + D + E + F	人工费+材料费+施工机具使用费+调整费用+零星工程费+企业管理费+利润+规费	11	1,457,764.05	税金		☑
13	8		工程造价	A + B + C + D + E + F + G	人工费+材料费+施工机具使用费+调整费用+零星工程费+企业管理费+利润+规费+税金		14,710,164.53	工程造价		☑

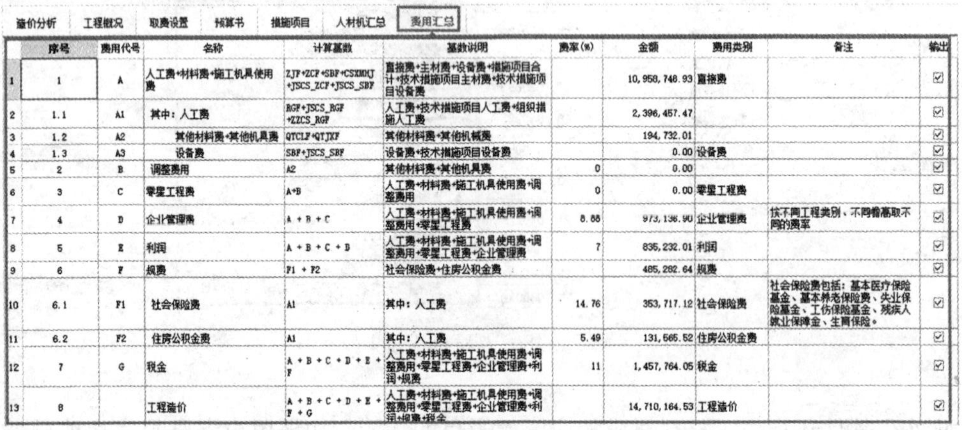

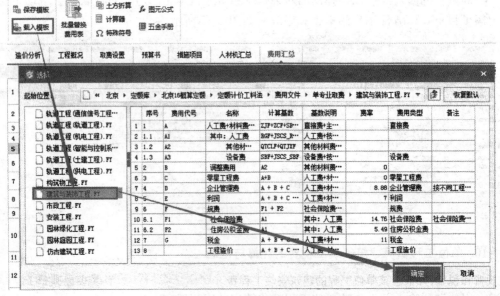

图 2-50 单位工程下的概算“费用汇总”

图 2-51 单位工程概算模板的选择

需要说明的是，以"建筑与装饰工程"为例，用户在"费用汇总"界面，还需要根据地区造价主管部门的规定考虑计取"调整费用"和"零星工程费"的取费费率。如需计算这两项费用，则可以在相应费用的"费率"栏中直接输入费率。除此之外，一般情况下用户不应擅自修改单位工程建筑安装工程费计算模板中其他费用的名称、计算基数和费率等信息。

(三) 确定建设项目的设备购置费

按照《建设项目经济评价方法与参数》（第三版）的规定，建设投资中的工程费用除了建设项目中各单项工程的建筑安装工程费外，还需要计算设备及工器具购置费（在GCCP5.0软件中体现为"设备购置费"）。

利用GCCP5.0软件可以快速实现建设项目设备购置费的计算与汇总，并形成建设项目固定资产总投资的重要组成部分。按照国家对设备购置费的规定，结合发包人对建设项目设备购置的实际需求，软件将设备购置费分为国内采购设备和国外采购设备两种类型。在"建设项目"界面下进行建设项目设备购置费的计算，如图 2-52 所示。

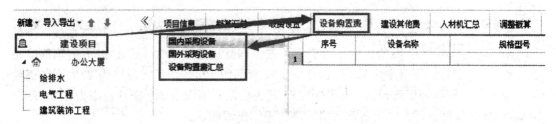

图 2-52　设备购置费的操作界面

1. 国内采购设备购置费的计算

国内采购设备是指项目所有人在设备采购过程中，面向国内供应商采购的国产设备。国内采购设备购置费主要由设备原价（出厂价、供应价、交货价等）和设备运杂费构成。

用户在计取国内采购设备购置费时，操作流程为：在"建设项目"界面下，单击"设备购置费"→"国内采购设备"，在工作区填写采购设备的相关信息，软件即可根据用户输入的相关设备信息计算国内采购设备的采购价格。

提示：国产设备购置费的计算需要区分设备的交货方式，如果是在厂家指定地点交货（如在生产厂家厂部或者销售点），则计算购置费时需要在软件中输入该设备的运杂费费率，软件会自动计算设备运杂费（如费率按5%计算）；如果厂家将设备运至买方指定地点交货，则国产设备的原价中已经包含了运杂费，此时不应再在软件中输入运杂费费率，国产设备购置费与设备原价相等。

案例工程中，办公大厦项目需要向国内 A 厂家采购全自动消毒洗碗机一台，型号HXD-1，产品售价 2.5 万元人民币一台，厂家负责安装，但是需要去厂家仓库提货；该项目还需要向国内 B 公司采购 AR 系统一套，全套系统售价 35 万元人民币，由厂家负责送货并安装、调试，则这两套设备的购置费计算如图 2-53 所示。

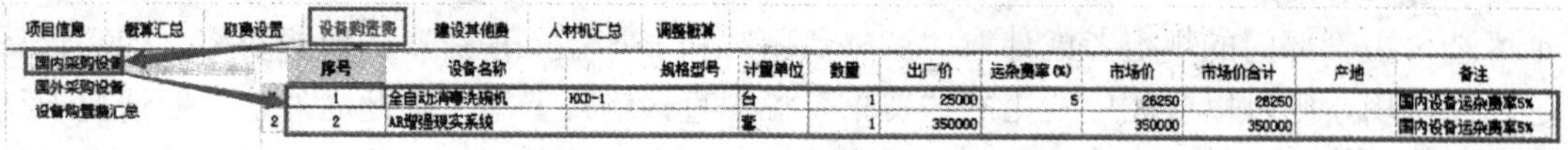

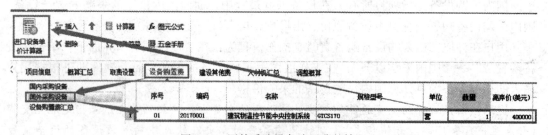

图 2-53　国内采购设备购置费的计算

2. 国外采购设备购置费的计算

国外采购设备是指项目所有人在设备采购过程中，面向国外供应商采购的进口设备。我国目前大多采用 FOB 交易价格采购国外进口设备，因此国外采购设备购置费主要包括进口设备的到岸价（包括 FOB 离岸价、国际运费、运输保险费）、进口从属费（包括银行财务费、外贸手续费、关税和进口环节增值税）以及国内运杂费。其中，进口设备的到岸价与进口从属费构成了设备抵岸价，也就是进口设备的原价。

由于国外采购设备购置费的计算内容较多，需要分别计算上述各项费用，所以 GCCP5.0 软件提供了"进口设备单价计算器"，以方便用户快速完成进口设备购置费的计算。

案例工程中，办公大厦项目需要从某国进口一套建筑物温控节能中央控制系统，型号 GTCS170，离岸价（FOB 价）为 4 万美元，假设国际运费费率为 10%、海上运输保险费率为 0.3%、银行财务费率为 0.5%、外贸手续费率为 1.5%、关税税率为 22%、增值税税率为 17%、银行外汇牌价为 1 美元＝6.61 元人民币、国内设备运杂费费率为 3%，则利用 GCCP5.0 软件进行进口设备购置费计算的操作流程如下。

第一步：单击"设备购置费"→"国外采购设备"，在工作区填写采购设备的相关信息（序号、编码、采购设备名称、规格型号、单位、数量和离岸价），单击工具栏中的"进口设备单价计算器"，如图 2-54 所示。

图 2-54　国外采购设备购置费的输入

第二步：在弹出的"进口设备单价计算器"对话框中，按照进口设备的取费要求填写相关计算信息，即可计算该进口设备的购置费，如图 2-55 所示。

计算完成的进口设备购置费，如图 2-56 所示。

提示： 需要注意的是：首先，进口设备单价计算器中的"离岸价"取费基数，软件直接默认为在工作区中输入的离岸价格，用户也可以在计算器中修改该价格进行计算，计算完成后工作区中的离岸价也会随之改动；其次，费用计算中的外币默认为美元价格，但实际采购过程中可以采用其他外币进行交易，此时只需在"汇率"中填写人民币兑换相应外

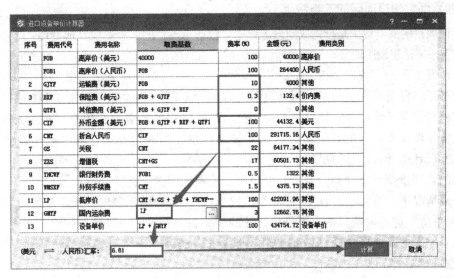

图 2-55　进口设备单价计算器

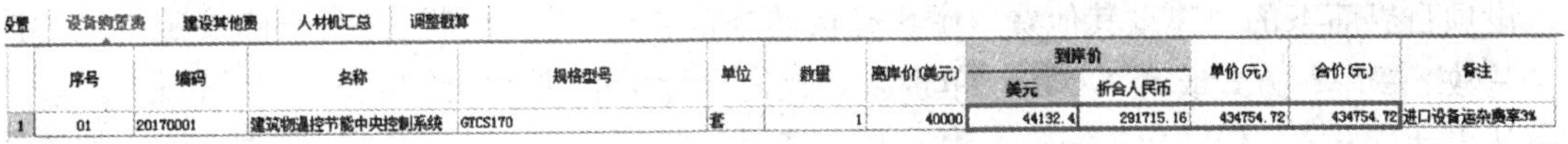

序号	编码	名称	规格型号	单位	数量	离岸价(美元)	到岸价 美元	到岸价 折合人民币	单价(元)	合价(元)	备注
1	01	20170001	建筑物温控节能中央控制系统	GTCS170	套	1	40000	44132.4	291715.16	434754.72	434754.72	进口设备运杂费率3%

图 2-56　国外采购设备购置费的确定

币的汇率即可；再次，某些设备的国际运费是以质量为单位计算费用，此时应将"运输费（美元）"的取费基数改为设备的运输总量，在"费率"栏输入单位质量的运输价格；最后，由于国内运杂费的取费基数为进口设备的原价，而进口设备原价指的是抵岸价，所以应将国内运杂费的取费基数改为"LP（抵岸价）"。

3. 工器具、生产家具购置费的计算与费用汇总

按照规定，工器具、生产家具购置费均以设备购置费（包括国内采购设备购置费和国外采购设备购置费）为基数，乘以相应的费率计算。GCCP5.0 软件提供了这些费用的快速计算方式，用户只需单击"设备购置费"→"设备购置费汇总"，在工作区分别输入工器具购置费、生产家具购置费等相应费用的费率，软件即可自动计算相应费用并汇总建设项目的设备及工器具购置费，如图 2-57 所示。

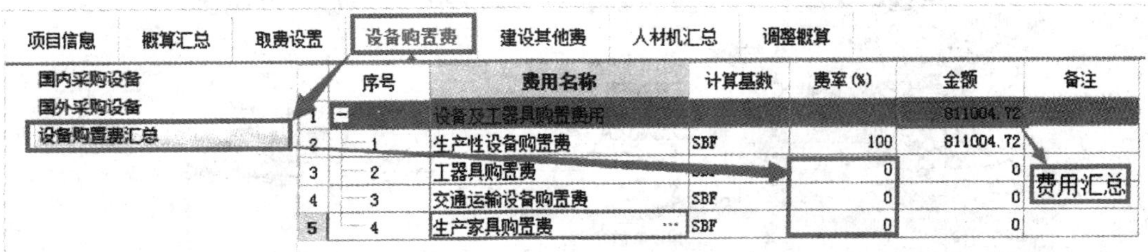

项目信息	概算汇总	取费设置	设备购置费	建设其他费	人材机汇总	调整概算

	序号	费用名称	计算基数	费率(%)	金额	备注
国内采购设备	1	设备及工器具购置费用			811004.72	
国外采购设备	2	1　生产性设备购置费	SBF	100	811004.72	
设备购置费汇总	3	2　工器具购置费	SBF	0	0	费用汇总
	4	3　交通运输设备购置费	SBF	0	0	
	5	4　生产家具购置费	SBF	0	0	

图 2-57　设备购置费汇总

(四) 确定建设项目的二类费用

建设项目的二类费用是指构成建设工程固定资产总投资的工程建设其他费用。该费用由发包人列支,包括建设用地费、与项目建设有关的其他费用和与未来生产经营有关的其他费用。

在建设工程固定资产总投资的计算中,《建设项目经济评价方法与参数》(第三版)将除工程费用、预备费和建设期利息外发包人需要为工程顺利实施而支出的各项费用全部列支在工程建设其他费用中,导致该费用中的费用子目众多、费用子目的计算方法各异。从收费主体角度来看,有的是按相关行业主管部门发布的规定要求计算(如建设单位管理费、勘察设计费等);有的是发包人与收费主体协商,在行业允许的范围内由双方按照市场交易的合同价格计算(如中介费、保险费、土地征用费、拆迁补偿费等)。

一般情况下,按相关行业主管部门规定计算的相关费用,多用"计算基数×费率"和"数量×单价"进行取费;按市场价格计算的相关费用,多用"数量×单价"或者"总价"进行取费。因此,综合来看,工程建设其他费用的计算方法可以归结为"计算基数×费率""数量×单价"和"总价"三种取费方式。

GCCP5.0 软件收集了发包人在实际工作过程中发生的各项费用,结合《建设项目经济评价方法与参数》(第三版)和地区相关建设主管部门的具体要求,将这些费用列支在建设项目界面下的"建设其他费"中,并按照规范要求,将有相关部门明确规定,以"计算基数×费率"方式或者"数量×单价"方式进行计价的费用,给出相应的计价依据提示,默认出计算方式;以"建筑安装工程费和设备及工器具购置费"为计算基础计算的相关费用,默认出计算基数、计算方式及费率,方便用户快速计算相关费用,如图 2-58 所示。

图 2-58 工程建设其他费用的取费模板

对没有相关部门明确规定的其他项目费,GCCP5.0 软件也提供了"单价 * 数量""计算基数 * 费率"和"手动输入"三种方式,供用户按照费用实际发生情况选择该费用的计算方法,如图 2-59 所示。

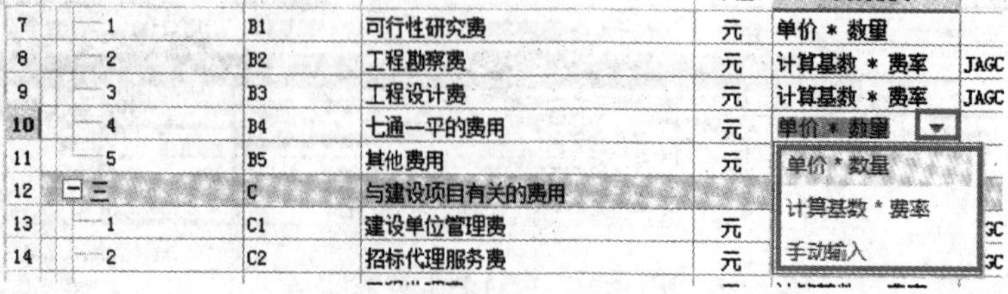

图 2-59 工程建设其他费用中的计算方式选择

需要注意的是，如果选择"单价 * 数量""计算基数 * 费率"的计算方式，用户需要在"单价/计算基数"栏和"数量/费率（％）"栏输入相应的数值，软件会自动计算该项费用的金额；如果用户选择"手动输入"，则只需在"金额"栏输入该费用实际发生的金额即可。例如，本工程可行性研究费按照 30 万元计算，如图 2-60 所示。

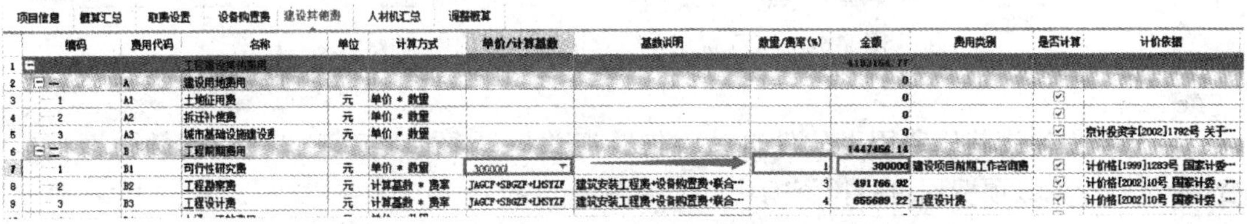

图 2-60　手动输入工程建设其他费用

（五）确定建设项目的三类费用并汇总建设项目概算总投资

在完成建设项目中各单项工程的建筑安装工程费、设备及工器具购置费以及工程建设其他费用之后，按照《建设项目经济评价方法与参数》（第三版）的要求，计算建设项目概算总投资还需要计算建设项目的预备费和建设期利息；如果是生产或经营性建设项目，还需要计算项目的铺底流动资金。

GCCP5.0 软件在建设项目界面下的"概算汇总"中，向用户提供了汇总建设项目概算总投资的工作界面，其中包含了预备费、建设期利息和铺底流动资金的内容，如图 2-61 所示。

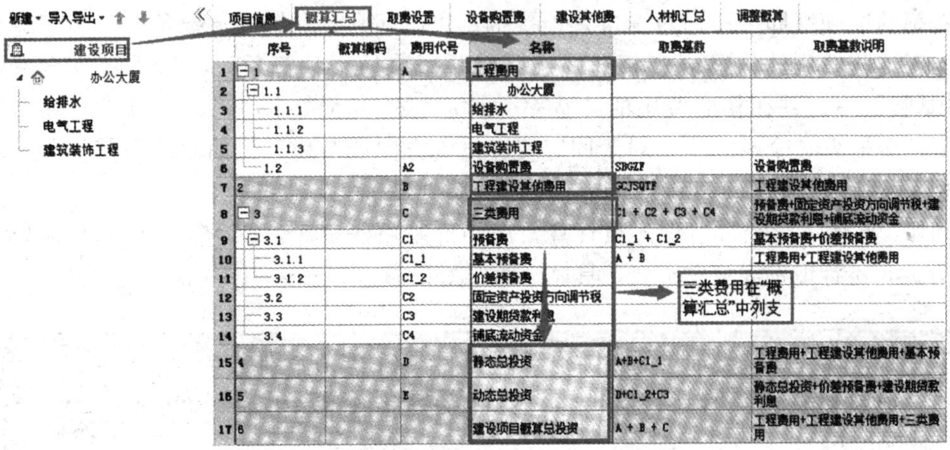

图 2-61　概算汇总的取费模板

下面对各项费用的取费来源进行说明。

（1）工程费用是指整个建设项目的建筑安装工程费和设备购置费之和，由软件自动收集并汇总建设项目已完成的单项工程建筑安装工程费以及建设项目界面下已完成的设备购置费，然后自动汇总整个建设项目的工程费用并计算相应各项费用占总投资的比例，如图 2-62 所示。

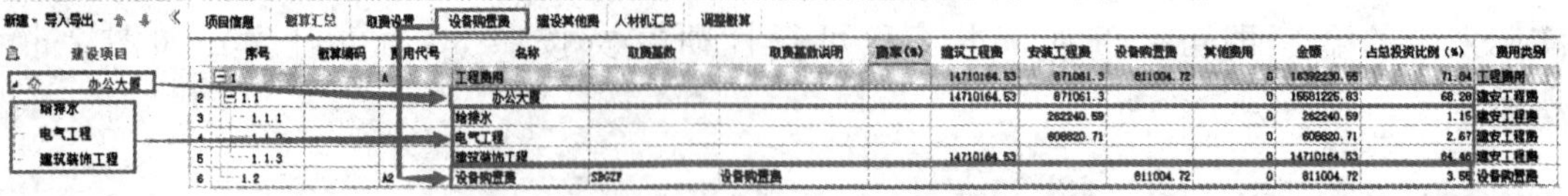

图 2-62　工程费用在概算汇总中的取费方法

（2）工程建设其他费用由软件自动收集并汇总建设项目界面下已完成的"建设其他费"，然后计算该项费用占总投资的比例，如图 2-63 所示。

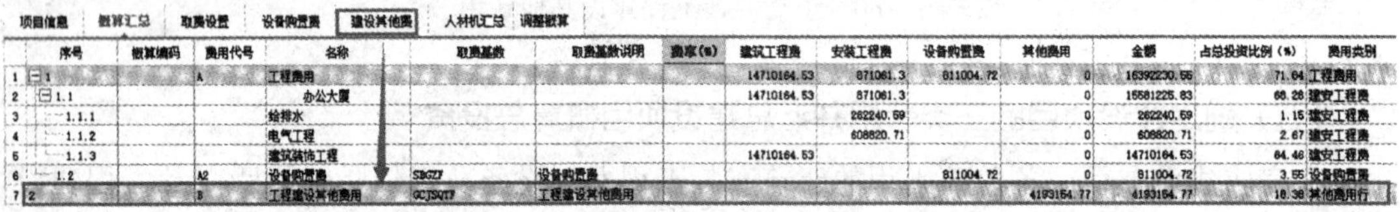

图 2-63　工程建设其他费用在概算汇总中的取费方法

（3）三类费用由用户在工作界面下进行计算、输入，软件自动汇总该项费用占总投资的比例。

需要说明的是，GCCP5.0 软件内置了国内不同地区建设主管部门的计价规定。用户在新建工程过程中，软件会根据工程所在地区及用户选择的专业，自动默认基本预备费的取费基数及费率，即基本预备费由软件自动计算，用户只需复核该项费用的取费基数和费率的准确性即可；而对于价差预备费、建设期利息和铺底流动资金，由于建设主管部门对这些费用的计算规定相对复杂，需要用户另行计算后，将所需概算金额输入"取费基数"中，并在相应费用的"费率（％）"栏输入费率"100"，软件自动将该项费用汇总至概算"金额"中；对于固定资产投资方向调节税，目前政府暂停征收，不再计取相关费用。

例如，案例工程经过造价人员计算，需要价差预备费 5 万元，建设期利息需要支出12.5 万元，不计取铺底流动资金，具体操作如图 2-64 所示。

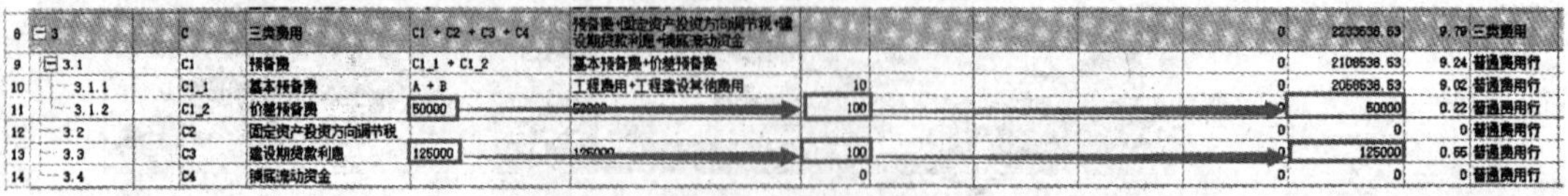

图 2-64　三类费用在概算汇总中的取费方法

当用户计算完成建设项目的相关费用后，因为 GCCP5.0 软件按照计算规范内置了概算总投资的取费基数和计算程序，所以软件会自动计算出整个建设项目的概算总投资，用户只需复核取费基数和计算程序即可，如图 2-65 所示。

图 2-65　概算总投资在概算汇总中的取费方法

因为概算总投资是工程建设项目的最高总投资额，概算编制的准确性直接影响投资人的投资决策和工程在建设过程中的投资控制，所以，当完成整个建设项目的概算总投资编制之后，用户需要检查概算编制过程中各项费用计算的正确性。

GCCP5.0 软件提供了"项目自检"功能，用于协助用户检查各项费用编制的准确性。"项目自检"功能分布在单位工程、单项工程和建设项目各级的概算编制中，用户可以按照需求在编制各级概算完成后，检查该级概算编制的准确性。项目自检的操作流程为：单击工具栏中的"项目自检"按钮，选择需要检查的相应级别的概算，设置检查项，单击"执行检查"按钮，对检查出的问题逐一选择，双击定位后复核、修改，如图 2-66 所示。

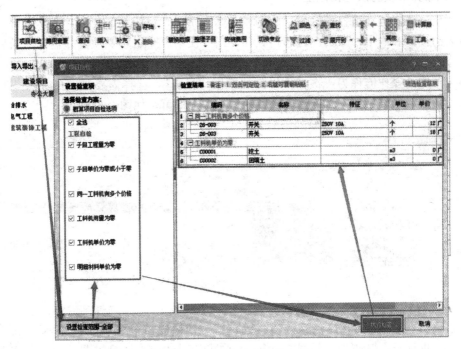

图 2-66　项目自检的操作流程

完成项目自检后，用户还需要编制建设项目的项目信息，根据项目的实际情况填写项目信息，完成编制说明等。单位工程工程概况的编制同项目信息的编制，如图 2-67 所示。这里不再赘述。

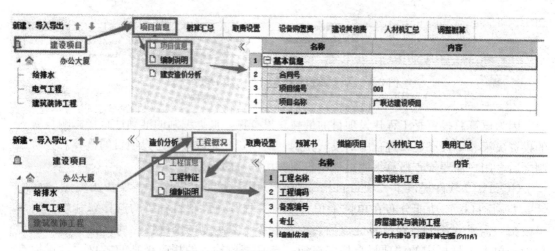

图 2-67　项目信息、工程概况的填写

（六）概算报表的预览和输出

当用户完成了建设项目各级概算文件的编制之后，GCCP5.0 软件向用户提供了各级概算报表的预览和输出（导出、打印）服务，以方便用户按照需要预览和输出所需要的概算报表。

报表预览的操作流程为：将工作界面切换至"报表"，选择需要预览的相应工程级别的概算文件，再选择该级别概算需要预览的概算报表即可，如图 2-68 所示。

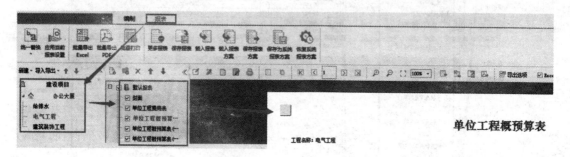

图 2-68　报表浏览操作流程

报表输出（导出、打印）的操作流程为：将工作界面切换至"报表"，按需要单击工具栏中的"批量导出"或者"批量打印"，在弹出的对话框中选择需要"导出"或者"打印"的报表，单击"导出"或者"打印"按钮即可，如图 2-69 所示。

一般情况下，工程造价人员习惯于先导出报表，检查报表的完整性和准确性后再打印，这样同时也完成了概算报表的备份工作。因此，软件按照用户需要，对导出的 Excel 报表进行导出设置，供用户选择使用，如图 2-70 所示。

图 2-69 报表打印操作流程

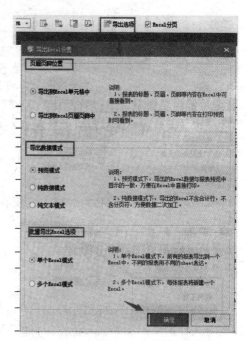

图 2-70 Excel 报表导出设置

第三章

工程项目招投标阶段造价管理

第一节　最高投标限价的编制

一、最高投标限价概述

1. 最高投标限价的概念

最高投标限价，又称招标控制价❶，是招标人根据国家或省级、行业建设主管部门颁发的有关计价依据和办法，依据拟订的招标文件和招标工程量清单，结合工程具体情况发布的对投标人的投标报价进行控制的最高价格。

最高投标限价和标底是两个不同的概念。标底是招标人的预期价格，最高投标限价是招标人可以接受的上限价格。招标人不得以投标报价超过标底上下浮动范围作为否决投标的条件，但是投标人报价超过最高投标限价时将被否决。标底需要保密，最高投标限价则需要在发布招标文件时公布。

2. 最高投标限价的作用

最高投标限价的编制可以有效控制投资，防止通过围标、串标方式恶性哄抬报价，给招标人带来投资失控的风险。最高投标限价或其计算方法需要在招标文件中明确，因此最高投标限价的编制提高了透明度，避免了暗箱操作等违法活动的产生。在最高投标限价的约束下，各投标人自主报价、公开公平竞争，有利于引导投标人进行理性竞争，使投标活动符合市场规律。

3. 采用最高投标限价招标应该注意的问题

（1）当"最高限价"远远高于市场平均价时，就预示中标后利润很丰厚，只要投标不超过公布的限额都是有效投标，从而可能诱导投标人串标、围标。

（2）若招标文件公布的最高限价远远低于市场平均价，就会影响招标效率。投标人按此限额投标将无利可图，超出此限额投标又成为无效投标，结果可能出现只有 $1\sim2$ 人投标或出现无人投标情况，使招标人不得不修改最高投标限价进行二次招标。

（3）最高投标限价编制工作本身是一项较为系统的工程活动，编制人员除要具备相关

---

❶　《建设工程工程量清单计价规范》（GB 50500—2008）提出了"招标控制价"的概念表述，《中华人民共和国招标投标法实施条例》使用了"最高投标限价"的表述。"招标控制价"和"最高投标限价"所代表的含义一致，本书统一称为"最高投标限价"。

造价知识之外，还需对工程的实际作业有全面的了解。若将其编制的重点仅仅集中在计量与计价上，忽视了对工程本身系统的了解，则很容易造成最高限价与事实不符的情况发生，使得招标与投标单位都面临较大的风险。

二、最高投标限价的编制规定与依据

1. 编制最高投标限价的规定

（1）根据住房与城乡建设部颁布的《建筑工程施工发包与承包计价管理办法》（住建部令第16号）的规定，国有资金投资的建筑工程招标的，应当设有最高投标限价；非国有资金投资的建筑工程招标的，可以设有最高投标限价或者招标标底。《建设工程工程量清单计价规范》（GB 50500—2013）规定，国有资金投资的工程建设项目应实行工程量清单招标，招标人应编制最高投标限价，并且应当拒绝高于最高投标限价的投标报价。

（2）最高投标限价应当依据工程量清单、工程计价有关规定和市场价格信息等编制。《建设工程工程量清单计价规范》（GB 50500—2013）中将招标工程量清单表与工程量清单计价表两表合一，编制最高投标限价时，其项目编码、项目名称、项目特征、计量单位、工程量各栏与招标工程量清单的一致，对"综合单价""合价"以及"其中：暂估价"按计价规范规定填写。最高投标限价编制的格式见表"分部分项工程和单价措施项目清单与计价表"。

（3）最高投标限价应由具有编制能力的招标人或受其委托，具有相应资质的工程造价咨询人编制。工程造价咨询人不得同时接受招标人和投标人对同一工程的最高投标限价和投标报价的编制。

（4）为防止招标人有意压低投标人的报价，最高投标限价应在招标文件中公布，所编制的最高投标限价不得按照招标人的主观意志人为地进行上浮或下调。在公布最高投标限价时，除公布最高投标限价的总价外，还应公布各单位工程的分部分项工程费、措施项目费、其他项目费、规费和增值税。

（5）招标人应将最高投标限价及有关资料报送工程所在地工程造价管理机构备查。最高投标限价超过批准的概算时，招标人应将其报原概算审批部门审核。由于我国对国有资金投资项目的投资控制实行的是设计概算审批制度，国有资金投资的工程设计概算相当于工程招标的最高限额，原则上不能超过批准的设计概算。经过分析审查后确认必须超过已审批的设计概算的，由建设单位上报原设计概算批准机构重新核定。

（6）投标人经复核认为招标人公布的最高投标限价未按照《建设工程工程量清单计价规范》（GB 50500—2013）的规定进行编制的，应在最高投标限价公布后5天内向招标投标监督机构和工程造价管理机构投诉。工程造价管理机构受理投诉后，应立即对最高投标限价进行复查，组织投诉人、被投诉人或其委托的最高投标限价编制人等单位人员对投诉问题逐一核对，有关当事人应当予以配合，并保证所提供资料的真实性。当最高投标限价复查结论与原公布的最高投标限价误差大于±3%时，应责成招标人改正。当重新公布最高投标限价时，从重新公布之日起至原投标截止时间不足15天的，应延长投标截止期。

2. 最高投标限价的编制依据

最高投标限价的编制依据是指在编制最高投标限价时需要进行工程量计量、价格确认、工程计价的有关参数、率值的确定等工作时所需的基础性资料，主要包括以下几项。

（1）现行国家标准《建设工程工程量清单计价规范》（GB 50500—2013）与各专业工程工程量计算规范。

（2）国家或省级、行业建设主管部门颁发的计价定额和计价办法。

（3）建设工程设计文件及相关资料。

（4）拟定的招标文件及招标工程量清单。

（5）与建设项目相关的标准、规范、技术资料。

（6）施工现场情况、工程特点及常规施工方案。

（7）工程造价管理机构发布的人工、材料、设备及机械单价等工程造价信息；工程造价信息没有发布的，参照市场价。

（8）其他相关资料。

三、最高投标限价的编制内容

最高投标限价应当编制完善的编制说明。编制说明应包括工程规模、涵盖的范围、采用的预算定额和依据、基础单价来源、税费取定标准等内容，以方便投标人对最高投标限价进行理解和审查。

最高投标限价的编制内容包括分部分项工程费、措施项目费、其他项目费、规费和增值税，各个部分有不同的计价要求。

1. 分部分项工程费的编制要求

（1）分部分项工程费应根据拟定招标文件中的分部分项工程量清单及有关要求，按《建设工程工程量清单计价规范》（GB 50500—2013）有关规定确定综合单价计价。

（2）工程量依据招标文件中提供的分部分项工程量清单确定。

（3）招标文件提供了暂估单价的材料，应按暂估单价计入综合单价。

（4）为使最高投标限价与投标报价所包含的内容一致，综合单价中应包括招标文件中要求投标人所承担的风险内容及其范围（幅度）产生的风险费用，文件没有明确的，应提请招标人明确。

2. 措施项目费的编制要求

（1）措施项目费中的安全文明施工费应当按照国家或省级、行业建设主管部门的规定标准计价，该部分不得作为竞争性费用。

（2）不同工程项目、不同施工单位会有不同的施工组织方法，所产生的措施费也会有所不同。因此对于竞争性措施项目费的确定，招标人应依据工程特点，结合施工条件和施工方案，考虑其经济性、实用性、先进性、合理性和高效性。

（3）措施项目应按招标文件中提供的措施项目清单确定，措施项目分为以"量"计算和以"项"计算两种。对于可精确计量的措施项目，以"量"计算，按其工程量用与分部分项工程量清单单价相同的方式确定综合单价；对于不可以精确计量的措施项目，则以"项"为单位，采用费率法按有关规定综合取定，采用费率法时需确定某项费用的计费基数及其费率，结果应是包括除规费、增值税以外的全部费用。计算公式为

以"项"计算的措施项目清单费＝措施项目计费基数×费率

3. 其他项目费的编制要求

（1）暂列金额。暂列金额可根据工程的复杂程度、设计深度、工程环境条件（包括地质、水文、气候条件等）进行估算。

（2）暂估价。暂估价中的材料和工程设备单价，应按照工程造价管理机构发布的工程造价信息中的材料和工程设备单价计算，如果发布的部分材料和工程设备单价为一个范围，宜遵循就高原则编制最高投标限价；工程造价信息未发布的材料和工程设备单价，其单价参考市场价格估算；暂估价中的专业工程暂估价应分不同专业，按有关计价规定估算。

（3）计日工。计日工包括人工、材料和施工机械。在编制最高投标限价时，对计日工中的人工单价和施工机械台班单价，应按省级、行业建设主管部门或其授权的工程造价管理机构公布的单价计算。如果人工单价、费率标准等有浮动范围可供选择时，应在合理范围内选择偏低的人工单价和费率值，以缩小最高投标限价与合理成本价的差距。材料应按工程造价管理机构发布的工程造价信息中的材料单价计算，如果发布的部分材料单价为一个范围，宜遵循就高原则编制最高投标限价；工程造价信息未发布单价的材料，其价格应在确保信息来源可靠的前提下，按市场调查、分析确定的单价计算，并计取一定的企业管理费和利润。未采用工程造价管理机构发布的工程造价信息时，需在招标文件或答疑补充文件中对最高投标限价采用的与造价信息不一致的市场价格予以说明。

（4）总承包服务费。编制最高投标限价时，总承包服务费应按照省级或行业建设主管部门的规定计算，或者根据行业经验标准计算。针对一般情况，可以参考的常用标准如下。

1）招标人仅要求对分包的专业工程进行总承包管理和协调时，按分包的专业工程估算造价的 1.5% 计算。

2）招标人要求对分包的专业工程进行总承包管理和协调，并同时要求提供配合服务时，根据招标文件中列出的配合服务内容和提出的要求，按分包的专业工程估算造价的 3%～5% 计算。

3）招标人自行供应材料、工程设备的，按招标人供应材料、工程设备价值的 1% 计算。

4. 规费和增值税的编制要求

规费和增值税应按国家或省级、行业建设主管部门的规定计算，不得作为竞争性费用。增值税计算公式为

$$增值税＝\left(\begin{matrix}分部分项\\工程量清单费\end{matrix}＋\begin{matrix}措施项目\\清单费\end{matrix}＋\begin{matrix}其他项目\\清单费\end{matrix}＋规费\right)×增值税税率$$

四、最高投标限价的确定

1. 最高投标限价计价程序

建设工程的最高投标限价反映的是单位工程费用。各单位工程费用是由分部分项工程

费、措施项目费、其他项目费、规费和增值税组成的。单位工程最高投标限价计价程序见表 3-1。

表 3-1 单位工程最高投标限价计价程序表

工程名称： 标段： 第 页共 页

序号	汇总内容	计算方法	金额（元）
1	分部分项工程	按计价规定计算	
1.1			
1.2			
2	措施项目	按计价规定计算	
2.1	其中：安全文明施工费	按规定标准估算	
3	其他项目		
3.1	其中：暂列金额	按计价规定估算	
3.2	其中：专业工程暂估价	按计价规定估算	
3.3	其中：计日工	按计价规定估算	
3.4	其中：总承包服务费	按计价规定估算	
4	规费	按规定标准计算	
5	增值税	（1+2+3+4）×增值税税率	
	最高投标限价 合计=1+2+3+4+5		

注 本表适用于单位工程最高投标限价计算或投标报价的计算，如无单位工程划分，单项工程也使用本表。

2. 综合单价的确定

最高投标限价的分部分项工程费应由各单位工程的招标工程量清单乘以其相应综合单价汇总而成。综合单价的确定应按照招标文件中分部分项工程量清单的项目名称、工程量、项目特征描述，依据工程所在地区颁发的计价定额和人工、材料、机械台班价格信息等进行编制，并应编制工程量清单综合单价分析表。编制最高投标限价，在确定其综合单价时，应根据招标文件中关于风险的约定考虑一定范围内的风险因素，以百分比的形式预留一定的风险费用。招标文件中应说明双方各自承担风险所包括的范围及超出该范围的价格调整方法。招标文件中未做要求或要求不清晰的可以按以下原则确定。

（1）对于技术难度较大、施工工艺复杂和管理复杂的项目，可以考虑一定的风险费用，或适当调高风险预期和费用，并纳入综合单价中。

（2）对于工程设备、材料价格因市场价格波动造成的市场风险，应依据招标文件的规定、工程所在地或行业工程造价管理机构的有关规定以及市场价格趋势，收集工程所在地近一段时间以来的价格信息，对比分析找出其波动规律，适当考虑一定波动风险率值后的风险费用，纳入综合单价中。

（3）增值税、规费等法律、法规、规章和政策变化的风险和人工单价等风险费用不应纳入综合单价。

第二节 投标控制价管理

一、投标报价编制的原则与依据

投标报价是投标人投标时响应招标文件要求所报出的，对已标价工程量清单汇总后标明的总价。投标报价是投标人希望达成工程承包交易的期望价格，它不能高于招标人设定的最高投标限价，也不能低于工程成本价。为使得投标报价更加合理并具有竞争性，投标报价的编制应遵循一定的原则与依据。

（一）投标报价的编制原则

报价是投标的关键性工作，报价是否合理不仅直接关系到投标的成败，还关系到中标后企业的盈亏。投标报价编制原则如下。

（1）投标报价是实现市场调节价的一项内容，应由投标人自主确定，但必须执行《建设工程工程量清单计价规范》（GB 50500—2013）和各专业工程工程量计算规范的强制性规定。投标价应由投标人或受其委托的工程造价咨询人编制。

（2）投标人的投标报价不得低于工程成本。根据《招标投标法》第四十一条，中标人的投标应能满足招标文件的实质性需求，并且经评审的投标价格最低，但是投标价格低于成本的除外。根据《评标委员会和评标方法暂行规定》（七部委令第 12 号）第二十一条，在评审过程中，投标人报价明显低于其他投标报价或标底时，应当要求该投标人做出书面说明并提供相关证明材料；不能合理说明或提供相关证明材料的，由评标委员会认定该投标人以低于成本报价竞标，应当否决该投标人的投标。

（3）投标人应对影响工程施工的现场条件进行全面考察，依据招标人介绍情况做出的判断和决策，由投标人自行负责。投标人在踏勘现场中如有疑问，应在招标人答疑前以书面形式向招标人提出，以便得到招标人的解答。

（4）招标文件中设定的发承包双方责任划分，是投标报价费用计算必须考虑的因素。投标人根据其所承担的责任考虑要分摊的风险范围和相应费用而选择不同的报价，根据工程发承包模式考虑投标报价的费用内容和计算深度。

（5）以施工方案、技术措施等作为投标报价计算的基本条件；以反映企业自身技术水平和管理能力的企业定额作为计算人工、材料和机械台班消耗量的基本依据；充分利用现场考察、调研成果、市场价格信息和行情资料，编制基础报价。

（6）投标人在投标报价中填写工程量清单的项目编码、项目名称、项目特征、计量单位、工程数量必须与招标人招标文件中提供的一致。报价计算方法要科学严谨，简明适用。

（二）投标报价的编制依据

根据《建设工程工程量清单计价规范》（GB 50500—2013）的规定，投标报价应根据以下依据编制。

（1）《建设工程工程量清单计价规范》（GB 50500—2013）与各专业工程工程量计算

规范。

(2) 国家或省级、行业建设主管部门颁发的计价办法。

(3) 企业定额，国家或省级、行业建设主管部门颁发的计价定额。

(4) 招标文件、工程量清单及其补充通知、答疑纪要。

(5) 建设工程设计文件及相关资料。

(6) 施工现场情况、工程特点及拟定的投标施工组织设计或施工方案。

(7) 与建设项目相关的标准、规范等技术资料。

(8) 市场价格信息或工程造价管理机构发布的工程造价信息。

(9) 其他相关资料。

二、投标报价的前期工作

任何一个施工项目的投标报价都是一项复杂的系统工程，需要周密思考，统筹安排。在取得招标信息后，投标人首先要决定是否参加投标，如果参加投标，即要进行一系列前期工作，然后进入询价与编制阶段。整个投标过程需遵循一定的程序，如图 3-1 所示。

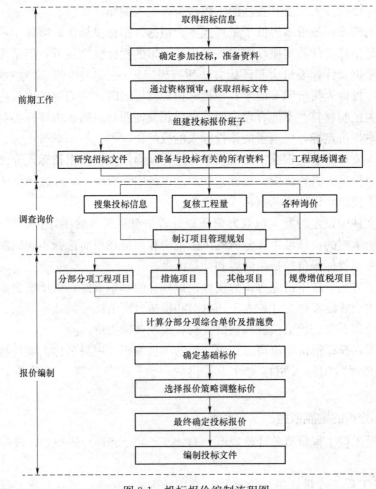

图 3-1　投标报价编制流程图

（一）研究招标文件

投标人取得招标文件后，为保证工程量清单报价的合理性，应对投标人须知、合同条件、技术规范、图纸和工程量清单等重点内容进行分析，以符合《招标投标法》中"能够最大限度地满足招标文件中规定的各项综合评价标准"或"能够满足招标文件的实质性要求"的规定。

1. 投标人须知

投标人须知反映了招标人对投标的要求。特别要注意的是项目的资金来源、投标书的编制和递交、投标保证金、更改或备选方案、评标方法等，重点在于防止投标被否决。

2. 合同分析

（1）合同背景分析。投标人有必要了解与自己承包的工程内容有关的合同背景，了解监理方式，了解合同的法律依据，为报价、合同实施及索赔提供依据。

（2）合同形式分析。主要分析承包方式（如分项承包、施工承包、设计与施工总承包和管理承包等）和计价方式（如单价方式、总价方式、成本加酬金方式等）。

（3）合同条款分析。主要包括以下内容。

1）承包商的任务、工作范围和责任。

2）工程变更及相应的合同价款调整。

3）付款方式、时间。应注意合同条款中关于工程预付款、材料预付款的规定。根据这些规定和预计的施工进度计划，计算出占用资金的数额和时间，从而计算出需要支付的利息数额并计入投标报价。

4）施工工期。合同条款中关于合同工期、竣工日期、部分工程分期交付工期等规定，是投标人制订施工进度计划的依据，也是报价的重要依据。要注意合同条款中有无工期奖罚的规定，尽可能做到在工期符合要求的前提下使报价有竞争力，或在报价合理的前提下使工期有竞争力。

5）业主责任。投标人所制订的施工进度计划和做出的报价，都是以业主履行责任为前提的。所以应注意合同条款中关于业主责任措辞的严密性，以及关于索赔的有关规定。

3. 技术标准和要求分析

工程技术标准是按工程类型来描述工程技术和工艺内容特点，对设备、材料、施工和安装方法等所规定的技术要求，有的是对工程质量进行检验、试验和验收所规定的方法和要求。它们与工程量清单中各子项工作密不可分，报价人员应在准确理解招标人要求的基础上对有关工程内容进行报价。任何忽视技术标准的报价都是不完整、不可靠的，有时甚至可能导致工程承包重大失误和亏损。

4. 图纸分析

图纸是确定工程范围、内容和技术要求的重要文件，也是投标者确定施工方法等施工计划的主要依据。图纸的详细程度取决于招标人提供的施工图设计所达到的深度和所采用的合同形式。详细的设计图纸可以使投标人比较准确地估价，而不够详细的图纸则需要估价人员采用综合估价方法，其结果一般不是很精确。

（二）调查工程现场

招标人在招标文件中一般会明确进行工程现场踏勘的时间和地点。投标人对一般区域调查时重点注意以下几个方面。

1. 自然条件调查

自然条件调查主要包括对气象资料，水文资料，地震、洪水及其他自然灾害情况，地质情况等的调查。

2. 施工条件调查

施工条件调查内容主要包括：工程现场的用地范围、地形、地貌、地物、高程，地上或地下障碍物，现场的三通一平情况；工程现场周围的道路、进出场条件、有无特殊交通限制；工程现场施工临时设施、大型施工机具、材料堆放场地安排的可能性，是否需要二次搬运；工程现场邻近建筑物与招标工程的间距、结构形式、基础埋深、新旧程度、高度；市政给水及污水、雨水排放管线位置、高程、管径、压力、废水、污水处理方式，市政、消防供水管道管径、压力、位置等；当地供电方式、方位、距离、电压等；当地燃气供应能力，管线位置、高程等；工程现场通信线路的连接和铺设；当地政府有关部门对施工现场管理的一般要求、特殊要求及规定，是否允许节假日和夜间施工等。

3. 其他条件调查

其他条件调查内容主要包括各种构件、半成品及商品混凝土的供应能力和价格，以及现场附近的生活设施、治安等情况。

三、询价与工程量复核

（一）询价

询价是投标报价的基础，它为投标报价提供了可靠的依据。投标人在投标报价之前，必须通过各种渠道，采用多种方式获得准确的价格信息，以便在报价过程中对工程材料、施工机具等要素进行及时、正确的定价，从而保证准确控制投资额、节省投资、降低成本。询价时要特别注意两个问题：一是产品质量必须可靠，并满足招标文件的有关规定；二是供货方式、时间、地点，有无附加条件和费用。

1. 询价的渠道

（1）直接与生产厂商联系。

（2）了解生产厂商的代理人或从事该项业务的经纪人。

（3）了解经营该项产品的销售商。

（4）向咨询公司进行询价，通过咨询公司得到的询价资料比较可靠，但需要支付一定的咨询费用，也可以向同行了解。

（5）通过互联网查询。

（6）自行进行市场调查或信函询价。

2. 生产要素询价

（1）材料询价。材料询价的内容包括调查对比材料价格、供应数量、运输方式、保险和有效期、不同买卖条件下的支付方式等。询价人员在施工方案初步确定后，立即发出材料询价单，并催促材料供应商及时报价。收到询价单后，询价人员应将从各种渠道所询得的材料报价及其他有关资料汇总整理。对同种材料从不同经销部门所得到的所有资料进行比较分析，选择合适、可靠的材料供应商的报价，提供给工程报价人员使用。

（2）施工机械询价。在外地施工需用的机具，有时在当地租赁或采购可能更为有利。因此，事前有必要进行施工机具的询价。必须采购的机械机具，可以向供应厂商询价。对于租赁的机械机具，可以向专门从事租赁业务的机构询价，并应详细了解其计价方法。

（3）劳务询价。劳务询价主要有两种情况：一种是成建制的劳务公司，相当于劳务分包，一般费用较高，但素质较可靠，工效较高，承包商的管理工作较轻；另一种是自劳务市场招募零散劳动力，根据需要进行选择，这种方式虽然劳务价格低廉，但有时素质达不到要求或工效较低，且承包商的管理工作较为繁重。投标人应在对劳务市场充分了解的基础上决定采用哪种方式，并以此为依据进行投标报价。

3. 分包询价

总承包商在确定了分包工作内容后，就将分包专业的工程施工图纸和技术说明送交预先选定的分包单位，请其在约定的时间内报价，以便进行比较选择，最终选择合适的分包人。对分包人询价应注意下列几点：分包标函是否完整，分包工程单价所包含的内容，分包人的工程质量、信誉及可信赖程度，质量保证措施，分包报价。

（二）复核工程量

工程量的大小是投标报价编制的直接依据。在投标时间允许的情况下可以对主要项目的工程量进行复核，对比与招标文件提供的工程量差距，从而考虑相应的投标策略，决定报价尺度；也可以根据工程量的大小采取合适的施工方法，选择适用、经济的施工机具设备、投入使用相应的劳动力数量；还可以确定大宗物资的预订及采购数量，防止由于超量或少购等带来的浪费、积压或停工待料。

投标人复核工程量，要与招标文件所给的工程量进行对比，应注意以下几方面。

（1）投标人应认真根据招标说明、图纸、地质资料等招标文件资料，计算主要清单工程量，复核工程量清单。

（2）为响应招标文件，投标人复核工程量的目的不是修改工程量清单，即使有误，投标人也不能修改工程量清单中的工程量。对于工程量清单中存在的错误，投标人可以向招标人提出，由招标人统一修改并把修改情况通知所有投标人。

（3）对于工程量清单中工程量的遗漏或错误，是否向招标人提出修改意见取决于投标策略。投标人可以运用一些报价技巧提高报价质量，以此获得更大的收益。

（4）通过工程量计算复核能准确地确定订货及采购物资的数量，防止由于超量或少购带来的浪费、积压和停工待料。同时，形成对整个工程施工规模的整体概念，并据此投入相应的劳动力数量，采用合适的施工方法，选择适用的施工设备等。

（三）制定项目管理规划

项目管理规划是工程投标报价的重要依据，项目管理规划应分为项目管理规划大纲和项目管理实施规划。当承包商以编制施工组织设计代替项目管理规划时，施工组织设计应满足项目管理规划的要求，具体细则见《建设工程项目管理规范》（GB/T 50326—2017）。

四、投标报价的编制方法和内容

投标报价的编制，应首先根据招标人提供的工程量清单编制分部分项工程和措施项目清单计价表，其他项目清单与计价汇总表，规费、增值税项目计价表，计算完毕之后，汇总得到单位工程投标报价汇总表，再逐层汇总，分别得出单项工程投标报价汇总表、建设工程项目投标总价汇总表和投标总价的组成，如图 3-2 所示。在编制过程中，投标人应按招标人提供的工程量清单填报价格。填写的项目编码、项目名称、项目特征、计量单位、工程数量必须与招标人提供的一致。

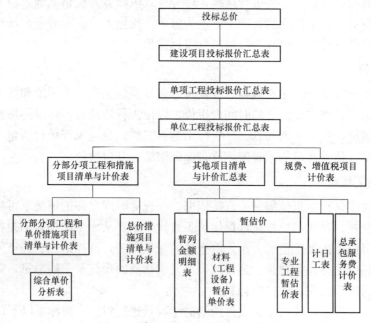

图 3-2　建设项目施工投标总价组成

（一）分部分项工程和措施项目清单与计价表的编制

1. 分部分项工程和单价措施项目清单与计价表的编制

投标人投标报价中的分部分项工程费和以单价计算的措施项目费应按招标文件中分部分项工程和单价措施项目清单与计价表的特征描述确定综合单价计算。因此，确定综合单价是分部分项工程和单价措施项目清单与计价表编制过程中最主要的内容。综合单价包括完成一个规定工程量清单项目所需的人工费、材料和工程设备费、施工机具使用费、企业管理费、利润，以及一定范围内风险费用的分摊。

综合单价＝人工费＋材料和工程设备费＋施工机具使用费＋管理费＋利润

（1）确定综合单价时的注意事项。

1）以项目特征描述为依据。项目特征是确定综合单价的重要依据之一。投标人投标报价时应依据招标文件中清单项目的特征描述确定综合单价。在招标投标过程中，当出现招标工程量清单特征描述与设计图纸不符时，投标人应以招标工程量清单的项目特征描述为准，确定投标报价的综合单价。在工程实施阶段施工图纸或设计变更与招标工程量清单项目特征描述不一致时，发承包双方应按实际施工的项目特征，依据合同约定重新确定综合单价。

2）材料、工程设备暂估价的处理。招标文件的其他项目清单中提供了暂估单价的材料和工程设备的，应按其暂估的单价计入清单项目的综合单价。

3）考虑合理的风险。招标文件中要求投标人承担的风险费用，投标人应考虑计入综合单价。在施工过程中，当出现的风险内容及其范围（幅度）在招标文件规定的范围（幅度）内时，综合单价不得变动，合同价款不做调整。发承包双方对工程施工阶段的风险宜采用以下分摊原则。

a. 对于主要由市场价格波动导致的价格风险，如工程造价中的建筑材料、燃料等价格风险，发承包双方应当在招标文件中或在合同中对此类风险的范围和幅度予以明确约定，进行合理分摊。

b. 对于法律、法规、规章或有关政策出台导致工程增值税、规费、人工费发生变化，并由省级、行业建设行政主管部门或其授权的工程造价管理机构根据上述变化发布的政策性调整，以及由政府定价或政府指导价管理的原材料等价格进行的调整，承包人不应承担此类风险，应按照有关调整规定执行。

c. 对于承包人根据自身技术水平、管理、经营状况能够自主控制的风险，如承包人的管理费、利润的风险，承包人应结合市场情况，根据企业自身的实际情况合理确定、自主报价，该部分风险由承包人全部承担。

（2）综合单价确定的步骤和方法。当分部分项工程内容比较简单，由单一计价子项计价，且《建设工程工程量清单计价规范》（GB 50500—2013）与所使用计价定额中的工程量计算规则相同时，综合单价的确定只需用相应计价定额子目中的人、材、机费作基数计算管理费、利润，再考虑相应的风险费用即可。当工程量清单给出的分部分项工程与所用计价定额的单位不同或工程量计算规则不同时，则需要按计价定额的计算规则重新计算工程量，并按照以下步骤来确定综合单价。

1）确定计算基础。计算基础主要包括消耗量指标和生产要素单价。应根据本企业的企业消耗量定额，并结合拟定的施工方案确定完成清单项目需要消耗的各种人工、材料、机械台班的数量。若没有企业定额或企业定额缺项时，可以参照与本企业实际水平相近的国家、地区、行业定额，并通过调整来确定清单项目的人、材、机单位用量。各种人工、材料、机械台班的单价，应根据询价的结果和市场行情综合确定。

2）分析每一清单项目的工程内容。在招标工程量清单中，招标人已对项目特征进行了准确、详细的描述。投标人根据这一描述，再结合施工现场情况和拟定的施工方案确定完成各清单项目实际应发生的工程内容。必要时可参照《建设工程工程量清单计价规范》（GB 50500—2013）中提供的工程内容，有些特殊的工程也可能出现规范列表之外的工程内容。

3）计算工程内容的工程数量与清单单位的含量。每一项工程内容都应根据所选定额的工程量计算规则计算其工程数量，当定额的工程量计算规则与清单的工程量计算规则一致时，可以直接以工程量清单中的工程量作为工程内容的工程数量。

当采用清单单位含量计算人工费、材料费、施工机具使用费时，还需要计算每一计量单位的清单项目所分摊的工程内容的工程数量，即清单单位含量。其计算公式为

$$清单单位含量 = \frac{某工程内容的定额工程量}{清单工程量}$$

4）分部分项工程人工、材料、机械费用的计算。以完成每一计量单位的清单项目所需的人工、材料、机械用量为基础计算，即

$$\begin{matrix}每一计量单位清单项目\\某种资源的使用量\end{matrix} = \begin{matrix}该种资源的\\定额单位用量\end{matrix} \times \begin{matrix}相应定额条目的\\清单单位含量\end{matrix}$$

再根据预先确定的各种生产要素的单位价格可以计算出每一计量单位清单项目分部分项工程的人工费、材料费与机械使用费。有

$$人工费 = \begin{matrix}完成单位清单项目\\所需人工的工日数量\end{matrix} \times 人工工日单价$$

$$材料费 = \sum \begin{matrix}完成单位清单项目所需\\各种材料、半成品的数量\end{matrix} \times 各种材料、半成品单价$$

$$\begin{matrix}施工机具\\使用费\end{matrix} = \sum \begin{matrix}完成单位清单项目所需\\各种施工机具的台班数量\end{matrix} \times 各种机械的台班单价$$

当招标人提供的其他项目清单中列示了材料暂估价时，应根据招标人提供的价格计算材料费，并在分部分项工程量清单与计价表中表现出来。

5）计算综合单价。企业管理费和利润的计算可以按照人工费、材料费、机械费之和以一定的费率取费计算。计算方法为

$$企业管理费 = （人工费＋材料费＋施工机具使用费）\times 企业管理费费率$$

$$利润 = （人工费＋材料费＋施工机具使用费＋企业管理费）\times 利润率$$

（3）编制分部分项工程与单价措施项目清单与计价表。将上述五项费用汇总并考虑合理的风险费用后，即可得到清单综合单价。根据计算出的综合单价，可以编制分部分项工程和单价措施项目清单与计价表，具体见表3-2。

表3-2　　　　　　　**分部分项工程和单价措施项目清单与计价表（投标报价）**

工程名称：某工程　　　　　　　　标段：　　　　　　　　　　　　第 页 共 页

序号	项目编码	项目名称	项目特征	计量单位	工程量	金额（元）		
						综合单价	合价	其中：暂估价
		......						
		0105 混凝土及钢筋混凝土工程						
6	010503001001	基础梁	C30 预拌混凝土，梁底标高−1.55m	m³	208	356.14	74 077	
7	010515001001	现浇构件钢筋	螺纹钢 Q235，φ14	t	200	4787.16	957 432	800 000
		......						

续表

序号	项目编码	项目名称	项目特征	计量单位	工程量	综合单价	合价	其中:暂估价
		分部小计					2 432 419	800 000
		......						
		0117 措施项目						
16	011701001001	综合脚手架	砖混、檐高 22m	m²	10 940	19.80	216 612	
		......						
		分部小计					738 257	
		合　计					6 318 410	800 000

注　为计取规费等的使用,可在表中增设"其中:定额人工费"。

(4) 编制工程量清单综合单价分析表。为表明综合单价的合理性,投标人应对其进行单价分析,以作为评标时的判断依据。综合单价分析表的编制应反映上述综合单价的编制过程,并按照规定的格式进行,详见表 3-3。

表 3-3　　　　　　　　　　　**工程量清单综合单价分析表**

工程名称:某工程　　　　　　　　标段:　　　　　　　　　第　页　共　页

项目编码	010515001001	项目名称	现浇构件钢筋	计量单位	t	工程量	200

清单综合单价组成明细

定额编号	定额名称	定额单位	数量	单价				合价			
				人工费	材料费	机械费	管理费和利润	人工费	材料费	机械费	管理费和利润
AD0899	现浇构件钢筋制安	t	1.07	294.75	4327.70	62.42	102.29	294.75	4327.70	62.42	102.29
	人工单价			小　计				294.75	4327.70	62.42	102.29
	80 元/工日			未计价材料费							
	清单项目综合单价							4787.16			

材料费明细	主要材料名称、规格、型号	单位	数量	单价(元)	合价(元)	暂估单价(元)	暂估合价(元)
	螺纹钢 Q235,φ14	t	1.07			4000.00	4280.00
	焊条	kg	8.64	4.00	34.56		
	其他材料费			—	13.14	—	
	材料费小计			—	47.70	—	4280.00

注　1. 如不使用省级或行业建设主管部门发布的计价依据,可不填定额编号、名称等。

　　　2. 招标文件提供了暂估单价的材料,按暂估的单价填入表内"暂估单价"栏及"暂估合价"栏。

2. 总价措施项目清单与计价表的编制

对于不能精确计量的措施项目，应编制总价措施项目清单与计价表。投标人对措施项目中的总价项目投标报价应遵循以下原则。

（1）措施项目的内容应依据招标人提供的措施项目清单和投标人投标时拟定的施工组织设计或施工方案确定。

（2）措施项目费由投标人自主确定，但其中安全文明施工费必须按照国家或省级、行业建设主管部门的规定计价，不得作为竞争性费用。招标人不得要求投标人对该项费用进行优惠，投标人也不得将该项费用参与市场竞争。

投标报价时总价措施项目清单与计价表的编制见表 3-4。

表 3-4   **总价措施项目清单与计价表（投标报价）**

工程名称：某工程   标段：   第　页　共　页

序号	项目编码	项目名称	计算基础	费率（%）	金额（元）	调整费率（%）	调整后金额（元）	备注
		安全文明施工费	定额人工费	25	209 650			
		夜间施工增加费	定额人工费	1.5	12 479			
		二次搬运费	定额人工费	1	8386			
		冬雨期施工增加费	定额人工费	0.6	5032			
5	011707007001	已完工程及设备保护费			6000			
		……						
		合计			241 547			

编制人（造价人员）：   复核人（造价工程师）：

注　1. "计算基础"中安全文明施工费可为"定额基价""定额人工费"或"定额人工费＋定额机械费"，其他项目可为"定额人工费"或"定额人工费＋定额施工机具使用费"。

　　2. 按施工方案计算的措施费，若无"计算基础"和"费率"的数值，也可以只填"金额"数值，但应在备注栏说明施工方案出处或计算方法。

（二）其他项目清单与计价表的编制

其他项目费由暂列金额、暂估价、计日工与总承包服务费组成，详见表 3-5。

表 3-5   **其他项目清单与计价汇总表（投标报价）**

工程名称：某工程   标段：   第　页　共　页

序号	项目名称	金额（元）	结算金额（元）	备　注
1	暂列金额	350 000		明细详见暂列金额明细表
2	暂估价	200 000		
2.1	材料（工程设备）暂估价/结算价	—		明细详见材料（工程设备）暂估单价表

续表

序号	项目名称	金额（元）	结算金额（元）	备　注
2.2	专业工程暂估价/结算价	200 000		明细详见专业工程暂估价表
3	计日工	26 528		明细详见计日工表
4	总承包服务费	20 760		明细详见总承包服务费计价表
5				
合　计				

注　材料（工程设备）暂估单价进入清单项目综合单价，此处不汇总。

投标人对其他项目费投标报价时应遵循以下原则。

（1）暂列金额应按照招标人提供的其他项目清单中列出的金额填写，不得变动，详见表 3-6。

表 3-6　　　　　　　　　　暂列金额明细表（投标报价）

工程名称：某工程　　　　　　　　　　　　标段：　　　　　　　　　　　　　第　页　共　页

序号	项目名称	计量单位	暂定金额（元）	备注
1	自行车棚工程	项	100 000	正在设计图纸
2	工程量偏差与设计变更	项	100 000	
3	政策性调整和材料价格波动	项	100 000	
4	其他	项	50 000	
5	……			
合　计			350 000	

注　本表由招标人填写，如不能详列，也可以只列暂定金额总额，投标人应将上述暂列金额计入投标总价中。

（2）暂估价不得变动和更改。招标文件暂估单价表中列出的材料、工程设备必须按招标人提供的暂估单价计入清单项目的综合单价，详见表 3-7；专业工程暂估价必须按照招标人提供的其他项目清单中列出的金额填写，详见表 3-8。

表 3-7　　　　　　　材料（工程设备）暂估单价及调整表（投标报价）

工程名称：某工程　　　　　　　　　　　　标段：　　　　　　　　　　　　　第　页　共　页

序号	材料（工程设备）名称、规格、型号	计量单位	数量		暂估（元）		确认（元）		差额±（元）		备注
			暂估	确认	单价	合价	单价	合价	单价	合价	
1	钢筋（规格见施工图）	t	200		4000	800 000					用于现浇钢筋混凝土项目
2	低压开关柜（CGD190380/220V）	台	1		45 000	45 000					用于低压开关柜安装项目
合　计						845 000					

注　本表由招标人填写"暂估单价"，并在备注栏说明暂估价的材料、工程设备拟用在哪些清单项目上，投标人应将上述材料、工程设备暂估单价计入工程量清单综合单价报价中。

表 3-8 专业工程暂估单价及调整表

工程名称：某工程　　　　　　　　　　　　　　标段：　　　　　　　　　　　　　第 页 共 页

序号	项目名称	工程内容	暂估金额（元）	结算金额（元）	差额±（元）	备注
1	消防工程	合同图纸中标明的以及消防工程规范和技术说明中规定的各系统中的设备、管道、阀门、线缆等的供应、安装和调试工作	200 000			
	……					
	合　计		200 000			

注　本表"暂估金额"由招标人填写，投标人应将"暂估金额"计入投标总价中。结算时按合同约定结算金额填写。

（3）计日工应按照其他项目清单列出的项目和估算的数量，自主确定各项综合单价并计算费用，计日工表见表 3-9。

表 3-9 计日工表（投标报价）

工程名称：某工程　　　　　　　　　　　　　　标段：　　　　　　　　　　　　　第 页 共 页

编号	项目名称	单位	暂定数量	实际数量	综合单价（元）	合价（元）	
						暂定	实际
一	人工						
1	普工	工日	100		80	8000	
2	技工	工日	60		110	6600	
	……						
	人工小计					14 600	
二	材料						
1	钢筋（规格见施工图）	t	1		4000	4000	
2	水泥 42.5 级	t	2		600	1200	
3	中砂	m³	10		80	800	
4	砾门（5～40mm）	m³	5		42	210	
5	页岩砖（240mm×115mm×53mm）	千匹	1		300	300	
	材料小计					6510	
三	施工机具						
1	自升式塔吊起重机	台班	5		550	2750	
2	灰浆搅拌机（400L）	台班	2		20	40	
	……						
	施工机具小计					2790	
四	企业管理费和利润按人工费 18% 计					2628	
	总　计					26 528	

注　本表项目名称、暂定数量由招标人填写，编制最高投标限价时，单价由招标人按有关计价规定确定；投标时，单价由投标人自主报价，按暂定数量计算合价计入投标总价中。结算时，按发承包双方确认的实际数量计算合价。

（4）总承包服务费应根据招标人在招标文件中列出的分包专业工程内容和供应材料、设备情况，按照招标人提出的协调、配合与服务要求和施工现场管理需要自主确定，总承包服务费计价表见表3-10。

表 3-10 **总承包服务费计价表（投标报价）**

工程名称：某工程　　　　　　　　　标段：　　　　　　　　　第 页 共 页

序号	项目名称	项目价值（元）	服务内容	计算基础	费率（%）	金额（元）
1	发包人发包专业工程	200 000	1. 按专业工程承包人的要求提供施工工作面并对施工现场进行统一管理，对竣工资料进行统一整理汇总。 2. 为专业工程承包人提供垂直运输机械和焊接电源接入点，并承担垂直运输费和电费	项目价值	7	14 000
2	发包人提供材料	845 000	对发包人供应的材料进行验收及保管和使用发放	项目价值	0.8	6760
	合计	—	—	—	—	20 760

注 本表项目名称、服务内容由招标人填写，编制最高投标限价时，费率及金额由招标人按有关计价规定确定；投标时，费率及金额由投标人自主报价，计入投标总价中。

（三）规费、增值税项目清单与计价表的编制

规费和增值税应按国家或省级、行业建设主管部门的规定计算，不得作为竞争性费用。这是由于规费和增值税的计取标准是依据有关法律、法规和政策规定制定的，具有强制性。因此投标人在投标报价时必须按照上述有关规定计算规费和增值税。规费、增值税项目清单与计价表的编制见表3-11。

表 3-11 **规费、增值税项目清单与计价表（投标报价）**

工程名称：某工程　　　　　　　　　标段：　　　　　　　　　第 页 共 页

序号	项目名称	计算基础	计算基数	费率（%）	金额（元）
1	规费	定额人工费			239 001
1.1	社会保险费	定额人工费	（1）＋…＋（5）		188 685
（1）	养老保险费	定额人工费		14	117 404
（2）	失业保险费	定额人工费		2	16 772
（3）	医疗保险费	定额人工费		6	50 316
（4）	工伤保险费	定额人工费		0.25	2096.5
（5）	生育保险费	定额人工费		0.25	2096.5
1.2	住房公积金	定额人工费		6	50 316
2	增值税	分部分项工程费＋措施项目费＋其他项目费＋规费－按规定不计税的工程设备金额		10	789 296
	合　计				1 028 297

编制人（造价人员）：　　　　　　　　复核人（造价工程师）：

（四）投标报价的汇总

投标人的投标总价应当与组成工程量清单的分部分项工程费、措施项目费、其他项目费和规费、增值税的合计金额一致，即投标人在进行工程量清单招标的投标报价时，不能进行投标总价优惠（或降价、让利），投标人对投标报价的任何优惠（或降价、让利）均应反映在相应清单项目的综合单价中。

施工企业某单位工程投标报价汇总表见表 3-12。

表 3-12 投标报价计价汇总表

工程名称：某工程　　　　　　　　　　　标段：　　　　　　　　　　　第　页　共　页

序号	汇总内容	金额（元）	其中：暂估价（元）
1	分部分项工程	6 318 410	845 000
……			
0105	混凝土及钢筋混凝土工程	2 432 419	800 000
……			
2	措施项目	738 257	
2.1	其中：安全文明施工费	209 650	
3	其他项目	597 288	
3.1	其中：暂列金额	350 000	
3.2	其中：专业工程暂估价	200 000	
3.3	其中：计日工	26 528	
3.4	其中：总承包服务费	20 760	
4	规费	239 001	
5	增值税	789 296	
	投标报价合计＝1＋2＋3＋4＋5	8 682 252	845 000

注 本表适用于单位工程最高投标限价或投标报价的汇总，如无单位工程划分，单项工程也使用本表汇总。

（五）投标报价的策略

投标报价策略是指投标人在投标竞争中的系统工作部署以及参与投标竞争的方式和手段。对投标人而言，投标报价策略是投标取胜的重要方式、手段和艺术。投标报价策略可分为基本策略和报价技巧两个层面。

1. 基本策略

（1）可选择报高价的情形。投标单位遇到下列情形时，其报价可以高一些：①施工条件差的工程（如条件艰苦、场地狭小或地处交通要道等）；②专业要求高的技术密集型工程且投标单位在这方面有专长，声望也较高；③总价低的小工程，以及投标单位不愿做而被邀请投标，又不便不投标的工程；④特殊工程，如港口码头、地下开挖工程等；⑤投标对手少的工程；⑥工期要求紧的工程；⑦支付条件不理想的工程。

（2）可选择报低价的情形。投标单位遇到下列情形时，其报价可以低一些：①施工条件好的工程，工作简单、工作量大但其他投标人都可以做的工程（如大量土方工程、一般房屋建筑工程等）；②投标单位急于打入某一市场、某一地区，或虽已在某一地区经营多年，但即将面临没有工程的情况，机械设备无工地转移时；③附近有工程而本项目可以利用该工程的设备、劳务或有条件短期内突击完成的工程；④投标对手多，竞争激烈的工程；⑤非急需工程；⑥支付条件好的工程。

2. 报价技巧

报价技巧是指投标中具体采用的对策和方法，常用的报价技巧有不平衡报价法、多方案报价法、无利润报价法和突然降价法等。

（1）不平衡报价法：指在不影响工程总报价的前提下，通过调整内部各个项目的报价，以达到既不提高总报价、不影响中标，又能在结算时得到更理想的经济效益的报价方法。

（2）多方案报价法：指在投标文件中报两个价，一个是按招标文件的条件报价，另一个是加注解的报价，即如果某条款做某些改动，报价可以降低多少，以此降低总报价，吸引招标人。

（3）无利润报价法：对于缺乏竞争优势的承包单位，在不得已时可采用根本不考虑利润的报价方法，以获得中标机会。

（4）突然降价法：先按照一般情况报价或表现出自己对该工程兴趣不大，等到投标截止时，再突然降价。采用此报价技巧，可以迷惑对手，提高中标概率。但对投标单位的分析判断和决策能力要求较高。

（5）增加建议方案法：招标文件中有时规定，可提一个建议方案，即可以修改原设计方案，提出投标单位的方案。这时投标单位应抓住机会，组织一批有经验的设计和施工工程师，仔细研究招标文件中的设计和施工方案，提出更为合理的方案以吸引建设单位，促使自己的方案中标。

（6）其他报价技巧：针对计日工、暂定金额、可供选择的项目使用不同的报价手段，以此获得更高收益。同时，投标报价中附带优惠条件也是一种行之有效的手段。此外，投标单位可以采用分包商的报价，将分包商的利益与自己捆绑在一起，不仅可以防治分包商事后反悔和涨价，还能迫使分包商报出较为合理的价格，以便共同争取中标。

第三节　施工合同价款细化

实施清单计价以来，造价纠纷也从原来定额计价时的定额子目之争，转变为因招标文件与造价有关的条款描述不清、合同条款（工程量误差、变更、材料价格市场波动、政策性变化等）约定不详、不按合同约定支付工程款、索赔事项不能兑现等原因引起的纠纷。只要中了标，签订施工合同仅仅走形式，主要是为了办理施工手续用。在签订合同方面，中标人与招标人的信息、技术是不对等的，对于中标人来讲，施工合同越是约定不清，以后越有"账"可算，最终结果是竣工结算价远远高出合同价，尤其是政府投资的项目，由于种种原因，在信息、技术、信誉等方面业主始终处于被动地位，导致合同中的个别条款不是发包人真实意思的表现，由此导致在后期产生的经济纠纷接连不断。

所以，在签订合同时，作为发包人应有一个公平公正的心态，了解弄清以下两项原则。

（一）招标文件与中标人投标文件不一致的地方，应以投标文件为准

2013年计价规范第 7.1.1 条规定，实行招标的工程合同价款应在中标通知书发出之日

起 30 天内，由发承包双方依据招标文件和投标文件在书面合同中约定。

合同约定不得违背招标、投标文件中关于工期、造价、质量等方面的实质性内容。招标文件与中标人投标文件不一致的地方时，应以投标文件为准。

2008 年计价规范第 4.4.2 条也有类似规定，规定了招标工程合同价款的约定原则：实行招标的工程，合同约定不得违背招标、投标文件中关于工期、造价、质量等方面的实质性内容。招标文件与中标人投标文件不一致的地方，应以投标文件为准。

招标人应该清楚：工期短、造价低、质量好的目标不可能实现。但许多招标人明知不可行而为之。

平时的习惯做法是：当招标文件与投标文件有不一致的地方时，理所当然地以招标文件为主，而从 2008 年规范理性回归到以投标文件为主，是非常正确的，这也是由合同的形成过程来决定的。我们都知道合同的形成过程要经过要约和承诺。所谓要约，是希望和他人订立合同的意思表示，而承诺是受要约人同意要约的意思表示。有些合同在要约之前还会有要约邀请，所谓要约邀请，是希望他人向自己发出要约的意思表示，而招投标工程在合同签订过程中，招标文件应视为要约邀请，投标文件为要约，中标通知书为承诺（说明已完全同意投标文件要约的条件），所以在签订建设工程合同或工程结算时，当招标文件与中标人的投标文件有不一致的地方，应以投标文件为准。

招标文件不属于合同文件的组成部分。即便是招标文件说明"本招标文件属于合同文件的组成部分"，位次也是在最后，效力最小。

我们仔细分析 2013 年计价规范第 7.1.1 条以投标文件为准的情况，按说投标文件与招标文件矛盾不应该中标，但确实中标了，这种情况还非常普遍，根本原因在于评标时没有清标，导致以下两种情况出现：①投标人为了中标，报价时不按清单计价规范要求填写；②中标后签订合同时，发现招标文件与中标文件有不一致的地方。

关于清标，是评标软件的主要功能，我们研究的时候首先解决的是清标问题：对投标文件的响应性审查（是否改变了清单工程量及项数等）、符合性审查、计算错误审查等。评标之前应先清标后再进行评标，但清标工作不是评委能完成的，只有评标软件的研究人员或经过培训的对造价比较熟悉的人员（比较固定的、不能经常换人）才能完成，但现有的评标制度是不允许的，再加上评标软件公司的夸大宣传和有关部门对计算机辅助评标的错误理解——认为用软件评标能防止招投标过程中的腐败现象发生，能防止投标人围标、串标等。所以把计算机辅助评标变为人工辅助评标，又名曰电子评标，评委无法复核计分情况，但必须在评标结果上签字。由于评标时不清标，导致了招投标过程中及后期的实施阶段许多不该发生的纠纷发生了，像上面讲到的情况：①投标人为了中标，报价时不按清单计价规范要求填写；②中标后签订合同时，发现招标文件与中标文件有不一致的地方；③竣工结算时发现有的项单价过高或过低，甚至根本就没有填价；等等。

（二）计价风险分担原则

招标人不管是在起草招标文件，还是在签订施工合同时，不得采用无限风险或类似语句规定计价中的风险内容及范围，必须执行 2013 年清单计价规范的规定及要求。

（1）工程量的风险由发包人承担，综合单价报价的风险由承包人承担。

（2）政策性风险由发包人承担。省定额站发布的人工费指导价，属于政策性调整文件，必须执行。

（3）材料风险、机械费风险双方分担，即材料风险在5％以内电承包人承担，5％以外由发包人承担；机械费风险在10％以内由承包人承担，10％以外由发包人承担。

（4）2013年清单计价规范第3.4.4条原因造成机械费增加，由承包人全部承担。

（5）管理费、利润风险承包人承担。

（6）规费、税金由发包人承担。

采用清单计价招标的项目，要减少结算造价纠纷，除了招标文件中与价有关的条款需要细化之外，也必须细化施工合同与价有关的条款，约定具体进度结算、价款调整及竣工结算计价办法，使之具有可操作性。理由很简单，因为我们目前所谓的清单计价，实质上是处于定额计价与清单计价的过渡阶段，人们的思想理念与行为根本达不到清单计价的要求。我们近两年在实施阶段全过程造价咨询服务时，深刻认识到签订施工合同的重要性及对后期的影响，必须明确约定以下事项。

1. 工程量清单错误的修正

尽管2013年计价规范明确规定工程结算应以实际完成的工程量为准，且当工程量偏差不超过15％时，2013年计价规范第9.3.1条给了一个计算公式，此公式对于原有的清单项目并不适用。实际上任何招标人或委托的造价咨询机构计算的清单工程量都不可能百分之百准确，当误差很小时，如0.1％～3％是否有必要进行调整？当工程量偏差超过15％时，2013年计价规范第9.6.2规定的调整办法是：对于任一招标工程量清单项目，当因本节规定的工程量偏差和第9.3节规定的工程变更等原因导致工程量偏差超过15％时，可以进行调整。当工程量增加15％以上时，增加部分的工程量的综合单价应予调低；当工程量减少15％以上时，减少后剩余部分的工程量的综合单价应予调高。此条实际上对因招标人计算的个别清单量来说误差比较大，防止中标人采用特高特低的不平衡报价的约束，但如果合同中没有约定调整办法，结算时按此条办法调整根本行不通。

因工程量误差的调整办法约定不明确，导致发生的纠纷非常多，为了减少结算中的纠纷，对工程量偏差很小或偏差超过15％的，应在签订施工合同时约定可操作的调整条款：①当工程量偏差很小（3％以内，具体比例双方在合同中约定）时，合同价不再调整；②当工程量偏差在3％～15％时，核增（减）造价＝增加（减少）工程量×原报综合单价；③当工程量偏差超过＋15％时，核增造价＝按与招标控制价相同的计价依据计算增加工程量的造价×（1－投标让利系数）；当工程量偏差超过－15％时，核减造价＝核减工程量×原投标综合单价；工程量误差影响规费、安全文明措施费、税金变化的，也做相应调整。

2. 变更估价

（1）变更范围的约定。双方约定在合同履行过程中发生以下情形的，均属于变更。

1）增加或减少合同中任何工作，或追加额外的工作。

2）取消合同中任何工作，但转由他人实施的工作除外。

3）改变合同中任何工作的质量标准或其他特性。

4）改变工程的基线、标高、位置和尺寸。

5）改变工程的时间安排或实施顺序。

（2）变更估价。对于变更导致实际完成的变更工程量与已标价工程量清单或预算书中列明的该项目工程量的变化幅度超过 15%的，或已标价工程量清单或预算书中无相同项目及类似项目单价的，2013 年计价规范规定由承包人提出变更单价，报发包人确认。但在实际实施过程中却无法执行，原因是承包人提出的综合单价是否合理，发包人无法确认；其次是发包人为了摆脱以后政府审计时追查责任，也不愿意确认。所以对于上述情况，约定：当合同中没有适用或类似的综合单价或清单工程量增加在 15%以上时，核增造价＝按计价定额规定计算出变更工程量造价×（1－投标让利系数）；变更导致清单工程量减少超过－15%时，核减造价＝核减工程量×原投标综合单价。工程变更影响规费、安全文明措施费、税金变化的，也做相应调整。

为了减少竣工结算时的纠纷，在合同中还要对让利基数进行约定：非承包人施工的专业暂估价、发包人采购或定价的材料、安全文明施工费、规费及税金不得作为让利基数。同时还要注明政策性调整时造价随之调整。

3. 市场价格波动引起的合同价调整

市场价格波动是否调整合同价格，双方要在合同专用条款 11.1 中约定调整办法，一般是采用造价信息进行价格调整，但首先要在合同专用条款中约定人工、材料与设备的基准价格。我们以 2014 年 8 月份××项目合同为例，采用的是 2013 施工合同（示范文本），在专用条款 11.1 中约定如下（实际工程应参考现行文件）。

（1）材料设备基准价格的约定：执行××市建设工程造价管理机构批准印发的 2014 年第 3 期 6 月份《××市建设工程造价信息》中的价格。

合同履行期间材料价格的调整如下。

1）承包人在已标价工程量清单或预算书中载明的材料单价低于基准价格的：专用合同条款合同履行期间材料单价涨幅以基准价格为基础超过 5%时，或材料单价跌幅以已标价工程量清单或预算书中载明材料单价为基础超过 5%时，其超过部分据实调整。

2）承包人在已标价工程量清单或预算书中载明的材料单价高于基准价格的：专用合同条款合同履行期间材料单价跌幅以基准价格为基础超过 5%时，材料单价涨幅以已标价工程量清单或预算书中载明材料单价为基础超过 5%时，其超过部分据实调整。

3）承包人在已标价工程量清单或预算书中载明的材料单价等于基准单价的：专用合同条款合同履行期间材料单价涨跌幅以基准单价为基础超过±5%时，其超过部分据实调整。

（2）人工费单价基准价的确定：执行××省建筑工程标准定额站发布的 2014 年 4～6 月人工费综合指导价 70 元/定额综合工日。

合同履行期间人工费单价的调整：依据《××省住房和城乡建设厅关于进一步明确建设工程人工费计价问题的通知》（×建设标〔2011〕45 号）文的有关规定，人工费风险幅度为 10%。所以合同履行期间××省建筑工程标准定额站发布的人工费综合指导价大于 70×1.1＝77 元时，对超过部分进行调整。

4. 暂列金额

虽然暂列金额是由发包人暂定并掌握的款项，但对于其真正的用途，相当一部分发承包双方都弄不太明白，所以在评标过程中、合同签订及实施过程中甚至竣工结算时，因暂列金额发生的纠纷也非常多。因此，合同中必须约定清楚暂列金额的用途。例如：

主要用于签订本合同时尚未确定或者不可预见的所需材料、工程设备、服务采购、施工中可能发生的工程变更、合同约定调整因素出现时的合同价款调整以及发生的索赔、现场签证确定等的费用。只有承包人实施了上述内容，才能成为其应得款项，纳入结算价款中。因此，不仅评标时暂列金额不能作为总报价评标基数，合同实施过程中也不得作为支付合同价款的拨款基数。

5. 施工过程中的工程计量

对于施工过程中的工程计量，如果是造价不高、工期又短的单项工程还可以，但对于大型建设项目，各单项工程进度又不一样，再加上新技术、新材料的应用，工程计量及单价的采用绝非易事，监理是不一定能胜任的，除非是按总工程量估算比例拨款。在此阶段承包人总是想办法多算、重算、增加变更内容、改变施工方案等，以达到让发包人提前多支付工程进度款的目的。但施工阶段很少有造价咨询机构的介入，产生的纠纷往往在最终结算时才集中表现出来，发承包双方意见不一致，也是导致竣工结算拖延的原因之一。因此，工程计量与进度款的支付应明确由造价咨询机构介入服务。我们从 2013 年开始进行施工过程的工程计量服务，认为发承包双方必须在合同中约定具体的计量事项如下。

（1）实体项目、措施项目、其他项目的计量统计方法如下。

（2）工程变更、签证的计量方法。

（3）非工程节点时工程量的计量统计方法。

（4）承包人每月报送完成工程量的截止时间。

（5）发包人审定核实时间。

（6）进度款结算与支付办法。

6. 纠纷的解决

尽快建立争议评审机制，及时解决合同实施过程中的纠纷，防止竣工结算久拖不结、拖欠工程款的现象继续蔓延。但在目前大部分地市没有建立争议评审机制的情况下，××市的大中型建设项目，由当地资历比较深、熟悉定额、责任心强的造价咨询机构全过程服务，并与当地工程造价管理机构联合，聘请合同造价专家经常深入现场，了解工程实际情况，及时解决发承包双方在施工过程中的合同纠纷，取得了良好的效果。不少施工合同中有这样的条款：造价咨询机构全程介入服务；因合同造价引起的争议，提请××市建设工程标准定额管理站裁定，双方对裁定结果意见不一致时，再按专用条款 20.4 条之约定解决。

7. 明确竣工结算计价方法

××市是××省实施清单计价较早的地市，就目前政府投资的项目来说，虽然采取清单计价招投标，但发包方的思想理念、意识行为根本达不到清单计价要求，不能按清单计价要求及合同约定支付工程进度款，都是最后算总账。而竣工结算的总价款如何算，牵扯到清单工程量错误的修正、工程变更、人材机价格波动、暂列金额的使用、暂估价的最终确认、政策性调整等问题，因许多合同约定不清、不具体，致使竣工结算不能按合同约定时间完成，导致久拖不结。按照住房和城乡建设部财政部关于印发《建筑安装工程费用项目组成》的通知（建标〔2013〕44 号）规定，竣工结算计价程序见表 3-13。

表 3-13　　　　　　　　　　　　　竣工结算计价程序

工程名称：　　　　　　　　　　　　　　　　标段：

序号	汇总内容	计算方法	金额（元）
1	分部分项工程费	按合同约定计算	
1.1			
1.2			
1.3			
1.4			
1.5			
2	措施项目	按合同约定计算	
2.1	其中：安全文明施工费	按规定标准计算	
3	其他项目		
3.1	其中：专业工程结算价	按合同约定计算	
3.2	计日工	按计日工签证计算	
3.3	总承包服务费	按合同约定计算	
3.4	索赔与现场签证	按发承包双方确认数额计算	
4	规费	按规定标准计算	
5	税金（扣除不列入计税范围的工程设备金额）	（1＋2＋3＋4）×规定税率	
竣工结算总价合计＝1＋2＋3＋4＋5			

注　1. 竣工结算价必须依据合同约定的结算办法进行计算，即坚持从约原则。
　　2. 招标人采购的设备计算税金；扣除不列入计税范围的工程设备金额是指招标人直接采购的设备。

从表 3-13 中可以看出，竣工结算的原则是从约原则，因此，在合同中约定竣工结算总价计价方法很有必要。以我们 2013 年底开始服务的项目为例，采用的是单价合同，发承包双方在合同中约定竣工结算计价方法如下。

按发、承包双方认可的实际完成的工程量（符合质量要求及 2013 清单计价规范计算规则）进行计价。

发、承包双方认可的实际完成的工程量包括：已标价工程量清单的工程量（含偏差超过±3％部分增减的工程量）；承包人实施专业暂估价的工程量；增加（减少）项目、签证、变更、索赔等增加〔减少〕的工程量。

最终结算总价款＝合同总价（不含：暂估价、暂列金额、社会保障费、安文费
　　　　　　　　　中奖励费）
　　　　　　　　＋材料和工程设备暂估价双方最终确认价
　　　　　　　　＋承包人实施的专业暂估价
　　　　　　　　＋暂列金额
　　　　　　　　＋［增加（减少）项目、签证、变更、索赔等增加的价
　　　　　　　　款－暂列金额］
　　　　　　　　＋其他费用（安全文明施工费中的奖励费、优质优价奖励费、总承
　　　　　　　　包服务费）

计价时：合同总价中已标价工程量清单有误按本合同 1.13 专用条款约定调整；暂估价的材料（设备）按发、承包双方最终确认价在综合单价中调整；承包人实施的专业暂估价按中标价或发、承包双方最终确认的合同价计算；增加（减少）项目、签证、变更、索赔等增加的价款按本合同 10.4.1 专用条款约定计算；人工费、材料费单价调整按本合同 11.1 专用条款第二种方式约定计算；其他费用指合同约定获得省、市安全文明工地称号的奖励费；合同约定优质优价的奖励费；总承包服务费：如专业暂估价由发包人另行发包，且施工中要求总承包人配合，或承包范围以外的专业工程施工时要求总承包人配合，则总承包人按规定计取总承包服务费。

附：施工合同实例

注意，社会保障费由市建设劳保办统一管理，一般是建设单位按编制招标控制价时的金额上缴给市建设劳保办，市建设劳保办再按规定返还中标单位。

第四节　基于 BIM 的招标控制价管理

一、新建招标项目

操作过程如下。

（1）单击标题栏中的"新建"按钮，在下拉菜单中单击"新建招投标项目"，再在弹出的对话框中选择项目所在地区（案例工程在××市），然后单击"清单计价"模式下的"新建招标项目"，如图 3-3 所示。

图 3-3　新建招标项目

（2）在弹出的"新建招标项目"对话框中依次填写项目名称、项目编码、地区标准、定额标准，导入价格文件（以 2017 年 1 月信息价为例），计税方式采用增值税，然后单击"下一步"按钮，完成招标项目的建立，如图 3-4 所示。

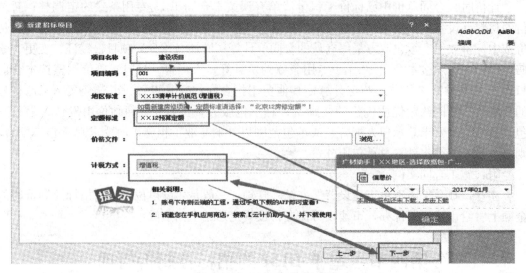

图 3-4 新建招标项目模板

（3）进入"新建招标项目"对话框，单击"新建单项工程"按钮，在弹出的对话框中依次输入单项名称、单项数量，并选择单项工程中所包含的相应单位工程项目，然后单击"确定"按钮，如图 3-5 所示。因为在"新建单项工程"对话框中，软件内置了相应"单位工程"选项，所以用户在新建单项工程过程中，只需要按照工程实际情况，在对话框中勾选单项工程所包含的单位工程，软件会自动按照需求选择生成相应单位工程，无须手动建立。

同时单项工程建立后，用户还可以在"新建招标项目"对话框中，按照建设项目实际情况，新建多个单项工程，或者对已建立的单项工程新建单位工程，或者修改已经完成的单项工程、单位工程信息，如图 3-5 所示。

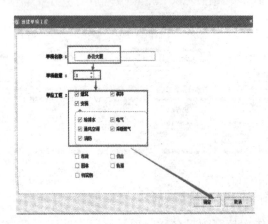
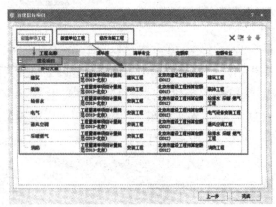

图 3-5 新建单项工程

（4）新建招标项目完成后，进入招标项目控制价编制界面，在界面导航栏形成了新建项目三级项目管理体制，至此利用 GCCP5.0 软件完成了招标项目的新建操作，如图 3-6 所示。

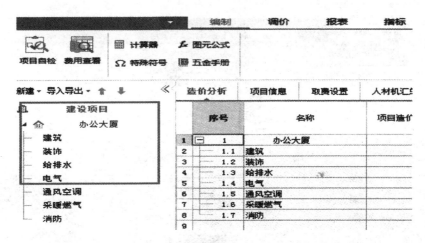

图 3-6 新建招标项目完成

二、工程量清单编制

工程量清单的组成包括五个部分，除给定工程量外，需要进行项目编码、项目名称、项目特征、单位的编制。其中项目特征描述尤为重要，它是项目单位进行组价的重要依据之一。

操作过程如下。

（1）编制分部分项工程量清单。在上述新建项目三级目录完成后的界面，可以分别单击"建筑""装饰""给排水""电气"等，进行分部分项工程量清单的编制，如图 3-7 所示。在清单编制过程中，需要注意项目特征描述必须依据图纸内容及设计要求进行编制，本教材提供了编制好的清单，步骤为：双击"编码"处，弹出"查询"对话框，单击"清单指引"（也可以单击"清单"），会出现所需编制的清单条目，根据案例工程需要进行选择，也可以加入相应定额子目，进行勾选即可，然后单击"插入清单（I）"按钮，此时要注意项目特征描述应清晰明了，按照工程图纸进行输入，再输入相应工程量数据，还要注意单位的统一，至此一条分部分项工程量清单编制完成，读者可以据此编制剩余清单，如图 3-8 所示。

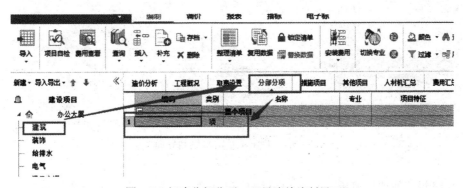

图 3-7 新建分部分项工程量清单编制界面

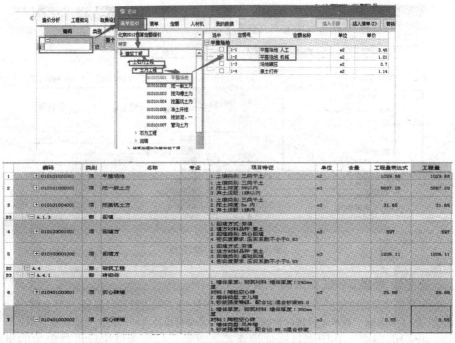

图 3-8　分部分项工程量清单编制界面

（2）编制措施项目清单。措施项目分为总价措施项目和单价措施项目，根据案例工程实际情况分别进行编辑录入，如图 3-9 所示。需要注意的是，总价措施项目中的安全文明施工是必须计取的项目，对其他不需要的清单项可以进行删除。单价措施项目录入与分部分项工程量清单编制方法一致。

序号		类别	名称	单位	项目特征	计算基数	费率(%)
			措施项目				
	一		总价措施				
1	011707001001		安全文明施工	项			
2	1.1		环境保护	项		ZJF+ZCF+SBF+JSCS_ZJF+JSCS_ZCF+JSCS_SBF	1.23
3	1.2		文明施工	项		ZJF+ZCF+SBF+JSCS_ZJF+JSCS_ZCF+JSCS_SBF	0.89
4	1.3		安全施工	项		ZJF+ZCF+SBF+JSCS_ZJF+JSCS_ZCF+JSCS_SBF	1.33
5	1.4		临时设施	项		ZJF+ZCF+SBF+JSCS_ZJF+JSCS_ZCF+JSCS_SBF	2.29
6	0117B001		施工垃圾场外运输和消纳	项		ZJF+ZCF+SBF+JSCS_ZJF+JSCS_ZCF+JSCS_SBF	0.58
7	011707002001		夜间施工	项			
8	011707003001		非夜间施工照明	项			
9	011707004001		二次搬运	项			
10	011707005001		冬雨季施工	项			
11	011707006001		地上、地下设施、建筑物的临时保护设施	项			
12	011707007001		已完工程及设备保护	项			
	二		单价措施				
13				项			

图 3-9　措施项目清单编制界面

（3）编制其他项目清单。其他项目清单包括暂列金额、专业工程暂估价、计日工费用、总承包服务费、签证与索赔计价表五部分内容。在项目预算阶段，可能涉及的是前四种，分别按照实际工程需要，即设置的清单内容来进行编辑，需要注意的是其他项目清单并非必有内容，而是根据项目实际情况进行编辑设置，录入相关信息即可，如图 3-10 所示。

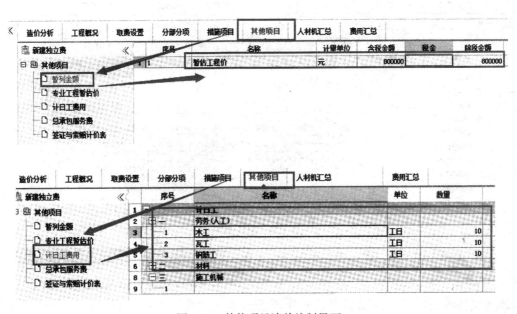

图 3-10 其他项目清单编制界面

（4）清单自检。所有清单编制完成之后，需要进行清单自检，对有问题的项进行修改和完善，如图 3-11 所示。

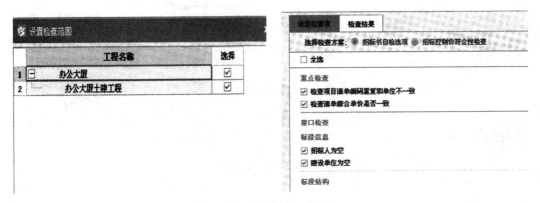

图 3-11 清单自检

（5）整理清单。一般按照分部整理原则，单击"整理清单"→"分部整理"，在弹出的"分部整理"对话框中勾选需要整理的层级，一般情况下均选择"需要章分部标题"，单击"确定"按钮即可完成清单整理工作，如图 3-12 所示。

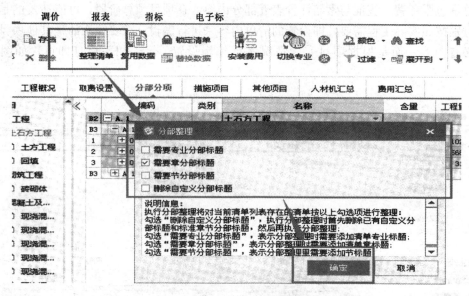

图 3-12　整理清单

（6）导出清单。清单整理完毕后即可根据需要保存并导出全部工程或单位工程清单，用于下发工程量清单。单击"电子标"→"生成招标书"，系统提示需要进行自检，没有问题再选择导出位置及需要导出的标书类型，单击"确定"按钮即可生成电子招标书（.xml 格式文件），如图 3-13 所示。

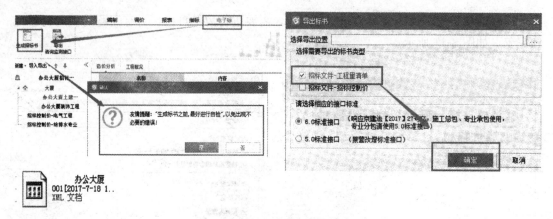

图 3-13　导出工程量清单

至此案例工程土建单位工程的工程量清单已经编制完成，对于其他单位工程即装饰装修与安装工程的工程量清单，其编制过程与此相同，在此不作详细介绍。

三、招标控制价编制

根据给定的工程相关文件（算量文件、已编制好的工程量清单等）分别编制土建、装饰与安装工程的招标控制价。首先研究土建、装饰装修与安装工程的算量文件及工程量清单，结合工程图纸，分析找出招标控制价计取的主要控制要点及注意事项；然后根据招标控制价的编制特点，对提供的各单位工程的工程量清单进行定额套取，编制出合理的招标控制价。下面以土建单位工程招标控制价的编制为例进行介绍。

1. 取费设置，导入并整理清单

根据案例工程的工程类别、檐高跨度、工程地点，分别计取合适的费率。单击"取费设置"按钮，显示现行计税方式（即增值税），再根据工程实际情况选择合适的工程类别、檐高跨度及工程地点，计取合适的企业管理费费率和相应的利润率，如图 3-14 所示。

图 3-14　取费设置

在单位工程下可以导入 Excel 文件或 GCCP5.0 软件版清单，并对清单进行整理调用。整理清单的方法同场景二，此处不再详细阐述，如图 3-15 所示。

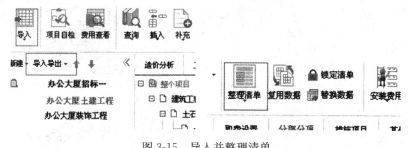

图 3-15　导入并整理清单

2. 定额套取

按照土建、装饰装修与安装单位工程组价特点，在清单项目下进行组价。由于安装工程需要补充大量设备及主材，所以必须提供设备、主材价格。

（1）插入子目。单击工具栏中的"插入"按钮，在下拉菜单中选择"插入子目"，在清单条目下增加定额项。此时有两种方法添加定额：一是单击定额处"…"，选择匹配定额，此方法方便快捷，比较常用；二是在工具栏中单击"查询"按钮，从定额库中选择合适的定额进行添加，如图 3-16 所示。

需要特别注意的是，根据清单项目特征结合工程图纸选择合适的相关定额子目时，如果找不到合适时定额子目时，可以在"工料机显示"处进行材料换算等，找到匹配定额，该部分内容在概算部分已进行详细讲解，不再赘述，如图 3-17 所示。

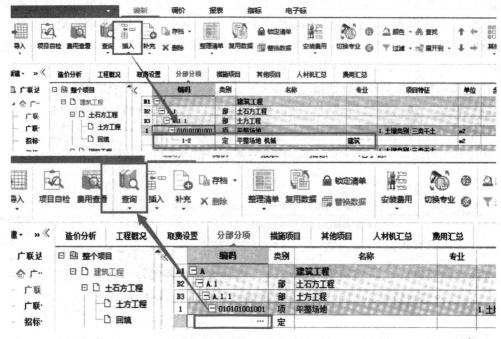

图 3-16 插入子目

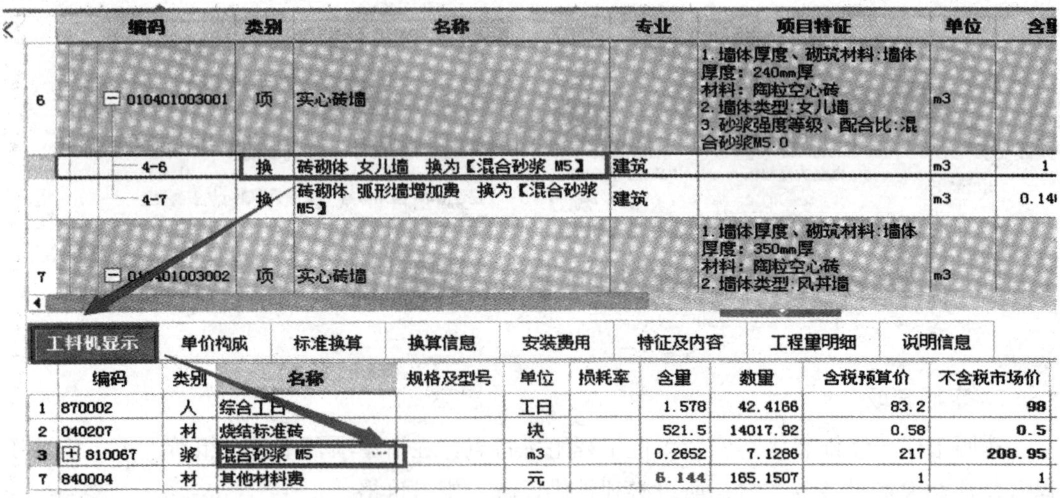

图 3-17 定额套取换算

（2）对每项定额进行复核，补充主材或设备，即补充人材机。根据定额子目要求，选择主材或设备，一般主材和设备名称可以根据图纸上给定的主材和设备名称进行命名，要注意尺寸的区分（适用安装单位工程），如图 3-18 所示。

（3）修改定额子目工程量表达式及含量，尤其是清单与定额单位不统一的情况，需要进行换算，否则会导致工程量计算不准确进而造成价格误差，如图 3-19 所示。

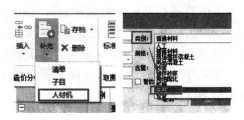

图 3-18　补充主材或设备

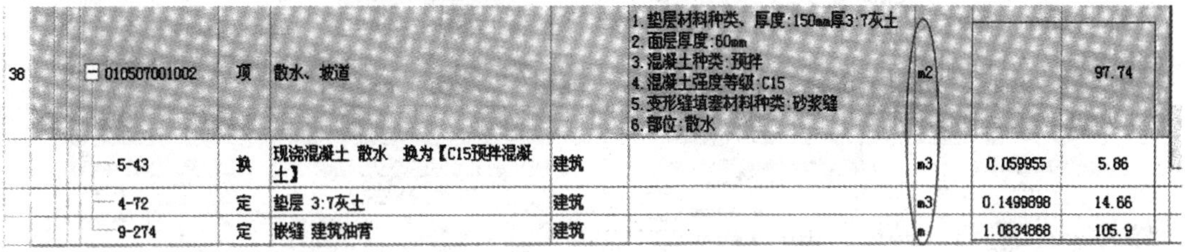

38	⊟ 010507001002	项	散水、坡道		1. 垫层材料种类、厚度:150mm厚3:7灰土 2. 面层厚度:60mm 3. 混凝土种类:预拌 4. 混凝土强度等级:C15 5. 变形缝填塞材料种类:砂浆缝 6. 部位:散水	m2		97.74
	5-43	换	现浇混凝土 散水 换为【C15预拌混凝土】	建筑		m3	0.059955	5.86
	4-72	定	垫层 3:7灰土	建筑		m3	0.1499898	14.66
	9-274	定	嵌缝 建筑油膏	建筑		m	1.0834868	105.9

图 3-19　定额子目完善

（4）综合单价的计取。所有清单项的定额添加完成之后，需要对综合单价进行计取。综合单价包括企业管理费、利润，以及一定范围内的风险费用，因此需要根据案例工程的特点及工程内容，结合××市取费文件，逐项对每条定额的企业管理费、利润及风险费率进行计取，由此形成适合项目特点及企业需求的合理综合单价。操作方法是：单击定额项，页面下会出现该定额的相关内容，再单击"单价构成"，分别对企业管理费、利润及风险费率进行取费，招标控制价编制的取费原则一般为根据取费文件计取，如图 3-20 所示。

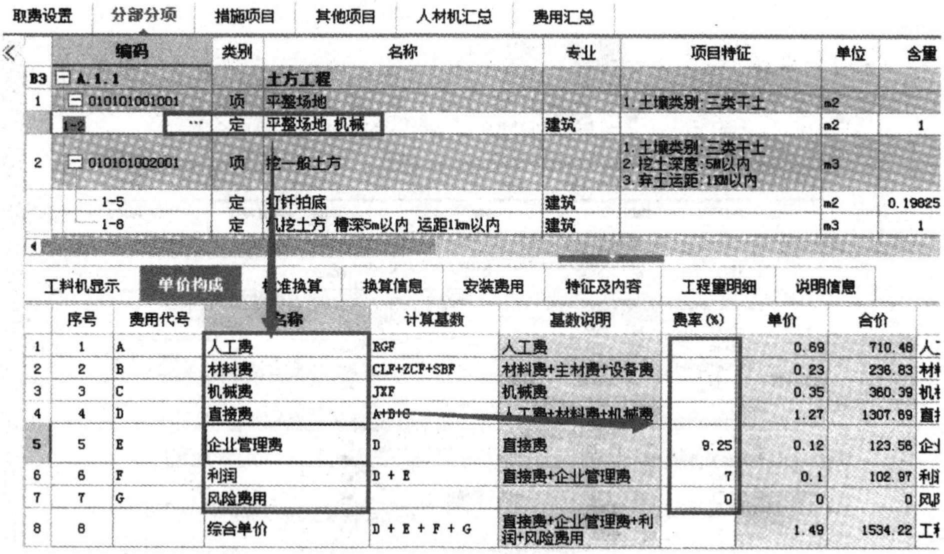

取费设置	分部分项	措施项目	其他项目	人材机汇总	费用汇总

	编码	类别	名称	专业	项目特征	单位	含量
B3	⊟ A.1.1		土方工程				
1	⊟ 010101001001	项	平整场地		1. 土壤类别:三类干土	m2	
	1-2	定	平整场地 机械	建筑		m2	1
2	⊟ 010101002001	项	挖一般土方		1. 土壤类别:三类干土 2. 挖土深度:5M以内 3. 弃土运距:1KM以内	m3	
	1-5	定	打钎拍底	建筑		m2	0.19825
	1-8	定	机挖土方 槽深5m以内 运距1km以内	建筑		m3	1

工料机显示	单价构成	标准换算	换算信息	安装费用	特征及内容	工程量明细	说明信息

	序号	费用代号	名称	计算基数	基数说明	费率(%)	单价	合价	
1	1	A	人工费	RGF	人工费		0.69	710.48	人工
2	2	B	材料费	CLF+ZCF+SBF	材料费+主材费+设备费		0.23	236.83	材料
3	3	C	机械费	JXF	机械费		0.35	360.39	机械
4	4	D	直接费	A+B+C	人工费+材料费+机械费		1.27	1307.89	直接
5	5	E	企业管理费	D	直接费	9.25	0.12	123.56	企业
6	6	F	利润	D+E	直接费+企业管理费	7	0.1	102.97	利润
7	7	G	风险费用			0	0	0	风险
8	8		综合单价	D+E+F+G	直接费+企业管理费+利润+风险费用		1.49	1534.22	工程

图 3-20　综合单价的计取

(5) 措施项目费计取。工作界面切换到"措施项目"。总价措施以"项"为单位，采取"计算基数×费率"的计算方法，这里必须计取的是安全文明施工费，根据工程地点及建筑面积计取费率。其他的总价措施项目如夜间施工、二次搬运等，应根据工程实际情况、工期等相关因素进行计取。单价措施与分部分项工程量清单一样，需要进行定额套取，这里不再赘述，如图 3-21 所示。

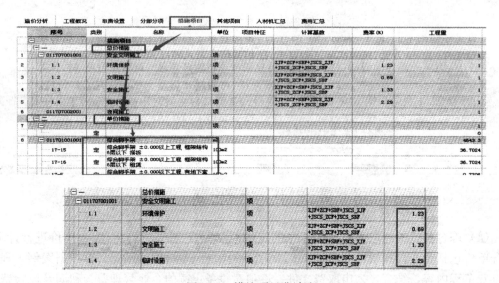

图 3-21 措施项目费计取

提示： 安装费用根据各章定额费用计取要求取费，主要费用内容有脚手架使用费、操作高度增加费、高层建筑增加费、和生产同时进行增加费、有害环境增加费、系统调试费，形成单价措施费，如图 3-22 所示。

图 3-22 单价措施费计取

（6）其他项目费计取。本案例工程招标控制价中设定土建工程暂列金额为 80 万元，计日工中包括木工、瓦工、钢筋工各 10 工日，装饰装修工程专业工程暂估价（玻璃幕墙工程含预埋件）为 60 万元，按照实际工程要求，把相关信息录入即可，如图 3-23 所示。

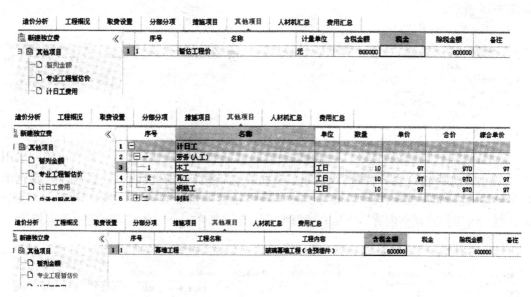

图 3-23　其他项目费计取

3. 人材机汇总

（1）人材机汇总界面显示。在完成分部分项工程和措施项目费计取后，按照计价程序，要对分部分项工程和措施项目中人、材、机的价差进行调整。GCCP5.0 软件提供了"人材机汇总"界面，在该工作界面下，软件自动将相应单位工程的分部分项工程和措施项目所消耗的定额人、材、机相关信息进行分类汇总，方便用户进行人、材、机消耗量信息的查询及价差的调整，如图 3-24 所示。

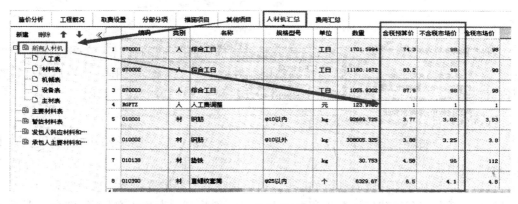

图 3-24　人材机汇总

单击"所有人材机"，软件会显示工程消耗的所有人、材、机信息，还可以分别单击"人工表""材料表"等，软件会自动分类汇总相应信息。此外，软件还提供了材料的供货方式、产地、厂家、是否暂估等相关信息的标识，用户可以根据需要输入相应材料信息，如图 3-25 所示。

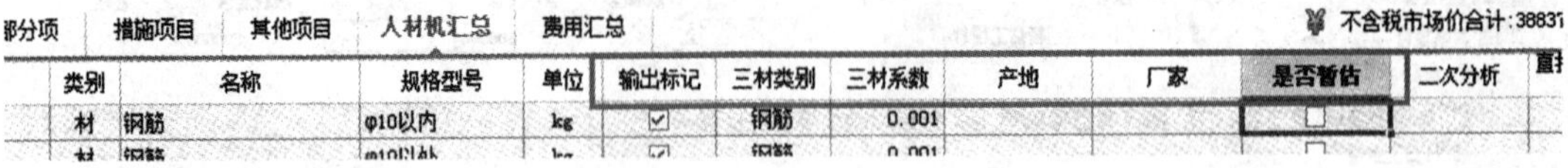

部分项	措施项目	其他项目	人材机汇总	费用汇总					不含税市场价合计:38831
类别	名称	规格型号	单位	输出标记	三材类别	三材系数	产地	厂家	是否暂估	二次分析
材	钢筋	φ10以内	kg	☑	钢筋	0.001			☐	
材	钢筋	m10以外	kg	☑	钢筋	0.001				

图 3-25　材料其他信息

（2）人、材、机价差调整。检查套取所需的信息价，本案例工程招标控制价统一采用2017 年 1 月信息价。安装工程的设备和主材价格，需要在"人材机汇总"界面下，根据市场询价输入，同时根据招标文件要求选择主材及设备的供货方式，如图 3-26 所示。关于人、材、机的价差调整内容及方法在概算部分已作详细介绍，方法相同，这里不再赘述。

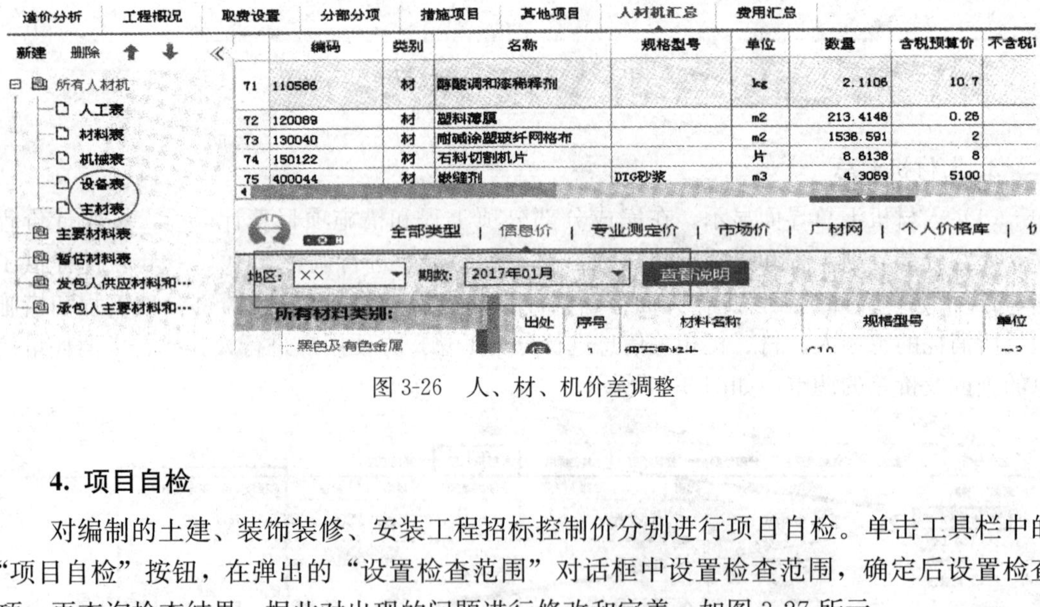

图 3-26　人、材、机价差调整

4. 项目自检

对编制的土建、装饰装修、安装工程招标控制价分别进行项目自检。单击工具栏中的"项目自检"按钮，在弹出的"设置检查范围"对话框中设置检查范围，确定后设置检查项，再查询检查结果，据此对出现的问题进行修改和完善，如图 3-27 所示。

5. 费用汇总

按照招标控制价计价流程，完成人、材、机价差调整之后，根据案例工程要求，整体上检查并核对费率是否计取完全，是否有漏项、是否正确等。因为之前已对分部分项工程、措施项目与其他项目费用进行了计取，所以现在只需要设置规费和税金的费率，最后汇总形成该单位工程的建筑安装工程费。工作界面切换到"费用汇总"，软件会根据新建单位工程时所选专业及相关工程信息自动套用取费模板，如图 3-28 所示。

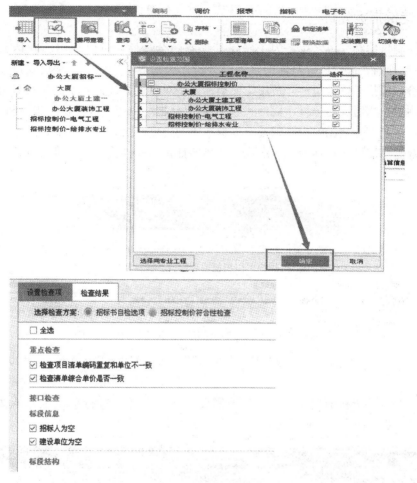

图 3-27　项目自检

序号	费用代号	名称	计算基数	基数说明	费率(%)	金额
7	3	C	其他项目	QTXMHJ	其他项目合计		802,910.00
8	3.1	C1	其中：暂列金额	暂列金额	暂列金额		800,000.00
9	3.2	C2	其中：专业工程暂估价	专业工程暂估价	专业工程暂估价		0.00
10	3.3	C3	其中：计日工	计日工	计日工		2,910.00
11	3.3.1	C31	其中：计日工人工费	JRGRGF	计日工人工费		2,910.00
12	3.4	C4	其中：总承包服务费	总承包服务费	总承包服务费		0.00
13	4	D	规费	D1 + D2	社会保险费+住房公积金费		277,014.84
14	4.1	D1	社会保险费	A1 + B1 + C31	其中：人工费+其中：人工费+其中：计日工人工费	14.76	201,913.04
15	4.2	D2	住房公积金费	A1 + B1 + C31	其中：人工费+其中：人工费+其中：计日工人工费	5.49	75,101.80
16	4.3	D3	其中：农民工工伤保险费				0.00
17	5	E	税金	A + B + C + D	分部分项工程+措施项目+其他项目+规费	11	867,727.37
18	6		工程造价	A + B + C + D + E	分部分项工程+措施项目+其他项目+规费+税金		8,756,157.97

图 3-28　费用汇总

四、造价指标分析

招标控制价编制完成之后，为了确保其编制的合理性，可以利用广联达云计价平台"广联达指标神器"进行造价指标的合理性分析。工程造价指标主要是反映每平方米建筑面积的造价，包括总造价指标、费用构成指标，是对建筑、装饰、安装工程各分部分项工程及措施项目费用组成的分析，同时也包含了各专业人工费、材料费、施工机具使用费、企业管理费、利润等费用的构成以及占工程造价的比例。操作过程如下。

（1）双击"广联达指标神器"图标，选择"计价指标计算"功能进行分析，如图 3-29 所示。

图 3-29　选择"计价指标计算"

（2）选择需要分析的文件范围。勾选需要分析的文件并进行单位工程的选择，单击"下一步"按钮，如图 3-30 所示。

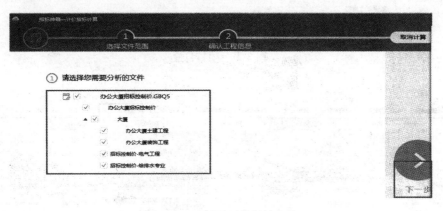

图 3-30　选择需要分析的文件

（3）确认工程信息。注意所有信息需要补充完善，以免影响分析结果，然后单击"确认"按钮，生成体检结果，如图 3-31 所示。

（4）根据体检结果，找出存在的问题，并按照合理性原则，结合成本控制特点及工程具体情况对招标控制价作进一步的修改和完善，其中主要包括分部分项工程的综合单价调整、单方造价指标、主要工程量指标及消耗量指标等，如图 3-32 所示。

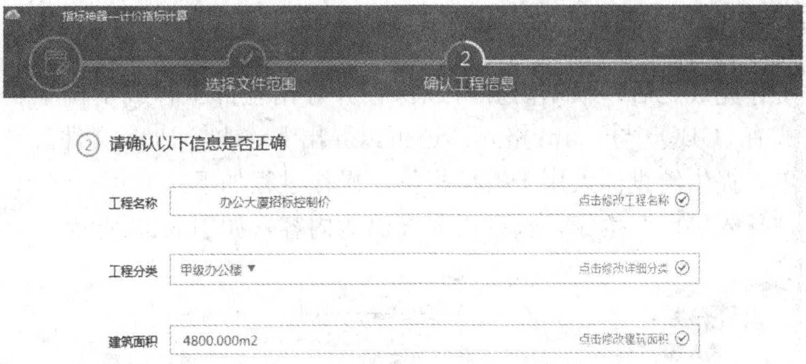

图 3-31　确认工程信息

图 3-32　指标分析结果

五、文件导出

上述所有工作完成之后，根据需要可以保存并导出全部工程或单位工程招标控制价。导出的文件格式有 .GBQ5 与 .xml 格式，还可以导出 Excel 与 PDF 文件。导出的 .xml 格式的工程量清单，提供给投标人用于投标报价。操作过程如下。

（1）单击"导入导出"按钮，选择需要导出的内容，如图 3-33 所示。

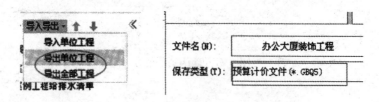

图 3-33　选择导出的内容

（2）单击"电子标"→"生成招标书"，自检后选择导出位置，保存并生成 .xml 格式文件，即为电子标文件，如图 3-34 所示。

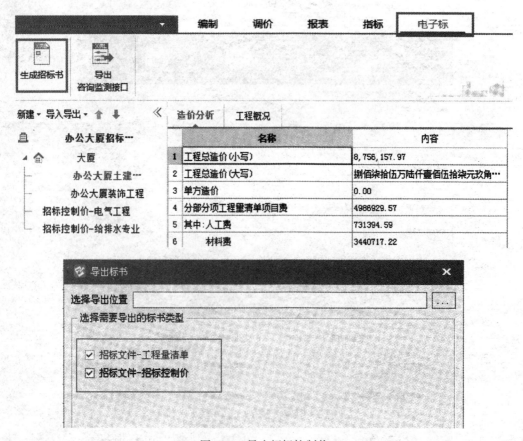

图 3-34　导出招标控制价

此外，还可以切换到"报表"界面，批量导出或批量打印 Excel 与 PDF 文件，包括工程量清单、招标控制价；还可以使用"导出设置"功能自行设置，以满足用户的不同需求，如图 3-35 所示。

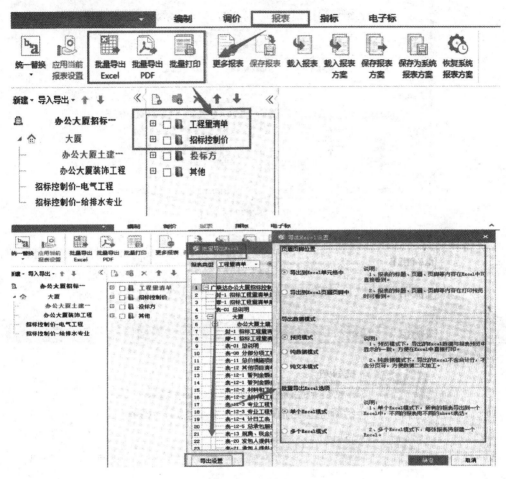

图 3-35 批量导出设置

六、投标报价编制

根据给定的工程相关文件（算量文件、已编制好的工程量清单等）分别编制土建、装饰装修与安装工程的投标报价。首先研究土建、装饰装修、安装工程的算量文件及工程量清单，结合工程图纸，对给定工程量清单进行分析，找出投标报价编制的主要控制要点及注意事项；然后根据投标报价的编制特点，对提供的各单位工程的工程量清单进行定额套取，各投标人根据项目情况以及企业自身情况并运用报价技巧进行报价调整，编制出合理的投标报价，以求中标。操作过程如下：

1. 新建投标项目

（1）与新建招标项目的操作步骤一相同，只是这里选择"新建投标项目"，如图 3-36

所示。

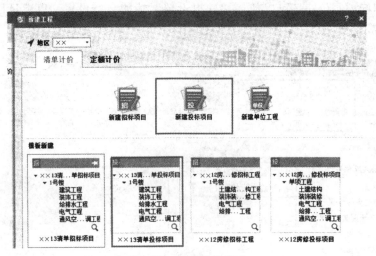

图 3-36　新建投标项目

（2）与新建招标项目操作步骤二相同，但是需要导入电子招标书。操作方法是：单击
"浏览…"按钮，导入由场景五生成的 .xml 格式文件，注意需要导入的是工程量清单。另
外，本案例工程的价格文件以××市 2017 年 2 月信息价为例，如图 3-37 所示。

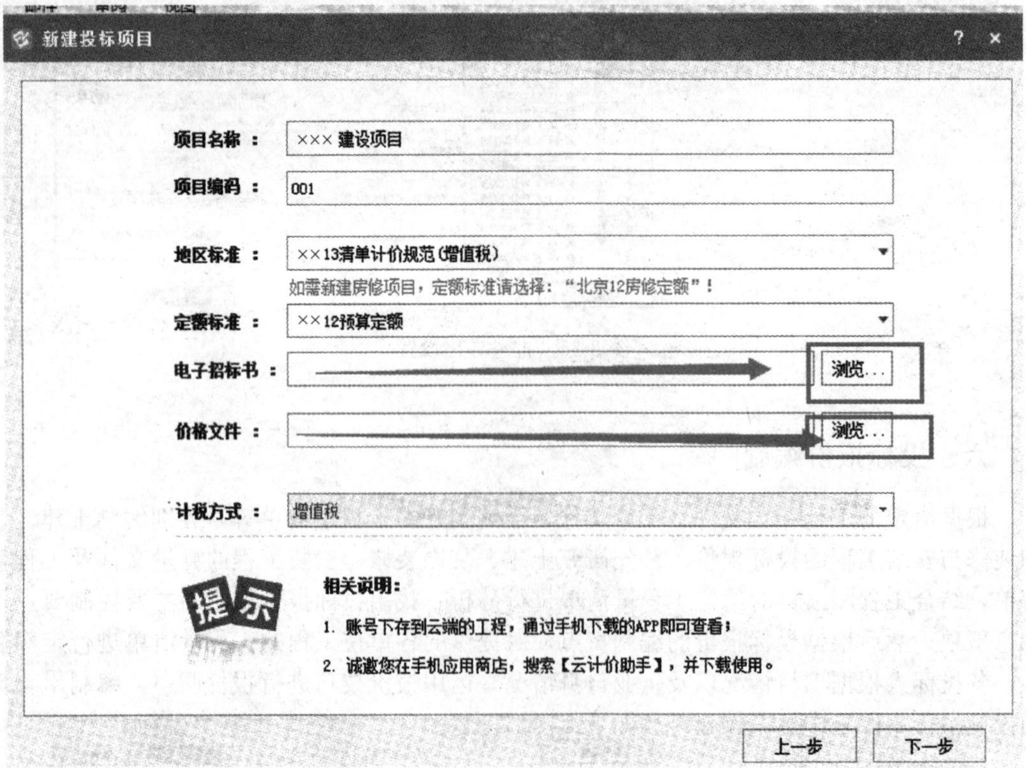

图 3-37　信息填写并导入电子招标书

（3）电子招标书和价格文件导入后，单击"下一步"按钮，进入投标报价的编制界面，在界面导航栏形成投标工程建设项目三级项目管理体制，至此利用 GCCP5.0 软件便完成了投标项目的新建操作，如图 3-38 所示。

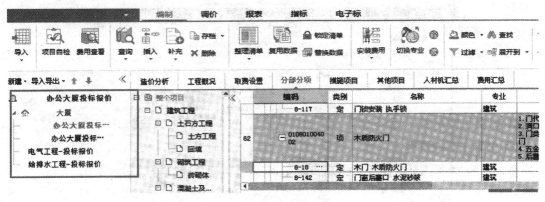

图 3-38　新建投标项目完成

2. 取费设置

土建单位工程可以根据案例工程的工程类别、檐高跨度、工程地点，分别对企业管理费及利润计取合适的费率，如图 3-39 所示。该费率也可以在分部分项工程综合单价计取界面进行设置，如图 3-40 所示。

图 3-39　取费设置

3. 定额套取

（1）分部分项工程费用。该部分内容与招标控制价中该部分内容的定额套取相同。需要注意的是，投标报价的编制要体现投标人的优势，主要区别在于综合单价的计取，本着套取企业定额优先的思路，同时结合企业实际情况，考虑适合于工程特点的投标报价策略与技巧，分别对企业管理费、利润及风险费率进行取费，如图 3-40 所示。

安装工程需要补充大量设备及主材，因此必须提供设备及主材的价格；同时，对每项定额进行复核，补充主材或设备（适用安装单位工程）。

（2）措施项目费计取。该部分内容与招标控制价中措施项目费计取的操作过程相同，区别在于所需计取的措施项目应根据招标工程量清单所提供条目进行计算，不能修改；在进行投标报价过程中，要结合项目特点及企业情况，分别计取单价措施与总价措施费率。

注意：安装费用根据各章定额费用计取要求取费，形成单价措施费。

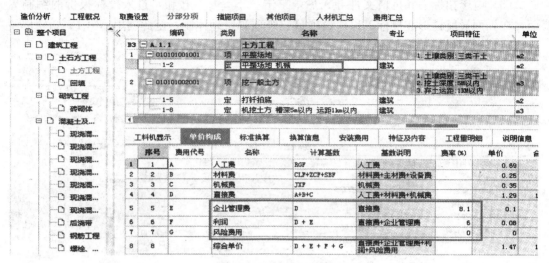

图 3-40 综合单价设置

（3）其他项目费计取。本教材案例工程招标文件给定的工程量清单中设定土建工程暂列金额为 80 万元，计日工中包括木工、瓦工、钢筋工各 10 工日，装饰装修工程专业工程暂估价（玻璃幕墙工程含预埋件）为 60 万元，按照要求除计日工可以自行报价外（报价时要结合企业及工程实际情况），其他项目需原样抄录到投标报价文件中，如图 3-41 所示。

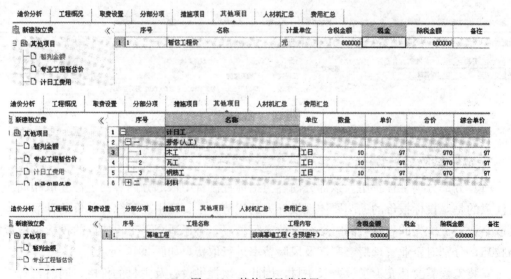

图 3-41 其他项目费设置

4. 人材机汇总

此部分操作过程同招标控制价人材机汇总，只是本案例工程投标报价统一采用 2017 年 2 月信息价，这里不再详细阐述，如图 3-42 所示。

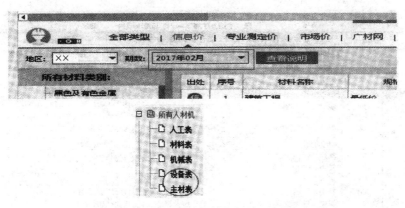

图 3-42　人材机汇总

5. 项目自检

对编制的土建、装饰装修、安装工程投标报价分别进行项目自检，可以自行设置检查项，对出现的问题进行修改和完善，此部分操作过程同招标控制价项目自检，如图 3-43 所示。

图 3-43　项目自检

6. 费用汇总

此部分操作过程同招标控制价的费用汇总。根据案例工程要求，整体上检查并核对费率是否计取完全，是否有漏项、是否正确等。根据招标文件的要求确定是否需要增加其他费用，若需要增加，则可以在费用汇总表中进行费用项目的增设，如图 3-44 所示。

| | 造价分析 | 工程概况 | 取费设置 | 分部分项 | 措施项目 | 其他项目 | 人材机汇总 | 费用汇总 | |

	序号	费用代号	名称	计算基数	基数说明	费率(%)
1	1	A	分部分项工程	FBFXHJ	分部分项合计	
2	1.1	A1	其中：人工费	RGF	分部分项人工费	
3	1.2	A2	其中：材料(设备)暂估价	ZGCLF	暂估材料费(从人材机汇总表汇总)	
4	2	B	措施项目	CSXMHJ	措施项目合计	
5	2.1	B1	其中：人工费	ZZCS_RGF+JSCS_RGF	组织措施项目人工费+技术措施项目人工费	
6	2.2	B2	其中：安全文明施工费	AQWMSGF	安全文明施工费	
7	3	C	其他项目	QTXMHJ	其他项目合计	
8	3.1	C1	其中：暂列金额	暂列金额	暂列金额	
9	3.2	C2	其中：专业工程暂估价	专业工程暂估价	专业工程暂估价	
10	3.3	C3	其中：计日工	计日工	计日工	
11	3.3.1	C31	其中：计日工人工费	JRRGF	计日工人工费	
12	3.4	C4	其中：总承包服务费	总承包服务费	总承包服务费	
13						
14	4	D	规费	D1 + D2	社会保险费+住房公积金费	
15	4.1	D1	社会保险费	A1 + B1 + C31	其中：人工费+其中：人工费+其中：计日工人工费	14.76
16	4.2	D2	住房公积金费	A1 + B1 + C31	其中：人工费+其中：人工费+其中：计日工人工费	5.49

图 4-44　投标报价费用汇总

7. 费用调整

为了争取中标，在满足报价合理、节约成本要求的情况下，投标人可以运用不同的报价技巧对报价进行调整。常规做法是：根据企业自身情况调整人工费、费率（企业管理费费率和利润率）或调整主材及设备价格。

（1）调整人工费。调整时以合理范围为准，严禁忽高忽低，以免造成废标，如图 3-45 所示。

	编码	类别	名称	规格型号	单位	数量	含税预算价	不含税市场价	含税市场价	税
1	870001	人	综合工日		工日	1701.5994	74.3	98	98	
2	870002	人	综合工日		工日	11617.8718	83.2	94	94	
3	870003	人	综合工日		工日	1053.0262	87.9	94	94	

图 3-45　人工费调整

（2）调整费率。包括企业管理费费率、利润率的调整。根据案例工程各分部分项工程的特点，结合企业自身情况，可以分别对土建、装饰装修、安装工程的费率进行调整，如图 3-46 所示。

（3）调整主材和设备价格。在投标报价时可以根据具体市场价格及公司自身情况，调整主材和设备含税市场价格，此部分适用于安装工程，如图 3-47 所示。

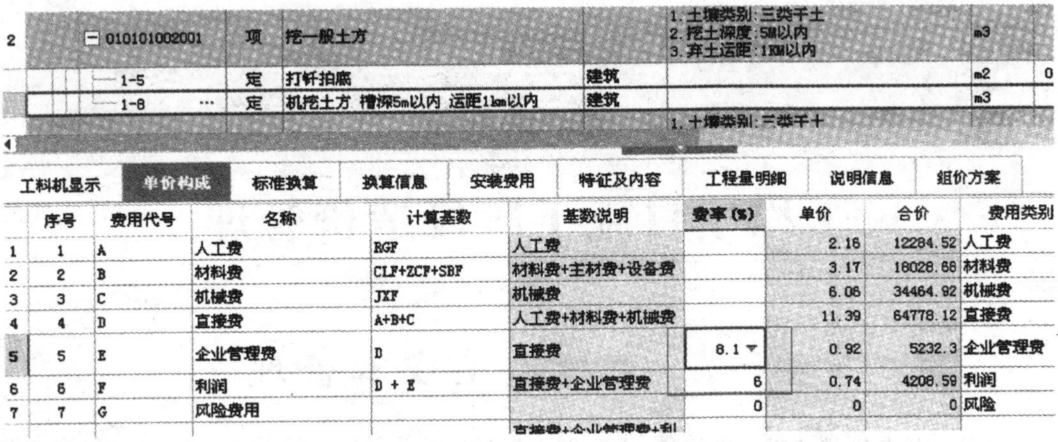

图 3-46　土建、安装费率调整

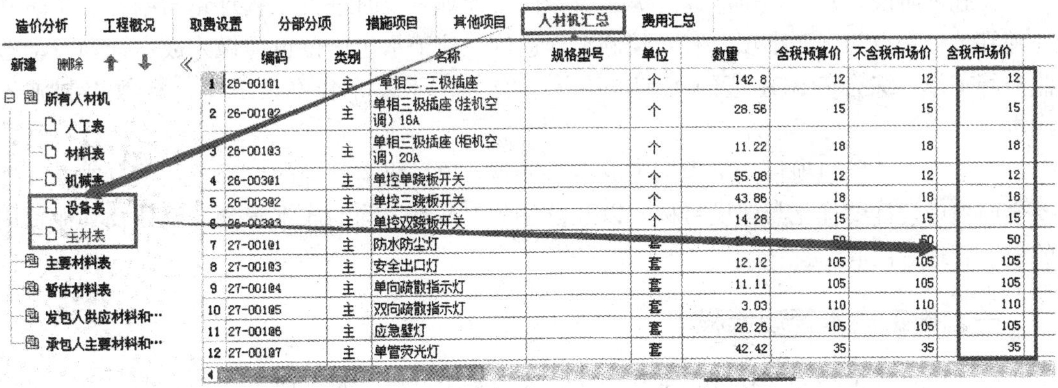

图 3-47　主材和设备价格调整

七、造价指标分析

投标报价编制完成之后，为了确保其编制的合理性，可以利用广联达云计价平台"广联达指标神器"进行造价指标的合理性分析，分析的原理、作用及操作过程同第四部分，这里不再赘述。

八、保存文件

根据需要可以保存并导出全部工程或所需的单位工程的投标报价文件。导出的格式文件有 .GBQ5 格式与 .xml 格式（电子投标书），还可以导出 Excel 及 PDF 文件，操作过程同步骤五，这里不再赘述。

第四章

工程项目施工阶段造价管理

第一节　工程施工成本管理

施工阶段是实现建设工程价值的主要阶段，也是资金投入量较大的阶段。在施工阶段，由于施工组织设计、工程变更、索赔、工程计量方式的差别以及工程实施中各种不可预见因素的存在，使得施工阶段的造价管理难度加大。

在施工阶段，建设单位应通过编制资金使用计划、及时进行工程计量与结算、预防并处理好工程变更与索赔事项，有效控制工程造价。施工承包单位也应做好成本计划及动态监控等工作，综合考虑建造的工期、质量、安全、环保等全要素成本，有效控制施工成本。

对于工程总承包项目，工程施工成本管理属于项目成本管理的一部分，项目成本管理要全面考虑设计的优化与建设目标，以及设备及工器具采购的成本管理、设计及其他费用的成本管理等内容。

一、施工成本管理流程

施工成本管理是一个有机联系与相互制约的系统过程，施工成本管理流程应遵循下列程序。

（1）掌握成本测算数据（生产要素的价格信息及中标的施工合同价）。

（2）编制成本计划，确定成本实施目标。

（3）进行成本控制。

（4）进行施工过程成本核算。

（5）进行施工过程成本分析。

（6）进行施工过程成本考核。

（7）编制施工成本报告。

（8）施工成本管理资料归档。

成本测算是指编制投标报价时对预计完成该合同施工成本的测算。它是决定最终投标价格取定的核心数据。成本测算数据是成本计划的编制基础，成本计划是开展成本控制和核算的基础；成本控制能对成本计划的实施进行监督，保证成本计划的实现；而成本核算又是成本计划是否实现的最后检查，成本核算所提供的成本信息又是成本分析、成本考核的依据；成本分析为成本考核提供依据，也为未来的成本测算与成本计划指明方向；成本考核是实现成本目标责任制的保证和手段。

二、施工成本管理内容

1. 成本测算

施工成本测算是指施工承包单位凭借历史数据和工程经验，运用一定方法对工程项目未来的成本水平以及其可能的发展趋势做出科学估计。施工成本测算是编制项目施工成本计划的依据，通常是对工程项目计划工期内影响成本的因素进行分析，比照近期已完工程项目的成本（单位成本），预测这些因素对施工成本的影响程度，估算出工程项目的单位成本或总成本。

施工成本的常用测算方法就是成本法，主要是通过施工企业定额来测算拟施工工程的成本，并考虑建设期物价等风险因素进行调整。

2. 成本计划

成本计划是在成本预测的基础上，施工承包单位及其项目经理部对计划期内工程项目成本水平所做的筹划。施工成本计划是以货币形式表达的项目在计划期内的生产费用、成本水平以及为降低成本采取的主要措施和规划的具体方案。成本计划是目标成本的一种表达形式，是建立项目成本管理责任制、开展成本控制和核算的基础，是进行成本费用控制的主要依据。

（1）成本计划的内容。施工成本计划一般由直接成本计划和间接成本计划组成。

1）直接成本计划。主要反映工程项目直接成本的预算成本、计划降低额及计划降低率。主要包括工程项目的成本目标及核算原则、降低成本计划表或总控制方案、对成本计划估算过程的说明以及对降低成本途径的分析等。

2）间接成本计划。主要反映工程项目间接成本的计划数及降低额。在编制计划时，成本项目应与会计核算中间接成本项目的内容一致。

此外，施工成本计划还应包括项目经理对可控责任目标成本进行分解后形成的各个实施性计划成本，即各责任中心的责任成本计划。责任成本计划又包括年度、季度和月度责任成本计划。

（2）成本计划的编制方法。

1）目标利润法。是指根据工程项目的合同价格扣除目标利润后得到目标总成本并进行分解的方法。在采用正确的投标策略和方法以最理想的合同价中标后，从标价中扣除预期利润、增值税、应上缴的管理费等之后的余额即为工程项目实施中所能支出的最大限额。

2）技术进步法。是以工程项目计划采取的技术组织措施和节约措施所能取得的经济效果为项目成本降低额，求得项目目标成本的方法，即有

$$项目目标成本＝项目成本估算值（投标时）－项目成本降低额$$

3）按实计算法。是以工程项目的实际资源消耗测算为基础，根据所需资源的实际价格，详细计算各项活动或各项成本组成的目标成本，即有

$$人工费＝\sum（各类人员计划用工量×实际工资标准）$$

$$材料费 = \sum（各类材料的计划用量 \times 实际材料基价）$$
$$施工机具使用费 = \sum（各类机具的计划台班量 \times 实际台班单价）$$

在此基础上，由项目经理部结合施工技术和管理方案等测算措施费、项目经理部的管理费等，最后构成项目的目标成本。

4）定率估算法（历史资料法）。因工程项目非常庞大和复杂而需要分为几个部分时采用的方法。首先将工程项目分为若干子项目，参照同类工程项目的历史数据，采用算术平均法计算子项目目标成本降低率和降低额，然后再汇总整个工程项目的目标成本降低率、降低额。在确定子项目成本降低率时，可以采用加权平均法或三点估算法。

3. 成本控制

成本控制是指在工程项目实施过程中，对影响工程项目成本的各项要素，即施工生产所耗费的人力、物力和各项费用开支，采取一定措施进行监督、调节和控制，及时预防、发现和纠正偏差，保证工程项目成本目标的实现。成本控制是工程项目成本管理的核心内容，也是工程项目成本管理中不确定因素最多、最复杂、最基础的管理内容。

（1）成本控制的内容。施工成本控制包括计划预控、过程控制和纠偏控制三个重要环节。

1）计划预控。是指运用计划管理的手段事先做好各项施工活动的成本安排，使工程项目预期成本目标的实现建立在有充分技术和管理措施保障的基础上，为工程项目技术与资源的合理配置和消耗控制提供依据。计划预控控制的重点是优化工程项目实施方案、合理配置资源和控制生产要素的采购价格。

2）过程控制。是指控制实际成本的发生，包括实际采购费用发生过程的控制、劳动力和生产资料使用过程的消耗控制、质量成本及管理费用的支出控制。施工承包单位应充分发挥工程项目成本责任体系的约束和激励机制，提高施工过程的成本控制能力。

3）纠偏控制。是指在工程项目实施过程中，对各项成本进行动态跟踪核算，发现实际成本与目标成本产生偏差时，分析原因，采取有效措施予以纠偏。

（2）成本控制的方法。

1）成本分析表法。是指利用各种表格进行成本分析和控制的方法。应用成本分析表法可以清晰地进行成本比较研究。常见的成本分析表有月成本分析表、成本日报或周报表、月成本计算及最终预测报告表。

2）工期—成本同步分析法。成本控制与进度控制之间有着必然的同步关系。因为成本是伴随着工程进展而发生的。如果成本与进度不对应，则说明工程项目进展中出现了虚盈或虚亏的不正常现象。

施工成本的实际开支与计划不相符，往往是由两个因素引起的：一是在某道工序上的成本开支超出计划；二是某道工序的施工进度与计划不符。因此要想找出成本变化的真正原因，实施良好有效的成本控制措施，必须与进度计划的适时更新相结合。

3）赢得值法（挣值法）。赢得值法是对工程项目成本/进度进行综合控制的一种分析方法。通过比较已完工程预算成本（Budget Cost of the Work Performed，BCWP）与已完工程实际成本（Actual Cost of the Work Performed，ACWP）之间的差值，可以分析由于实际价格的变化而引起的累计成本偏差；通过比较已完工程预算成本（BCWP）与拟完工程预算成本（Budget Cost of the Work Scheduled，BCWS）之间的差值，可以分析由于进度偏差而引起的累计成本偏差，并通过计算后续未完工程的计划成本余额，预测其尚需的成本数额，从而为后续工程施工的成本、进度控制及寻求降低成本的途径指明方向。

4）价值工程方法。价值工程方法是对工程项目进行事前成本控制的重要方法。在工程项目施工阶段，研究施工技术和组织的合理性，探索有无改进的可能性，在提高功能的条件下，确定最佳施工方案，降低施工成本。

4. 成本核算

成本核算是施工承包单位利用会计核算体系，对工程项目施工过程中所发生的各项费用进行归集，统计其实际发生额，并计算工程项目总成本和单位工程成本的管理工作。工程项目成本核算是施工承包单位成本管理最基础的工作，成本核算所提供的各种信息，是成本分析和成本考核等的依据。

（1）成本核算对象和范围。施工项目经理部应建立和健全以单位工程为对象的成本核算财务体系，严格区分企业经营成本和项目生产成本，在工程项目实施阶段不对企业经营成本进行分摊，以正确反映工程项目可控成本的收、支、结、转状况和成本管理业绩。

施工成本核算应以项目经理责任成本目标为基本核算范围；以项目经理授权范围相对应的可控责任成本为核算对象，进行全过程分月跟踪核算。根据工程当月形象进度，对已完工程实际成本按照分部分项工程进行归集，与相应范围的计划成本进行比较，分析各分部分项工程成本偏差的原因，并在后续工程中采取有效控制措施并进一步寻找降本挖潜的途径。项目经理部应在每月成本核算的基础上编制当月成本报告，作为工程项目施工月报的组成内容，提交企业生产管理和财务部门审核备案。

（2）成本核算方法。

1）表格核算法。是指建立在内部各项成本核算基础上，由各要素部门和核算单位定期采集信息，按有关规定填制一系列的表格，完成数据比较、考核和简单的核算，形成工程项目施工成本核算体系，作为支撑工程项目施工成本核算的平台。表格核算法需要依靠众多部门和单位支持，专业性要求不高。其优点是简捷明了，直观易懂，易于操作，适时性较好；缺点是覆盖范围较窄，核算债权债务等比较困难，且较难实现科学严密的审核制度，有可能造成数据失实，精度较差。

2）会计核算法。是指建立在会计核算基础上，利用会计核算所独有的借贷记账法和收支全面核算的综合特点，按工程项目施工成本内容和收支范围，组织工程项目施工成本的核算。这种方法不仅核算工程项目施工的直接成本，而且还要核算工程项目在施工生产过程中出现的债权债务，为施工生产而自购的工具、器具摊销，向建设单位的报量和收款，分包完成和分包付款等。其优点是核算严密、逻辑性强、人为调节的可能因素较小、核算范围较大；但对核算人员的专业水平要求较高。

由于表格核算法具有便于操作和表格格式自由等特点，企业可以根据管理方式和要求设置各种表格，因而对工程项目内各岗位成本的责任核算比较实用。施工承包单位除对整个企业的生产经营进行会计核算外，还应在工程项目上设成本会计，进行工程项目成本核算，减少数据的传递，提高数据的及时性，便于与表格核算的数据接口，这将成为工程项目施工成本核算的发展趋势。

总体来说，用表格核算法进行工程项目施工各岗位成本的责任核算和控制，用会计核算法进行工程项目施工成本核算，两者互补，相得益彰，确保工程项目施工成本核算工作的开展。

(3) 成本费用归集与分配。进行成本核算时，能够直接计入有关成本核算对象的，直接计入；不能直接计入的，采用一定的分配方法计入各成本核算对象成本，然后计算出工程项目的实际成本。

1) 人工费。人工费计入成本的方法，一般应根据企业实行的具体工资制度而定。在实行计件工资制度时，所支付的工资一般能分清受益对象，应根据"工程任务单"和"工资计算汇总表"将归集的工资直接计入成本核算对象的人工费成本项目中。实行计时工资制度时，当只存在一个成本核算对象或者所发生的工资能分清是服务于哪个成本核算对象时，方可将其直接计入，否则，就需将所发生的工资在各个成本核算对象之间进行分配，再分别计入。一般采用实用工时（或定额工时）工资平均分摊价格进行计算。计算公式为

$$工资平均分摊价格 = \frac{建筑安装工人工资总额}{各项目实用工时（或定额工时）总和}$$

$$某项工程应分配的人工费 = 该项工程实用工时 \times 工资平均分摊价格$$

2) 材料费。工程项目耗用的材料应根据限额领料单、退料单、报损报耗单，大堆材料耗用计算单等计入工程项目成本。凡领料时能点清数量、分清成本核算对象的，应在有关领料凭证（如限额领料单）上注明成本核算对象名称，据以计入成本核算对象。领料时虽能点清数量，但需集中配料或统一下料的，则由材料管理人员或领用部门，结合材料消耗定额将材料费分配计入各成本核算对象。领料时不能点清数量和分清成本核算对象的，由材料管理人员或施工现场保管员保管，月末实地盘点结存数量，结合月初结存数量和本月购进数量，倒推出本月实际消耗量，再结合材料耗用定额，编制"大堆材料耗用计算表"，据以计入各成本核算对象的成本。工程竣工后的剩余材料，应填写"退料单"据以办理材料退库手续，同时冲减相关成本核算对象的材料费。施工中的残次材料和包装物应尽量回收再利用，冲减工程成本的材料费。

3) 施工机具使用费。按自有机具和租赁机具分别加以核算。从外单位或本企业内部独立核算的机械站租入施工机具支付的租赁费，直接计入成本核算对象的机具使用费。如租入的机具是为两个或两个以上的工程服务，则应以租入机具所服务的各个工程受益对象提供的作业台班数量为基数进行分配，计算公式为

$$平均台班租赁费 = \frac{支付的租赁费总额}{租入机具作业总台班数}$$

自有机具费用应按各个成本核算对象实际使用的机具台班数计算所分摊的机具使用费，分别计入不同的成本核算对象成本中。

在施工机具使用费中，占比重最大的往往是施工机具折旧费。按现行财务制度规定，施工承包单位计提折旧一般采用平均年限法和工作量法。技术进步较快或使用寿命受工作环境影响较大的施工机具和运输设备，经国家财政主管部门批准，可以采用双倍余额递减法或年数总和法计提折旧。

a. 平均年限法。也称使用年限法，是指按照固定资产的预计使用年限平均分摊固定资

产折旧额的方法。这种方法计算的折旧额在各个使用年（月）份都是相等的，折旧的累计额所绘出的图线是直线。因此这种方法也称直线法。

平均年限法的计算公式为

$$年折旧率 = \frac{1-预计净残值率}{折旧年限} \times 100\%$$

$$年折旧额 = 固定资产原值 \times 年折旧率$$

其中：预计净残值率按照固定资产原值的 $3\% \sim 5\%$ 确定。

b. 工作量法。是指按照固定资产生产经营过程中所完成的工作量计提折旧的一种方法，是由平均年限法派生出来的一种方法。它适用于各种时期使用程度不同的专业机械或设备。

工作量法的计算公式如下。

按照行驶里程计算折旧额时有

$$单位里程折旧额 = \frac{原值 \times (1-预计净残值率)}{规定的总行驶里程}$$

$$年折旧额 = 年实际行驶里程 \times 单位里程折旧额$$

按照台班计算折旧额时有

$$每台班折旧额 = \frac{原值 \times (1-预计净残值率)}{规定的总工作台班}$$

$$年折旧额 = 年实际工作台班 \times 每台班折旧额$$

c. 双倍余额递减法。是指按照固定资产账面净值和固定的折旧率计算折旧的方法，它属于一种加速折旧的方法。其年折旧率是平均年限法的两倍，并且在计算年折旧率时不考虑预计净残值率。采用这种方法时，折旧率是固定的，但计算基数逐年递减，因此计提的折旧额逐年递减。

双倍余额递减法的计算公式为

$$年折旧率 = \frac{2}{折旧年限} \times 100\%$$

$$年折旧额 = 固定资产账面净值 \times 年折旧率$$

实行双倍余额递减法的固定资产，应当在其固定资产折旧年限到期前两年内，将固定资产账面净值扣除预计净残值后的净额平均摊销。

【例 4-1】 某施工机具固定资产原价为 100 000 元，预计净残值 1000 元，预计使用年限 5 年，采用双倍余额递减法计算各年的折旧额。

解： 年折旧率 $= 2/5 \times 100\% = 40\%$

第一年折旧额 $= 100\ 000 \times 40\% = 40\ 000$（元）

第二年折旧额 $= (100\ 000 - 40\ 000) \times 40\% = 24\ 000$（元）

第三年折旧额 $= (100\ 000 - 64\ 000) \times 40\% = 14\ 400$（元）

第四年折旧额 $= (100\ 000 - 78\ 400 - 1000) / 2 = 10\ 300$（元）

第五年折旧额 $= (100\ 000 - 78\ 400 - 1000) / 2 = 10\ 300$（元）

4）措施费。凡能分清受益对象的，应直接计入受益成本核算对象中。如与若干个成本核算对象有关的，可以先归集到措施费总账中，月末再按适当的方法分配，计入有关成本核算对象的措施费中。

5）间接成本。凡能分清受益对象的间接成本，应直接计入受益成本核算对象中。否则先在项目"间接成本"总账中进行归集，月末再按一定的分配标准计入受益成本核算对象。分配的方法：土建工程是以实际成本中直接成本为分配依据，安装工程则以人工费为分配依据。计算公式为

$$\frac{土建（安装）工程}{间接成本分配率}=\frac{土建（安装）工程分配的间接成本总额}{全部土建工程直接成本（安装工程人工费）总额}$$

$$某土建（安装）分配的间接成本=该土建工程直接成本（安装工程人工费）\times$$
$$土建（安装）工程间接成本分配率$$

5. 成本分析

成本分析是揭示工程项目成本变化情况及其变化原因的过程。成本分析为成本考核提供依据，也为未来的成本预测与成本计划编制指明方向。

（1）成本分析的方法。成本分析的基本方法包括：比较法、因素分析法、差额计算法、比率法等。

1）比较法。又称指标对比分析法，是通过技术经济指标的对比检查目标的完成情况，分析产生差异的原因，进而挖掘内部潜力的方法。其特点是通俗易懂、简单易行、便于掌握。比较法的应用通常有以下形式。

a. 本期实际指标与目标指标对比。以此检查目标完成情况，分析影响目标完成的积极因素和消极因素，以便及时采取措施，保证成本目标的实现。

b. 本期实际指标与上期实际指标对比。通过这种对比，可以看出各项技术经济指标的变动情况，反映项目管理水平的提高程度。

c. 本期实际指标与本行业平均水平、先进水平对比。通过这种对比，可以反映本项目的技术管理和经济管理水平与行业平均和先进水平的差距，进而采取措施赶超先进水平。

在采用比较法时，可以采取绝对数对比、增减差额对比或相对数对比等多种形式。

2）因素分析法。又称连环置换法。这种方法可以用来分析各种因素对成本的影响程度。在进行分析时，首先要假定众多因素中的一个因素发生了变化，而其他因素不变，在前一个因素变动的基础上分析第二个因素的变动，然后逐个替换，分别比较其计算结果，以确定各个因素的变化对成本的影响程度，并据此对企业的成本计划执行情况进行评价，提出进一步的改进措施。因素分析法的计算步骤如下。

a. 以各个因素的计划数为基础，计算出一个总数。

b. 逐项以各个因素的实际数替换计划数。

c. 每次替换后，实际数就保留下来，直到所有计划数都被替换成实际数为止。

d. 每次替换后，都应求出新的计算结果。

e. 最后将每次替换所得结果与其相邻的前一个计算结果比较，其差额即为替换的那个因素对总差异的影响程度。

【例 4-2】 某施工单位承包一工程，计划砌砖工程量 1200m³，按预算定额规定，每立方米耗用空心砖 510 块，每块空心砖计划价格为 0.12 元；而实际砌砖工程量却达 1500m³，每立方米实耗空心砖 500 块，每块空心砖实际购入价 0.18 元。试用因素分析

法进行成本分析。

解：砌砖工程的空心砖成本计算公式为

空心砖成本＝砌砖工程量×每立方米空心砖消耗量×空心砖价格

采用因素分析法按上述三个因素分别对空心砖成本的影响进行分析。计算过程和结果见表 4-1。

表 4-1　　　　　　　　　　　　砌砖工程空心砖成本分析表

计算顺序	砌砖工程量	每立方米空心砖消耗量	空心砖价格（元）	空心砖成本（元）	差异数（元）	差异原因
计划数	1200	510	0.12	73 440		
第一次代替	1500	510	0.12	91 800	18 360	由于工程量增加
第二次代替	1500	500	0.12	90 000	−1800	由于空心砖节约
第三次代替	1500	500	0.18	135 000	45 000	由于价格提高
合计					61 560	

以上分析结果表明，实际空心砖成本比计划超出 61 560 元，主要原因是工程量增加和空心砖价格提高。另外，由于节约空心砖消耗，使空心砖成本节约了 1800 元，这是好现象，应该总结经验，继续借鉴。

3）差额计算法。差额计算法是因素分析法的一种简化形式，它利用各个因素的目标值与实际值的差额来计算其对成本的影响程度。

【例 4-3】　以［例 4-2］的成本分析材料为基础，利用差额计算法分析各因素对成本的影响程度。

工程量的增加对成本的影响额＝（1500−1200）×510×0.12＝18 360（元）

材料消耗量变动对成本的影响额＝1.500×（500−510）×0.12＝−1800（元）

材料单价变动对成本的影响额＝1500×500×（0.18−0.12）＝45 000（元）

各因素变动对材料费用的影响＝18 360−1800＋45 000＝61 560（元）

两种方法的计算结果相同，但采用差额计算法显然要比第一种方法简单。

4）比率法。比率法是指用两个以上指标的比例进行分析的方法。其基本特点是，先把对比分析的数值变成相对数，再观察其相互之间的关系。常用的比率法有以下几种。

a. 相关比率法。通过将两个性质不同而相关的指标加以对比，求出比率，并以此来考察经营成果的好坏。例如，将成本指标与反映生产、销售等经营成果的产值、销售收入、利润指标相比较，就可以反映项目经济效益的好坏。

b. 构成比率法。又称比重分析法或结构对比分析法，是通过计算某技术经济指标中各组成部分占总体比重进行数量分析的方法。通过构成比率，可以考察项目成本的构成情况，将不同时期的成本构成比率进行比较，可以观察成本构成的变动情况，同时也可看出量、本、利的比例关系（即目标成本、实际成本和降低成本的比例关系），从而为寻求降低成本的途径指明方向。

c. 动态比率法。是将同类指标不同时期的数值进行对比，求出比率，以分析该项指标发展方向和发展速度的方法。动态比率的计算通常采用定基指数和环比指数两种方法。

（2）成本分析的类别。施工成本的类别有分部分项工程成本、月（季）度成本、年度成本等。这些成本都是随着工程项目施工的进展而逐步形成的，与生产经营有着密切的关系。因此做好上述成本的分析工作，无疑将促进工程项目的生产经营管理，提高工程项目的经济效益。

1）分部分项工程成本分析。分部分项工程成本分析是施工项目成本分析的基础。分部分项工程成本分析的对象为主要的已完分部分项工程。分析的方法是：进行预算成本、目标成本和实际成本的"三算"对比，分别计算实际成本与预算成本、实际成本与目标成本的偏差，分析偏差产生的原因，为今后的分部分项工程成本寻求节约途径。

分部分项工程成本分析的资料来源是：预算成本是以施工图和定额为依据编制的施工图预算成本，目标成本为分解到该分部分项工程上的计划成本，实际成本来自于施工任务单的实际工程量、实耗人工和限额领料单的实耗材料。

对分部分项工程进行成本分析，要做到从开工到竣工进行系统的成本分析。通过主要分部分项工程成本的系统分析，可以基本了解工程项目成本形成的全过程，为竣工成本分析和今后的工程项目成本管理提供宝贵的参考资料。

分部分项工程成本分析表的格式见表 4-2。

表 4-2 分部分项工程成本分析

单位工程：_____

分部分项工程名称：_____ 工程量：_____ 施工班组：_____ 施工日期：_____

工料名称	规格	单位	单价	预算成本		目标成本		实际成本		实际与预算比较		实际与目标比较	
				数量	金额	数量	金额	数量	金额	数量	金额	数量	金额
合　计													
实际与预算比较（%）＝实际成本合计/预算成本合计×100%													
实际与目标比较（%）＝实际成本合计/目标成本合计×100%													
节约/超支原因													

编制单位： 编制人员： 编制日期：

2）月（季）度成本分析。月（季）度成本分析是项目定期的、经常性的中间成本分析。通过月（季）度成本分析，可以及时发现问题，以便按照成本目标指定的方向进行监督和控制，保证工程项目成本目标的实现。

月（季）度成本分析的依据是当月（季）的成本报表。分析的方法通常包括以下几种。

a. 通过实际成本与预算成本的对比，分析当月（季）的成本降低水平；通过累计实际成本与累计预算成本的对比，分析累计的成本降低水平，预测实现工程项目成本目标的前景。

b. 通过实际成本与目标成本的对比，分析目标成本的落实情况，以及目标管理中的问题和不足，进而采取措施，加强成本管理，保证工程成本目标的落实。

c. 通过对各成本项目的成本分析，可以了解成本总量的构成比例和成本管理的薄弱环节。对超支幅度大的成本项目，应深入分析超支原因，并采取对应的增收节支措施，防止今后再超支。

　　d. 通过主要技术经济指标的实际与目标对比，分析产量、工期、质量、"三材"节约率、机械利用率等对成本的影响。

　　e. 通过对技术组织措施执行效果的分析，寻求更加有效的节约途径。

　　f. 分析其他有利条件和不利条件对成本的影响。

　　3）年度成本分析。由于工程项目的施工周期一般较长，除进行月（季）度成本核算和分析外，还要进行年度成本的核算和分析。因为通过年度成本的综合分析，可以总结一年来成本管理的成绩和不足，为今后的成本管理提供经验和教训。

　　年度成本分析的依据是年度成本报表。年度成本分析的内容，除月（季）度成本分析的六个方面外，重点是针对下一年度的施工进展情况规划切实可行的成本管理措施，以保证工程项目施工成本目标的实现。

　　4）竣工成本的综合分析。凡是有几个单位工程而且是单独进行成本核算的项目，其竣工成本分析应以各单位工程竣工成本分析资料为基础，再加上项目经理部的经营效益（如资金调度、对外分包等所产生的效益）进行综合分析。如果施工项目只有一个成本核算对象（单位工程），就以该成本核算对象的竣工成本资料作为成本分析的依据。单位工程竣工成本分析应包括竣工成本分析，主要资源节约/超支对比分析，主要技术节约措施及经济效果分析。

　　通过以上分析，可以全面了解单位工程的成本构成和降低成本的因素，对今后同类工程的成本管理很有参考价值。

6. 成本考核

　　成本考核是指在工程项目建设过程中或项目完成后，定期对项目形成过程中各级单位成本管理的成绩或失误进行总结与评价。通过成本考核，给予责任者相应的奖励或惩罚。施工承包单位应建立和健全工程项目成本考核制度，作为工程项目成本管理责任体系的组成部分。考核制度应对考核的目的、时间、范围、对象、方式、依据、指标、组织领导以及结论与奖惩原则等作出明确规定。

　　（1）成本考核的内容。施工成本的考核，包括企业对项目成本的考核和企业对项目经理部可控责任成本的考核。企业对项目成本的考核包括对施工成本目标（降低额）完成情况的考核和成本管理工作业绩的考核。企业对项目经理部可控责任成本的考核包括以下几项。

　　1）项目成本目标和阶段成本目标完成情况。

　　2）建立以项目经理为核心的成本管理责任制的落实情况。

　　3）成本计划的编制和落实情况。

　　4）对各部门、各施工队和班组责任成本的检查和考核情况。

　　5）在成本管理中贯彻责、权、利相结合原则的完成情况。

　　除此之外，为层层落实项目成本管理工作，项目经理对所属各部门、各施工队和班组也要进行成本考核，主要考核其责任成本的完成情况。

　　（2）成本考核指标。

　　1）企业的项目成本考核指标。计算公式为

$$项目施工成本降低额 = 项目合同施工成本 - 项目实际施工成本$$

$$项目施工成本降低率 = \frac{项目施工成本降低额}{项目合同施工成本} \times 100\%$$

2）项目经理部可控责任成本考核指标。

a. 项目经理责任目标总成本降低额和降低率为

$$目标总成本降低额 = 项目经理责任目标总成本 - 项目经理责任实际总成本$$

$$目标总成本降低率 = \frac{目标总成本降低额}{项目经理责任目标总成本} \times 100\%$$

b. 施工责任目标成本实际降低额和降低率为

$$施工责任目标成本实际降低额 = 施工责任目标总成本 - 施工责任实际总成本$$

$$施工责任目标成本降低率 = \frac{施工责任目标成本降低额}{施工责任目标总成本} \times 100\%$$

c. 施工计划成本实际降低额和降低率为

$$施工计划成本实际降低额 = 施工计划总成本 - 施工实际总成本$$

$$施工计划成本实际降低率 = \frac{施工计划成本实际降低额}{施工计划总成本} \times 100\%$$

施工承包单位应充分利用工程项目成本核算资料和报表，由企业运营管理部门对项目经理部的成本和效益进行全面考核，在此基础上做好工程项目成本效益的考核与评价，并按照项目经理部的绩效，落实成本管理责任制的激励措施。

第二节　工程变更管理

工程变更是指合同实施过程中由发包人批准的对合同工程的工作内容、工程数量、质量要求、施工顺序与时间、施工条件、施工工艺或其他特征以及合同条件等的改变。工程变更的管理要严格依据合同变更条款的规定，合同变更条款是工程变更的行动指南。根据《建设工程施工合同（示范文本）》（GF—2017—0201）中的通用合同条款，变更管理主要有以下内容。

一、工程变更的范围

工程变更包括以下五个方面内容。

（1）增加或减少合同中任何工作，或追加额外的工作。

（2）取消合同中任何工作，但转由他人实施的工作除外。

（3）改变合同中任何工作的质量标准或其他特性。

（4）改变工程的基线、标高、位置和尺寸。

（5）改变工程的时间安排或实施顺序。

二、工程变更权

发包人和工程师（指监理人、咨询人等业主授权的第三方，下同）均可以提出变更。变更指示均通过工程师发出，工程师发出变更指示前应征得发包人同意。承包人收到经发包人签认的变更指示后，方可实施变更。未经许可，承包人不得擅自对工程的任何部分进行变更。

涉及设计变更的，应由设计人提供变更后的图纸和说明。当变更超过原设计标准或批准的建设规模时，发包人应及时办理规划、设计变更等审批手续。

三、工程变更工作内容

1. 发包人提出变更

发包人提出变更的，应通过工程师向承包人发出变更指示，变更指示应说明计划变更的工程范围和变更的内容。

2. 工程师提出变更建议

工程师提出变更建议的，需要向发包人以书面形式提出变更计划，说明计划变更工程范围和变更的内容、理由，以及实施该变更对合同价格和工期的影响。发包人同意变更的，由工程师向承包人发出变更指示；发包人不同意变更的，工程师无权擅自发出变更指示。

3. 变更执行

承包人收到工程师下达的变更指示后，认为不能执行的，应立即提出不能执行该变更指示的理由；承包人认为可以执行变更的，应当书面说明实施该变更指示对合同价格和工期的影响，且合同当事人应当按照合同变更估价条款约定确定变更估价。

4. 变更估价

（1）变更估价原则。除专用合同条款另有约定外，变更估价按照以下约定处理。

1）已标价工程量清单或预算书有相同项目的，按照相同项目单价认定。

2）已标价工程量清单或预算书中无相同项目，但有类似项目的，参照类似项目的单价认定。

3）变更导致实际完成的变更工程量与已标价工程量清单或预算书中列明的该项目工程量的变化幅度超过15％的，或已标价工程量清单或预算书中无相同项目及类似项目单价的，按照合理的成本与利润构成的原则，由合同当事人按照合同约定方法确定变更工作的单价。

（2）变更估价程序。承包人应在收到变更指示后的约定期限内，向工程师提交变更估价申请。工程师应在收到承包人提交的变更估价申请后的约定期限内审查完毕并报送发包人，工程师对变更估价申请有异议的，通知承包人修改后重新提交。发包人应在承包人提交变更估价申请后的约定期限内审批完毕。发包人逾期未完成审批或未提出异议的，视为认可承包人提交的变更估价申请。

因变更引起的价格调整应计入最近一期的进度款中支付。

5. 承包人的合理化建议

承包人提出合理化建议的，应向工程师提交合理化建议说明，说明建议的内容和理由，以及实施该建议对合同价格和工期的影响。

除专用合同条款另有约定外，工程师应在收到承包人提交的合理化建议后约定期限内审查完毕并报送发包人，如发现其中存在技术上的缺陷，应通知承包人修改。发包人应在收到工程师报送的合理化建议后的约定期限内审批完毕。合理化建议经发包人批准的，工程师应及时发出变更指示，由此引起的合同价格调整按照变更估价约定条款执行。发包人不同意变更的，工程师应书面通知承包人。

合理化建议降低了合同价格或者提高了工程经济效益的，发包人可以对承包人给予奖励，奖励的方法和金额在专用合同条款中约定。

6. 变更引起的工期调整

因变更引起工期变化的，合同当事人均可以要求调整合同工期，由合同当事人按照合同约定办法并参考工程所在地的工期定额标准确定增减工期天数。

7. 暂估价

暂估价专业分包工程、服务、材料和工程设备的明细由合同当事人在专用合同条款中约定。

（1）依法必须招标的暂估价项目。对于依法必须招标的暂估价项目，采取以下第一种方式确定。合同当事人也可以在专用合同条款中选择其他招标方式。

第一种方式：对于依法必须招标的暂估价项目，由承包人招标，对该暂估价项目的确认和批准按照以下约定执行。

1）承包人应当根据施工进度计划，在招标工作启动前的约定期限内将招标方案通过工程师报送发包人审查，发包人应当在收到承包人报送招标方案后的约定期限内批准或提出修改意见。承包人应当按照经过发包人批准的招标方案开展招标工作。

2）承包人应当根据施工进度计划，在约定期限内将招标文件通过工程师报送发包人审批，发包人应当在收到承包人报送相关文件后的约定期限内完成审批或提出修改意见；发包人有权确定招标控制价并按照法律规定参加评标。

3）承包人与供应商、分包人在签订暂估价合同前，应当在约定期限内将确定的中标候选供应商或中标候选分包人的资料报送发包人，发包人应在收到资料后的约定期限内与承包人共同确定中标人；承包人应当在签订合同后的约定期限内，将暂估价合同副本报送发包人留存。

第二种方式：对于依法必须招标的暂估价项目，由发包人和承包人共同招标确定暂估价供应商或分包人的，承包人应按照施工进度计划，在招标工作启动前的约定期限内通知发包人，并提交暂估价招标方案和工作分工，发包人应在收到后的约定期限内确认。确定中标人后，由发包人、承包人与中标人共同签订暂估价合同。

（2）不属于依法必须招标的暂估价项目。除专用合同条款另有约定外，对于不属于依法必须招标的暂估价项目，采取以下第一种方式确定。

第一种方式：对于不属于依法必须招标的暂估价项目，按本项约定确认和批准。

1）承包人应根据施工进度计划，在签订暂估价项目的采购合同、分包合同前的约定期限内向工程师提出书面申请。工程师应当在收到申请后的约定期限内报送发包人，发包人应当在收到申请后的约定期限内给予批准或提出修改意见，发包人逾期未予批准或未提出修改意见的，视为该书面申请已获得同意。

2）发包人认为承包人确定的供应商、分包人无法满足工程质量或合同要求的，发包人可以要求承包人重新确定暂估价项目的供应商、分包人。

3）承包人应当在签订暂估价合同后的约定期限内，将暂估价合同副本报送发包人留存。

第二种方式：承包人按照"依法必须招标的暂估价项目"约定的第一种方式确定暂估价项目。

第三种方式：承包人直接实施的暂估价项目。承包人具备实施暂估价项目的资格和条件的，经发包人和承包人协商一致后，可由承包人自行实施暂估价项目，合同当事人可以在专用合同条款约定具体事项。

（3）因发包人原因导致暂估价合同订立和履行迟延的，由此增加的费用和（或）延误的工期由发包人承担，并须支付承包人合理的利润。因承包人原因导致暂估价合同订立和履行迟延的，由此增加的费用和（或）延误的工期由承包人承担。

8. 暂列金额

暂列金额应按照发包人的要求使用，发包人的要求应通过工程师发出。合同当事人可以在专用合同条款中协商确定有关事项。

9. 计日工

需要采用计日工方式的，经发包人同意后，由工程师通知承包人以计日工计价方式实施相应工作，其价款按列入已标价工程量清单或预算书中的计日工计价项目及其单价进行计算；已标价工程量清单或预算书中无相应计日工单价的，按照合理的成本与利润构成的原则，由合同当事人按照合同约定办法确定计日工的单价。

采用计日工计价的任何一项工作，承包人均应在该项工作实施过程中，每天提交以下报表和有关凭证报送工程师审查。

（1）工作名称、内容和数量。

（2）投入该工作的所有人员的姓名、专业、工种、级别和耗用工时。

（3）投入该工作的材料类别和数量。

（4）投入该工作的施工设备型号、台数和耗用台时。

（5）其他有关资料和凭证。

计日工由承包人汇总后，列入最近一期进度付款申请单，由工程师审查并经发包人批准后列入进度付款。

第三节　工程索赔管理

工程索赔是指在工程承包合同履行中，当事人一方因非己方的原因而遭受经济损失或工期延误，按照合同约定或法律规定，应由对方承担责任，而向对方提出工期和（或）费用补偿要求的行为。由于施工现场条件、气候条件的变化，施工进度、物价的变化，以及合同条款、规范、标准文件和施工图纸的变更、差异、延误等因素的影响，使得工程承包中不可避免地出现索赔。

对于施工合同的双方来说，索赔是维护自身合法利益的权利。它同合同条件中双方的合同责任一样，构成严密的合同制约关系。承包商可以向业主提出索赔，业主也可以向承包商提出索赔。

一、工程索赔产生的原因

产生工程索赔是由于施工过程中发生了非己方能控制的干扰事件。这些干扰事件影响了合同的正常履行，导致了工期延长和（或）费用增加，成为工程索赔的理由。

（1）业主方（包括发包人和工程师）违约。在工程实施过程中，由于发包人或工程师没有尽到合同义务，导致索赔事件发生。例如，未按合同规定提供设计资料、图纸，未及时下达指令、答复请示等，使工程延期；未按合同规定的日期交付施工场地和行驶道路、提供水电、提供应由发包人提供的材料和设备，使承包人不能及时开工或导致工程中断；未按合同规定按时支付工程款，或不再继续履行合同；下达错误指令，提供错误信息；发包人或工程师协调工作不力等。

（2）合同缺陷。合同缺陷表现为合同文件规定不严谨甚至矛盾，合同条款遗漏或错误，以及设计图纸错误造成设计修改、工程返工、窝工等。

（3）工程环境的变化。例如，材料价格和人工工日单价的大幅度上涨，国家法令的修改，货币贬值，外汇汇率变化等。

（4）不可抗力或不利的物质条件。不可抗力又可以分为自然事件和社会事件。自然事件主要是工程施工过程中不可避免发生不能克服的自然灾害，包括地震、海啸、瘟疫、水灾等；社会事件则包括国家政策、法律、法令的变更，战争、罢工等。不利的物质条件通常是指承包人在施工现场遇到的不可预见的自然物质条件、非自然的物质障碍和污染物，包括地下和水文条件。

（5）合同变更。合同变更也有可能导致索赔事件发生，例如，发包人指令增加、减少工作量，增加新的工程，提高设计标准、质量标准；由于非承包人原因，发包人指令中止工程施工；发包人要求承包人采取加速措施，其原因是非承包人责任的工程拖延，或发包人希望在合同工期前交付工程；发包人要求修改施工方案，打乱施工顺序；发包人要求承包人完成合同规定以外的义务或工作等。值得注意的是：合同变更是否导致索赔事件发生必须依据合同条款来判定。

二、工程索赔的分类

工程索赔按不同的划分标准，可分为不同类型。

1. 按索赔的合同依据分类

工程索赔可分为合同中明示的索赔和合同中默示的索赔。

（1）合同中明示的索赔。是指承包人所提出的索赔要求，在该工程施工合同文件中有文字依据。这些在合同文件中有文字规定的合同条款，称为明示条款。

（2）合同中默示的索赔。是指承包人所提出的索赔要求，虽然在工程施工合同条款中没有专门的文字叙述，但可以根据该合同中某些条款的含义，推论出承包人有索赔权。这种索赔要求，同样有法律效力，承包人有权得到相应的经济补偿。这种有经济补偿含义的条款，被称为"默示条款"或"隐含条款"。

2. 按索赔目的分类

工程索赔分为工期索赔和费用索赔。

（1）工期索赔。由于非承包人的原因导致施工进度拖延，要求批准延长合同工期的索赔，称为工期索赔。工期索赔形式上是对权利的要求，以避免在原定合同竣工日不能完工时，被发包人追究拖期违约责任。一旦获得批准，合同工期延长后，承包人不仅可以免除承担拖期违约赔偿费的严重风险，而且可以因提前交工获得奖励，最终仍反映在经济收益上。

（2）费用索赔。费用索赔是承包人要求发包人补偿其经济损失。当施工的客观条件改变导致承包人增加开支时，要求对超出计划成本的附加开支给予补偿，以挽回不应由其承担的经济损失。

3. 按索赔事件的性质分类

根据索赔事件的性质不同，可以将工程索赔分为以下几种。

（1）工程延误索赔。因发包人未按合同要求提供施工条件，如未及时交付设计图纸、施工现场、道路等，或因发包人指令工程暂停或不可抗力事件等原因造成工期拖延的，承包人对此提出索赔。这是工程实施中常见的一类索赔。

（2）工程变更索赔。由于发包人或工程师指令增加或减少工程量或增加附加工程、修改设计、变更工程顺序等，导致工期延长和（或）费用增加，承包人对此提出索赔。

（3）合同被迫终止的索赔。由于发包人违约及不可抗力事件等原因导致合同非正常终止，承包人因其蒙受经济损失而向发包人提出索赔。

（4）赶工索赔。由于发包人或工程师指令承包人加快施工速度，缩短工期，引起承包人的人、财、物的额外开支而提出的索赔。

（5）意外风险和不可预见因素索赔。在工程施工过程中，因人力不可抗拒的自然灾害、特殊风险以及一个有经验的承包人通常不能合理预见的不利施工条件或外界障碍，如地下水、地质断层、溶洞、地下障碍物等引起的索赔。

（6）其他索赔。如因货币贬值、汇率变化、物价上涨、政策法令变化等原因引起的索赔。

4. 按照《建设工程工程量清单计价规范》（GB 50500—2013）规定分类

《建设工程工程量清单计价规范》（GB 50500—2013）中对合同价款调整规定了法律法规变化、工程变更、项目特征不符、工程量清单缺项、工程量偏差、计日工、物价变化、暂估价、不可抗力、提前竣工（赶工补偿）、误期赔偿、索赔、现场签证、暂列金额以及发承包双方约定的其他调整事项等共计15种事项。这些合同价款调整事项，广义上也属于不同类型的费用索赔。

其中法律法规变化引起的价格调整主要是指合同基准日期后，法律法规变化导致承包人在合同履行过程中所需要的费用发生（除市场价格波动引起的调整）约定以外的增加时，由发包人承担由此增加的费用；减少时，应从合同价格中予以扣减。基准日期后，因法律变化导致工期延误时，工期应予以顺延。因承包人原因导致工期延误，在工期延误期间出现法律变化的，由此增加的费用和（或）延误的工期由承包人承担。

三、工程索赔的结果

引起索赔事件的原因不同，工程索赔的结果也不同，对一方当事人提出的索赔可能给予合理补偿工期、费用和（或）利润的情况会有所不同。《建设工程施工合同（示范文本）》（GF—2017—0201）中的通用合同条款中，引起承包人索赔的事件以及可能得到的合理补偿内容见表4-3。

表 4-3　　　　《建设工程施工合同（示范文本）》（GF—2017—0201）中

承包人的索赔事件及可补偿内容

序号	条款号	索赔事件	可补偿内容		
			工期	费用	利润
1	1.6.1	延迟提供图纸	√	√	√
2	1.9	施工中发现文物、古迹	√	√	
3	2.4.1	延迟提供施工场地	√	√	√
4	7.6	施工中遇到不利物质条件	√	√	
5	8.1	提前向承包人提供材料、工程设备		√	
6	8.3.1	发包人提供材料、工程设备不合格或延迟提供或变更交货地点	√	√	√
7	7.4	承包人依据发包人提供的错误资料导致测量放线错误	√	√	√
8	6.1.9.1	因发包人原因造成承包人人员工伤事故		√	
9	7.5.1	因发包人原因造成工期延误	√	√	√
10	7.7	异常恶劣的气候条件导致工期延误	√		
11	7.9	承包人提前竣工		√	
12	7.8.1	发包人暂停施工造成工期延误	√	√	√
13	7.8.6	工程暂停后因发包人原因无法按时复工	√	√	
14	5.1.2	因发包人原因导致承包人工程返工	√	√	√
15	5.2.3	工程师对已经覆盖的隐蔽工程要求重新检查且检查结果合格	√	√	√
16	5.4.2	因发包人提供的材料、工程设备造成工程不合格	√	√	√
17	5.3.3	承包人应工程师要求对材料、工程设备和工程重新检验且检验结果合格			
18	11.2	基准日后法律的变化		√	
19	13.4.2	发包人在工程竣工前提前占用工程	√	√	√
20	13.3.2	因发包人的原因导致工程试运行失败		√	√
21	15.2.2	工程移交后因发包人原因出现新的缺陷或损坏的修复		√	√
22	13.3.2	工程移交后因发包人原因出现的缺陷修复后的试验和试运行		√	
23	17.3.2（6）	因不可抗力停工期间应工程师要求照管、清理、修复工程		√	
24	17.3.2（4）	因不可抗力造成工期延误	√		
25	16.1.1（5）	因发包人违约导致承包人暂停施工	√	√	√

四、工程索赔的依据和前提条件

1. 索赔的依据

提出索赔和处理索赔都要依据以下文件或凭证。

（1）工程施工合同文件。工程施工合同是工程索赔中最关键和最主要的依据。工程施工期间，发承包双方关于工程的洽商、变更等书面协议或文件也是索赔的重要依据。

（2）国家法律、法规。国家制定的相关法律、行政法规是工程索赔的法律依据。工程项目所在地的地方性法规或地方政府规章也可以作为工程索赔的依据，但应当在施工合同专用条款中约定为工程合同的适用法律。

（3）国家、部门和地方有关的标准、规范和定额：工程建设的强制性标准，是合同双方必须严格执行的；非强制性标准，必须在合同中有明确规定的情况下，才能作为索赔的依据。

（4）工程施工合同履行过程中与索赔事件有关的各种凭证。这是承包人因索赔事件所遭受费用或工期损失的事实依据，它反映了工程的计划情况和实际情况。

2. 索赔成立的条件

承包人工程索赔成立的基本条件包括以下几个。

（1）索赔事件已造成了承包人直接经济损失或工期延误。

（2）造成费用增加或工期延误的索赔事件是非因承包人的原因发生的。

（3）承包人已经按照工程施工合同规定的期限和程序提交了索赔意向通知、索赔报告及相关证明材料。

五、工程索赔的计算

（一）费用索赔的计算

1. 索赔费用的组成

对于不同原因引起的索赔，承包人可索赔的具体费用内容是不完全一样的。但归纳起来，索赔费用的要素与工程造价的构成基本类似，一般可归结为人工费、材料费、施工机具使用费、分包费、施工管理费、利息、利润、保险费等。

（1）人工费。人工费的索赔包括：由于完成合同之外的额外工作所花费的人工费用，超过法定工作时间加班劳动，法定人工费增长，非因承包商原因导致工效降低所增加的人工费用，非因承包商原因导致工程停工的人员窝工费和工资上涨费等。

（2）材料费。材料费的索赔包括：由于索赔事件的发生导致材料实际用量超过计划用量而增加的材料费，由于发包人原因导致工程延期期间的材料价格上涨和超期储存费用。材料费中应包括运输费、仓储费以及合理的损耗费用。如果由于承包商管理不善造成材料损坏、失效，则不能列入索赔款项内。

（3）施工机具使用费。施工机具使用费的索赔包括：由于完成合同之外的额外工作所增加的机具使用费，非因承包人原因导致工效降低所增加的机具使用费，由于发包人或工程师指令错误或迟延导致机械停工的台班停滞费。

（4）现场管理费。现场管理费的索赔包括承包人完成合同之外的额外工作以及由于发包人原因导致工期延期期间的现场管理费，包括管理人员工资、办公费、通信费、交通费等。

（5）总部（企业）管理费。总部管理费的索赔主要指的是由于发包人原因导致工程延期期间所增加的承包人向公司总部提交的管理费，包括总部职工工资、办公大楼折旧、办公用品、财务管理、通信设施以及总部领导人员赴工地检查指导工作等开支。

（6）保险费。因发包人原因导致工程延期时，承包人必须办理工程保险、施工人员意外伤害保险等各项保险的延期手续，对于由此而增加的费用，承包人可以提出索赔。

（7）保函手续费。因发包人原因导致工程延期时，承包人必须办理相关履约保函的延期手续，对于由此而增加的手续费，承包人可以提出索赔。

（8）利息。利息的索赔包括：发包人拖延支付工程款利息，发包人迟延退还工程质量保证金的利息，承包人垫资施工的垫资利息，发包人错误扣款的利息等。

（9）利润。一般来说，由于工程范围的变更、发包人提供的文件有缺陷或错误、发包人未能提供施工场地以及因发包人违约导致的合同终止等事件引起的索赔，承包人都可以列入利润。另外，对于因发包人原因暂停施工导致的工期延误，承包人也有权要求发包人支付合理的利润。

（10）分包费用。由于发包人的原因导致分包工程费用增加时，分包人只能向总承包人提出索赔，但分包人的索赔款项应当列入总承包人对发包人的索赔款项中。分包费用索赔指的是分包人的索赔费用，一般也包括与上述费用类似的内容索赔。

2. 费用索赔的计算方法

索赔费用的计算应以赔偿实际损失为原则，包括直接损失和间接损失。索赔费用的计算方法最容易被发承包双方接受的是实际费用法。

实际费用法又称分项法，即根据索赔事件所造成的损失或成本增加，按费用项目逐项进行分析，按合同约定的计价原则计算索赔金额的方法。这种方法比较复杂，但能客观地反映施工单位的实际损失，比较合理，易于被当事人接受，因此在国际工程中被广泛采用。

由于索赔费用组成的多样化、不同原因引起的索赔，承包人可以索赔的具体费用内容有所不同，因此必须具体问题具体分析。由于实际费用法所依据的是实际发生的成本记录或单据，因此在施工过程中，系统而准确地积累记录资料是非常重要的。

针对市场价格波动引起的费用索赔，常见的有两种计算方式。

第一种方式：采用价格指数进行计算。价格调整公式中的各可调因子、定值和变值权重，以及基本价格指数及其来源在投标函附录价格指数和权重表中约定，非招标订立的合同，由合同当事人在专用合同条款中约定。价格指数应首先采用工程造价管理机构发布的价格指数，无前述价格指数时，可以采用工程造价管理机构发布的价格代替。

因承包人原因未按期竣工的，对合同约定的竣工日期后继续施工的工程，在使用价格调整公式时，应采用计划竣工日期与实际竣工日期的两个价格指数中较低的一个作为现行价格指数。

第二种方式：采用造价信息进行价格调整。合同履行期间，因人工、材料、工程设备和机械台班价格波动影响合同价格时，人工、机械使用费按照国家或省、自治区、直辖市建设行政管理部门、行业建设管理部门或其授权的工程造价管理机构发布的人工、机械使用费系数进行调整；需要进行价格调整的材料，其单价和采购数量应由发包人审批，发包人确认需调整的材料单价及数量，作为调整合同价格的依据。

【例 4-4】　某施工合同约定，施工现场主导施工机械一台，由施工企业租得，台班单价为 300 元/台班，租赁费为 100 元/台班，人工工资为 40 元/工日，窝工补贴为 10 元/工日，以人工费为基数的综合费率为 35%。在施工过程中，发生了下列事件：①出现异常恶劣天气导致工程停工 2 天，人员窝工 30 个工日；②因恶劣天气导致场外道路中断，抢修道路用工 20 个工日；③场外大面积停电，停工 2 天，人员窝工 10 个工日。为此，施工企业可以向业主索赔的费用为多少。

解： 各事件处理结果如下。

异常恶劣天气导致的停工通常不能进行费用索赔。

抢修道路用工的索赔额＝$20 \times 40 \times (1 + 35\%) = 1080$（元）

停电导致的索赔额＝$2 \times 100 + 10 \times 10 = 300$（元）

总索赔费用＝$1080 + 300 = 1380$（元）

（二）工期索赔的计算

工期索赔，一般是指承包人依据合同对由于因非自身原因导致的工期延误向发包人提出的工期顺延要求。

1. 工期索赔中应当注意的问题

在工期索赔中应当特别注意以下问题。

（1）划清施工进度拖延的责任。因承包人的原因导致施工进度滞后，属于不可原谅的延期；只有承包人不应承担任何责任的延误，才是可原谅的延期。有时工程延期的原因中可能包含有双方责任，此时工程师应进行详细分析，分清责任比例，只有可原谅延期部分才能批准顺延合同工期。可原谅延期，又可以细分为可原谅并给予补偿费用的延期和可原谅但不给予补偿费用的延期；后者是指非承包人责任事件的影响并未导致施工成本的额外支出，大多属于发包人应承担风险责任事件的影响，如异常恶劣的气候条件影响的停工等。

（2）被延误的工作应是处于施工进度计划关键线路上的施工内容。只有位于关键线路上工作内容的滞后，才会影响到竣工日期。但有时也应注意，既要看被延误的工作是否在批准进度计划的关键路线上，又要详细分析这一延误对后续工作的可能影响。因为若对非关键路线工作的影响时间较长，超过了该工作可用于自由支配的时间，也会导致进度计划中非关键路线转化为关键路线，其滞后将导致总工期的拖延。此时，应充分考虑该工作的自由时间，给予相应的工期顺延，并要求承包人修改施工进度计划。

2. 工期索赔的具体依据

承包人向发包人提出工期索赔的具体依据主要包括以下几项。

（1）合同约定或双方认可的施工总进度规划。

（2）合同双方认可的详细进度计划。

（3）合同双方认可的对工期的修改文件。

（4）施工日志、气象资料。

（5）业主或工程师的变更指令。

（6）影响工期的干扰事件。

（7）受干扰后的实际工程进度等。

3. 工期索赔的计算方法

（1）直接法。如果某干扰事件直接发生在关键线路上，导致总工期的延误，则可以直接将该干扰事件的实际干扰时间（延误时间）作为工期索赔值。

（2）比例计算法。如果某干扰事件仅仅影响某单项工程、单位工程或分部分项工程的工期，要分析其对总工期的影响，可以采用比例计算法。

（3）网络图分析法。网络图分析法是利用进度计划的网络图分析其关键线路。如果延误的工作为关键工作，则延误的时间为索赔的工期；如果延误的工作为非关键工作，当该工作由于延误超过时差限制而成为关键工作时，可以索赔延误时间与时差的差值；若该工作延误后仍为非关键工作，则不存在工期索赔问题。

该方法通过分析干扰事件发生前和发生后网络计划的计算工期之差来计算工期索赔值，可以用于各种干扰事件和多种干扰事件共同作用所引起的工期索赔。

4. 共同延误的处理

在实际施工过程中，工期拖期很少是由一方造成的，往往是两、三种原因同时发生（或相互作用）而形成的，故称为"共同延误"。在这种情况下，要具体分析哪一种情况延误是有效的，应依据以下原则判断。

（1）首先判断造成拖期的哪一种原因是最先发生的，即确定"初始延误"者，它应对工程拖期负责。在初始延误发生作用期间，其他并发的延误者不承担拖期责任。

（2）如果初始延误者是发包人原因，则在发包人原因造成的延误期内，承包人既可以得到工期延长，又可以得到经济补偿。

（3）如果初始延误者是客观原因，则在客观因素发生影响的延误期内，承包人可以得到工期延长，但很难得到费用补偿。

（4）如果初始延误者是承包人原因，则在承包人原因造成的延误期内，承包人既不能得到工期补偿，也不能得到费用补偿。

第四节　工程计量和支付

一、工程计量

对承包人已经完成的合格工程进行计量并予以确认，是发包人支付工程价款的前提工作。因此工程计量不仅是发包人控制施工阶段工程造价的关键环节，也是约束承包人履行合同义务的重要手段。

（一）工程计量的原则与范围

1. 工程计量的概念

工程计量是发承包双方根据合同约定，对承包人完成合同工程数量进行的计算和确认。具体地说，就是双方根据设计图纸、技术规范以及施工合同约定的计量方式和计算方式，对承包人已经完成的质量合格的工程实体数量进行测量与计算，并以物理计量单位或自然计量单位进行标识、确认的过程。

招标工程量清单中所列的数量，通常是根据招标时设计图纸计算的数量，是发包人对合同工程的估计工程量。工程施工过程中，通常会由于一些原因导致承包人实际完成工程量与工程量清单中所列工程量不一致，如招标工程量清单缺项或项目特征描述与实际不符；工程变更，现场施工条件的变化，现场签证，暂估价中的专业工程发包等。因此在工程合同价款结算前，必须对承包人履行合同义务所完成的实际工程进行准确的计量。

2. 工程计量的原则

工程计量的原则包括下列三个方面。

（1）不符合合同文件要求的工程不予计量。即工程必须满足设计图纸、技术规范等合同文件对其在工程质量上的要求，同时有关的工程质量验收资料齐全、手续完备，满足合同文件对其在工程管理上的要求。

（2）按合同文件所规定的方法、范围、内容和单位计量。工程计量的方法、范围、内容和单位受合同文件约束，其中工程量清单（说明）、技术规范、合同条款均会从不同角度、不同侧面涉及这方面的内容。在计量中要严格遵循这些文件的规定，并且一定要结合起来使用。

（3）因承包人原因造成的超出合同工程范围施工或返工的工程量，发包人不予计量。

3. 工程计量的范围与依据

（1）工程计量的范围。工程计量的范围包括：工程量清单及工程变更所修订的工程量清单的内容；合同文件中规定的各种费用支付项目，如费用索赔、各种预付款、价格调整、违约金等。

（2）工程计量的依据。工程计量的依据包括：工程量清单及说明、合同图纸、工程变更令及其修订的工程量清单、合同条件、技术规范、有关计量的补充协议、质量合格证书等。

（二）工程计量的方法

工程量必须按照相关专业工程工程量计算规范规定的计算规则计算。工程计量可选择按月或按工程形象进度分段计量，具体计量周期在合同中约定。因承包人原因导致的超出合同工程范围施工或返工的工程量，发包人不予计量。通常区分单价合同和总价合同，规定不同的计量方法，成本加酬金合同按照单价合同的计量规定进行计量。

1. 单价合同计量

单价合同工程量必须以承包人完成合同工程应予计量的，按照专业工程工程量计算规范规定的工程量计算规则计算得到的工程量确定。施工中进行工程计量时，若发现招标工程量清单中出现缺项、工程量偏差，或因工程变更引起工程量的增减，应按承包人在履行合同义务中完成的工程量计算。

2. 总价合同计量

采用工程量清单方式招标形成的总价合同，工程量应按照与单价合同相同的方式计算。采用经审定批准的施工图纸及其预算方式发包形成的总价合同。除按照工程变更规定引起的工程量增减外，总价合同各项目的工程量是承包人用于结算的最终工程量。总价合同约定的项目计量应以合同工程经审定批准的施工图纸为依据，发承包双方应按照在合同中约定工程计量的形象目标或时间节点进行计量。

二、预付款及期中支付

（一）预付款

工程预付款是指由发包人按照合同约定，在正式开工前由发包人预先支付给承包人，用于购买工程施工所需的材料以及组织施工机械和人员进场的价款。

工程预付款又称材料备料款以及材料预付款，是建设工程施工合同订立后由发包人按照合同约定，在正式开工前预先支付给承包人的用于购买工程所需的材料和设备以及组织施工机械和人员进场所需的款项。

1. 预付款的支付

对于工程预付款额度，各地区、各部门的规定不完全相同，主要是保证施工所需材料和构件的正常储备。工程预付款额度一般根据施工工期、建筑安装工作量、主要材料和构件费用占建筑安装工程费的比例以及材料储备周期等因素经测算确定。

（1）百分比法。发包人根据工程的特点、工期长短、市场行情、供求规律等因素，招标时在合同条件中约定工程预付款的百分比。根据《建设工程价款结算暂行办法》的规定，预付款的比例原则上不低于合同金额的10％，不高于合同金额的30％。

（2）公式计算法。公式计算法是根据主要材料（含结构件等）占年度承包工程总价的比重、材料储备定额天数和年度施工天数等因素，通过公式计算预付款额度的一种方法。其计算公式为

$$工程预付款数额 = \frac{工程总价 \times 材料比例（\%）}{年度施工天数} \times 材料储备定额天数$$

其中：年度施工天数按 365 天日历天计算；材料储备定额天数由当地材料供应的在途天数、加工天数、整理天数、供应间隔天数、保险天数等因素决定。

2. 预付款的扣回

发包人支付给承包人的工程预付款属于预支性质，随着工程的逐步实施，原已支付的预付款应以充抵工程价款的方式陆续扣回，抵扣方式应当由双方当事人在合同中明确约定。扣款的方法主要有以下两种。

（1）按合同约定扣款。预付款的扣款方法由发包人和承包人通过洽商后在合同中予以确定，一般是在承包人完成金额累计达到合同总价的一定比例后，由承包人开始向发包人还款，发包方从每次应付给承包人的金额中扣回工程预付款，发包人至少在合同规定的完

工期前将工程预付款的总金额逐次扣回。国际工程中的扣款方法一般为：当工程进度款累计金额超过合同价格的 $10\%\sim20\%$ 时开始起扣，每月从进度款中按一定比例扣回。

（2）起扣点计算法。从未施工工程尚需的主要材料及构件的价值相当于工程预付款数额时起扣，此后每次结算工程价款时，按材料所占比重扣减工程价款，至工程竣工前全部扣清。起扣点的计算公式为

$$T=P-\frac{M}{N}$$

式中　T——中起扣点（即工程预付款开始扣回时）的累计完成工程金额；

　　　P——承包工程合同总额；

　　　M——工程预付款总额；

　　　N——主要材料及构件所占比重。

该方法对承包人比较有利，最大限度地占用了发包人的流动资金，但是显然不利于发包人的资金使用。

3. 预付款担保

预付款担保是指承包人与发包人签订合同后领取预付款前，承包人就正确、合理使用发包人支付的预付款而提供的担保。

预付款担保的主要形式为银行保函。预付款担保的担保金额通常与发包人的预付款是等值的。预付款一般逐月从工程预付款中扣除，预付款担保的担保金额也相应地逐月减少。承包人在施工期间，应当定期从发包人处取得同意此保函减值的文件，并送交银行确认。承包人还清全部预付款后，发包人应退还预付款担保，承包人将其退回银行注销，解除担保责任。

4. 安全文明施工费

发包人应在工程开工后的约定期限内预付不低于当年施工进度计划的安全文明施工费总额的 60%，其余部分按照提前安排的原则进行分解，与进度款同期支付。

发包人没有按时支付安全文明施工费的，承包人可以催告发包人支付；发包人在付款期满后的 7 天内仍未支付的，若发生安全事故，则发包人应承担连带责任。

（二）期中支付

合同价款的期中支付，是指发包人在合同工程施工过程中，按照合同约定对付款周期内承包人完成的合同价款给予支付的款项，也就是工程进度款的结算支付。发承包双方应按照合同约定的时间、程序和方法，根据工程计量结果，办理期中价款结算，支付进度款。进度款支付周期应与合同约定的工程计量周期一致。

1. 期中支付价款的计算

（1）已完工程的结算价款。已标价工程量清单中的单价项目，承包人应按工程计量确认的工程量与综合单价计算。综合单价发生调整的，以发承包双方确认调整的综合单价计算进度款。

已标价工程量清单中的总价项目，承包人应按合同中约定的进度款支付分解，分别列入进度款支付申请中的安全文明施工费和本周期应支付的总价项目的金额中。

（2）结算价款的调整。承包人现场签证和得到发包人确认的索赔金额列入本周期应增加的金额中。由发包人提供的材料、工程设备金额应按照发包人签约提供的单价和数量从进度款支付中扣出，列入本周期应扣减的金额中。

（3）进度款的支付比例。进度款的支付比例按照合同约定，按期中结算价款总额计算，不低于 60％，不高于 90％。承包人对合同约定的进度款付款比例较低的工程应充分考虑项目建设的资金流与融资成本。

2. 期中支付的程序

（1）进度款支付申请。承包人应在每个计量周期到期后向发包人提交已完工程进度款支付申请一式四份，详细说明此周期认为有权得到的款额，包括分包人已完工程的价款。支付申请的内容包括以下几项。

1）累计已完成的合同价款。

2）累计已实际支付的合同价款。

3）本周期合计完成的合同价款，其中包括：①本周期已完成单价项目的金额；②本周期应支付的总价项目的金额；③本周期已完成的计日工价款；④本周期应支付的安全文明施工费；⑤本周期应增加的金额。

4）本周期合计应扣减的金额，其中包括：①本周期应扣回的预付款；②本周期应扣减的金额。

5）本周期实际应支付的合同价款。

（2）进度款支付证书。发包人应在收到承包人进度款支付申请后，根据计量结果和合同约定对申请内容予以核实，确认后向承包人出具进度款支付证书。若发承包双方对有的清单项目的计量结果出现争议，则发包人应对无争议部分的工程计量结果向承包人出具进度款支付证书。

（3）支付证书的修正。发现已签发的任何支付证书有错、漏或重复的数额，发包人有权予以修正，承包人也有权提出修正申请。经发承包双方复核同意修正的，应在本次到期的进度款中支付或扣除。

第五节　基于 BIM 的工程项目施工阶段造价管理

一、云计价平台 GCCP5.0 编制工程验工计价的特点和流程

1. 期中结算进度报量工作的主要流程

（1）首先，根据合同文件及现场实际进度情况统计出当期完成的清单工程量，同时还要核对截止计算的时间点前累计完成的清单工程量是否超出合同约定范围。

（2）其次，对材料进行认价和调整，进行人材机调差。

2. 进度报量工作的常用方法

（1）在进行第一期进度报量时，需要先把合同文件复制一份，删除当期不涉及的清单工程量，保留当期工程量清单，并计算完成的清单工程量，再把需要调差的材料放在

Excel 表中，利用编辑好的公式或人工计算出这部分的材料价差，形成第一期报量文件。

（2）在进行第二期进度报量时，需要重复上述工作，除了需要计算第二期清单工程量，并进行第二期价差的调整外，还需要计算累计完成工程量和未完成工程量。

（3）第三期及其以上进度报量都需要重复上述工作。

由此可知，工程项目越大、工期越长，需要进行的进度报量工作就越多，需要统计的数据量就越复杂，期中结算的准确性和可信度就越难以保证。因此，我们急需借助软件来帮助我们完成这项庞大而易错的工作。GCCP5.0 软件的验工计价部分，恰好可以帮助我们解决这个问题。GCCP5.0 软件验工计价是以合同文件为基础，将合同文件转换为验工计价文件，显示每期工程量及累计费用，自动统计价差合计，计取税金；可以快速进行人材机调差，以合同数据为依据，快速准确地完成进度报量工作。

GCCP5.0 软件验工计价的操作流程如图 4-1 所示。

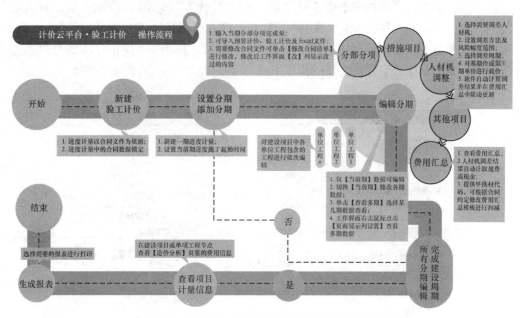

图 4-1　GCCP5.0 软件验工计价的操作流程图

二、场景设计

1. 确定施工内容

（1）通过办公大厦项目 GCL2013 配套工程，确定本工程的施工内容（涉及分部分项工程和措施项目）。

（2）将施工内容分解为土建、装饰、电气、给排水四个部分。

（3）小组讨论施工内容的完整性和合理性，修改并确定施工内容。

提示： 办公大厦项目施工内容见本书提供的配套教学资源包。

2. 绘制施工进度计划横道图

（1）通过办公大厦项目 GCL2013 配套工程，汇总本工程所有施工内容的工程量（涉及分部分项工程和措施项目）。

（2）根据施工内容的工程量按月绘制施工进度计划横道图。

（3）小组讨论施工进度计划横道图的合理性，修改并确定施工进度计划横道图。

提示： 办公大厦项目施工进度计划横道图见本书提供的配套教学资源包。

3. 确定分期

（1）按照施工进度计划横道图，将 3 至 6 月按月分四期，分别确定当期完成工程量，形成第 1 期至第 4 期验工计价表格。

（2）小组讨论每期完成工程量的正确性，修改并确定第 1 期至第 4 期验工计价表格。

4. 新建验工计价文件

GCCP5.0 软件提供了三种方法新建验工计价文件：第一种为在合同文件（GBQ5 文件）打开的状态下，在下拉菜单中选择"转为验工计价"，如图 4-2 所示；第二种为在云计价平台中找到合同文件（GBQ5 文件），单击鼠标右键选择"转为验工计价"，如图 4-3 所示；第三种为在云计价平台中选择"新建结算项目"，如图 4-4 所示。本教材以第三种方法为例，介绍新建验工计价文件的操作方法。

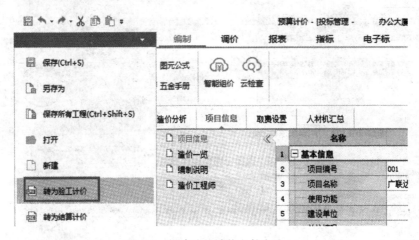

图 4-2　新建验工计价文件方法一

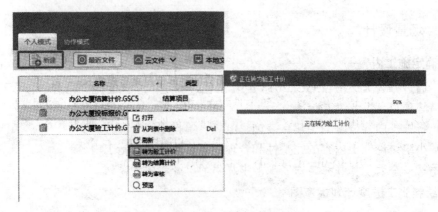

图 4-3　新建验工计价文件方法二

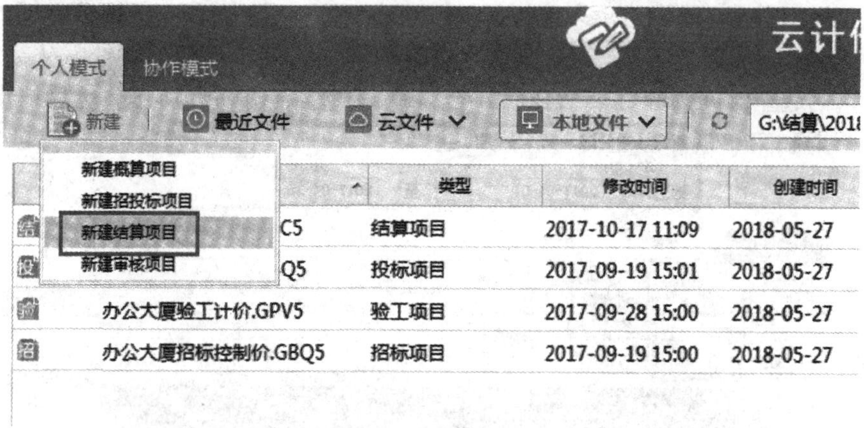

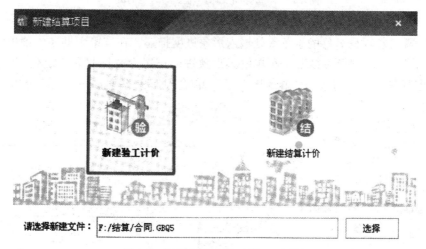

图 4-4　新建验工计价文件方法三

提示： 合同文件（GBQ5 文件）见本书提供的配套教学资源包。

打开 GCCP5.0 软件，单击"新建"→"新建结算项目"，在弹出的对话框中单击"新建验工计价"，并选择要转换的合同文件，如图 4-5 所示。选择的方法是：单击"选择"按钮，找到合同文件（GBQ5 文件）的存放路径，单击"打开"按钮。然后单击对话框右下角的"新建"按钮，合同文件（GBQ5 文件）就会转换为验工计价文件，工程也随之进入验工计价界面。

图 4-5　选择合同文件（CBQ5 文件）

需要注意的是，能转换的文件一定是一个项目文件，如果需要将单位工程的预算文件转换为验工计价文件，就需要先新建一个项目，然后将这个单位工程的预算文件添加到项目中进行导入。

5. 上报分部分项工程量

（1）新建形象进度。形象进度是按照整个项目的进展情况来呈现的。

在项目界面单击"形象进度"按钮，软件默认为第 1 期。首先，修改第 1 期的起至时间为起 2017-03-01，至 2017-03-31；其次，单击"添加分期"按钮，软件默认为第 2 期，修改第 2 期的起至时间为起 2017-04-01，至 2017-04-30，如图 4-6 所示。然后以同样的方法添加第 3 期和第 4 期，起至时间分别为起 2017-05-01，至 2017-05-31 以及起 2017-06-01，至 2017-06-30。

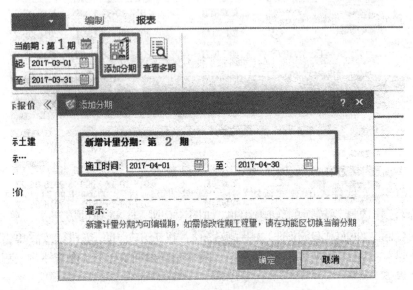

图 4-6　建立分期及修改施工的起至时间

之后，需要在项目名称的子菜单处输入形象进度描述。在"第 1 期"子菜单输入形象进度描述为"3 月"，"第 2 期"子菜单输入形象进度描述为"4 月"，"第 3 期"子菜单输入形象进度描述为"5 月"，"第 4 期"子菜单输入形象进度描述为"6 月"，如图 4-7 所示。

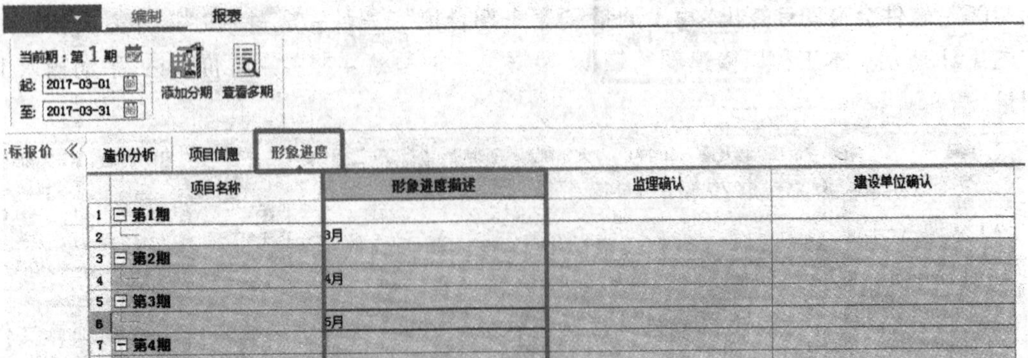

图 4-7　补充形象进度描述

单击切换分期按钮，可以查看并切换已建立好的分期，如图 4-8 所示。

图 4-8　切换分期

（2）输入清单工程量。此时软件中所有清单的工程量均为 0，需要输入每期包含的所有清单工程量。首先，双击左侧的单位工程"办公大厦投标土建"，切换到"分部分项"界面，再切换分期为"第 1 期"，即可输入第 1 期中的所有清单工程量，如图 4-9 所示。

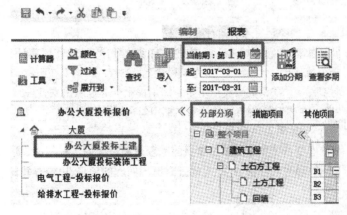

图 4-9　切换到第 1 期的土建工程

输入工程量可以手动输入，也可以批量导入外部数据。下面以平整场地为例，介绍手动输入的方法。从横道图可知，平整场地属于施工前的准备，时间为 3 月 1 日—3 月 5 日，因此它在"第 1 期"的完成量为 100%，在软件中找到平整场地清单项，"第 1 期比例（%）"中输入为"100"，软件会自动计算出"第 1 期量""第 1 期合价""累计完成量"和"累计完成合价"，如图 4-10 所示。本工程以横道图为依据，根据第 1 期至第 4 期验工计价表格，手动输入工程量。

编码	类别	单位	合同工程量	合同单价	★第1期量	第2期量	★第1期比例(%)	第2期比例	第1期合价	第2期合价	累计完成量	累计完成合价
□									1534.22	0		1534.22
□ A	部								1534.22	0		1534.22
□ A.1	部								1534.22	0		1534.22
□ A.1.1	部								1534.22	0		1534.22
□ 010101001001	项	m2	1029.68	1.49	1029.68	0.00	100	0	1534.22	0	1029.68	1534.22
□ 010101002001	项	m3	5687.26	14.07	0.00	0.00	0	0	0	0		0
□ 010101004001	项	m3	31.65	19.06	0.00	0.00	0	0	0	0		0

图 4-10　手动输入平整场地清单工程量

除了手动输入的方法，软件还提供了三种批量导入外部数据的方法，即导入验工计价历史文件（GPV5 文件）、导入预算历史文件（GBQ5 文件）及导入 Excel（Excel 文件），如图 4-11 所示。其中，"导入验工计价历史文件"适用于：总包方的预算人员利用软件编制本期的上报量后，提交给甲方或监理审核，甲方或监理审核并修改后再返给预算人员，预算人员可以将此工程文件通过"导入验工计价历史文件"功能导入软件，实现当期工程量的及时更新。

图 4-11 批量导入外部数据的三种方法

（3）提取未完工程量。若前三期工程量已经输入完成，则使用"提取未完工程量"功能，可以直接提取"第 4 期"工程量。单击鼠标右键，选择"提取未完工程量"，此时剩余的合同工程量就被快速地提取过来，如图 4-12 所示。软件会自动统计出截至当前"累计完成量""累计完成合价""累积完成比例（%）"以及"未完工程量"。

	编码	类别	第3期量	★第4期量	第1期比例(%)	第2期比例(%)
3	⊞ 010101004001	项	0.00	0.00	100	0
B3	⊟ A.1.3	部				
4	⊞ 010103001001	项	0			00
5	⊞ 010103001002	项	0.00	页面显示列设置		00
B2	⊟ A.4	部		隐藏清单		
B3	⊟ A.4.1	部		取消隐藏		
6	⊞ 010401003001	项	26.88	插入批注		0
7	⊞ 010401003002	项	0.55	提取未完工程量		0
8	⊞ 010401008001	项	100.25	批量设提取未完工程量		38
9	⊞ 010401008002	项	251.70	复制格子内容 Ctrl+Shift+C		49
10	⊞ 010401008003	项	6.05			0
11	⊞ 010401008004	项	18.23	0.00	0	0

图 4-12 提取未完工程量

（4）查看多期工程量。如果需要将第 1～4 期工程量全部显示出来，以便对比工程量，则需要单击"查看多期"，在弹出的"查看多期"对话框中勾选要查看的分期，单击"确定"按钮，进度期会自动呈现出来，如图 4-13 所示。

图 4-13　查看多期工程量

　　（5）红色预警问题项目。当施工单位申报的工程量超过合同工程量时，软件中的数据会自动红色预警显示。通过红色预警项，可以查看出现问题的项目，以便寻找超量原因，如图 4-14 所示。

编码	类别	第3期合价	第4期合价	累计完成量	累计完成合价	累计完成比例(%)	未完工程量
⊞ 010801001001	项	23432.64	18746.11	75.6	42176.75	100	0
⊞ 010801001002	项	10256.27	22221.93	59.85	32478.2	100	0
⊞ 010801004001	项	2207.24	1471.49	5.5	3678.73	100	0
⊞ 010801004002	项	8950.03	5966.69	24	14916.72	200	-12
⊟ A.8.2	部	21519.25	18653.33		40372.58		
⊞ 010802001001	项	2734.52	2734.52	12.6	5469.04	200	-6.3
⊞ 010802001002	项	3122.41	3122.41	12.6	6244.82	200	-6.3
⊞ 010802003001	项	10830.33	12996.4	27.72	23826.73	100	0
⊞ 010802003002	项	1974.99	0	2.1	1974.99	105	-0.1
⊞ 010802003003	项	2857	0	3.78	2857	100	0
⊟ A.8.7	部	146673.55	211345.34		358018.89		
⊞ 010807001001	项	44447.71	96976.83	170.1	141424.54	100.06	-0.1
⊞ 010807001002	项	86161.19	86161.19	311.04	172322.38	100.01	-0.04
⊞ 010807001003	项	8730.53	0	8.1	8730.53	100	0
⊞ 010807001004	项	0	5384.43	6.48	5384.43	112.5	-0.72
⊞ 010807001005	项	0	3589.62	4.32	3589.62	100	0
⊞ 010807001006	项	0	565.04	0.68	565.84	100	0
⊞ 010807007001	项	9334.12	18668.23	43.74	28002.35	100	0
⊟ A.9	部	334755.95	7619.9		660328.81		

图 4-14　红色预警问题项目

6. 上报措施项目工程量

（1）将界面切换至"措施项目"，再切换分期为"第 1 期"，在措施项目中有"计量方式"这一列，可以全部选中措施项目清单，对计量方式进行统一调整，也可单独进行逐条调整。

（2）修改总价措施中安全文明施工的计量方式。根据合同约定，过程中工程计量应不考虑安全文明施工费，安全文明施工费在开工前一次性100％拨付，过程中不抵扣，直到竣工结算时，才会根据完成的总工程量，重新核定安全文明施工费的支付情况。由于安全文明施工费在进场前，建设单位已经一次性拨付给施工单位，过程中又不进行抵扣，所以在期中结算时，各月进度款应不包含安全文明施工费。因此，安全文明施工包括措施项目的计量方式选择"手动输入比例"，这样，第1期合价至第4期合价均为零，满足实际情况，如图4-15所示。

| 分部分项 | 措施项目 | 其他项目 | 人材机调整 | 费用汇总 |

序号	类别	名称	单位	组价方式	计算基数	基数说明	费率(%)	合同工程量	合同单价	★计量方式	第1期合价	第2期合价	第3期合价	★第4期合价
一		总价措施									0	0	0	0
011T0T00 1001		安全文明施工	项	子措施组价				1	345696.84		0	0	0	0
1.1		环境保护	项	计算公式组价	ZJF+ZCF+SBF +JSCS_ZJF +JSCS_ZCF +JSCS_SBF	分部分项直接费+分部分项主材费+分部分项设备费+技术措施项目直接费+技术措施项目主材费+技术措施项目设备费	1.23	1	76752.19	手动输入比例	0	0	0	0
1.2		文明施工	项	计算公式组价	ZJF+ZCF+SBF +JSCS_ZJF +JSCS_ZCF +JSCS_SBF	分部分项直接费+分部分项主材费+分部分项设备费+技术措施项目直接费+技术措施项目主材费+技术措施项目设备费	0.69	1	43056.11	手动输入比例	0	0	0	0
1.3		安全施工	项	计算公式组价	ZJF+ZCF+SBF +JSCS_ZJF +JSCS_ZCF +JSCS_SBF	分部分项直接费+分部分项主材费+分部分项设备费+技术措施项目直接费+技术措施项目主材费+技术措施项目设备费	1.33	1	82992.2	手动输入比例	0	0	0	0
1.4		临时设施	项	计算公式组价	ZJF+ZCF+SBF +JSCS_ZJF +JSCS_ZCF +JSCS_SBF	分部分项直接费+分部分项主材费+分部分项设备费+技术措施项目直接费+技术措施项目主材费+技术措施项目设备费	2.29	1	142896.34	手动输入比例	0	0	0	0

图4-15 安全文明施工包括的措施项目的计量方式

（3）修改总价措施中通用措施费的计量方式。通用措施费中，所有以"项"为单位的措施费都是按照一定的"取费基数×费率"来计算的，在进度计量时应维持这一原则。在实际情况下，通用措施费会随着清单项实体工作量的变化而变化。因此，通用措施费包括措施项目的计量方式选择"按分部分项完成比例"，如图4-16所示。

（4）修改单价措施中所有项目的计量方式。在实际情况下，单价措施费会随着清单项实体工作量的变化而变化。因此，单价措施包括措施项目的计量方式选择"按分部分项完成比例"，如图4-17所示。

（5）如果需要在软件中体现措施项目的明细，则首先需要将其计量方式改为"按实际发生"，再单击"编辑费用明细"，在弹出的对话框中第一行位置处单击鼠标右键，选择"插入费用行"，输入"序号""名称""单位""第×期量"和"第×期单价"，如图4-18所示。

序号	类别	名称	单位	组价方式	计算基数	基数说明	费率(%)	合同工程量	合同单价	★计量方式
1.4		临时设施	项	计算公式组价	ZJF+ZCF+SBF+JSCS_ZJF+JSCS_ZCF+JSCS_SBF	分部分项直接费+分部分项主材费+分部分项设备费+技术措施项目直接费+技术措施项目主材费+技术措施项目设备费	2.29	1	142896.34	手动输入比例
011707002001		夜间施工	项	计算公式组价				1	0	按分部分项完成比例
011707003001		非夜间施工照明	项	计算公式组价				1	0	按分部分项完成比例
011707004001		二次搬运	项	计算公式组价				1	0	按分部分项完成比例
011707005001		冬雨季施工	项	计算公式组价				1	0	按分部分项完成比例
011707006001		地上、地下设施、建筑物的临时保护设施	项	计算公式组价				1	0	按分部分项完成比例
011707007001		已完工程及设备保护	项	计算公式组价				1	0	按分部分项完成比例

图 4-16 通用措施包括的措施项目的计量方式

当前期：第1期　起：2017-03-01　至：2017-03-31　添加分期　查看多期　单期上报　编辑实物量明细　编辑费用明细　计量方式　○ 手动输入比例　● 按分部分项完成比例　○ 按实际发生

分部分项　措施项目　其他项目　人材机调整　费用汇总

序号	类别	名称	单位	组价方式	计算基数	基数说明	费率(%)	合同工程量	合同单价	★计量方式
	□二			单价措施						
12			项	可计量清单				1	0	按分部分项完成比例
13	⊞ 011701001001	综合脚手架	m2	可计量清单				4643.3	20.07	按分部分项完成比例
14	⊞ 011701003001	里脚手架	m2	可计量清单				4180.99	12.32	按分部分项完成比例
15	⊞ 011702001001	基础	m2	可计量清单				189.6	32.34	按分部分项完成比例
16	⊞ 011702002001	矩形柱	m2	可计量清单				1041.51	65.9	按分部分项完成比例
17	⊞ 011702002002	矩形柱 TZ	m2	可计量清单				36	65.55	按分部分项完成比例
18	⊞ 011702003001	构造柱	m2	可计量清单				557.14	57.33	按分部分项完成比例
19	⊞ 011702004001	异形柱	m2	可计量清单				122.89	81.12	按分部分项完成比例
20	⊞ 011702005001	基础梁	m2	可计量清单				366.1	69.96	按分部分项完成比例
21	⊞ 011702006001	矩形梁	m2	可计量清单				1494.45	93.37	按分部分项完成比例

图 4-17 单价措施包括的措施项目的计量方式

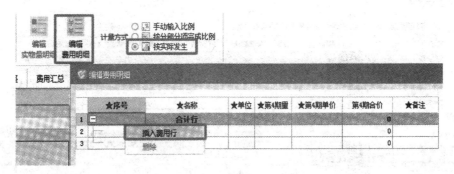

图 4-18 编辑费用明细

7. 上报其他项目工程量

（1）将界面切换至"其他项目"，再切换分期为"第1期"，在其他项目中有"计量方式"这一列，可以全部选中其他项目清单，对计量方式进行统一调整，也可以单独进行逐条调整。值得注意的是，根据合同约定，由于暂列金额和专业工程暂估价都是暂估金额，因此在进度计量时不宜计算进度款。但出现以下情况可以作为进度款计量。

1）暂列金额和专业工程暂估价已经实际发生。

2）暂列金额和专业工程暂估价部分已经建设单位根据图纸、合同确认具体金额。

以上两个条件均需满足，方能作为进度款进行计量，否则应纳入结算款调整范畴。

（2）由合同可知，暂列金额为80万元，因此暂列金额的计量方式选择"手动输入比例"，并保证第1期比例至第4期比例均为零，如图4-19所示。

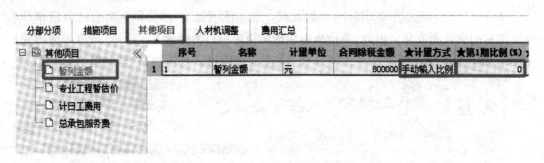

图 4-19　选择暂列金额的计量方式

（3）由合同可知，60万元的幕墙工程为专业工程暂估价，因此专业工程暂估价的计量方式选择"手动输入比例"，并保证第1期比例至第4期比例均为零，如图4-20所示。

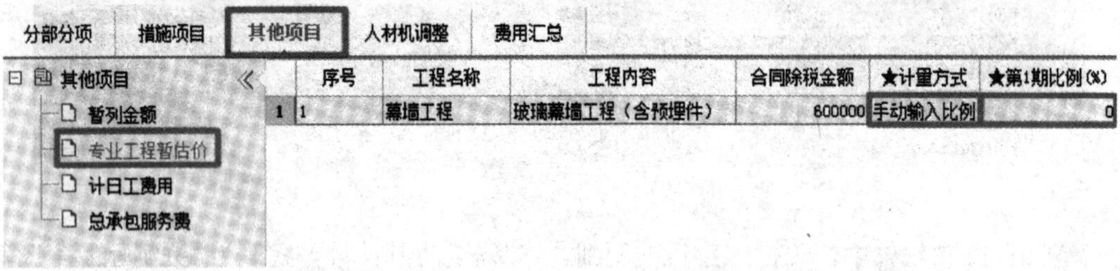

图 4-20　选择专业工程暂估价的计量方式

（4）根据劳动力计划，手动输入计日工费用中的各期工程量，如图4-21所示。

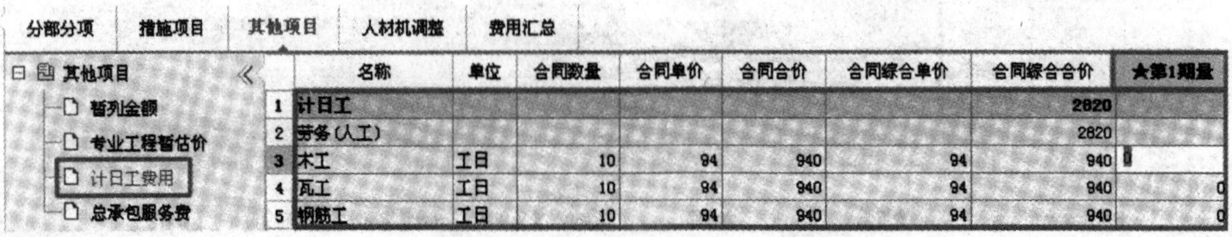

图 4-21　输入计日工费用中各期工程量

8. 人材机调整

（1）设置风险幅度范围。合同约定："钢材、混凝土、电缆、电线材料价格变化幅度在±5%以内（含）由承包人承担或受益。上述未涉及的其他材料、机械，价格变化的风险也全部由承包人承担或受益。人工费价格变化幅度在±5%以内（含）由承包人承担或受益"。由合同可知，风险幅度范围为±5%以内（含）。

将界面切换至"人材机调整"，单击"风险幅度范围"按钮，在弹出的"设置风险幅度范围"对话框中输入合同约定的风险幅度范围，即−5%～5%，如图 4-22 所示。

（2）确定调差方法。软件中有四种调差方法，即造价信息价格差额调整法、当期价与基期价差额调整法、当期价与合同价差额调整法、价格指数差额调整法，可以根据工程实际情况进行选择。这里采用"造价信息价格差额调整法"，如图 4-23 所示。

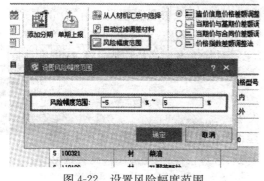

图 4-22　设置风险幅度范围

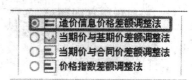

图 4-23　四种调差方法

（3）进行人工调差。首先进行人工调差。单击左侧"人工调差"，再单击"从人材机汇总中选择"，在弹出的"从人材机汇总中选择"对话框中对所有人、材、机进行过滤。现在只需对人工进行调差，因此只勾选"人工"，然后按照合同约定，选择需要调整的人工，勾选完毕后单击"确定"按钮，如图 4-24 所示。工程中，如果个别风险幅度范围不一致，则可以双击风险幅度范围，在弹出的"风险幅度范围"对话框中进行修改，如图 4-25 所示。

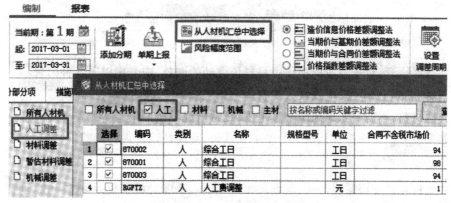

图 4-24　人工调差

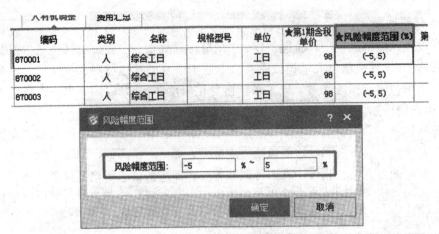

图 4-25　个别修改风险幅度范围

（4）进行材料调差。接着进行材料调差。单击左侧"材料调差"，有两种方法可以进行材料调差：一是选择"从人材机汇总中选择"，对所有人、材、机进行过滤，现在只需对材料进行调差，因此只勾选"材料"，然后按照合同约定，选择需要调整的主材进行调差；二是选择"自动过滤调差材料"，在弹出的"自动过滤调差材料"对话框中显示出三种设置方式，此处选择"合同计价文件中主要材料、工程设备"，如图 4-26 所示。

需要特别注意的是，对于原投标报价中材料价波动的调整，应考虑以下三种因素。

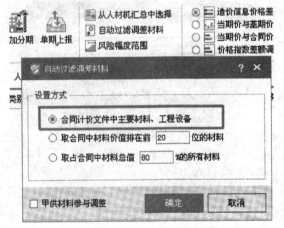

图 4-26　材料调差

1）钢材、混凝土、电缆、电线及人工费应考虑风险幅度范围影响。

2）其他材料，不需要考虑风险幅度范围，正常情况下按照信息价调整即可。

3）如果甲方对某项提高档次进行了单独认价，则应按认价进行调整。

（5）设置调差周期。某些工程在进度报量过程中，会要求每半年或一季度对材料统一调差一次，遇到这种情况时，可以单击"设置调差周期"进行调差周期设置，如图 4-27 所示。

图 4-27　设置调差周期

（6）确定材料价格。确定材料价格有以下两种方法。

第一种方法是通过批量载价来完成。单击"载价"，选择"当期价批量载价"，在弹出的"批量载价"对话框中，可以选择信息价、市场价以及专业测定价，并选择要载入的价格的具体时间，工程中如果涉及"加权平均"和"量价加权"，可以单击相应的复选框，如图 4-28 和图 4-29 所示。

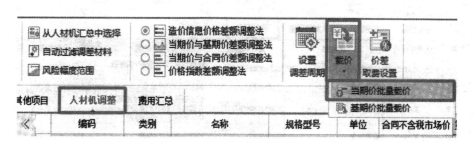

图 4-28　载价

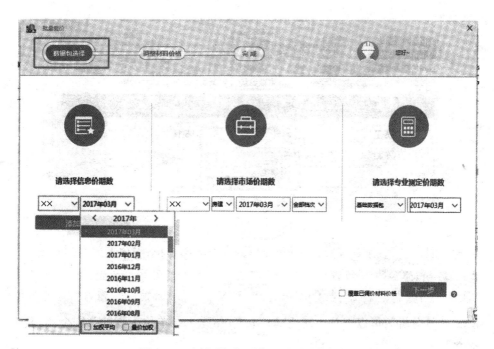

图 4-29　选择"加权平均"及"量价加权"

第二种方法为手动输入，可以手动输入某一材料的不含税基价或者含税基期价。若单元格的底色变为黄色，则说明风险幅度超过设置的风险幅度范围，对于超出部分，软件会自动计算出单位价差、价差合计和累计价差，如图 4-30 所示。

编码	类别	名称	规格型号	单位	★不含税基期价	★含税基期价	★结算税率(%)	★第3期不含税单价	★第3期含税单价	★风险幅度范围(%)	第3期单价涨/跌幅(%)	第3期单位价差	第3期价差合计	累计价差
840004	材	其他材…		元	1	1	0	1	1	(-5,5)	0	0	0	0
840006	材	水		t	6.21	6.21	0	6.21	6.21	(-5,5)	0	0	0	0
840007	材	电		kw.h	0.98	0.98	0	0.84	0.98	(-5,5)	-14.29	-0.091	-1424.59	-4273.77
840027	材	摊销材…		元	1	1	0	1	1	(-5,5)	0	0	0	0
400001	商砼	C25预拌…		m3	390	400	0	390	400	(-5,5)	0	0	0	71.37

图 4-30　风险幅度超过设置的风险幅度范围显示黄色

通过"载价"或者"手动输入"这两种方法确定材料价格后，切换到"费用汇总"界面，在"价差税金"处，第1期合价是有数据的，但是在"价差规费"处，第1期合价的数据为零，如图 4-31 所示。如果规费也需要取价差，则此时需要切换至"人材机调整"界面，单击"价差取费设置"，把"材料"的计费模式改为"计规费和税金"，再单击"确定"按钮即可，如图 4-32 所示。重新回到"费用汇总"界面查看，此时规费便计取了价差。

	★序号	★费用代号	★名称	★计算基数	★基数说明	★费率(%)	合同金额	第1期合价
19	7	JCJJ	价差取费合计	JDJC+JCGF+JCSJ	进度价差+价差规费+价差税金	0.00		-6,639.65
20	7.1	JDJC	进度价差	JL_JDJCJJ	验工计价价差合计	0.00		-5,981.67
21	7.2	JCGF	价差规费	JCD1+JCD2+JCD3	价差取社会保险费+价差取住房公积金费+价差取其中：农民工工伤保险费	0.00		0.00
25	7.3	JCSJ	价差税金	JDJC+JCGF	进度价差+价差规费	11	0.00	-657.98

图 4-31　查看费用汇总

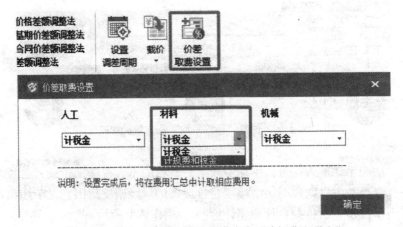

图 4-32　修改"材料"的计费模式为"计规费和税金"

9. 查看造价分析

单击"造价分析",可以查看土建、装饰、电气、给排水各单位工程的合同金额,以及验工计价中累计已完金额、已完比例(%),人材机调整金额,累计完成(含人材机调整)金额。从造价分析中可以看出,装饰、电气、给排水各单位工程的验工计价已完成,而土建工程的验工计价未完成,已完比例为 96.29%,这是由于根据施工图计算出的钢筋和钢筋接头的工程量与合同中的工程量不一样所致,如图 4-33 所示。

造价分析

| | 序号 | 项目名称 | 合同金额 | 验工计价（不含人材机调整） | | 人材机调整 | 累计完成（含人材机调整） |
				累计已完	已完比例（%）	合计	
1	1	办公大厦投标土建	8594418.41	8275444.9	96.29	37351.69	8312796.59
2	2	办公大厦投标装饰工程	3910660.79	3910738.24	100	84469.77	3995206.01
3	3	电气工程-投标报价	478825.28	479446.99	100.13	923.99	480370.98
4	4	给排水工程-投标报价	219741.21	219741.19	100	700.8	220441.99
5							
6		合计	13203645.69	12885369.32	97.59	123446.25	13008815.57

图 4-33　查看造价分析

10. 修改合同清单

在实际工程施工过程中,可能会遇到工程有大的变更或补充协议,甲方要求修改合同的情况。修改合同清单的方法如下。

(1)单击"修改合同清单"按钮,显示出修改合同清单页面,如图 4-34 所示。

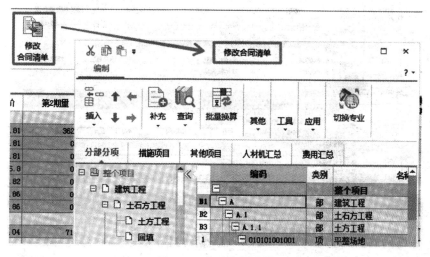

图 4-34　修改合同清单

（2）在打开的合同清单中，可以插入和删除清单及子目，如图 4-35 所示；可以进行批量换算，如图 4-36 所示；也可以直接进行个别修改，如"含量""工程量""综合单价"以及"工料机显示"中的"含量""数量""含税预算价""不含税市场价"等，如图 4-37所示。

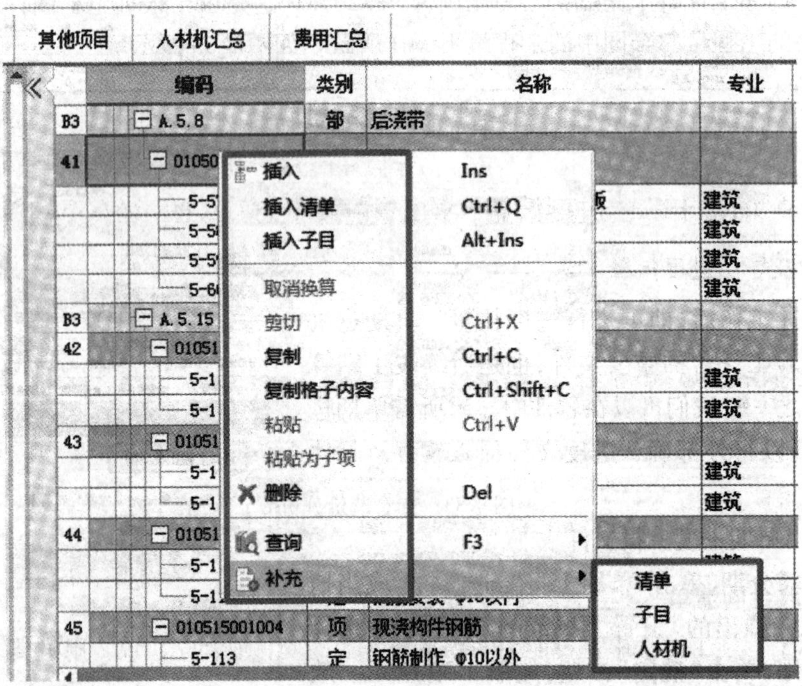

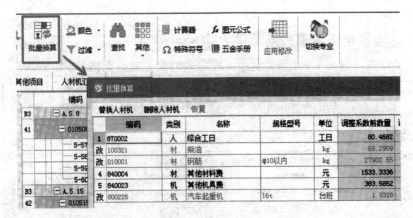

图 4-35　插入和删除清单及子目

图 4-36　批量换算

编码	类别	名称	专业	项目特征	单位	含量	工程量	综合单价
		整个项目						
A	部	建筑工程						
A.1	部	土石方工程						
A.1.1	部	土方工程						
010101001001	项	平整场地		1.土壤类别：三类干土	m2		1029.66	1.47
1-2	定	平整场地 机械	建筑		m2	1	1029.66	1.47
010101002001	项	挖一般土方		1.土壤类别：三类干土 2.挖土深度：5m以内 3.弃土运距：1300以内	m3		5867.28	13.99
1-5	定	打钎拍底	建筑		m2	0.1902547	1127.53	4.75
1-6	定	机挖土方 槽深5m以内 运距1km以内	建筑		m3	1	5867.28	13.05
010101004001	项	挖基坑土方		1.土壤类别：三类干土 2.挖土深度：6m以内 3.弃土运距：1300以内	m3		31.65	18.86
1-5	定	打钎拍底	建筑		m2	0.6274862	19.86	4.75
1-21	定	机挖基坑 运距1km以内	建筑		m3	1	31.65	15.86
A.1.3	部	回填						
010103001001	项	回填方		1.回填方式：夯填 2.填方材料品种：素土 3.回填类别：基础回填 4.密实度要求：压实系数不小	m3		597	44.72

编码	类别	名称	规格及型号	单位	损耗率	含量	数量	含税预算价	不含税市场价	含税市场价	税率	合价	是否
870001	人	综合工日		工日	0.007	7.2078		74.3		98	98	0	706.36	
100321	材	柴油		kg	0.0382	39.3338		8.98	6.42	7.51	0	252.52	
900074	机	推土机	综合	台班	0.0007	0.7208		452.7	452.7	452.7	0	326.31	
840023	机	其他机具费		元	0.019	19.5639		1		1	0	19.56	

图 4-37　个别修改

11. 进度报量，输出报表

（1）导入及导出进度报量文件。完成上述工作后，即可进行进度报量。单期进度报量文件是验工计价的重要文件，也是后续竣工结算的重要文件之一。我们可以在软件中导出所需的单期进度文件，也可以将外部确认进度文件导入软件。具体操作方法如下。

1）导出单期进度上报文件。选择所需分期，单击"单期上报"，选择"生成当期进度文件"，在弹出的"设置上报范围"对话框中选择上报工程范围，单击"确定"按钮，如图 4-38 所示。软件会弹出"导出单期上报工程"对话框，文件名为"办公大厦投标报价（第 1 期进度）"，单击"保存"按钮，如图 4-39 所示。软件会提示"导出上报工程完成！"，单击"确定"按钮即可。

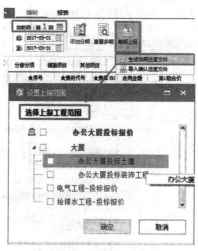

图 4-38　选择上报工程范围

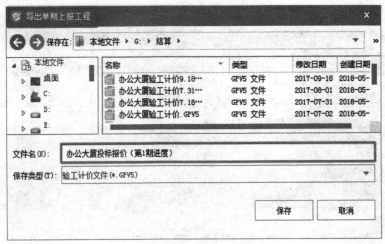

图 4-39　导出单期进度上报文件

2) 导入确认进度文件。选择所需分期，单击"单期上报"，选择"导入确认进度文件"（见图 4-40），在弹出的对话框中选择文件并单击"确定"按钮即可完成进度文件的导入。

图 4-40　导入确认进度文件

（2）查看并输出报表。单击左侧建立好的项目、单项工程或单位工程名称，再单击"报表"，可以查看工程所需报表，并进行批量导出及打印，如图 4-41 所示。

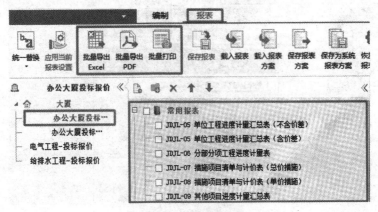

图 4-41　查看并输出报表

第五章

工程项目结算与决算阶段造价管理

第一节 工 程 结 算

工程结算是指发承包双方根据国家有关法律、法规规定和合同约定，对合同工程实施中、终止时、已完工后的工程项目进行的合同价款计算、调整和确认。一般工程结算可以分为定期结算、分段结算、年终结算和竣工结算等方式。

定期结算是指定期由承包方提出已完成的工程进度报表，连同工程价款结算账单，经发包方签证后，办理工程价款结算；分段结算是指以单项（或单位）工程为对象，按其施工形象进度划分为若干施工阶段，按阶段进行工程价款结算；年终结算是指单位工程或单项工程不能在本年度竣工，为了正确统计施工企业本年度的经营成果和建设投资完成情况，对正在施工的工程进行已完成和未完成工程量盘点，结清本年度的工程价款。从严格意义上讲，工程定期结算、工程分段结算、工程年终结算都属于工程进度款的期中支付结算。本节重点介绍工程竣工结算相关内容。

工程竣工结算是指工程项目完工并经竣工验收合格后，发承包双方按照施工合同的约定对所完成工程项目进行的合同价款的计算、调整和确认。工程竣工结算分为建设项目竣工总结算、单项工程竣工结算和单位工程竣工结算。单项工程竣工结算由单位工程竣工结算组成，建设项目竣工总结算由单项工程竣工结算组成。

一、工程竣工结算的编制和审核

单位工程竣工结算由承包人编制，发包人审查；实行总承包的工程，由具体承包人编制，在总包人审查的基础上，发包人审查。单项工程竣工结算或建设项目竣工总结算由总（承）包人编制，发包人可以直接进行审查，也可以委托具有相应资质的工程造价咨询机构进行审查。政府投资项目由同级财政部门审查。单项工程竣工结算或建设项目竣工总结算经发包人、承包人签字盖章后有效。承包人应在合同约定期限内完成项目竣工结算编制工作，未在规定期限内完成的，并且无法提出正当理由延期的，责任自负。

1. 工程竣工结算的编制依据

工程竣工结算由承包人或受其委托具有相应资质的工程造价咨询人编制，由发包人或受其委托具有相应资质的工程造价咨询人核对。工程竣工结算编制的主要依据如下。

（1）建设工程工程量清单计价规范以及各专业工程工程量清单计算规范。

（2）工程合同。

（3）发承包双方实施过程中已确认的工程量及其结算的合同价款。

（4）发承包双方实施过程中已确认调整后追加（减）的合同价款。

（5）建设工程设计文件及相关资料。

（6）投标文件。

（7）其他依据。

2. 工程竣工结算的计价原则

在采用工程量清单计价的方式下，工程竣工结算的编制应当规定的计价原则如下。

（1）分部分项工程和措施项目中的单价项目应依据双方确认的工程量与已标价工程量清单的综合单价计算；发生调整的，以发承包双方确认调整的综合单价计算。

（2）措施项目中的总价项目应依据合同约定的项目和金额计算；发生调整的，以发承包双方确认调整的金额计算，其中安全文明施工费必须按照国家或省级、行业建设主管部门的规定计算。

（3）其他项目应按以下规定计价。

1）计日工应按发包人实际签证确认的事项计算。

2）暂估价应按发承包双方按照《建设工程工程量清单计价规范》（GB 50500—2013）的相关规定计算。

3）总承包服务费应依据合同约定金额计算，发生调整的，以发承包双方确认调整的金额计算。

4）施工索赔费用应依据发承包双方确认的索赔事项和金额计算。

5）现场签证费用应依据发承包双方签证资料确认的金额计算。

6）暂列金额应减去工程价款调整（包括索赔、现场签证）金额计算，如有余额归发包人。

（4）规费和增值税应按照国家或省级、行业建设主管部门的规定计算。

此外，发承包双方在合同工程实施过程中已经确认的工程计量结果和合同价款，在竣工结算办理中应直接进入结算。

采用总价合同的，应在合同总价基础上，对合同约定能调整的内容及超过合同约定范围的风险因素进行调整；采用单价合同的，在合同约定风险范围内的综合单价应固定不变，并应按合同约定进行计量，且应按实际完成的工程量进行计量。

3. 竣工结算的审核

（1）国有资金投资建设工程的发包人，应当委托具有相应资质的工程造价咨询机构对竣工结算文件进行审核，并在收到竣工结算文件后的约定期限内向承包人提出由工程造价咨询机构出具的竣工结算文件审核意见；逾期未答复的，按照合同约定处理，合同没有约定的，竣工结算文件视为已被认可。

（2）非国有资金投资的建筑工程发包人，应当在收到竣工结算文件后的约定期限内予以答复，逾期未答复的，按照合同约定处理，合同没有约定的，竣工结算文件视为已被认可；发包人对竣工结算文件有异议的，应当在答复期内向承包人提出，并且可以在提出异议之日起的约定期限内与承包人协商；发包人在协商期内未与承包人协商或者经协商未能与承包人达成协议的，应当委托工程造价咨询机构进行竣工结算审核，并在协商期满后的约定期限内向承包人提出由工程造价咨询机构出具的竣工结算文件审核意见。

（3）发包人委托工程造价咨询机构核对竣工结算的，工程造价咨询机构应在规定期限内核对完毕，核对结论与承包人竣工结算文件不一致的，应提交给承包人复核，承包人应在规定期限内将同意核对结论或不同意见的说明提交给工程造价咨询机构。工程造价咨询机构收到承包人提出的异议后，应再次复核，复核无异议的，发承包双方应在规定期限内在竣工结算文件上签字确认，竣工结算办理完毕；复核后仍有异议的，对于无异议部分办理不完全竣工结算；有异议部分由发承包双方协商解决，协商不成的，按照合同约定的争议解决方式处理。

承包人逾期未提出书面异议的，视为工程造价咨询机构核对的竣工结算文件已经承包人认可。

（4）接受委托的工程造价咨询机构从事竣工结算审核工作通常应包括以下三个阶段。

1）准备阶段。准备阶段应包括收集、整理竣工结算审核项目的审核依据资料，做好送审资料的交验、核实、签收工作，并应对资料的缺陷向委托方提出书面意见及要求。

2）审核阶段。包括现场踏勘核实，召开审核会议，澄清问题，提出补充依据性资料和必要的弥补性措施，形成会议纪要，进行计量、计价审核与确定工作，完成初步审核报告。

3）审定阶段。包括就竣工结算审核意见与承包人和发包人进行沟通，召开协调会议，处理分歧事项，形成竣工结算审核成果文件，签认竣工结算审定签署表，提交竣工结算审核报告等工作。

（5）竣工结算审核的成果文件应包括竣工结算审核书封面、签署页、竣工结算审核报告、竣工结算审定签署表、竣工结算审核汇总对比表、单项工程竣工结算审核汇总对比表、单位工程竣工结算审核汇总对比表等。

（6）竣工结算审核应采用全面审核法。除委托咨询合同另有约定外，不得采用重点审核法、抽样审核法或类比审核法等其他方法。

4. 质量争议工程的竣工结算

发包人对工程质量有异议拒绝办理工程竣工结算时，应按以下规定执行。

（1）已经竣工验收或已竣工未验收但实际投入使用的工程，其质量争议按该工程保修合同执行，竣工结算按合同约定办理。

（2）已竣工未验收且未实际投入使用的工程以及停工、停建工程的质量争议，双方应就有争议的部分委托有资质的检测鉴定机构进行检测，根据检测结果确定解决方案，或按工程质量监督机构的处理决定执行后办理竣工结算，无争议部分的竣工结算按合同约定办理。

二、竣工结算款的支付

工程竣工结算文件经发承包双方签字确认的，应当作为工程结算的依据，未经对方同意，另一方不得就已生效的竣工结算文件委托工程造价咨询机构重复审核。发包方应当按照竣工结算文件及时支付竣工结算款。竣工结算文件应当由发包人报工程所在地县级以上地方人民政府住房城乡建设主管部门备案。

1. 承包人提交竣工结算款支付申请

承包人应根据办理的竣工结算文件，向发包人提交竣工结算款支付申请。该申请应包括以下内容。

（1）竣工结算合同价款总额。

（2）累计已实际支付的合同价款。

（3）应扣留的质量保证金。

（4）实际应支付的竣工结算款金额。

2. 发包人签发竣工结算支付证书

发包人应在收到承包人提交竣工结算款支付申请后的约定期限内予以核实，向承包人签发竣工结算支付证书。

3. 支付竣工结算款

发包人签发竣工结算支付证书后的约定期限内，按照竣工结算支付证书列明的金额向承包人支付结算款。

发包人在收到承包人提交的竣工结算款支付申请后的规定时间内不予核实，不向承包人签发竣工结算支付证书的，视为承包人的竣工结算款支付申请已被发包人认可；发包人应在收到承包人提交竣工结算款支付申请的规定时间内，按照承包人提交的竣工结算款支付申请列明的金额向承包人支付结算款。

发包人未按照规定的程序支付竣工结算款的，承包人可以催告发包人支付，并有权获得延迟支付的利息。发包人在竣工结算支付证书签发后或者在收到承包人提交的竣工结算款支付申请规定时间内仍未支付的，除法律另有规定外，承包人可与发包人协商将该工程折价，也可以直接向人民法院申请将该工程依法拍卖。承包人就该工程折价或拍卖的价款优先受偿。

三、合同解除的价款结算与支付

发承包双方协商一致解除合同的，按照达成的协议办理结算并支付合同价款。

1. 不可抗力解除合同

由于不可抗力解除合同的，发包人除应向承包人支付合同解除之日前已完成工程但尚未支付的合同价款外，还应支付以下金额。

（1）合同中约定应由发包人承担的费用。

（2）已实施或部分实施的措施项目应付价款。

（3）承包人为合同工程合理订购且已交付的材料和工程设备货款。发包人一经支付此项货款，该材料和工程设备即成为发包人的财产。

（4）承包人撤离现场所需的合理费用，包括员工遣送费和临时工程拆除、施工设备运离现场的费用。

（5）承包人为完成合同工程而预期开支的任何合理费用，且该项费用未包括在本款其他各项支付之内。

发承包双方办理结算合同价款时，应扣除合同解除之日前发包人应向承包人收回的价款。当发包人应扣除的金额超过了应支付的金额时，承包人应在合同解除后的约定期限内将其差额退还给发包人。

2. 违约解除合同

（1）承包人违约。承包人违约解除合同的，发包人应暂停向承包人支付任何价款。发包人应在合同解除后的规定时间内核实合同解除时承包人已完成的全部合同价款以及按施工进度计划已运至现场的材料和工程设备货款，按合同约定核算承包人应支付的违约金以及造成损失的索赔金额，并将结果通知承包人。发承包双方应在规定时间内予以确认或提出意见，并办理结算合同价款。如果发包人应扣除的金额超过了应支付的金额，则承包人应在合同解除后的规定时间内将其差额退还给发包人。发承包双方不能就解除合同后的结算达成一致的，按照合同约定的争议解决方式处理。

（2）发包人违约解除合同的，发包人除应按照有关不可抗力解除合同的规定向承包人支付各项价款外，还需按合同约定核算发包人应支付的违约金以及给承包人造成损失或损害的索赔金额费用。该笔费用由承包人提出，发包人核实，在与承包人协商确定后的约定期限内向承包人签发支付证书。协商不能达成一致的，按照合同约定的争议解决方式处理。

四、最终结清

所谓最终结清，是指合同约定的缺陷责任期终止后，承包人已按合同规定完成全部剩余工作且质量合格的，发包人与承包人结清全部剩余款项的活动。

1. 最终结清申请单

缺陷责任期终止后，承包人已按合同规定完成全部剩余工作且质量合格的，发包人签发缺陷责任期终止证书，承包人可以按合同约定的份数和期限向发包人提交最终结清申请单，并提供相关证明材料，详细说明承包人根据合同规定已经完成的全部工程价款金额以及承包人认为根据合同规定应进一步支付的其他款项。发包人对最终结清申请单内容有异议的，有权要求承包人进行修正和提供补充资料，由承包人向发包人提交修正后的最终结清申请单。

2. 最终支付证书

发包人在收到承包人提交最终结清申请单后的规定时间内予以核实，向承包人签发最终支付证书。发包人未在约定时间内核实，又未提出具体意见的，视为承包人提交的最终结清申请单已被发包人认可。

3. 最终结清付款

发包人应在签发最终结清支付证书后的规定时间内，按照最终结清支付证书列明的金额向承包人支付最终结清款。最终结清付款后，承包人在合同内享有的索赔权利也自行终止。发包人未按期支付的，承包人可以催告发包人在合理的期限内支付，并有权获得延迟支付的利息。

最终结清时，如果承包人被扣留的质量保证金不足以抵减发包人工程缺陷修复费用的，承包人应承担不足部分的补偿责任。

最终结清付款涉及政府投资资金的，按照国库集中支付等国家相关规定和专用合同条款的约定办理。

承包人对发包人支付的最终结清款有异议的，按照合同约定的争议解决方式处理。

五、工程质量保证金的处理

1. 质量保证金的含义

根据《建设工程质量保证金管理办法》（建质〔2017〕138 号）的规定，建设工程质量保证金是指发包人与承包人在建设工程承包合同中约定，从应付的工程款中预留，用以保证承包人在缺陷责任期内对建设工程出现的缺陷进行维修的资金。缺陷是指建设工程质量不符合工程建设强制标准、设计文件，以及承包合同的约定。缺陷责任期是承包人对已交付使用合同工程承担合同约定缺陷修复责任的期限。缺陷责任期一般为一年，最长不超过两年，由发承包双方在合同中约定。

在《建设工程质量保证金管理暂行办法》（建质〔2017〕138 号）中规定：缺陷责任期从工程通过竣工验收之日起计算。由于承包人原因导致工程无法按规定期限进行竣工验收的，缺陷责任期从实际通过竣工验收之日起计算。由于发包人原因导致工程无法按规定期限竣工验收的，在承包人提交竣工验收报告 90 天后，工程自动进入缺陷责任期。

2. 工程质量保修范围和内容

发承包双方在工程质量保修书中约定建设工程的保修范围包括：地基基础工程、主体结构工程，屋面防水工程、有防水要求的卫生间、房间和外墙面的防渗漏，供热与供冷系统，电气管线、给排水管道、设备安装和装修工程，以及双方约定的其他项目。

具体保修的内容，双方在工程质量保修书中约定。

由于用户使用不当或自行修饰装修、改动结构、擅自添置设施或设备而造成建筑功能不良或损坏，以及因自然灾害等不可抗力造成的质量损害等，不属于保修范围。

3. 工程质量保证金的预留及管理

在《建设工程质量保证金管理暂行办法》（建质〔2017〕138 号）中规定：发包人应按照合同约定方式预留保证金，保证金总预留比例不得高于工程价款结算总额的 3％。合同约定由承包人以银行保函替代预留保证金的，保函金额不得高于工程价款结算总额的 3％。在工程项目竣工前，已经缴纳履约保证金的，发包人不得同时预留工程质量保证金。采用工程质量保证担保、工程质量保险等其他保证方式的，发包人不得再预留保证金。

缺陷责任期内，由承包人原因造成的缺陷，承包人应负责维修，并承担鉴定及维修费用。由他人原因造成的缺陷，发包人负责组织维修，承包人不承担费用，且发包人不得从保证金中扣除费用。

4. 质量保证金的返还

缺陷责任期内，承包人认真履行合同约定的责任，到期后，承包人向发包人申请返还保证金。

发包人和承包人对保证金预留、返还以及工程维修质量、费用有争议的，按承包合同约定的争议和纠纷解决程序处理。

第二节 竣 工 决 算

一、项目竣工决算的编制

（一）依据

项目竣工决算是指所有建筑建设项目竣工后，全过程工程咨询单位根据合同约定的要求，协助投资人按照国家规定编制的竣工决算报告。竣工决算应综合反映竣工项目从筹建开始至项目竣工交付使用为止的全部建设费用、投资效果以及新增资产价值，也是项目竣工验收报告的重要组成部分。项目竣工决算编制的主要依据如下。

（1）影响合同价款的法律、法规和规范性文件。

（2）项目计划任务书及立项批复文件。

（3）项目总概算书和单项工程概算书文件。

（4）经批准的设计文件以及设计交底、图纸会审资料。

（5）招标文件和最高投标限价。

（6）工程合同文件。

（7）项目竣工结算文件。

（8）工程签证、工程索赔等合同价款调整文件、各种设计变更。

（9）设备、材料调价文件记录。

（10）会计核算及财务管理资料，历年财务决算及批复文件。

（11）其他有关项目管理的文件。

（12）竣工档案资料。

（二）内容

竣工决算是以实物量和货币为单位，综合反映建筑项目或单项工程的实际造价和投资效益，核定交付使用财产和固定资产价值的文件，是建筑项目的财务总结，其内容主要包括以下几项。

（1）竣工决算的内容由文字和决算报表两部分组成。

（2）文字说明包括：工程概况，设计概算和基建计划执行情况，项目竣工财务决算说明书，各项技术经济指标完成情况，各项投资资金使用情况，建设成本和投资效益分析以及建设过程中的主要经验、存在问题和解决意见等。

（3）决算表格分大中型和小型项目两种。大中型项目竣工决算表包括：竣工工程概况表、竣工财务决算表、交付使用财产总表和交付使用财产明细。小型项目竣工决算表按上述内容合并简化为小型项目竣工决算总表和交付使用财产明细表，详见表 5-1。

表 5-1   **大中型项目竣工决算报表**

序号	类别	内容及要求
1	竣工工程概况表	①包括工程概况、设计概算和基本建设执行情况； ②主要反映竣工项目建筑的实际成本以及各项技术经济指标的完成情况，建筑工期和实物工程量完成情况，主要材料消耗情况、建筑成本分析和投资效果分析，新增生产能力和效益分析，建筑过程中主要经验、存在的问题和意见等
2	竣工财务决算表	①主要反映建筑项目的全部投资来源及其运用情况； ②资金来源是指项目全部投入的资金，包括国家预算拨款或贷款、利用外资、基建收入、专项资金和其他资金等； ③资金运用反映建筑项目从开始筹建到竣工验收的全过程中资金运用全面情况
3	交付使用财产总表和明细表	包括交付使用的固定资产构成情况（建安工程费用、设备费用和其他费用）和流动资金的详细情况

（三）程序

建设项目竣工决算的编制应遵循以下程序。

（1）收集、整理有关项目竣工决算依据。在项目竣工决算编制之前，应认真收集、整理各种有关的项目竣工决算的依据，做好各项基础工作，保证项目竣工决算编制的完整性。项目竣工决算的编制依据是研究报告、投资估算、设计文件、设计概算、批复文件、变更记录、招标标底、投标报价、工程合同、工程结算、调价文件、基建计划和竣工档案等各种工程文件资料。

（2）清理项目账务、债务和结算物资。项目账务、债务和结算物资的清理核对是保证项目竣工决算编制工作准确有效的重要环节。要认真核实项目交付使用资产的成本，做好各种账务、债务和结余物资的清理工作，做到及时清偿、及时回收。清理的具体工作要做到逐项清点、核实账目、整理汇总和妥善管理。

（3）填写项目竣工决算报告。项目竣工决算报告的内容是项目建筑成果的综合反映。项目竣工决算报告中各种财务决算表格中的内容应依据编制资料进行计算和统计，并符合规定。

（4）编写竣工决算说明书。项目竣工决算说明书具有建设项目竣工决算系统性的特点，综合反映项目从筹建开始到竣工交付使用为止，全过程的建筑情况，包括项目建筑成果和主要技术经济指标的完成情况。

（5）报上级审查。项目竣工决算编制完毕，应将编写的文字说明和填写的各种报表，经过反复认真校稿核对无误后装订成册，形成完整的项目竣工决算文件报告，及时上报审批。

竣工决算编制程序如图 5-1 所示。

根据审定的竣工决算等原始资料，对原概预算进行调整，重新核定单项工程、单位工程的造价。属于增加固定资产价值的其他投资，如工程措施费、维修费、土地征用及拆迁补偿费等，应分摊于受益工程，随同受益工程交付使用一并计入新增固定资产价值。

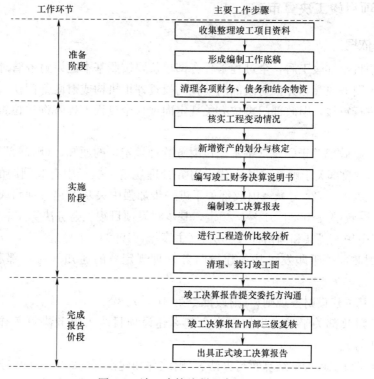

图 5-1　竣工决算编制程序

（四）注意事项

（1）竣工决算应分清项目的性质，项目不同依据的文件也不同，并依据对应的法规文件的特殊规定进行编制。

（2）严格按照财政部规定的内容和格式填制工程决算报告，概算明细及金额严格按照批准的设计、概算等文件进行填写，一般不允许更改。

（3）铁路、码头等建设项目的竣工决算报告，依据部委和行业规定，有特殊要求的，在按照财政部规定编制工程决算报告后，再按照部委和行业规定，编制特殊要求报告。

（4）基本报表、其他附表中的数据之间应具有严谨的逻辑关系，应注意保持一致。

（5）竣工决算是办理交付使用财产价值的依据。正确核定新增资产的价值，不仅有利于建设项目交付使用以后的财务管理，而且可以为建设项目进行经济后评估提供依据。新增资产主要包括流动资产、固定资产、无形资产、递延资产、其他资产。资产性质不同，其计价的方法也应不同。

（五）成果范例

项目竣工审核成果文件的格式要求应以符合现行的中国建设工程造价管理协会标准《建设项目工程结算编审规程》（中价协〔2010〕023号）的要求进行编制。

二、项目竣工决算审查

(一) 依据

建设项目全部竣工后，全过程工程咨询单位要按照基本建设财务管理制度要求及时编制项目竣工财务决算，并报财政部门委托的投资评审机构或财政部门认可的有资质的社会中介机构进行审核，财政部门再按有关规定向项目全过程工程咨询单位批复项目竣工财务决算。

依据《财政部关于印发〈基本建设财务管理规定〉的通知》(财政部和建设部〔2002〕394 号)、《财政部关于解释〈基本建设财务管理规定〉执行中有关问题的通知》(财政部和建设部〔2003〕724 号)、《财政部关于进一步加强中央基本建设项目竣工财务决算工作的通知》(财政部〔2008〕91 号) 规定，基本建设项目竣工财务决算编制依据如下。

(1)《中华人民共和国招标投标法》(主席令〔1999〕21 号)。

(2) 财政部关于印发《基本建设财务管理规定》的通知 (财政部和建设部〔2002〕394 号)。

(3)《基本建设财务规则》(财政部令第 81 号)。

(4)《财政部关于进一步加强中央基本建设项目竣工财务决算工作通知》(财政部〔2008〕91 号)。

(5)《建设工程价款结算暂行办法》(财政部和建设部〔2004〕369 号)。

(6)《工程造价咨询企业管理办法》(建设部〔2006〕149 号，中华人民共和国住房和城乡建设部令第 32 号修改)。

(7)《注册造价工程师管理办法》(建设部〔2006〕150 号，中华人民共和国住房和城乡建设部令第 32 号修改)。

(8) 基本建设项目竣工财务决算报表包括竣工财务决算说明书。

(9) 经批准的可行性研究报告、初步设计、概算及调整文件等相关文件。

(10) 历年下达的年度投资计划。

(11) 规划许可证书、施工许可证书或经批准的开工报告，竣工报告或停、复工报告。

(12) 会计核算及财务管理资料。

(13) 基本建设项目竣工验收资料。

(14) 招投标文件，项目合同 (协议) 包括勘察、设计、施工、监理、设备采购等合同。

(15) 工程结算报告书等有关资料。

(16) 项目剩余物资盘点资料。

(17) 其他有关资料等。

(二) 内容

全过程工程咨询单位应协助投资人接受审计部门的审计监督。其中重点协助审查的内容包括以下几项。

(1) 全过程工程咨询单位应当协助投资人接受审计机关对项目总预算或者概算执行、

年度预算执行情况的审计监督。

（2）全过程工程咨询单位应当协助投资人接受审计机关对项目建设程序、资金来源和其他前期工作的审计，也应当接受审计机关对于建设程序、建设资金筹集、征地拆迁等前期工作真实性和合法性的检查。

（3）全过程工程咨询单位应当协助投资人接受审计机关对建设资金管理与使用情况进行的审计。

（4）全过程工程咨询单位应当协助投资人接受审计机关根据需要对项目勘察、设计、施工、监理、采购、供货等方面招标投标和工程承发包情况的审计。

（5）全过程工程咨询单位应当协助投资人接受审计机关根据需要对于项目有关合同订立、效力、履行、变更和转让、终止的真实性和合法性的审计。

（6）全过程工程咨询单位应当协助投资人接受审计机关对于项目设备、材料采购、保管、使用真实性、合法性和有效性的审计。

（7）全过程工程咨询单位应当协助投资人接受审计机关对于项目概算执行情况及概算审批、执行、调整真实性和合法性的审计。

（8）全过程工程咨询单位应当协助投资人接受审计机关对于项目债权债务真实性和合法性的审计。

（9）全过程工程咨询单位应当协助投资人接受审计机关对于项目税费缴纳真实性和合法性的审计。

（10）全过程工程咨询单位应当协助投资人接受审计机关对于建设成本真实性和合法性的审计。

（11）全过程工程咨询单位应当协助投资人接受审计机关对于项目基本建设收入、结余资金的审计，应当接受形成和分配的真实性和合法性的检查。

（12）全过程工程咨询单位应当协助投资人接受审计机关对于工程结算和工程决算的审计，以及工程价款结算与实际完成投资真实性、合法性及工程造价控制的有效性的检查。

（13）全过程工程咨询单位应当协助投资人接受审计机关对于项目的交付使用资产的审计。

（14）全过程工程咨询单位应当协助投资人接受审计机关对于项目尾工工程的审计，以及检查未完工程投资的真实性和合法性。

（15）全过程工程咨询单位应当协助投资人接受审计机关对于投资人会计报表的审计，以及检查年度会计报表、竣工决算报表的真实性和合法性。

（16）全过程工程咨询单位应当协助投资人接受审计机关对于项目勘察、设计、施工、监理、采购、供货等单位的审计，以及检查项目勘察、设计、施工、监理、采购、供货等单位与国家建设项目直接有关的收费和其他财务收支事项的真实性和合法性。

（17）全过程工程咨询单位应当协助投资人接受审计机关对于项目工程质量管理的审计，以及检查勘察、设计、建设、施工和监理等单位资质的真实性和合法性，以及对工程质量管理的有效性。

（三）程序

建设项目竣工决算审核的具体步骤包括以下几步。

（1）全过程工程咨询单位配合审计部门对自身情况和项目的相关情况做深入了解以及对其进行风险评估。

（2）全过程工程咨询单位根据项目情况选派相应专业人员配合审计部门的审查与监督。

（3）全过程工程咨询单位配合审计部门收集项目立项、可行性研究报告、初步设计、投资计划、概算、工程决算报表、工程结算报告或建设内容调整等有关批复文件及资料。

（4）全过程工程咨询单位配合审计部门编制竣工决算审查实施方案。

（5）全过程工程咨询单位配合审计部门出具工程决算审核报告。

（6）审计部门对工程决算审核报告（初稿）通过三级复核，完成相关程序后出具正式报告。

竣工决算。审查流程如图 5-2 所示。

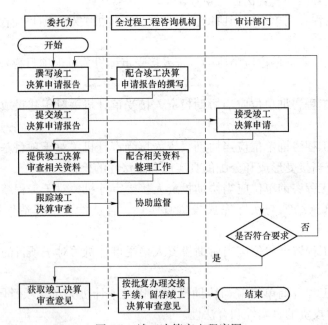

图 5-2　竣工决算审查程序图

竣工决算审核一般应采用全面审核法，也可以采用延伸审查等方法。具体审核方法主要包括以下几步。

（1）现场勘察。到建设项目现场实地查看，获取对项目的初步感性认识、核实相关工程量及根据竣工图核对实物存在状态。可以选择在项目现场施工阶段初期、中期或完成阶段前进行。

（2）审阅项目资料。对全过程工程咨询单位提供的批复文件、科目余额表、可行性研究报告、初步设计、招投标资料、合同、记账凭证、竣工结算书、工程决算报表等所有资料进行认真审阅。

（3）重新计算。对于项目建设期间的贷款利息和待摊费用的分配、招待费占投资人管理费的比例、结算中的主要工程量等重大事项费用必须进行重新计算。

（4）函证。对银行存款余额和资金往来余额必须进行函证。函证是指注册会计师为了获取影响财务报表或相关披露认定的项目的信息，通过直接来自于第三方对有关信息和现存状况的声明，获取和评价审核证据的过程。函证是受到高度重视并经常被使用的一种重要程序。

（5）询问。对审核工程中的疑问，全过程工程咨询单位总咨询师进行询问，必要时要求相关人员写出说明并签字。

（6）沟通。对审核中发现的问题，全过程工程咨询单位要充分进行沟通；对审核中发现的重大问题，要充分与审核单位相关领导进行沟通。

（四）注意事项

（1）全过程工程咨询单位应在过程管理中，高度重视政府审计的问题，关注过程资料的完整性、合理性，及时将资料归档保存，以便顺利通过审计。

（2）配合投资人建立相应的制度，规范各方行为，建立工程变更及签证制度。

（3）审计前，全过程工程咨询单位应逐一检查各合同的完成情况，在实际执行中与合同约定有不相符的，如合同范围的改变、合同工期的延误、调价原则的说明等必须加以书面说明。

第三节　基于 BIM 的项目结算造价管理

一、云计价平台 GCCP5.0 编制结算计价的特点和流程

对于结算工程量而言，我们常常考虑以下问题。

（1）验工计价文件是否能转为结算文件？

（2）清单工程量是否超出合同范围？对超出部分的综合单价如何计算？《建设工程工程量清单计价规范》（GB 50500—2013）中明确说明，清单工程量偏差低于15%的综合单价不予调整，超出15%部分的综合单价需要进行调整。因此，需要把每一项清单的合同工程量和结算工程量进行对比，再找出偏差大于15%的清单项，重新计算这些清单项的综合单价，除此之外还要考虑人材机价差的调整。这是一项非常繁重而易错的工作。

（3）如何考虑合同外的费用及变更、签证等？通常情况下，一个项目的变更、签证有成百上千条，如果需要把每一条相关的合同外费用都一一统计出来，将是一项非常庞大而繁重的工作。

GCCP5.0 软件的结算计价部分功能，可以帮助我们解决上述问题。首先，在云计价平台结算部分可以直接将验工计价文件转换为结算文件。当结算方式为一次性结算时，就需要重新对工程的量价进行核实，这时也可以将合同文件转换为结算文件。其次，软件可以自动进行量差对比和价差调整。再次，软件可以进行合同外相关费用的输入和计算。

GCCP5.0 软件结算计价操作流程如图 5-3 所示。

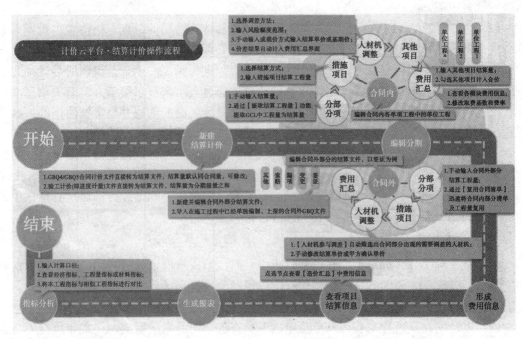

图 5-3　GCCP5.0 软件结算计价操作流程

二、场景设计

1. 新建结算计价文件

新建结算计价文件有以下两种方法。

（1）将合同文件转为结算计价文件。打开 GCCP5.0 软件，单击"新建"按钮，选择"新建结算项目"，如图 5-4 所示。在弹出的"新建结算项目"对话框中选择"新建结算计价"，单击"选择"按钮找到合同文件并单击"打开"按钮，然后单击对话框右下角的"新建"按钮，工程就会进入到结算计价的界面，如图 5-5 所示。

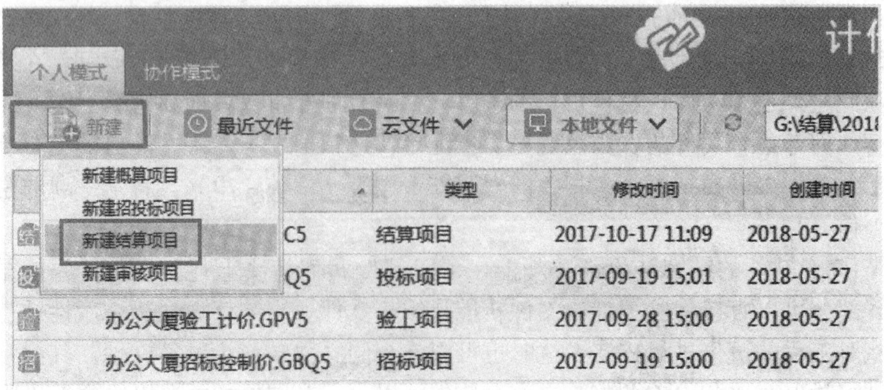

图 5-4　将合同文件转为结算计价文件

图 5-5　新建结算计价文件

（2）将验工计价文件转为结算计价文件（本教材使用此种方法）。打开 GCCP5.0 软件，找到验工计价文件，单出鼠标右键，在下拉菜单中选择"转为结算计价"，工程就进入到结算计价的界面，如图 5-6 所示。

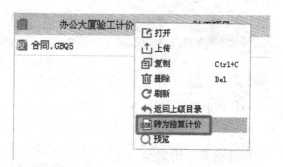

图 5-6　将验工计价文件转为结算计价文件

2. 调整合同内造价

（1）合同中写明："已标价工程量清单中有适用于变更工程项目的，且工程变更导致该清单项目的工程数量变化不足 15％时，采用该项目的单价。"因此，需要根据合同要求确定工程量偏差预警范围，本案例工程为 $-15\%\sim15\%$。

首先单击左侧已建立好的单位工程名称，如"办公大厦投标土建"，然后单击"Glodon 广联达"按钮，在下拉菜单中选择"选项"，在弹出的"选项"对话框中选择"结算设置"，修改工程量偏差的幅度与合同一致，如图 5-7 所示。

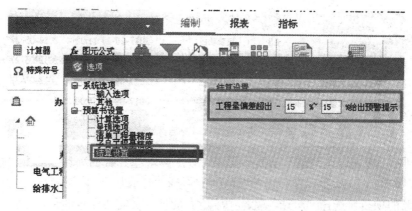

图 5-7　修改工程量偏差幅度

（2）合同中写明："已标价工程量清单中没有适用也没有类似于变更工程项目的，由承包人根据变更工程资料、计量规则和计价办法、工程造价管理机构发布的信息（参考）价格和承包人报价浮动率，提出变更工程项目的单价或总价，报发包人确认后调整。承包人报价浮动率 $L =$（$1 -$ 中标价/招标控制价）$\times 100\%$，计算结果保留小数点后两位（四舍五入）。"因此，需要确定结算工程量，查看超出 15％的红色预警项，发现"机械连接"的合同工程量和结算工程量量差比例超过了 15％，此时应对超出部分的综合单价进行调整，如图 5-8 所示。

	编码	类别	名称	单位	合同工程量	★结算工程量	合同单价	结算合价	量差	量差比例（%）
53	⊞ 010516003001	项	机械连接 ⌀16	个	1021	88	9.55	840.4	-933	-91.38
54	⊞ 010516003002	项	机械连接 ⌀18	个	48	60	9.55	573	12	25
55	⊞ 010516003003	项	机械连接 ⌀20	个	3059	104	9.55	993.2	-2955	-96.6
56	⊞ 010516003004	项	机械连接 ⌀22	个	570	60	9.55	573	-510	-89.47
57	⊞ 010516003005	项	机械连接 ⌀25	个	812	1541	9.55	14716.55	729	89.78
58	⊞ 010516003006	项	机械连接 ⌀28	个	5510	264	19.74	5211.36	-5246	-95.21
B2	⊟ A.8	部	门窗工程					485786.94		
B3	⊟ A.8.1	部	木门					93252.4		
59	⊞ 010801001001	项	木质门	m2	75.6	[75.6]	557.92	42178.75	0.0	0
60	⊞ 010801001002	项	木质门	m2	59.85	[59.85]	542.66	32478.2	0.00	0

图 5-8　查看超出 15％的红色预警项

（3）对于量差超过 15％的项目，应作为合同外情况处理。鼠标左键单击左侧"其他"，单击鼠标右键选择"新建其他"，如图 5-9 所示。在弹出的"新建单位工程"对话框中输入工程名称为"量差调整"，最后单击"确定"按钮，如图 5-10 所示。

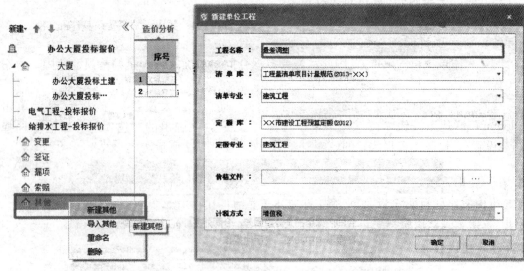

图 5-9　在"其他"中新建其他　　　　　　图 5-10　新建量差调整

（4）利用"复用合同清单"功能，找到量差比例超过 15％的项目。单击"复用合同清单"按钮，如图 5-11 所示。在弹出的对话框中勾选"过滤规则"，就能自动过滤出量差比例超过 15％的项目，选择"全选"就选中了所有的项目。需要注意的是，"清单复用规则"

选择"清单和组价全部复制","工程量复用规则"选择"量差幅度以外的工程量",单击"确定复用"按钮,如图 5-12 所示。这时会弹出"合同内采用的是分期调差,合同外复用部分工程量如需在原清单中扣减,请手动操作"的提示,单击"确定"按钮,此时需要在原清单中手动扣减工程量,如图 5-13 所示。

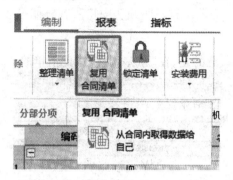

图 5-11 复用合同清单

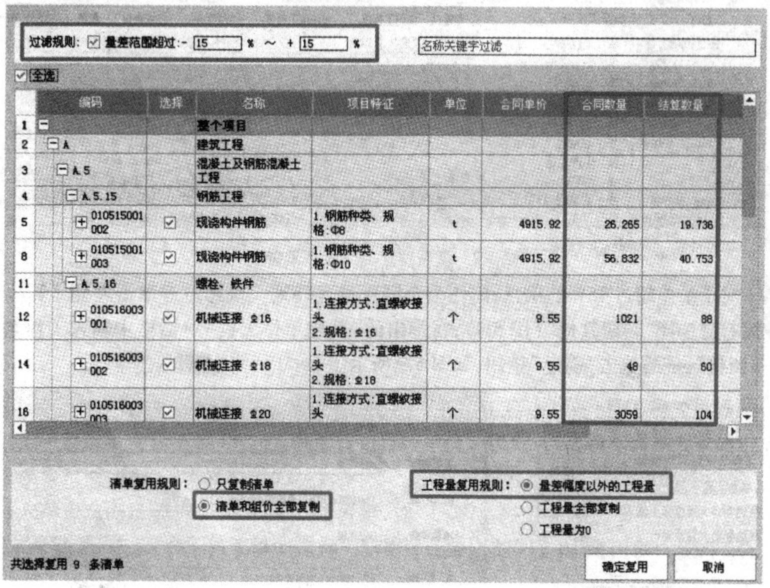

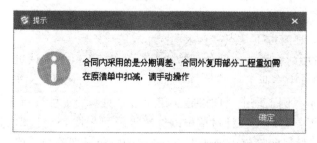

图 5-12 选择清单复用规则和工程量复用规则

图 5-13 提示在原清单中手动扣减工程量

（5）对于结算工程量超过合同工程量 15% 及其以上的项目，以现浇构件钢筋（010515001002）为例，合同工程量为 26.265，结算工程量为 19.736，量差比例为 −24.86%，则需要调整单价，如图 5-14 所示。此时所有结算工程量已被全部提取到"量差调整"中。需要注意的是，在"量差调整"中此清单的清单编码变为 010515001001，如图 5-15 所示。之后需要返回原清单，在"分期工程量明细"中将所有分期量改为 0，则结算工程量自动变为 0，如图 5-16 所示。

	编码	类别	名称	单位	合同工程量	★结算工程量	合同单价	结算合价	量差	量差比例(%)
43	⊟ 010515001002	项	现浇构件钢筋	t	26.265	19.736	4915.92	97020.6	−6.529	−24.86
	5-112	定	钢筋制作 φ10以内	t	26.265	19.736	4303.14	84926.77		
	5-115	定	钢筋安装 φ10以内	t	26.265	19.736	612.78	12093.83		

图 5-14 结算工程量低于合同工程量 15% 的情况

	编码	类别	名称	项目特征	单位	汇总类别	结算工程量	单价	合价	结算单价	结算合价
2	⊟ 010515001001	项	现浇构件钢筋	1.钢筋种类、规格:Φ8	t		19.736			5722.06	112930.97
	5-112	定	钢筋制作 φ10以内		t		19.736	4370.44	86255	5091.64	100488.61
	5-115	定	钢筋安装 φ10以内		t		19.736	541.15	10680.14	630.44	12442.38

图 5-15 现浇构件钢筋结算单价

	编码	类别	名称	单位	合同工程量	★结算工程量	合同单价	结算合价
43	⊟ 010515001002	项	现浇构件钢筋	t	26.265	0.000	4915.92	0
	5-112	定	钢筋制作 φ10以内	t	26.265	0	4303.14	0
	5-115	定	钢筋安装 φ10以内	t	26.265	0	612.78	0

工料机显示　分期工程量明细

按分期工程量输入　▼　分期比例应用到其他

分期	★分期量	★备注
1	0	
2	0	
3	0	
4	0	

图 5-16 修改所有分期工程量为 0

除上述情况外，还有以下几点注意事项。

1）原投标报价中材料暂估价部分需经建设单位确认，并按确认价后的价格计入结算。

2）对原投标报价中专业工程暂估价（幕墙工程）进行确认，并应在结算时提供进一步资料以供计算。本案例工程中，假设施工单位最终对幕墙工程进行了综合单价报审，并经建设单位确认如下：幕墙工程计量单位以外墙投影面积按 m² 计算，其中人工费除税价确认为 400 元/m²，材料费除税价确认为 800 元/m²，机械费除税价确认为 150 元/m²，管理费、利润、风险费、税金执行中标单位的投标费率，脚手架措施费按照合同要求据实计算。

3）对原投标报价中的暂列金额进行确认。由于暂列金额属于业主方的备用金，因此工程竣工结算时如果实际没有发生则需要退回。对于本案例工程，可假设本项目的电梯由甲方自行采购，电梯总采购价为 50 万元，总承包单位在施工过程中提供场区及道路相关服务，并承担了配合管理和协调责任。这样暂列金额的使用就可以分成两部分：一部分为甲方采购电梯的费用；另一部分属于总承包单位的总承包服务费。

3. 合同外造价

（1）变更。2017 年 3 月 15 日，乙方收到了一份设计变更通知单，内容如下：（结施—03）基础垫层厚度在原设计基础上增加 50mm 厚，基础垫层上表面标高与原设计图纸一致；基础垫层下表面标高以下 200mm 范围内土壤采用天然级配碎石换填夯实。（结施—01）基础垫层混凝土强度等级由 C15 变更为 C20，基础地梁、筏板混凝土强度等级由 C30 变更为 C35。

说明："设计变更通知单"见本书提供的配套教学资源包。

1）新建设计变更。鼠标左键单击"变更"，单击鼠标右键选择"新建变更"，在弹出的"新建单位工程"对话框中输入工程名称为"设计变更 2017.3.15"，单击"确定"按钮，如图 5-17 所示。

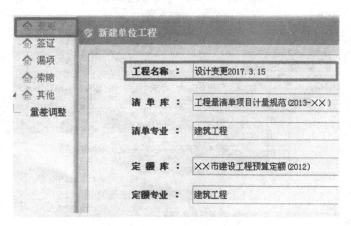

图 5-17 新建设计变更

2）通过"复用合同清单"功能查找垫层清单项。单击"复用合同清单"，在"过滤规则"名称关键字过滤中输入"垫层"，选择"垫层"清单项，"清单复用规则"勾选"清单和组价全部复制"，"工程量复用规则"勾选"工程量全部复制"，最后单击"确定复用"按钮，如图 5-18 所示。

3）单击垫层的"结算工程量"，并单击"工程量明细"，在"计算式"中输入"（112.18/0.1）＊0.05"并按"回车"键，在弹出的"确认"对话框中单击"替换"按钮，如图 5-19 所示。替换后计算的垫层增加量如图 5-20 所示。

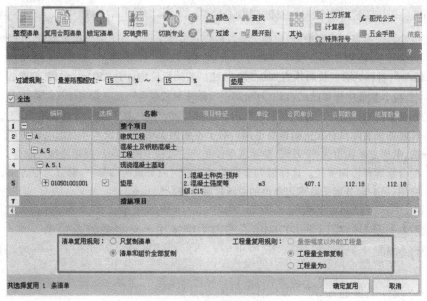

图 5-18 复用合同清单

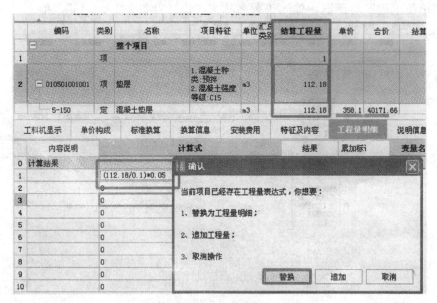

图 5-19 输入垫层工程量计算公式

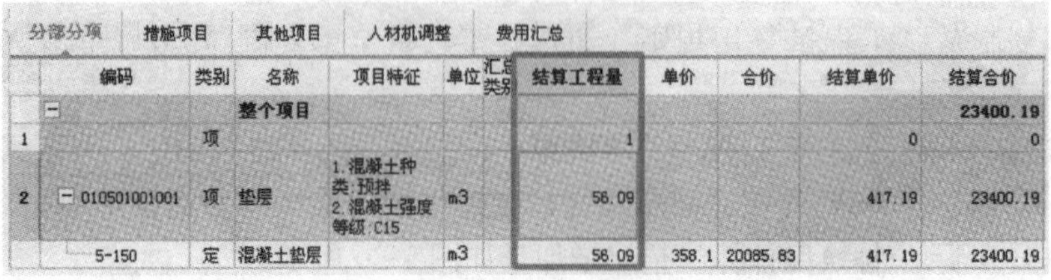

图 5-20 计算垫层增加量

4）通过"标准换算"将基础垫层混凝土强度等级由 C15 变更为 C20。选中垫层定额，单击"标准换算"，在"换算内容"里选择"400007 C20 预拌混凝土"，如图 5-21 所示。

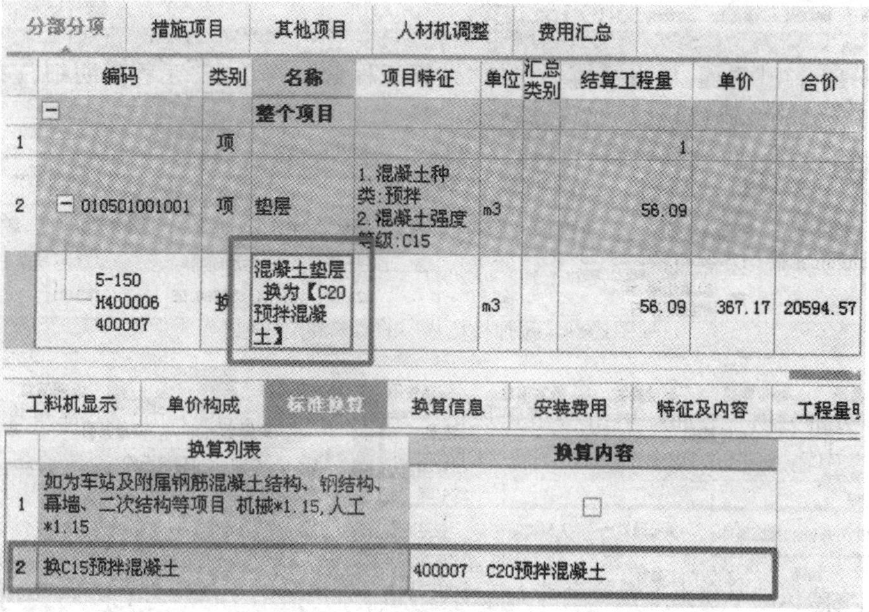

	编码	类别	名称	项目特征	单位	汇总类别	结算工程量	单价	合价
			整个项目						
1		项					1		
2	010501001001	项	垫层	1.混凝土种类:预拌 2.混凝土强度等级:C15	m3		56.09		
	5-150 H400006 400007	换	混凝土垫层换为【C20预拌混凝土】		m3		56.09	367.17	20594.57

分部分项　措施项目　其他项目　人材机调整　费用汇总

工料机显示　单价构成　**标准换算**　换算信息　安装费用　特征及内容　工程量明

	换算列表	换算内容
1	如为车站及附属钢筋混凝土结构、钢结构、幕墙、二次结构等项目 机械*1.15,人工*1.15	☐
2	换C15预拌混凝土	400007　C20预拌混凝土

图 5-21　标准换算垫层混凝土强度等级

5）同理，通过"标准换算"功能将基础地梁、筏板混凝土强度等级由 C30 变更为 C35，如图 5-22 所示。

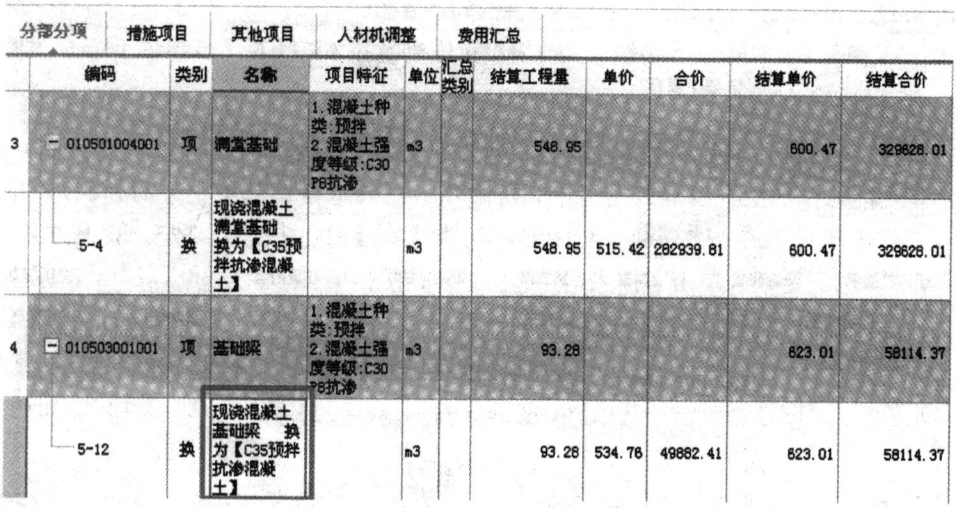

	编码	类别	名称	项目特征	单位	汇总类别	结算工程量	单价	合价	结算单价	结算合价
3	010501004001	项	满堂基础	1.混凝土种类:预拌 2.混凝土强度等级:C30 P8抗渗	m3		548.95			600.47	329628.01
	5-4	换	现浇混凝土满堂基础换为【C35预拌抗渗混凝土】		m3		548.95	515.42	282939.81	600.47	329628.01
4	010503001001	项	基础梁	1.混凝土种类:预拌 2.混凝土强度等级:C30 P8抗渗	m3		93.28			823.01	58114.37
	5-12	换	现浇混凝土基础梁换为【C35预拌抗渗混凝土】	m3			93.28	534.76	49882.41	823.01	58114.37

分部分项　措施项目　其他项目　人材机调整　费用汇总

图 5-22　标准换算基础地梁、筏板混凝土强度等级

6）通过查询清单功能，添加换填垫层的清单和定额项，并计算工程量。双击清单行

首项，调出"查询"对话框，在"清单指引"中单击"010201001 换填垫层"，选择"2-2"定额，单击"插入清单（I）"按钮，如图 5-23 所示。

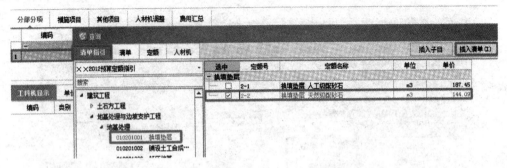

图 5-23　添加换填垫层的清单和定额项

在"分部分项"界面，单击换填垫层的"结算工程量"，再单击"工程量明细"，在"计算式"中输入"56.09 * 4"，如图 5-24 所示。

	编码	类别	名称	项目特征	单位	汇总类别	结算工程量	单价	合价	结算单价	结算合价
3	010201001001	项	换填垫层		m3		224.36			169.21	37983.96
	2-2	定	换填垫层 天然级配砂石		m3		224.36	145.24	32586.05	169.21	37983.96

工料机显示	单价构成	标准换算	换算信息	安装费用	特征及内容	工程量明细	说明信息

	计算式	结果
0		224.36
1	56.09*4	224.36

	变量名	变量说明	单位	
1	JZMJ	建筑面积	m2	

图 5-24　输入换填垫层工程量计算式

7）由于垫层加厚和土方置换牵涉人工土方下挖，挖出来的土还应外运。因此，通过查询清单功能，添加挖一般土方的清单和定额项（此处忽略挖基坑土方的影响），并计算和输入工程量。同理调出"查询"对话框，在"清单指引"中单击"挖一般土方"，选择"1-6"和"1-34"定额，单击"插入清单"。原挖一般土方工程量为 5687.28m³，原垫层底深度为 -5.0m，设计变更后垫层底深度为 -5.25m，通过广联达土建算量软件 GCL2013可以计算出设计变更后挖一般土方工程量为 6030.70m³，则需要增加的挖一般土方工程量为 6030.70m³ - 5687.28m³ = 342.42m³，需在结算工程量中输入"342.42"，如图 5-25所示。

	编码	类别	名称	单位	汇总类别	弃土渣土运输	结算工程量	单价	合价	结算单价	结算合价
			整个项目								445125.53
1	010101002001	项	挖一般土方	m3			342.42			42.97	14713.79
	1-6	定	人工挖土方 运距1km以内	m3		□	342.42	19.68	6738.83	22.93	7851.89
	1-34	定	渣土外运 5km以内	10m3		□	34.242	172	5889.62	200.38	6861.41

图 5-25　添加挖一般土方的清单和定额项

（2）签证。2017 年 3 月 10 日 19：00，土方开挖期间，××市出现罕见暴雨，降雨量达到 60mm。暴雨导致以下事件发生。

事件一：基坑大面积灌水，灌水面积达到 1500m²，灌水深度 2m。我方为清理基坑存水，发生 20 个抽水台班，另采用 350 型挖掘机清理淤泥 8 个台班，清理运输淤泥 200m³，人工 20 个工日。

事件二：我方存放于现场的硅酸盐水泥（P.Ⅰ42.5 散装）5t，其中 3t 被雨水浸泡后无法使用，2t 被雨水冲走。

事件三：暴雨导致甲方正在施工的现场办公室遭到破坏，材料损失 25 000 元。我方修复办公室破损部位发生费用 50 000 元。

说明："施工现场签证单"见本书提供的配套教学资源包。

1）新建签证。鼠标左键单击"签证"，单击鼠标右键选择"新建签证"，在弹出的"新建单位工程"对话框中输入工程名称为"签证 2017.3.10"，单击右下角的"确定"按钮，如图 5-26 所示。

2）事件一中清理运输淤泥 200m³ 需要单独套取定额；事件二中现场 3t（约 2300m³）被雨水浸泡的硅酸盐水泥无法使用，也需要运走，被雨水冲走的

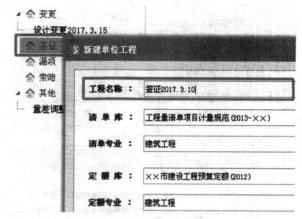

图 5-26　新建签证

硅酸盐水泥不用考虑运输成本，因此需要在"分部分项"中添加相应清单和定额项。具体操作方法为：单击"签证 201713.10"，调出"查询"界面，在"查询"对话框中输入"淤泥"并按回车键，找到"010101006 挖淤泥、流砂"，选择"1-24"定额，单击"插入清单（Ⅰ）"按钮，如图 5-27 所示。然后在"分部分项"界面，在"010101006001"清单下增加"1-50"定额。同理，再次添加"010101006002 挖淤泥、流砂"清单，选择"1-50"定额。最后，在"分部分项"界面，选择"010101006001"，在"结算工程量"中输入"200"；选择"010101006002"，在"结算工程量"中输入"2300"，结果如图 5-28 所示。

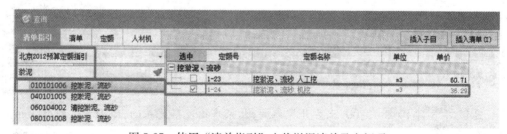

图 5-27　使用"清单指引"查找淤泥清单及定额项

3）在"其他项目"的"计日工费用"中输入相应结算内容、数量，并通过广材助手查询 2017 年 3 月人、材、机的信息价，输入表格中，如图 5-29 和图 5-30 所示。

	编码	类别	名称	项目特征	单位	汇总类别	结算工程量	单价	合价	结算单价	结算合价
			整个项目								48337
B1	A.1	部	土石方工程								48337
1	010101006001	项	挖淤泥、流砂	1.淤泥	m3		200			57.34	11468
	1-24	定	挖淤泥、流砂 机挖		m3		200	35.46	7092	41.31	8262
	1-50	定	淤泥流砂运输 运距5km以内		m3		200	13.76	2752	16.03	3206
2	010101006002	项	挖淤泥、流砂	1.水泥	m3		2300			16.03	36869
	1-50	定	淤泥流砂运输 运距5km以内		m3		2300	13.76	31648	16.03	36869

图 5-28 添加清理及运输淤泥、运输水泥的清单及定额

分部分项 | 措施项目 | 其他项目 | 人材机调整 | 费用汇总

新建独立费

其他项目：暂列金额；专业工程…；计日工费用；总承包服…；签证与索…

	序号	名称	单位	结算数量	结算单价	结算合价	结算综合单价	结算综合合价
1		计日工						51560
2	一	劳务（人工）						1960
3	1	清理运输淤泥人工	工日	20	98	1960	98	1960
4	二	材料						2200
5	1	水泥	t	5	440	2200	440	2200
6	三	施工机械						47400
7	1	抽水机械	台班	20	1010	20200	1010	20200
8	2	挖掘机（350型）	台班	8	3400	27200	3400	27200

图 5-29 添加计日工费用

全部类型 | 信息价 | 专业测定价 | 市场价 | 广材网 | 个人价格库

房建　期数：2017年03月　查看说明　　锁定　解锁　关键字：挖掘机

出处	序号	材料名称	规格型号	单位	不含税市场价	含税市场价	平均价	报价时间
信	1	挖掘机	200 型	元/台班	1880	2200		2017-03-15
信	2	挖掘机	300 型	元/台班	2390	2800		2017-03-15
信	3	挖掘机	350 型	元/台班	2910	3400		2017-03-15

图 5-30 查找对应型号设备的信息价

4）在“其他项目”的“签证与索赔计价表”中输入相应的签证内容，如图 5-31 所示。

分部分项 | 措施项目 | 其他项目 | 人材机调整 | 费用汇总

新建独立费

其他项目：暂列金额；专业工程暂估价；计日工费用；总承包服务费；签证与索赔计价表

	序号	类别	签证及索赔项目	计量单位	结算数量	结算综合单价	结算合价	签证及索赔依据
1	1	现场签证	现场办公室材料损失	元	1	25000	25000	附件2
2	2	现场签证	修复办公室破损部位	元	1	50000	50000	附件2

图 5-31 添加签证与索赔计价表

（3）漏项。

1）新建漏项。因为挖一般土方清单中未考虑土方外运的定额，所以需要补充土方外运项目，运输距离为5km。

鼠标左键单击"漏项"，单击鼠标右键选择"新建漏项"，在弹出的"新建单位工程"对话框中输入工程名称为"土方外运漏项"，单击右下角的"确定"按钮，如图5-32所示。

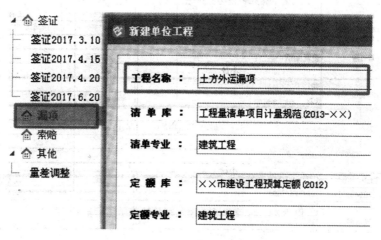

图5-32　新建漏项

2）添加土方外运清单及定额项，并计算土方外运工程量。单击"土方外运漏项"，再单击"查询"按钮，在弹出的"查询"对话框的"清单指引"中找到"挖一般土方"，双击"挖一般土方"添加清单，再单击"1-45"添加定额项。单击挖一般土方的"结算工程量"，再单击"工程量明细"，在"计算式"中输入"5687.28＋31.65－597－1206.11"，如图5-33所示。

	编码	类别	名称	单位	汇总类别	弃土查土运输	结算工程量	单价	合价	结算单价	结算合价
			整个项目								182124.92
1	010101002001	项	挖一般土方	m3			4258.24			42.77	182124.92
	1-45	定	渣土外运 运距15km以内	m3		☐	4258.24	36.71	15631…	42.77	182124.92

工料机显示	单价构成	标准换算	换算信息	安装费用	特征及内容	工程量明细	说明信息

	内容说明	计算式	结果	累加标识	引用代码
0	计算结果		4258.24		
1		5687.28+31.65+342.42-597-1206.11	4258.24	☑	

图5-33　添加土方外运清单及定额项

（4）幕墙工程。

1）幕墙工程量应根据图纸进行计算，在"分部分项"中输入，如图5-34和图5-35所示。

序号	编码	项目名称	单位	工程量	工程量明细	
					绘图输入	表格输入
79	011202001002	柱、梁面一般抹灰 1、柱（梁）体类型：矩形独立柱 2、素水泥浆一道 3、9厚1:3水泥砂浆打底扫毛 4、5厚1:2.5水泥砂浆找平 5、喷水性耐擦洗涂料	m²	154.1026	154.1026	0
80	011204003001	块料墙面 内墙2 1、涂塑中碱玻璃纤维网格布一层 2、6厚1:2.5水泥砂浆打底压实抹平 3、素水泥浆一道 4、5厚1:2建筑水泥砂浆粘结层 5、5厚釉面砖面层（粘前先将釉面砖浸水两小时以上） 6、白水泥擦缝	m²	1435.6369	1435.6369	0
81	011209002001	全玻（无框玻璃）幕墙 1、铝塑上悬窗	m²	497.79	497.79	0

图 5-34　玻璃幕墙清单工程量

序号	编码/楼层	项目名称/构件名称	单位	工程量
1	011701001001	综合脚手架	m²	8271.0532
	第-1层	吊顶2	m²	55.2525
		建筑面积	m²	973.0579
		小计	**m²**	**1028.3104**
	首层	MQ1	m²	77.22
		MQ2	m²	337.305
		建筑面积1	m²	854.9339
		建筑面积2	m²	76.4781
		吊顶1	m²	453.7731
		吊顶2	m²	163.8669
		小计	**m²**	**1963.577**
		MQ3	m²	83.265

图 5-35　玻璃幕墙按楼层划分的清单工程量

2）通过幕墙变更洽商，对幕墙综合单价组成中的人工费、材料费、机械费进行确认。在工程竣工结算时，对幕墙工程进行清单组价，编制清单时其子目组价按照补充定额的形式进行录入，如图 5-36 所示。

	编码	类别	名称	项目特征	单位	汇总类别	结算工程量	单价	合价	结算单价	结算合价	关联合同清单	归属
	□		整个项目								782909.18		
1	□ 011209002001	项	全玻（无框玻璃）幕墙		m²		1			782909.18	782909.18		
	补充子目	补	幕墙工程		m²		497.79	1350	672016.5	1572.77	782909.18		

工料机显示		单价构成	标准换算	换算信息	安装费用	特征及内容	工程量明细	说明信息		
	编码	类别	名称	规格及型号	单位	损耗率	含量	数量	含税预算价	合同/确认不含税单价	合同/确认含税单价
1	BCRGF001	人	幕墙工程人工费		m²		1	497.79	400	400	400
2	BCCLF001	材	幕墙工程材料费		m²		1	497.79	800	800	800
3	BCJXF001	机	幕墙工程机械费		m²		1	497.79	150	150	150

图 5-36　确认幕墙的人材机

说明："幕墙变更洽商记录"见本书提供的配套教学资源包。

3）幕墙脚手架工程量应根据图纸进行计算，在"措施项目"中输入，如图 5-37 所示。

☐ 011701001001		综合脚手架	m²			497.79	17.74	8830.79
17-9	定	综合脚手架 ±0.000以上工程 全现浇结构 6层以下 搭拆	100m²			4.9779	1769.82	8809.99
17-10	定	综合脚手架 ±0.000以上工程 全现浇结构 6层以下 租赁	100m²			4.9779	4.64	23.1

图 5-37 添加综合脚手架工程量

4. 查看造价分析

单击"办公大厦"项目，再单击"造价分析"，可以查看各项目的合同金额、结算金额（不含人材机调整）、人材机调整、结算金额（含人材机调整）等数据，如图 5-38 所示。

	序号	项目名称	合同金额	结算金额(不含人材机调整) 结算合计	人材机调整 合计	结算金额（含人材机调整）
1	1	大厦	13203645.69	11011706.62	129193.08	11140899.7
2	1.1	办公大厦投…	8594418.41	7068477.97	43098.51	7111576.48
3	1.2	办公大厦投…	3910660.79	3244662.16	84469.77	3329131.93
4	1.3	电气工程-投标报价	478825.28	478825.28	924	479749.28
5	1.4	给排水工程-投标…	219741.21	219741.21	700.8	220442.01
6	2	变更	0	532588.31	0	532588.31
7	2.1	设计变更2017.3.15	0	532588.31	0	532588.31
8	3	签证	0	135449.65	0	135449.65
9	3.1	签证2017.3.10	0	57672.16	0	57672.16
10	3.2	签证2017.4.15	0	73893.29	0	73893.29
11	3.3	签证2017.4.20	0	0	0	0
12	3.4	签证2017.6.20	0	3884.2	0	3884.2
13	4	漏项	0	262274.94	0	262274.94
14	4.1	土方外运漏项	0	262274.94	0	262274.94
15	5	索赔				
16	6	其他	0	443310.18	0	443310.18
17	6.1	量差调整	0	443310.18	0	443310.18
18						
19		合计	13203645.69	12385329.7	129193.08	12514522.78

图 5-38 查看造价分析

第六章

全过程工程项目造价管理案例

案例一 大型群体性公共建筑项目的全过程造价管理

一、项目基本概况

某新建大学校区项目，占地面积约 133 公顷，总建筑面积 514 435m²。其中，一期工程建筑面积 189 750m²，二期工程建筑面积约 191 100m²，三期工程建筑面积约 133 585m²。工程总投资额为人民币 235 132.33 万元，其中包含建筑安装工程费 191 261.98 万元，其他建设费 43 870.35 万元。整个项目建设期前后共 6 年，参建单位众多，其中项目管理单位 2 家、设计单位 8 家、监理单位 5 家，总包施工单位 11 家，全过程造价管理单位 1 家。

鉴于项目地质情况复杂，建设规模大，组成单体众多，类型齐全，且功能定位截然不同，造型各异，标准不一，参建单位多且复杂，而分期建设工期紧张、批复资金又有限，其造价管理难度极大，工程投资咨询有限公司接受建设方委托后，通过对项目实际情况和特点的深入研究，采用分类设置投控目标及以矩阵式为基础穿插专业直线式全过程造价管理模式，以全过程主动控制和动态控制为造价工作的重点，使有限的资金和人员发挥出最大效用，造价管理取得了良好成效。

二、咨询服务范围及组织模式

1. 咨询服务的业务范围

从可行性研究批复起至竣工结算止的全过程造价管理工作，包括：工程前期依据可行性研究批复值及设计方案图纸建立合理的造价管理目标；设计阶段依据设计图纸及说明进行价值工程分析及技术经济比较，建立具体的造价管理分项目标；招投标阶段依据招标图纸及工程实际条件，建立适合的合同架构体系，包括制定招标策略，进行标段划分和总、分包界定，选择合理、贴切的发包模式、计价方式、合同形式，编制工程量清单，完成价格评估；施工实施阶段依据施工图纸、合同文件和资料进行过程跟踪管理，审核工程进度款、核实变更签证，进行索赔处理，根据造价管理目标动态控制造价；竣工结算阶段依据竣工文件和资料全面精细准确地核算工程造价并最终形成项目总结报告。

2. 咨询服务的组织模式

基于本项目是个大型群体工程，单体众多，建设标准不一，且为政府财政项目，各项资金有限，投入人力亦有限，故通过多方比较、研究，在本项目上首次采用了以矩阵式为基础穿插专业直线式造价管理的团队模式来组织并开展各项工作，即由项目总负责人组建专业团队按纵横两线展开整个项目的造价管理工作，最大限度发挥出投入人员的效用。

3. 咨询服务工作职责

（1）建立合适的造价管理制度及目标。

（2）平衡各个单体的建设标准。

（3）建立符合工程进度及资金供应要求的合同体系。

（4）提供最大限度确保建设方利益的合同文本。

（5）提供满足工程建设需要的各类表式。

（6）确保所提供数据和成果文件的准确性。

（7）实时监控造价，定期汇报项目投控情况。

（8）在建设规模不增加的情况下确保实现投控目标。

（9）统一处理好各类造价争议及索赔事宜。

三、咨询服务的运作过程

1. 整体造价管理思路

将整个建设期分为前期策划阶段、设计阶段、招投标阶段、施工阶段、竣工结算阶段并实施全过程造价管理工作，其重点在于前期投控目标的合理建立、过程中的动态跟踪控制以及主动控制的实施和风险预警。具体包括以下内容。

（1）以整个、单项、单位工程为调研对象，结合本项目设计文件，确立合理的造价总控目标及分项、分类控制目标，并通过对前期策划阶段、设计阶段、招投标阶段、施工阶段、竣工结算阶段这五个阶段的有效管理，包括在每个阶段制订详细的工作计划及具体内容，来展开对整个工程项目的造价管理工作。

（2）根据实际使用要求、场地情况、设计情况及资金情况，分期立项、分期建设及交付使用，但统一投控，以确保质量、进度及造价目标能基本统一实现。

（3）在建设方支持和协调下，建立完善的造价管理制度及体系，职责分明，工作界面清晰，同时建立定期及不定期造价专题会议制度，实现造价管理的无缝衔接，从而从制度上确保造价管理工作能有效开展。

（4）结合群体工程特点，建立矩阵式造价管理团队，明确项目经理权责的唯一性和统一性。考虑到单体繁多，建筑形态、建设标准各异，而建设周期时紧时松，为确保造价管理的质量及成效，采用以单项工程为纵向、专业分工为横向建立矩阵式造价管理新模式。

（5）注重事前控制、主动控制、动态控制、严控设计变更及现场签证。以市场调研为龙头，确立合理的投资控制目标，为整个项目的造价目标实现奠定基础。重视设计阶段及招投标阶段的造价管理工作，完善造价管理的决定性资料，结合实际施工及工期要求，以不同方式确定招投标方案及合同形式。坚持以月报、季报及专题报告的形式开展好投资监控工作。明确各设计变更及签证的原因，完善审批程序，并尽可能实现同步造价审核工作。

（6）建立完善的风险监控、预警及应对体系。按各建筑体量及形式，明确各单项单位工程风险控制因素，实施预控与监控同步实施，并建立预警报告体系，同步明确应对措施。

整个项目造价管理的目的在于通过全方位全过程的造价管理，使有限的资金发挥出最大的效用，在确保质量、工期目标的前提下，实现造价不突破，并满足建设方功能及使用的需求，建成临港新区又一地标建筑。

2. 各阶段具体管理方案的实施

（1）前期策划阶段。此阶段为全过程造价管理工作的始点，其主要工作在于建立项目合理的造价管理目标值以及造价管理工作的管理模式、实施细则，它在整个全过程造价管理工作中至关重要。

1）目标值的设立。由于此阶段设计方案仅为雏形，深度不够，故造价管理目标一般均参考类似已建成项目的指标予以设定。由于常规项目数据众多，故其指标偏差不大，而群体性公建项目，其个性往往大于共性，故简单地使用指标估算法较难设立合理的目标值，易给今后的造价管理工作埋下较大隐患。结合本项目实际情况，项目组建议业主方通过调研及查找资料收集适用的数据并建立具有一定深度的初期匡、估算模式，同步转化为初步建设标准，作为今后限额设计的依据。通过与各方的多次深入沟通，项目组从建设标准、结构选型、机电配置、内外装饰材料等条系入手，依据建设方的功能需求、初步设计设想并结合市场实际情况，对该地区近期建设的高校项目进行大调研，同步确定设计指导方案及投资估算并建立初步造价管理目标。另外，亦根据临港新区已开展的市政项目及工业项目分专业进行调研，同步请专业公司尽可能对所处地块进行实际勘测，以确定各单项工程风险因素及程度，并以预留金的形式计入投资估算及投控目标中。

案例1：根据该区项目的调研及项目所处位置实际勘测，附近多为吹填土，须进行地基处理，在多方案技术经济比较后，按局部地基加固及换土方案并考虑一定的风险因素后在目标值中单独增列，此部分较可研批复值增加费用约6000余万元。

案例2：可研批复值中，由于此阶段设计深度有限，故除图书馆、体育中心外，均按常规立统一指标，即400元/m²（隔热门窗、涂料加局部面砖，建筑面积）。项目组和建设方沟通后发现，作为临港地标项目，其希望在外立面上有所亮点，且部分建筑如学生活动中心、水上训练中心、科研楼等建筑物本身造型、功能特殊，目前对外立面要求尚不明朗。在多方走访调研了一年内各区域新建类似项目后，结合设计初步构想及经济性，确定通过色彩的统一满足群体性公建项目效果统一的特性，部分功能性建筑如图文中心、体育馆、科研楼、水上训练中心、学生活动中心采用铝板及特殊面砖、仿石涂料，其余项目均考虑为以涂料为主，并按今后可更新要求分为高低两类。经测算后，大部分建筑物建筑单方指标降低至350元/m²，而特色建筑物指标上升至600～800元/m²，整体费用大致平衡，但资金价值和效用得到提升。

案例3：可研批复中桩基工程按该地区统一指标350元/m²（建筑面积）计取，但在调研同地区工业园时发现部分建筑采用了PHC管桩，经济性凸显。结合公司已有项目数据，依据项目其自身高度及荷数指标，应具有可实现性，故建议建设方在下阶段设计方案选用时予以优先考虑，并调低指标值至150元/m²，同步考虑到其具有一定的风险性，设置了 4000 万预留金，整体降低费用 6300 万元。

案例 4：弱电系统原估算值仅为 2000 万元，经初步调研及与使用方深入沟通，结合今后发展需要调整至 6000 万元。同步考虑到弱电行业的特殊性，其技术、经济结合度高，故项目组在目标设置阶段即建议建设方引入了弱电顾问，统一监管需求设置、设计审核、限额设定及实施。为避免今后费用的变化，合同条款在建设资金总额、具体建设需求、发展需求及奖惩措施等方面予以具体约定。

案例 5：空调配置方面，考虑到整体项目资金面的情况，经与建设方多方探讨，从学校使用时间固定、区域分散的实际情况出发，项目组提出了改中央空调为大面积使用 VIV 分区域和分体式空调，降低造价约 7000 万元。

案例 6：鉴于室内装饰工程一直是造价变化的不稳定因素，故在设置其目标值时，项目组采用了先分后合的方式，即先结合调研指标和建设方要求分别按区域功能设置具体指标和大致用材标准，如教学楼、门厅人口玻化砖（合资，200 元/m²）、走廊教室 PVC 地面（合资，150 元/m²）……然后再合成单体指标并考虑一定的风险因数。经测算后，此部分费用增加 3500 万元，但基本锁定其造价，今后变化的风险则大大降低。

造价管理目标值的设置过程中，项目组充分考虑到群体性公建项目构成的复杂性，依据各单体功能和使用的实际要求、项目已确定的可使用资金额度，采用多方调研，积极沟通的方式，在确保功能满足、使用舒适的前提下，统筹调整了不同单体在结构选型、机电配置及品牌、装饰用材及标准、施工工艺等方面的具体内容。由此而建立的投控目标值，不仅合理适中，而且形象、具体；既提升了资金使用的有效性、合理性，又为后续的造价管理工作奠定了基石。

2）管理模式的选用。鉴于本项目为群体性公共建筑，其造价管理工作有周期长、工作强度高以及管理工作复杂的特点，而且造价管理工作本身统筹性高、专业性强，故现有常规的直线型造价管理模式并不适合。在反复分析和研究下，项目组大胆创新，采用了矩阵式造价管理模式。此种管理模式，最大限度地降低了管理成本，增加人员资源的可利用率，使有限的项目人员、资金资源得到了最大的利用，保障了造价管理工作的有效开展，使造价管理目标顺利地实现。

具体造价管理模式即是以矩阵式管理为基本模型，穿插专业直线式管理的模式，详见表 6-1。

表 6-1　　　　　　　　　　　　　造 价 管 理 模 式

项目总负责人 （项目经理）	土建专业组 专业负责人 A	安装专业组 专业负责人 B	装修专业组 专业负责人 C	建筑智能化 专业负责人 D
项目 A 负责人	土建预算员 A	安装预算员 A	土建预算员 A	安装预算员 A
项目 B 负责人	土建预算员 B	安装预算员 B	土建预算员 B	安装预算员 B
项目 C 负责人	土建预算员 C	安装预算员 C	土建预算员 C	安装预算员 C

表 6-1 中项目 ABC 负责人与专业组负责人 ABCD 具有一定的重复性，土建、机电预算员 ABC 同样可视项目实际需求及人员本身能力予以重复设置。此组织模式既能发挥出各人专业所长，调动了各类人员积极性，又能很好地进行团队合作，充分发挥出项目的规

模效应；通过简化管理层次，加快了信息的传递，从而增加了管理力度、降低了管理成本；通过本项目的实践，无论是管理成效目标还是管理成本目标均得到了有效保证。

此管理模式的重要环节在于以下几点。

a. 项目负责人（项目经理）的素质：既需要相当的专业知识，还需要具备相当的管理水准，具有一定的领导能力，凝聚力强。

b. 岗位职权的内容：每一职位必须建立明确、具体的岗位职责，分工明确，责权清晰。

c. 划分管理层次：管理层次必须清晰，不越权管理，明确岗位间的联系方式及管理方式；明确对外的联系方式。

d. 建立例会制度：鉴于矩阵式管理方式存在一定交叉，可能带来管理上的矛盾和空白点，故一定周期的例会制度将弥补此类管理漏洞，还能确保经验、教训的及时分享，能更好地为造价管理工作提供有效保障。

矩阵式造价管理模式在本项目上成效显著，项目组前后滚动投入人员 12 人次，同于常规大型项目的正常投入。由于各专业负责人统一，使得各单体的管理思路和标准无差异，避免了因标段多、参建单位杂而引发的各类索赔事项。同时，项目负责人的设置又使责任明晰，保障了造价管理工作的顺利推进；预算员的统筹，既有利于提高工作效率，又能在关键时刻应对突发工作量，以确保工作进度。在这种新型的管理模式下，整个项目有限的造价管理人力资源得到充分利用，降低了项目组的实际成本，为公司及项目本身均创造了更大的利益。

（2）设计阶段。此阶段主要是指方案设计及扩初设计阶段，其造价管理工作的重点在于对设计方案进行价值工程分析、建立投资控制的具体目标，以起到事前控制作用。

众所周知，设计方案一旦确定，整个项目造价的约 80% 以上便已基本确定，后续即使通过选材、比选、招标等各种方式优化，其对造价的影响度亦有限，且可变度随时间的推移而变小，故足见此阶段造价管理的重要性。

限额设计、多方案价值分析比较一直是在此阶段用得最多的造价管理措施和方法，本项目亦然。但在大多数实际工程建设中，往往因为设计方参与度不高而导致这两种方式形同虚设，限额设计往往演变为材料的简单替换，有些还因考虑不周全而造成施工期的大量变更，与最初寻求最适合、最佳性价比方案的初衷大相径庭。

为将限额设计管理落到实处，切实获取限额设计及方案价值分析的优势，本项目采取了确立理念、分享成果和共同工作三步走的管理方法，并通过合同条款的具体约定加以明确。首先，通过与设计人充分沟通项目实际情况和造价管理的龙头在设计的观念，初步建立综合造价管理的理念，并通过合同条款的约定明确设计方应承担的造价责任。第二，以前期调研所收集的技术经济资料及自身所建立的造价资料库为基础，与设计人共同确定造价管理的重点，并明确具体的风险因数。第三，实际工作中，通过充分探讨，以设计方案估算为基础，初步设立设计限额，并通过合同条款明确估算指导初步设计，概算指导施工图设计的原则，同步量化图纸质量、明确变更程序；建立设计优化及失责影响造价的奖罚比例，充分发挥设计人员的主动性。项目组不仅对每一方案的造价进行审核和确定，监控整体项目造价，对超支事项提出建议及应对措施；同时也对其经济性进行比较，通过类似项目及多方案的技术经济指标对比，发掘可优化内容，从根本上提升项目整体的经济性。

案例7：在基坑围护方案设计中，设计方采用的是常规围护桩的形式，但项目组结合项目实际详勘资料，基于基础深度和经济性，提出对不同单体、地块实行不同的围护方式，部分地基情况良好的采用多级自然放坡的形式，并通过统筹安排各单体实际专业施工进程，减少土方的运输，以降低造价，有效节省成本约2000万元。

案例8：在图文中心电梯的数量和设置上，项目组结合公司多年来统计的各种图书馆技术经济指标，根据面积比对其台数与设置位置、采用的形式提出优化建议，最终台数由6台减少至4台。后省的费用又用于提高重要单体的电梯的功能和品质，提升了整体项目的内在价值。

案例9：在体育中心项目的立面深化设计中，考虑到施工工艺难度，设计方将彩钢板屋面系统修改为铝板屋面系统，经测算由此增加的造价约800余万元，超出原有约定设计限额。依据项目资金情况及设计合同双方就限额设计的约定进行洽商，项目组建议建设方提出在确保工期的前提下由设计方在限额内优化设计或超出部分由设计方承担。设计方在权衡利弊后积极出谋划策，在监理各方的配合下优化原有方案，最终未引起造价的上涨。

限额设计的切实开展，使整个项目的主要造价风险因数得到了严控，并提升了项目的整体经济性，通过对设计方案的把控，降低了工程变更的发生率，为整个项目造价管理目标的实现提供了确实的保障。

（3）招投标阶段。此阶段工作主要是配合招标工作的进行，包括清单及建安控制造价编制、回标分析以及对发包形式、标段范围、合同形式、合同条款及计价模式的选择提供建议。

招投标阶段的造价管理工作将对今后实施过程中施工变更及索赔的发生产生直接影响，亦对整个工程进度的推进至关重要。由于本项目为群体性公建，单体众多、分期立项开发、配套功能性建筑须同步建设同步投入使用，故在招标表阶段遇到了部分项目尚未至施工图或招标图阶段即需同步招标，部分工程招标时间过于集中，工作量激增的情况，处置不当极易引发造价管理与工程进度矛盾的情况。

为确保工程进度，又能同步避免因不成熟条件招标而导致今后造价管理的失控，项目组经过讨论后决定对需要招标工程统一划分并予以分类实施。对部分项目不具备招标条件的工程，主动与设计方、监理方联系，紧密结合，尽可能完善招标图纸，对暂无法确定的项目以多方案例举方式计入工程量清单，对图纸尚无法体现项目的，根据以往经验明确方案，并作为进一步设计的指导；同步确定采用可变单价合同，即确定变化原则，尽可能将细化单价确定及变化的方式方法；通过合同条款的设置，将部分投标方可以承担的风险列入报价范围；部分确实无法具体列项的子目以暂定价或指定金额的形式计入清单，通过后期与限额设计和集中采购、内部比选等方式进一步消化因招标条件不理想给造价上带来的风险。

案例10：南区学生和B食堂属于二期建设项目，由于正常开学和使用需要，必须与一期工程内容同步建设并投入使用，且其所处位置临近某一学院楼，从利于施工角度出发，应划入同一标段同时招标，而此时其图纸刚进入扩初阶段。为不影响工程的进度，项目组总包工程采用了模拟清单的方式，即根据设计单位以往的同类型施工图纸结合方案图纸编制工程量清单，对尚无法明确部分根据图集和规范，由设计人以草图形式出具所有今后可能选用的方案由承包商报价，同时将装修工程按设计限额以暂定金额列入清单。今后，二期所有工程的装修工程招标单独策划不再纳入总包实施清单范围内。同步在合同条款中对此部分工程量的调整和实施亦作出"建设方保留或改变施工内容的权利"的规定并对调整工程量和价格方式进行了具体的约定。

案例11：一期工程由于须满足基本教学及办公需要，其建设规模、招标清单编制体量极大。项目组研究后改变传统按单体编标方式，采用了化整为零的方式，通过各专业合理分工，提升编制速度及进度，根据本项目招标特点，同步增设统一读图、上机人员，以加快进度；并利用招标答疑等时间进行进一步的清单及审核工作，以确保工作的质量。部分对工期影响不大的同类工程变电房、高低压柜、装饰工程等采取合并甩项，后续统一招标以缓解工作量，同时亦不影响其较优价格的获得。

这些通过计划安排、合约手段而弥补的时间及技术资料上缺陷的方法和措施，不仅有效地做到了事前控制、主动控制，降低了造价管理的风险，同时也确保了项目的进度要求，缓解了造价与工期的矛盾。

（4）施工阶段。此阶段，是项目实施、正式形成实体的阶段，不仅须对中期付款，特别是工程变更及现场签证进行审核，做到造价精细核算；还需要对合同执行过程实行动态跟踪管理，以切实起到事中控制的作用。

作为群体性公共建筑，本项目实施阶段工作量极大，除常规的付款、变更、签证需要处理外，还有大批量多品种采购量带来的比选批价工作、因参建单位多而引发的施工界面交叉、零星赶工等索赔工作以及标段众多、标准不一而较难实施造价变化监控的问题等。面对这些实实在在的困难，项目组经过多方探讨后，采取了以下措施。

1）建立相关的管理制度及流程，并通过合同对时限及具体操作方式进行了约定。

2）对整体项目所有材料进行了梳理和分类，并结合监理、设计和建设方的支持，在两周时间内重新制定了比选方案，即突破各标段设计、施工总包的界限，在满足质量和建筑风格的情况下，由建设方、各设计方、各监理方、各施工方尽可能采用同品种材料，并统一比选相应供应商，同步根据材料的特性及施工需求确定1~3家供应商，由设计方、监理方统一样品，并监控材料品质。建立比选批价专职小组，由各相关方派员参加，职责、分工明确，根据工作流程同步启动比选工作。

3）建立联动机制，依据国家、地区法律法规及合同约定，结合造价专题会议和建设方主任扩大会议按技术层及决策层，分别及时处理因台风、规范变化、施工界面交叉、赶工等因素引起的索赔事宜，明确每一事项的处理原则，以确保工程进度及施工方的积极性，同步为动态造价管理提供有效的基础资料，以确保整体造价管理目标的实现。

4）对于边设计边施工给项目带来大量的变更及签证、部分施工图纸进度跟不上而给项目的进度及造价带来实实在在的不确定性和影响，项目组通过与限额设计管理相结合，督促设计人员定期至现场服务，并促使施工方、监理方、造价管理方等各方通力协作、互相配合，以分阶段出图或以草图结合技术核定单等变通形式先行确定施工用图再转化成正式施工图纸的方式，顺利地化解了由此带来的进度和造价上的风险，避免了工程造价的增加及突破。

5）针对群体性公共建筑各单体情况各异，造价管理上不确定因素较多，较难以文字逐一描述清晰，而且整个项目建设周期长，涉及施工图深化设计、变更、签证和批价等对造价的影响大的资料多、数据繁杂的特点，创新建立独立跟踪报告制度，切实有效地实施动态跟踪和提前预警的机制。跟踪报告制度即定期动态地根据项目实施的具体情况，以数据表格为主要表达方式，全面直观地反映项目整体及各分项的造价情况。其中须专设概算批复值、投控目标值、合同值、变更值，并根据各单体工程实际情况开列子项，使项目的整体及各分项的投控情况一目了然，不仅便于造价风险的监控，突出造价控制的重点；更有利于及早发现问题，解决问题，平衡资金，更好地做好造价管理工作。

同步结合跟踪报告制度，在施工过程中收集了对造价有影响的资料后，须在第一时间组织安排估算相关事宜涉及的金额，并将该金额计入投资分析报告中"变更累计金额"一栏，通过合同金额、变更累计金额与控制限额的比较，明确变更对项目投资控制的影响程度。对于涉及金额高，可能会导致项目成本突破的事宜，如重大设计变更、主要装修材料的批价等，除了须在技术上提出合理化建议外，还须及时向业主方提出预警。预警中须提请业主方和设计单位注意控制变更的范围、程度，合理选择材料的档次，以避免项目的造价失控。

案例12：建设中期，某学院楼设计方提出将学院门窗变更为 LOW—E 玻璃以提升建筑品质，经初步测算此楼限额设计尚有余量，仅玻璃的变化所带来的造价变化不大，变更后却能更好地起到保温隔热作用，故各方均拟同意。但项目组在编制实施跟踪报告时却又发现，其他部分学院楼设计限额已无空间，且变更所引起项目整体的增量约760万元，故及时给出了预警，建议建设方谨慎对待其变更的事项并提出仅在日照较强的西面采用。

案例13：建设项目的中后期，因节能规范及绿色智能的要求，对项目提出了新的建设要求，此时已接近建设收尾阶段。为确保工期，项目组根据动态实施跟踪报告3小时内便计算出使用或不使用不可预见费用的两个限额方案供建设方选择，随即安排设计方跟进相关设计，经多方案测算比较后，最终选定增加感应遮阳、智能开关、智能计量的方案。一个月内即完成了设计、询价及合同签订工作，未对原因工期产生任何影响。

案例14：建设项目后期，依据项目动态实施跟踪报告，室外工程略结余约550万元，考虑原先设立目标值时，因资金所限校园绿化以草坪为主，与原有设计设想略有偏差，故结合校园实际需求，建议增加灌木及乔木的覆盖率。经多方案测算比较后，部分区域增加樟树等乔木并增加照明系统，提升校园环境品质，使有限的资金发挥了最大效用。

以上各项举措的实施，使整个项目的造价管理工作在施工阶段，依然遵循主动控制、动态控制的原则，既将项目的造价控制在了预设范围内，又并非一味压低造价，在控制限额尚有空间的情况下满足了业主方对于功能和建筑定位的更高需求。

（5）竣工结算阶段。此阶段的主要工作是在合理时间内配合决算和审计单位做好索赔、变更处理、结算审价等工作，以起到事后控制作用。

由于群体性公建项目建设规模庞大，建设周期跨度大，参建单位众多，各施工单位在技术经济上的素质参差不齐，故要在合理时间内保质保量地完成全部结算审价工作难度不小。经与各方商议后采取了以下措施。

1）定期由建设方组织召开审价专题会议，并建立竣工资料联审制度，督促相关方切实完善竣工资料并有效开展结算审价工作。

2）对已具备结算条件的工程设置具体时间节点并对积极配合的单位实施优先付款制度。

3）对结算中遇到的争议事宜，统一定期召开联合谈判会并做好书面记录。

4）依据国家法律法规和合同约定，对各类因制度变化、规范变化、客观条件引发的索赔，由造价管理单位统一梳理，并进行精细测算、审核；必要时报相关行政主管部门裁定。

案例 15：因建设周期的变化导致其中部分单体项目人工材料上涨事宜。虽然根据合同约定，人工、材料单价的上涨风险应由施工方承担，但××294 号文的发布确为施工方索赔提供了一定的依据，双方无法达成一致意见。最终在征询建设主管部门意见后，予以妥善处理。

此阶段的工作虽为全过程造价管理的收尾工作，属于事后控制，但其重要性亦不亚于前四个阶段。

此项目公平公正、合理有效地推进了结算工作，既确保了项目顺利结束并及时投入使用，又全面检验了造价管理工作的成果，真实客观准确地反映出了其真实造价，为今后的再建设工作提供扎实的基础。

（6）全过程投资控制服务流程如图 6-1 所示。

四、咨询服务的实践成效

1. 实际造价管控成效

（1）本项目造价管理取得了良好效果，总投资额较概算批复节余人民币 11 101 万元。可研批复值、初步设计概算批复值及结算审定值的对比情况见表 6-2。

表 6-2　　　　　　　　可研批复值、初步设计概算批复值及结算审定值对比

序列	单体	A 可研批复值（万元）	B 概算批复值（万元）	C 合同调整价格（万元）	D 实际结算（万元）	E 实际结算/批复可研差值（万元）	F 实际结算/批复概算差值（万元）	G 备注
1	建安费	197 833	194 931	168 910	191 262	−6571	−3669	
1.1	一期工程	64 360	62 923	46 756	58 201	−6159	−4722	
1.2	二期工程	56 660	57 597	51 015	55 537	−1124	−2060	
1.3	三期工程	32 159	29 756	29 181	32 523	365	2767	
1.4	室外总体	44 654	44 654	41 957	45 001	347	347	
2	其他建设费	49 045	51 303	43 743	43 870	−5174	−7433	
	合计	246 878	246 234	212 653	235 132	−11 745	−11 101	

由上述对比可知，建设项目总盘基本可控，不可预见费用基本未启用，虽然各单项工程因资金缺口及外部评审条件等客观原因存在一定的变化量，超支节省不一，但已基本通过内部平衡，造价管理目标总值已完全实现。

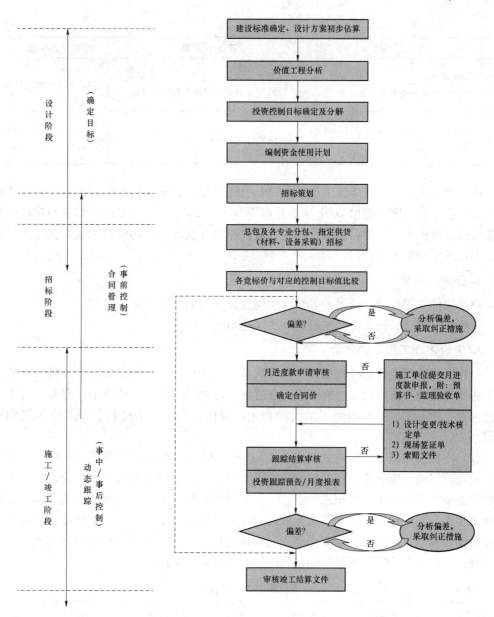

图 6-1　全过程投资控制服务流程

（2）造价、质量、进度三者高度统一，完美结合，均实现了预期目标。造价管理、质量管理、进度管理目标值与实际值的对比见表 6-3。

表 6-3　　　　　　　造价管理、质量管理、进度管理目标值与实际值对比

	预期设置目标	实际完成结果	匹配度
质量	1 个鲁班奖、1 个国家金奖、50％以上单体获白玉兰奖	图文信息中心获鲁班奖、体育中心获国家金奖、50％单体获白玉兰奖	100％完成既定目标

续表

	预期设置目标	实际完成结果	匹配度
进度	确保 2007 年 9 月启用 60%、2010 年 9 月完成全部三期建设	2007 年 9 月启用一期及二、三期部分工程，2010 年 9 月基本完成全部三期建设	100%完成既定目标
成本	概算批复投资总额 246 234 万元	预计投资总额 235 132 万元	100%完成既定目标并节约投资约 1.1 亿元

由上述对比可见，在确保工程质量（1 个鲁班奖、1 个国家金奖、65%以上单体获白玉兰奖）及工程进度（确保 2007 年 9 月启用 60%、2011 年 9 月完成全部三期建设）目标全部实现的前提下，该项目造价管理的总盘投控目标及各分项内控目标全部实现并略有节余，不可预见费基本未启用。

2. 获得的荣誉

第四届优秀工程造价成果一等奖（中国建设工程造价管理协会颁发）。

中国建筑学会科技进步奖二等奖（中国建筑学会颁发）。

3. 造价管理工作上的启示

（1）群体建筑造价管控新模式。矩阵式造价管理模式通过建立双向管理模式，有效改善了造价行业原有传统直线型管理模式在群体工程中统一性差、效率低、专业优势无法发挥的弱点，使有限的资源得到了最大的利用，确保了群体建筑造价管理工作的顺利有效开展。

（2）项目初期概、估算模式见表 6-4。这种将建设标准、技术经济指标结合起来的估算形式，较好地适应了建设初期的概、估算要求，尤其是前期资料缺乏、建设目标不明的项目。如果能将日常工作所积累的以往工程造价资料转化成项目初期编制概算和估算的依据或初步文字建设标准，给无类似工程建设经验的建设方予以参考，将使前期调研工作更有针对性，编制时间更短，效率更高。同时将造价管理工作前置，即在项目初期即可建立限额设计的概念，为今后的造价确定和控制打下扎实的基础。

表 6-4 项目初期概、估算模式

序号	项目/费用名称	估算总额	面积	经济指标	建设标准	备注
1	……	……	……	……	……	……
2	……	……	……	……	……	……

（3）跟踪报告及预警制度。随着施工图招标的全面推行，施工过程中的深化设计、变更、签证、批价已成为对最终造价影响最大的不可控因素，也是造价管理的重点监控对象，故过程中建立切实有效的动态跟踪和提前预警机制就显得尤为重要和迫切。跟踪报告和预警机制较好地监控了造价风险，保障了造价管理目标的顺利实现。

案例二　基于全过程视角下某省运动会场馆项目造价咨询

一、项目基本概况

某省运动会场馆项目于 2012 年 11 月动工，2016 年 2 月落成竣工。项目占地面积约 864.63 亩，总建筑面积约 187 737m²，整体框架为"一场三馆"，即体育场、体育馆、综合球类馆和游泳跳水馆。主场设计以"滨海城市"为理念，造型采用滨海沙滩贝的形式，充分体现了本土文化气息和人文、绿色和谐主题。省运动会的开幕式和田径、游泳、跳水、羽毛球、篮球等赛事在该场馆举行，中心体育场主场可容纳约 4 万名观众，体育馆可容纳约 6300 名观众，综合球类馆可容纳约 1100 名观众，游泳跳水馆可容纳约 2200 名观众，总投资约 30 亿元。该运动会场馆（见图 6-2）是一座节能环保的现代化体育场，场馆设计和施工采用大量国内领先的新技术、新材料、新工艺和节能环保系统，项目具有规模大、造价高、技术复杂、造价咨询业务复杂的特点。

图 6-2　某省运动会场馆

二、咨询服务范围及组织模式

1. 咨询服务的业务范围

项目合同的类型是全过程工程造价咨询服务合同，根据合同规定本公司在项目中主要承担项目的全过程工程造价咨询工作，具体内容如下。

（1）根据设计单位提交的经审核的施工图纸，编制施工图预算，进行设计优化，并经市财政部门审核。

（2）根据设计单位提交的初步设计成果，编制主场馆项目初步设计工程量清单及招标控制价，经市财政部门审核后，作为施工招标的依据。

（3）工程实施过程中，对设计变更、工程变更等影响工程造价的所有事项及进度款进行审核等，及时向委托人提交相关审核报告及有效控制工程造价的合理化建议。

（4）对项目的特殊材料，配合业主进行询价。

（5）派员参加图纸会审、初步设计评审、施工方案评审等会议。

（6）派 2~3 名造价工程师驻现场负责施工过程的造价管理工作。

（7）在运营维护阶段，协作业务完成相关事宜。

2. 咨询服务的组织模式

作为市标志性建筑物和某省运动会的主要比赛场所，本项目全过程控制的造价咨询业务与其他传统工程造价咨询业务相比，有以下特点。

（1）业务复杂。由于全过程造价咨询业务不仅涉及项目的施工阶段，还涉及项目的招投标阶段，因此全过程造价咨询业务范围相对于传统项目而言，业务范围大幅度增加，业务更为复杂。除此之外本工程作为某市的标志性建筑物与某省运动会的主要比赛场所，所涉及分包商数目众多，对工程造价控制更为严格，这都增加了本项目的咨询难度。

（2）对咨询人员的综合能力要求高。全过程造价咨询是根据委托方的要求和项目的具体条件而进行咨询服务的，每一次所要解决的问题都不尽相同，从事全过程造价咨询业务的人员，工作内容不仅是单一的造价确定和狭义的造价控制，而是要向项目设计阶段、运营维护阶段等更有助于整体把控项目总造价的方面延伸，才可能达到委托方更高层次的需求。

（3）需要快速响应，对工作效率要求高。委托方要求工程咨询企业为项目委派驻场人员，驻场人员需要对现场委托方提出的问题结合实际情况迅速做出响应。

针对上述工程项目的特点，为完成全过程造价咨询业务，本咨询团队采取扁平化的组织模式，如图 6-3 所示。

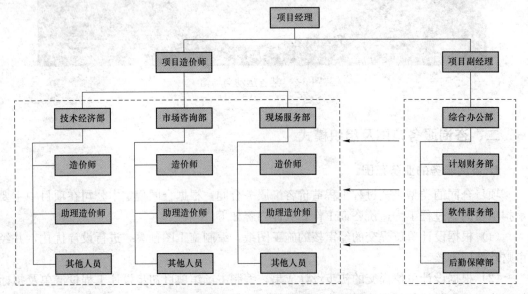

图 6-3　全过程工程造价咨询业务组织模式

3. 咨询服务工作职责

本咨询业务主要涉及四个阶段六项任务，涉及的四个阶段分别为：设计阶段、招投标阶段、施工阶段及运维阶段。

设计阶段、招投标阶段主要任务在建设前期，其他任务均在施工阶段，因此，完成招投标之后才成立现场服务部。各部门承担的具体任务由技术经济部、市场咨询部、现场服务部分别负责组织实施。

项目经理负责项目的全面组织协调、参加现场会议、与建设单位及各参建单位进行直接沟通，组织驻场人员的工作，全权处理现场问题。项目副经理配合项目经理完成项目总包招标阶段的工作，负责组织公司本部人员对项目予以支持，组织造价部各专业造价工程师编制工程量清单及招标控制价。项目造价师负责技术监督工作及质量控制，组织总工办各专业主任工程师对项目组的过程文件及成果文件进行审核。

三、咨询服务的运作过程

1. 前期策划阶段咨询服务运作过程

咨询团队在项目前期策划阶段主要完成了以下工作。

（1）为业主聘请的建筑师、其他设计顾问、配套公司不同设计方案（包括建筑、结构、机电等）书面提交审核意见和优化设计的合理化建议，提供投资估算的编制和项目经济评价，以协助业主选择最佳和经济的设计方案。

（2）初设计完成后，根据初设计图及经有关政府部门批准的立项审批、可行性研究报告等文件，依据国家、地方的相关规范、规程等技术文件，结合有关管理法规，以单项造价指标方式编制详细的估算造价，该估算造价按图纸深度，部分是根据图纸计算出来的工程量，部分是依靠经验数据，结合市场同类产品价格计算，从而制定出了项目详细的、细化和准确的工程成本规划书，以作为工程成本控制的目标。

（3）根据业主工期要求，与业主确定标段划分安排，并根据工程成本规划书编制项目的招标策划书及合约规划，应包含项目的分项合同计划和招标安排，包括标段、合同模式及招标时间、计价方式。

2. 设计阶段咨询服务运作过程

设计阶段是控制造价的关键阶段。本项目设计阶段的造价咨询工作主要是协助委托方及设计人实施设计方案和施工图设计的优化，并利用价值工程对设计方案进行评估，进行限额设计，按标准化设计。这些方法能够对设计阶段控制造价起到一定的作用，最终实现达到优化投资的目的。

设计优化的理论根据是：每一位设计人员或每一个设计部门的工作必然是有缺陷的，但这些缺陷很难被原设计人员认识到；而另外的设计人员来审视这些设计成果时，必然可以发现需要改进的地方，通过改进，便可以达到功能不变、降低成本的效果。

（1）方案经预算阶段，造价控制咨询人根据同类工程项目的单位造价及本项目的特点，编制方案估算，对方案估算进行分解，编制分部工程（或分部分项工程）的投资控制指标。

（2）设计方案造价估算的可行性比选和风险分析比选、咨询人参与对初步设计总图方案及单项设计方案的评价。通过对不同设计方案造价估算的可行性比价和造价估算的风险分析比选，在满足设计要求和投资控制的前提下，选取最合理的方案。

（3）咨询人对初步设计图进行概算审核。咨询人员根据设计单位提供的概算，按造价部门的有关规定进行概算审核。

（4）根据概算审核结果提出优化方案。咨询人在概算审核完成后，对上述造价提出优化方案，并与委托方、设计单位对优化方案进行讨论并落实。

（5）多次进行造价估算，确保估算金额在委托方的概算费用之内。咨询人承诺：如上述造价仍不符合委托方既定的工程造价控制目标，造价师将重复上述工作，直至修改后的设计图纸造价估算金额在委托方的概算费用之内。

（6）施工图预算审核。施工图预算的审核首先根据单位工程施工图计算出各分部分项工程量，然后从预算定额中查出各分项工程相应的定额的单价并将各分项工程量与其相应的定额单价相乘，其积就是各分项工程的价值；再累计各分项工程的价值，即得出该单位工程的定额直接费；根据地区费用定额和各项取费标准（取费率），计算出间接费、利润、税金和其他费用等；最后汇总各项费用就得到单位工程施工图预算造价。

施工图预算的审核程序步骤：熟悉施工图纸、了解现场情况和施工组织设计资料、熟悉预算定额、列出工程项目，计算工程量及编制预算表（直接套用预算单价、换算预算单价、编制补充单价）。

1）计算定额直接费。

2）工料分析。在计算工程量和编制预算表之后，对单位工程所需用的人工工日数及各种材料需要量进行的分析计算，称为"工料分析"。

3）计算单位工程预算造价。

4）复核。

5）编写预算审核说明。

6）装订签章。

（7）完成委托方交办的其他造价咨询工作，咨询人应及时完成设计阶段委托交办的其他造价咨询工作。

3. 招投标阶段咨询服务运作过程

（1）工程量清单编制的原则。为保证工程量清单的准确性，保证编制质量，造价工程师编制工程量清单时严格遵守《建设工程工程量清单计价规范》（GB 50500—2013）等国家、行业及省市有关规定。做到以下几点。

1）严格按规范规定设置分部分项清单项目，编写项目编码、计量单位。

2）按施工图设计准确描述各分部分项工程的项目特征、工作内容。

3）严格按工程量计算规则计算工程量。

4）工程量计算底稿必须清晰、整洁。

5）清单编制要有利于充分发挥专业承包公司的专业优势，提高工程质量，加快工程进度，降低建设成本。

6）在不违背规范的前提下，尽可能方便承包商投标报价。

（2）编制工程量清单初稿。团队成员根据专业分工，按工程量清单编制程序进行详细清单的编制工作。工程量清单编制前，应根据委托人委托，收集完整的清单编制依据。团队成员在计算清单工程量前，首先应完整地掌握项目情况，熟悉施工图设计和技术规范。

（3）对施工图设计进行技术经济论证。做好施工图设计技术经济论证，帮助委托人把好设计关，可以起到降低建设成本、控制工程投资的作用。同时，工程施工招标时，往往还未进行施工图设计会审，且每一项设计或多或少存在一定的遗漏或缺陷，造价工程师在熟悉施工图后，会发现一些图纸设计问题，在编制清单时客观需要解决。因此，造价工程师熟悉施工图纸后，应检查设计是否存在技术缺陷，施工图设计是否存在技术经济不合理的问题，提出合理化意见；应向建设单位提交设计合理化建议报告，由项目建设单位进行审批；造价工程师将同意落实的建议意见反映在设计文件中。

（4）现场踏勘。现场踏勘的目的是了解项目施工现场条件，使编制的清单和控制价更加切合实际，降低承包商工程索赔的几率。因此在熟悉文字资料后，工作人员应到工程现场进行实地踏勘。现场踏勘时完成下列具体工作：核查施工图设计与工程场地条件是否吻合，施工场地条件，施工用水、电、通信、排水、道路条件，材料设备运输条件，运输距离；记录核查情况，将实际情况充分反映在编制的工程量清单中。

（5）计算工程量。工程量计算是否准确，直接影响到工程招标的质量和预算控制价的准确性，因此造价工程师应在熟悉资料后，根据规范规定计算清单工程量。

（6）编制措施项目、规费项目清单。造价工程师根据招标文件初稿按费用措施项目、定额计价措施项目、省清单计价定额关于规费清单进行确定，分别列出措施项目清单、规费项目清单。

（7）编制工程量清单初稿。在工程量计算工作中，造价工程师应用计价软件，按项目编码将各分部分项名称、计量单位、工程数量、工作内容、项目特征、措施项目、其他项目、工程说明等内容反映到工程量清单中，编制出工程量清单初稿。

（8）调整清单初稿，编制工程量清单征求意见稿。在编制工程量清单初稿的基础上，根据招标人购置材料、专业分包工程、预留金设置情况，调整工程量清单初稿，将甲供材料、专业分包工程、预留金反映到工程量清单中，编制工程量清单编制说明，形成总承包和专业分包工程的工程量清单征求意见稿。

（9）清单风险评价，编制招标建议书。在工程量清单征求意见稿编制完成后，造价工程师应对工程量清单征求意见稿进行风险评估，评估内容包括：预测清单存在的潜在风险；图纸可能发生的设计变更；材料价格波动趋势；新技术、新材料对本项目工程造价的影响等。对以上因素进行评估后，提出风险评估报告，编制施工招标建议书，提供给委托人参考。

（10）修正清单初稿，形成正式清单。公司将清单初稿、风险评估报告和招标建议书报送委托人；由委托人主持招标代理机构和团队对清单征求意见稿进行论证；委托人通过论证审核，返回审核意见给团队；团队按照审核意见修订清单征求意见稿，形成正式工程量清单和预算控制价，出具正式清单编制报告，交委托人使用。

4. 施工阶段咨询服务运作过程

工程项目施工的实施阶段，主要是落实事先制订的控制计划和造价控制目标，严格执行工程量清单报价中的内容与原则。整个工程投资控制的关键发生在施工过程的中间阶段。为此，施工前应对建设项目投资按照项目种类、时间、进度进行划分，认真审查施工方案和施工组织设计，对施工组织设计的技术经济做好分析，提出相应的咨询建议；在施工过程中，按工程进度计算所需支付的工程进度款，动态结算项目投资，这个过程需要进行必要的审查，为建设方提供有价值的控制建议；对工程变更也应给予密切关注，督促相关单位按规定程序确定工程变更价款；应该站在客观公正的立场上，以合同为依据，及时审核建设单位和施工单位索赔，并对投资支出作出分析，加强对建安工程的成本管理。

（1）进度款审核办理程序。对承包单位提出的工程预付款，造价工程师应根据施工合同约定的额度和条件提出审核意见，报送建设单位审定。

专业造价工程师应逐项审核承包单位的付款申请并核定出最后数量，然后工程款支付证书由工程造价项目负责人签发。应根据施工合同的约定来确定月工程进度款的支付时间和方式。

在开工前，建设单位代表商和总造价工程师应对月付款报审表和支付凭证的签发程序进行商定后再执行。在造价咨询部进场交底时，应向承包单位阐明工程款项的审核程序。流转程序如图6-4所示。

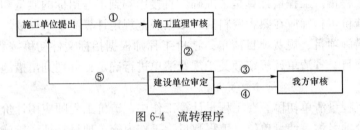

图6-4　流转程序

（2）设计变更审核办理程序。设计变更是施工阶段经常出现的问题，对设计变更的管理影响着全过程工程咨询的总体效果，因此团队对设计变更制定了详细的设计变更流程，具体工作流程如图6-5～图6-7所示。

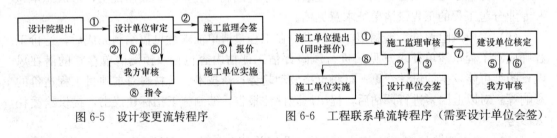

图6-5　设计变更流转程序　　　　图6-6　工程联系单流转程序（需要设计单位会签）

图6-7　工程联系单流转程序（不需要设计单位会签）

5. 竣工结算阶段

竣工结算审查是全过程造价咨询服务的最后一项工作，也是检验造价咨询服务质量的最后一步。由于竣工结算审查所涉及的内容较为复杂，因此就要求审查工作具有秩序性。首先从工作思路上要保证审查工作的完整性，同时作为专业的工程造价咨询服务机构应有能力从项目属性中确定最为有效的工作方法，最终按各方要求在规定时间内完成竣工结算审查工作，这一阶段的工作由项目经理组织驻场造价人员完成，总工办参与重大争议问题的协调解决以及成果文件的审核、审定工作。

6. 运营维护阶段

运动会场馆项目作为一个永久性的项目，在大型比赛过后需要对其进行定期的维护，以保证其使用功能。在运营维护阶段不仅涉及项目的建设者，也涉及工程造价咨询机构。在本工程的运营维护阶段就涉及了工程造价机构。

（1）保险索赔过程。2016 年运动会场馆所在区属于台风正面袭击范围，该区域受影响大、损失严重，全区停水停电。据初步统计，该区受灾损失达 21.01 亿元。本项目也遭受了"彩虹"的袭击，其中四场馆金属屋盖系统、体育馆及球类馆的木地板、体育场及连廊的膜结构、清理拆除费等共计损失约 9000 万元；场馆装饰、交通、景观和安装等工程共损失约 6000 万元。业主方共损失项目金额合计约 1.5 亿元。幸运的是由于全过程工程咨询单位的建议，建设方在 2016 年 8 月 7 日就对本工程进行了投保。

咨询单位协助业主完成了保险索赔工作。在进行保险索赔过程中，需要业主根据合同条件，编制详细的预算编制报告，因此业主委托我公司参与保险索赔过程。保险索赔的详细情况如下。

业主于 2016 年 10 月 21 日前向保险公司报送了《索赔意向书》，经保险公司研究后认为：由于台风"彩虹"中心附近最大平均风力符合合同规定的最大平均风力 12 级或以上，属不可抗力的自然灾害。根据财产一切险保险单第五条规定，在保险期间，由于自然灾害或意外事故造成保险标的直接物质损坏或灭失（以下简称"损失"），保险人按照本保险合同的约定负责赔偿。保险公司同意进行赔偿处理。

2016 年 10 月 20 日，项目各参与方组织现场损失勘察，联合本造价咨询机构、第三方公估机构以及律师事务所等专业人员，对现场进行保护及取证。为索赔中期的造价编制及索赔后期的理赔金额保存了较为全面的数据和证据。

2015 年 11 月 10 日，项目各参与方召开联席会议，研究省运会场馆保险理赔相关事宜。主要有以下纪要。

1）关于公估公司要求提供相关索赔资料事宜。

2）关于预付理赔款事宜。

3）关于各专业系统设施设备修复事宜。

4）关于有利用价值的损余物资处理事宜。

经过现场勘查及取证，业主方委托的本造价咨询公司编制完成《奥体中心台风"彩虹"损坏修复——金属屋盖、木地板、膜结构预算编制报告》和《奥体中心台风"彩虹"损坏修复——装饰、交通、景观和安装等工程预算编制报告》。业主把成果文件提交与第三方公估机构进行索赔谈判。

第三方评估公司出具《关于定损会议存在的问题解答》工作联系函，把定损造价的反馈意见给业主方。

双方召开了多次定损会议协商，最后同意四场馆金属屋盖系统、体育馆及球类馆木地板、体育场及连廊膜结构、清理拆除费总定损金额约 7000 万元；场馆装饰、交通、景观和安装等工程项目定损金额约 6000 万元。

经过多次协商，双方就部分损失赔付金额以及其余受损资产赔付时间达成协议。并签订了定损确认书、损失确认书、赔付协议等文件。

（2）保险索赔过程中工程造价咨询服务过程。

1）在本保险索赔过程中，工程造价咨询工程主要有四大难点。

难点一：未结算，没有可以参考的结算价格；预算价格，由于特殊原因，还没有审核完成。没有明确的历史数据可供参考执行。

难点二：局部破坏，是重建还是修复？如何认定？

难点三：非在建状态并且已经竣工，修建的措施费（脚手架、垂直运输费用）应如何考虑？重新搭设还是部分搭设？

难点四：其他预计发生的费用如何确定？

2）难点的解决过程。对于不同的部分的修复方案是不同的，其措施项目也是不同的，因此必须根据其实际情况进行详细分析。例如，在保险索赔过程中，对修复方案，存在很大的争议，其中的一部分见表 6-5 和表 6-6。全过程咨询单位通过广泛的市场调研和修复方案的分析，最终得到各方均接收的价格，就索赔委托方而言，赔偿金额超出了其初期预期价值。

表 6-5 屋 盖 工 程

序号	项目名称	单位	工程量	损失状态	恢复方式	备注
1	屋面 30mm 厚异形铝板装饰层	m²	156	刮碰凹痕	修复	1～88 轴线，不含骨架及配件
2	25mm 厚聚碳酸酯阳光板屋面	m²	2689	刮擦划痕	修复	不含骨架及配件
3	扩展修理区域更换防水板	m²	2327		待定	修复方案待定
4	扩展修理区域铝板装饰层拆装	m²	2327		待定	修复方案待定

表 6-6 膜 结 构 争 议 部 分

序号	位置	财产名称	型号或规格	单位	索赔数量	单价依据（清单编号）	原因	结论
1	体育场	体育场—PTFE 膜材	SGM—9	m²	661.25	换或者补存在争议	保险公司当时只同意给修补	通过市场调查、设计、厂家派出人员到现场勘察给出结论，修补是不可行的（受力有问题、影响外观）
2	连廊	长廊—PTFE 膜材	SF—2	m²	1977.55	换或者补存在争议	投保单位要求更换新的	

四、咨询服务的实践成效

本项目中全过程咨询服务的实践成效主要体现在三个方面：经济成效、社会成效、技术成效。详述如下。

1. 经济成效

经济成效主要体现在设计方案的优化过程中。为了有效控制和合理确定第十四届省运会主场馆项目的工程造价，规范工程管理，团队结合项目的实际情况，从设计入手，从适用、经济的原则出发，优化施工图部分内容，严格控制材料和设备品牌档次，注重施工方案的经济比选。优化设计的工作成效如下。

（1）土建部分。

1）灰土回填改为素土回填。一场三馆基础底板以上地坪标高找平原设计采用的2∶8灰土回填，施工前图纸会审施工单位提出用陶粒混凝土取代2∶8灰土回填，设计单位同意该变更。从经济角度分析，陶粒混凝土造价比2∶8灰土高，2∶8灰土造价比素土高。结合目前某市各工程普遍的做法，采用素土已能达到密实度要求，经过多次沟通，设计单位同意采用素土回填。填陶粒混凝土改为填素土，可节约造价约927万元。

2）一场三馆屋面装饰铝板由4mm厚改为3mm厚。经调查，市场生产的用于大型场馆屋面装饰面层的铝板厚度大多为3mm，省内场馆项目大部分也是采用3mm厚的铝板，4mm厚与3mm厚每平方米价差80元左右，由于一场三馆屋面装饰面积大（约10万m²），采用不同厚度铝板造价差异很大，经与多次协调沟通，设计单位最后同意将装饰铝板厚度变更为3mm。此项节约造价约825万元。

3）一场三馆地面设计层次精简。地面层次设计达八九层，CL7.5轻集料混凝土、砂浆、细石混凝土找平层、垫层层次多、厚度大，室外广场、散水、坡道等处也设卷材防潮层等，经过沟通，设计单位同意根据本地的实际情况，取消防潮层，并且对地面层数进行优化设计。此项节约造价约720万元。

4）三馆预制管桩桩内插筋长度改变。三馆原设计预制管桩桩内插筋长度与体育场相同，为18m，经过沟通，设计单位同意修改为5m。此项节约造价约470万元。

5）不锈钢栏杆改为塑钢栏杆。体育场、体育馆、综合球类馆栏杆设计采用不锈钢栏杆，造价较高，经与设计方沟通，设计单位同意改为一般塑钢栏杆。此项节约造价约320万元。

6）环氧自流坪改为水泥自流坪。为确保橡胶地板平整度达到要求，图纸会审施工方提出橡胶地板面层下应增加一道自流坪，设计同意增加5mm环氧自流坪。经过沟通，设计单位同意将环氧自流平改为泥基自流坪，此项节约造价约180万元。

7）取消C25细石混凝土层中的钢筋网。C25细石混凝土层均设计有钢筋网，经过沟通，设计单位同意除机房、设备房、有水的房间、大面积房间的保留外，其余均取消。此项节约造价约30万元。

8）装修刷界面剂改为刷素水泥加107胶。设计要求内墙、外墙面均需用界面剂一道甩毛，与规范要求刷素水泥一道作用一样，刷素水泥一道约1.13元/m²，刷界面剂一道约2.7元/m²，因为一场三馆内、外墙面面积大，工程量很大，在使用功能不变的情况下，从节约投资角度出发，建议优化该部分设计，改为通常做法刷素水泥加 107 胶一道。经过沟通，设计单位同意装修刷界面剂改为刷素水泥加 107 胶，此项节约造价约 30 万元。

9）体育场金属屋盖玻璃棉板 100mm 改为二层 50mm。深化图纸将原图纸一层 100mm 玻璃棉板（容重 80kg/m³）双面包铝箔更改为二层 50mm 厚玻璃棉板（容重 80kg/m³）双面包铝箔，在使用功能不变的情况下，从节约投资角度出发，不同意更改，此项节约造价约 935 万元。

10）三馆金属屋盖无纺布更改为防水透气膜。深化图纸将原图纸无纺布更改为防水透气膜，在使用功能不变情况下，从节约投资角度出发，不同意更改，此项节约造价约 96 万元。

11）体育工艺水泥稳定碎石基层水泥含量更改。会议纪要及深化图纸将原图纸水泥含量 6％改为 10％，在使用功能不变的情况下，从节约投资角度出发，不同意更改，此项节约造价约 31 万元。

12）体育工艺沥青混凝土透层油量更改。会议纪要及深化图纸将原图纸喷油量 1kg/m² 改为 2kg/m²，在使用功能不变的情况下，从节约投资角度出发，不同意更改，此项节约造价约 39 万元。

（2）安装部分。

1）冷水系统管材变更，取消管道保温棉、油漆。冷水系统所有管材设计采用不锈钢钢管，我方建议管径 50mm 以下的用 PP—R 管；管径大于 50mm 的，架空的用钢塑管，埋地的用 PE 管，并取消防结露保温棉、油漆。经与设计方沟通，设计单位同意管径 50mm 以下的用 PP—R 管，管径大于 50mm 的仍用不锈钢管，取消防结露保温棉、油漆。此项节约造价约 852 万元。

2）虹吸雨水管管材变更。经沟通，设计单位同意虹吸雨水管由不锈钢管改为白色 HDPE 管。此项节约造价约 1712 万元。

3）阀门材质变更。经沟通，设计单位同意系统中的阀门由原来的全不锈钢阀门改为阀体为铸钢、阀芯为不锈钢或铜芯的阀门。此项节约造价约 1118 万元。

4）取消排水管道保温棉、油漆。经沟通，设计单位同意取消排水防结露 10mm 保温棉、油漆。此项节约造价约 26 万元。

5）空调风管材质变更。设计要求用无甲醛环保型消音风管，据市场调查，无甲醛环保型消音风管强度不够，价格却不低，建议改用橡塑保温镀锌风管。经沟通，设计单位同意采用保温镀锌风管，此项节约造价约 420 万元。

（3）场内道路部分。

1）路基换填更改。深化图纸道路详图说明中，场内所有沥青道路路基均做 80cm 碎石土换填处理；而实际吊车道路不需要换填。经沟通，取消换填，此项节约造价约 20 万元。

2）乳化沥青粘层用量更改。深化图纸道路详图说明中，乳化沥青透层将原图纸用量 0.6L/m² 改为 1.5kg/m²，乳化沥青粘层用量 0.4kg/m² 改为 lkg/m²；而修改后费用增加使用功能并不会相应提高；经沟通，从节约投资角度出发，按原图进行，不作更改，此项节约造价约 28 万元。

（4）绿化部分。绿化填料更改。深化图纸将原图纸塘肥、垃圾肥、腐热用肥改为膨化鸡粪；而变更并不影响植物生长效果的情况下，却增加了费用。经沟通，从节约投资角度出发，按原图进行，不作更改，此项节约造价约 2000 万元。

（5）优化设计的总节约额。通过设计优化，土建部分节约造价约 4180 万元，安装部分节约造价约 4128 万元，场内道路节约造价约 50 万元，绿化部分节约造价约 2000 万元，合计节约造价约 10 358 万元。

2. 社会成效

在本次提供咨询服务过程中，为了更好地控制过程造价，团队制定了具体的造价控制措施。

（1）对于项目组织的图纸会审、初步设计评审、施工方案评审等会议，团队都派出专业人员参加，并从造价控制的角度给出相关的意见。

（2）通过对施工过程进行实时实地监控，对设计变更、工程签证等影响工程造价的事项从专业的角度及时提出有效控制工程造价的合理化建议，保证了设计变更和工程签证的科学性、合理性和真实性，杜绝出现随意变更和签证失实的情况，有效地控制了工程造价，规范了工程管理。

（3）进度款支付方面，由于本工程工期紧，在欠缺财政审定的施工图预算的情况下，咨询团队及时提供施工图预算及工程量清单给代建局，并协助代建局进行进度款审核，这样在不影响工程进度的情况下，使工程造价得到了合理和有效的控制。

（4）通过对施工过程进行全程监控，得以对施工过程进行详细跟踪记录，掌握了工程建设过程的真实情况，从而保证了工程建设相关资料的合法合理和完善，并为加快工程结算进度，为保证工程结算造价更合理、更准确打下了坚实的基础。

（5）通过实施全过程造价管理，促进了工程管理各项工作的进一步完善，并形成了控制造价的有益经验，为以后工程项目造价管理工作的更好开展提供了指导作用。

团队的各项努力不仅在经济上取得了一定的成效，而且也得到了社会的认可，在本次造价咨询中，某工程投资咨询公司被某市住房和城乡建设局评为先进单位，主要参与人员被评为先进个人，项目咨询团队在 2018 RICS Awards 中获得年度专业咨询服务团队（建造领域）入围奖。

3. 技术成效

本项目体育场外立面中使用了 PTEE 网格膜结构，该工程由二次钢构及外立面膜结构两部分组成，主体育场下部为马鞍型看台结构，外轮廓近椭圆形，看台上部为悬挑罩棚钢结构，由悬挑钢桁架及网架结构两部分连成整体。其南北长 467.5m，东西最大宽度约 297.6m，悬挑罩棚中间高、两端低，高差 9.3m，罩棚最高点离地面约 53.89m。膜材选用进口 PTFE 网格膜材 SGM－9PB，膜结构面积约 18 000m²，膜辅材配件全部采用铝合金夹具或不锈钢螺栓，铝合金夹具材质为 6061－T6，张拉固定膜材螺栓采用不锈钢，材质为 S316。

目前我国的膜结构工程中，一般业主并不能在招标阶段提供详细明确的施工图，只能给膜结构承包商一个初步设计方案或膜结构施工界面的基本情况，承包商需结合本企业膜结构施工的特点，对初步的设计方案进行优化，设计膜结构施工图。

　　针对膜结构这种新型且在不断更新的材料，定额中并没有可供查询套取的相应定额子目，因此在膜结构工程招投标报价过程中就没有办法应用传统的定额计价方式。

　　膜结构的施工技术条件并不统一，这样一来，对于不同的膜结构施工单位来说，采用统一的管理费率就体现不出公平性和竞争性。招投标过程中需要各单位结合自身的施工组织管理水平，确定出本企业的管理费率。

　　因此结合已完工程合同价或在建同类工程的合同价，由建设主管部门编制指导性的预算定额计价标准，不仅是招标人的需求，也是投标人的需求，它是未来工程盈亏的界限。

　　在分析膜结构施工方案的基础上，分析了膜结构的造价。膜结构的造价构成与其他类型的结构工程相类似，膜结构工程的造价也包括材料费用、加工制作费用、安装费用、管理费及利润等；其中材料及加工制作费用包括膜材料、辅料、夹具、螺杆等。

　　结合本工程地区人工单价以及所采用材料的市场价，分析得出 PTFE 网格膜结构综合单价为 1048.95 元/m²。详细分析见表 6-7。

表 6-7 **综合单价分析表**

工程名称：体育场外立面 PTFE 网格膜结构工程　　　　　　　　　　　　　　　　第 1 页共 1 页

项目编码	010701003001		项目名称		PTFE 网格膜结构		计量单位	m²

清单综合单价组成明细											
定额编号	定额名称	定额单位	数量	单价				合价			
				人工费	材料费	机械费	管理费和利润	人工费	材料费	机械费	管理费和利润
B020210004	外立面 PTFE 网格膜	100m²	0.01	19 900.14	72 954.95		12 040	199.00	729.55		120.40
人工单价	小计							199.00	729.55		120.40
综合工日：78 元/(工日)	未计价材料费										
清单项目综合单价								1048.95			

材料费明细	主要材料名称、规格、型号	单位	数量	单价（元）	合价（元）
	PTFE 网格膜	m²	1125	452.67	565.84
	夹具 FS—50×221F	m	0.0877	185	16.22
	夹具 FS—35×221F	m	0.6591	150	98.87
	不锈钢螺杆 M12×60	套	2.8903	3.5	10.12
	不锈钢螺杆 M24×60	套	0.2083	6.5	1.35
	橡胶棒	m	0.3179	15	4.77
	结构防水胶 300mL	支	0.25	28	7.00
	焊膜结构胶条	m	0.6346	40	25.38
	材料费小计				729.55

本次分析已转发给该省定额修编工作小组相关人员，并作为 2016 定额修编过程中，膜结构定额补充子目编制的参考依据之一。

在运动会主场馆建设过程中，某咨询有限公司在项目建设规模大、投资高、技术材料复杂的条件下，完成了项目的设计优化工作，共节约造价约为 10 358 万元；在采用新材料缺少统一报价的情况下，通过广泛的调研，完成了新材料报价的分析工作，分析结果已经成为膜结构定额补充子目编制的参考依据之一；在未结算，没有可以参考的结算价格，没有明确的历史数据可参考执行的条件下，帮助业主在运营维护阶段完成超预期的保险索赔。某咨询有限公司希望通过自己的努力，为全过程工程咨询的发展添砖加瓦，为全过程工程咨询业的发展贡献自己的力量。

案例三　某医院项目全过程造价咨询典型案例

一、项目基本概况

某医院项目位于某市科技新区，总占地面积 106 亩，总建筑面积为 23.75 万 m^2，总床位数为 1000 床，概算总投资为 32.71 亿元。一个项目，两个医院、两种运营管理模式，非营利性医疗机构与营利性医疗机构相辅相成。项目于 2015 年 9 月 1 日开工，2018 年 9 月 15 日试运营，2019 年 1 月 22 日竣工。

某咨询公司受建设单位委托，针对新建医院项目，从前期决策阶段（投资估算）、设计阶段、实施阶段（招投标、施工）到竣工结算阶段的造价咨询进行全过程管理和控制，并提供有关造价决策方面的咨询意见。

二、咨询服务范围及组织模式

1. 咨询服务的业务范围

依据国家、地方建设工程相关法律、法规、技术标准、规范、行业规定及合同、招投标文件、施工图纸、现场认定的有效证明资料等对本项目进行全过程造价咨询服务，要求认真履行职责，做到公平、公正，提供高质量的造价咨询服务，对咨询成果负法律和经济责任。

主要工作内容包括但不限于以下内容。

（1）配合业主单位做好设计阶段的造价控制，审核项目的工程概算。

（2）编制工程量清单及招标控制价。

（3）施工阶段全过程跟踪造价咨询服务。

（4）竣工结算审核。

（5）与项目造价控制相关的其他服务，未涉及的服务内容参照《建设项目全过程造价咨询规程》（CECA/GC 4—2017）实施手册及相关法规。

2. 咨询服务的组织模式

本项目为新建工程，项目投资额大，功能全面，工期短。针对该模式的特点，咨询公司安排经验较为丰富的造价人员组建项目小组完成相关工作，参加本项目的主要人员名单及工作时间安排见表6-8。

表 6-8　　　　　　　　　人员名单及工作安排

序号	姓名	性别	本项目拟任岗位	技术职称	执业资格证	从事专业年限	工作时间安排
公司分管领导							
1	刘某某	女	项目经理	高级工程师	注册造价工程师招标师	25年	依据项目情况完成项目督导工作，定期（或不定期）到现场服务
2	席某某	男	技术负责人	高级工程师	注册造价工程师	30年	
部门分管领导							
3	沈某某	女	项目常务副经理	高级工程师	注册造价工程师	24年	定期（或不定期）到现场服务
项目部							
4	李某某	男	现场负责人	高级工程师经济师	注册造价工程师，注册一级建造师	10年	驻现场服务
5	杨某某	男	土建专业	助理工程师	土建造价员	8年	驻现场服务
6	贺某某	男	安装专业	工程师	注册造价工程师	8年	驻现场服务
7	谭某某	男	安装专业	工程师	安装造价员	8年	驻现场服务
8	其他人员		各专业				视工程建设情况，参与项目咨询服务

三、咨询服务的运作过程

该项目属于心血管病专科医院，具有建设内容齐全、标准高、专业设备设施齐全的特点，建设内容包括门（急）诊楼、医技楼、心脏病研究中心、住院楼、综合办公楼、氧气站、污水处理站、地上及地下停车场、急救绿色通道等；专业涉及建筑结构、抗震专项、人防、装饰装修、净化专业装修、防辐射专业装修、智慧物流系统、医疗气体系统、医疗设备、手术室净化设备、厨房设备、电梯、机械式停车位、标识系统、给水排水（含污水处理）、消防、供配电、智能化、采暖通风、景观绿化、灯光泛光照明、配套市政设施等。

针对医院建设的内容和特点，我们在本项目采取具体的投资控制实施方案。

1. 设计概算审核阶段

根据国家有关规范，设计单位在设计阶段根据初步设计文件和图纸、投资估算指标、概算定额或指标等，编制初步设计概算，报有关部门核准或备案。

咨询公司依据设计概算编审规程，对设计单位编制的概算进行审核。重点审核设计概算的合理性、准确性，以便确定合理的投资计划和造价控制目标。

2. 编制工程量清单及招标控制价阶段

（1）本项目的编制依据以下几项。

1）《建设工程工程量清单计价规范》（GB 50500—2013）。

2）××省住房和城乡建设厅关于贯彻执行《建设工程工程量清单计价规范》的通知（×建标〔2009〕第 74 号）。

3）《××省 2013 版建设工程造价计价依据》（×建标〔2013〕918 号）及配套调整文件。

4）本项目招标文件（含补遗文件）。

5）本项目施工图（或招标图），包括审图报告、图纸答疑、相关标准图集。

6）××省建设厅《××省房屋建筑和市政基础设施工程施工招标工程量清单评标（暂行）办法》（×建建〔2004〕396 号）。

7）××省建设厅《关于进一步加强建设工程造价管理的若干意见》《关于商务标造价合理构成的指导意见》（×建标〔2005〕5 号）。

8）××省建设厅 2005 年 3 号公告：××省房屋建筑和市政基础设施工程施工招标评标补充规定。

9）其他与工程量清单及招标控制价编制相关的规范和规定。

10）工程量清单及招标控制价的编制依据应全面、有效、合规，符合项目实际。

（2）工程量清单内容的完整性和规范性。

（3）分析施工图纸内容，合理确定清单分项，按照工程量计算规则和施工图，准确计算分部分项工程量。

（4）其他项目清单、措施项目清单、零星工作项目表所列项目编制应齐全，符合××省现行计价依据及相关文件的规定，编制说明中所列要素应齐全。充分考虑由于设计深度限制而必须计列的预留金、专业工程暂估价。

（5）管理费、利润、规费、税金应按××省现行计价依据及相关规定计算。

（6）主要材料、设备价格的取定应与现行市场价格相一致，取定的依据和来源应科学合理。

（7）工程量清单及招标控制价的编制范围应符合招标文件的要求。

3. 施工阶段

（1）参加项目招标咨询工作。

（2）协助建设单位完成施工合同谈判和合同签订，确保所签订的合同与工程量清单、招标控制价和中标人的投标报价不发生实质性背离，以利于施工过程中的投资控制和造价管理。

（3）负责对施工单位上报的每月工程完成量报表进行审核，并出具工程款支付咨询意见。

（4）协助建设单位（项目管理单位）编制建设项目投资资金使用计划，确定投资控制总目标，将投资总目标进行分解，形成施工过程中各阶段的控制目标。资金具有时间价值，合理的资金计划，合理调度资金，有利于投资控制目标的实现。

（5）参与造价控制有关会议，并提出建设性意见。

（6）工程设计变更、现场签证的审核与确定。

（7）工程索赔费用的审核与确定。

（8）完成结算审核工作。

在本阶段，还应配合建设单位完成项目竣工财务决算及审计部门的审计工作，按建设单位的要求与安排，向政府审计机构提交相关的资料和数据，参加相关会议，对财务决算和审计部门提出的相关问题作技术性解释和分析。

4. 审核所需资料及工作要点

审核所需资料及工作要点见表 6-9。

表 6-9　　　　　　　　　　　　　　　　审核资料及工作要点

建设阶段	审核内容及名称	审核所需资料	工作要点
施工阶段	施工合同的审查	①招标文件； ②招标答疑会议纪要； ③招标补遗； ④般标文件	审查施工合同是否响应招投标文件，着重审查与经济相关的条款
	对无法招标项目的合同造价咨询	①总承包合同； ②供货合同； ③分包合同； ④工程合同； ⑤工程进度款申请表及费用计算附表、监理审核意见； ⑥工程变更、现场签证； ⑦施工组织设计，包括项目总进度计划	对专业性较强的项目，建设方可单独分包，造价咨询部对邀请询价比选项单位所报方案及报价，进行详细审定或编制施工图预算； 造价咨询部对拟定不招标工程的合同提供咨询意见，主要审查对计价方式、各项费用如何计取等与造价有关的条款，并与总承包合同对比，是否有明显偏离或重复的内容
	工程变更价款的审核与确定	①招投标及合同文件； ②工程变更通知单； ③变更价款申请表及变更价款计算附表	审核发生工程变更的原因及变更费用的金额，控制不合理变更。对施工方提出的变更，严格审查，防止施工方利用变更增加工程造价，减少自己应承担的风险和责任；对设计方提出的变更，区分是否属于设计粗糙、错误等原因造成的，建议向设计方提出索赔；对建设方提出的变更，对变更方案进行测算与分析，提出建议供其参考
	工程索赔费用的审核与确定	①招投标及合同文件； ②施工组织设计； ③工程索赔申请表及索赔工期或费用计算附表； ④会议纪要； ⑤现场签证； ⑥其他材料	工程实施过程中，密切关注可能引起的索赔事项，提供咨询意见，尽量避免索赔事项发生，或化解已存在的索赔事项，对实际发生索赔事项及时记录，收集资料，调查分析，并提出处理意见
	设计或施工方案报价测算与确定	设计或施工方案	审核方案报价的计价方式、依据是否与施工合同的相应条款一致，报价的工程量、单价、取费等是否正确

5. 本项目工程造价咨询的原则及依据

本项目造价咨询服务将遵循独立、客观、公平公正、诚实守信、廉洁保密、优质服务的原则，注重造价咨询的合法、合规性，依法从事造价咨询、开展审核工作，为建设单位提供高水平的咨询服务。

6. 质量保障措施

（1）建立科学、完善的造价管理流程。科学、完善的项目管理制度和流程是项目管理成功的重要基础之一。我们结合本项目的实际，为本项目建立管理办法和流程（项目管理公司按建设单位确定的管理职责补充在管理流程中），部分流程如图 6-8～图 6-11 所示。

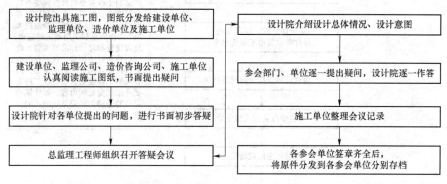

图 6-8　施工图纸会审流程图

（2）建立科学、完善的造价管理制度。

7. 时间要求

按建设单位要求，咨询人员在接到完整资料后 5 个工作日内出具相关咨询意见。

8. 实施方式的确定

在项目实施阶段，至少保证 1 名注册造价工程师常驻工地现场，且每月不少于 22 天，其他相应专业的造价人员应满足项目要求。

四、咨询服务的实践成效

1. 合同段和施工范围划分的科学性、合理性

（1）合同段划分的科学性、合理性。由于存在不确定性的因素较多，±0.000 以下工作内容如基坑支护、土方开挖、桩基施工、地下室施工等，施工体量大，内容重叠、交叉多且投资控制难（往往超过合同金额甚至投资翻倍）等。如果划分为一个合同段进行招标，则存在招标审核程序难、合同条款编写复杂，关键是不利于业主和项目管理单位过程管理（主导性不强）；划分多个合同段，如果范围明确不清晰，则极易导致过程工作协调难、工程签证多、工期不能保证等问题发生。我方根据项目实际特点、招标图设计深度和新版 2013 年××省计价规则等因素，将基坑支护和土方开挖划分为一个招标合同段，桩基施工为一个招标合同段，地下室施工并入上部结构由主体工程实施。其中，基坑支护和

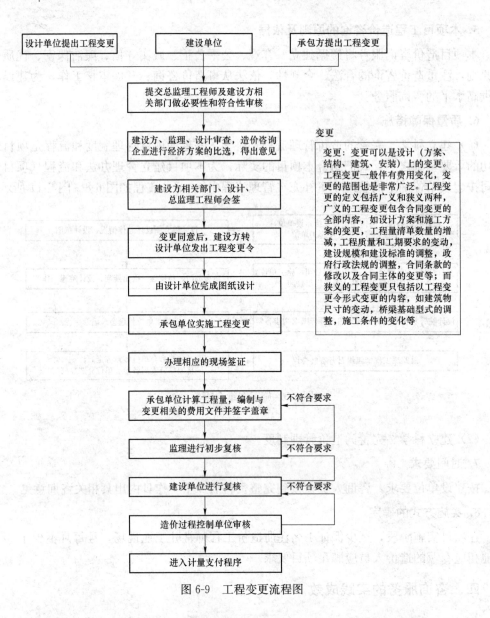

图 6-9 工程变更流程图

土方开挖划分为一个合同段，主要考虑新版 2013 年××省计价规则的设置。根据新的计算规则，基坑支护分部的定额水平偏低，清单项综合单价普遍高于市场价；而土方开挖分部的定额水平偏高，综合单价普遍低于市场价。为避免招标控制价出现偏高或偏低，以及降低施工过程管理风险，我方经过造价对比，并就个别定额设置咨询定额站，最终将这两部分划分在一个合同段。

（2）合同段施工内容的细化。比如，地下室筏板（满堂）基础、承台基础等土方的开挖，是由基坑支护和土方开挖单位还是主体单位实施呢？首先，在基坑支护和土方开挖工程招标时，地下室设计方案还在确定、优化中，此时如果将该内容交由支护单位施工，工程量势必要估算。土方工程量的确定历来是结算的难点，这样划分无疑增加了纠纷的风

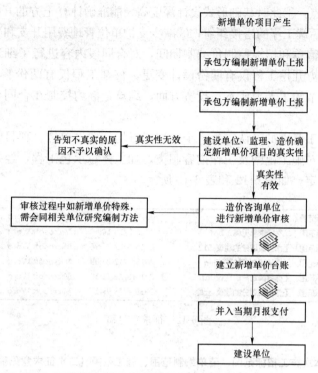

图 6-10　新增单价认定流程图

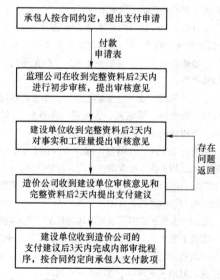

图 6-11　工程款支付流程图

险；其次，考虑到整个场地开挖后界面移交的便利，机械开挖土方对土层扰动的风险，以及土方工程量计算的准确与方便，咨询公司建议支护单位土方界限挖至−11.4m，并征求建设单位和项目管理单位意见，后在招标文件及工程量清单编制说明中明确。最后，主体单位开挖有三大优点：①此时基础形式设计深度高，能准确计算土方的开挖量；②避免了因不同单位施工造成后续工序的搭接纠纷；③减少支护单位管理费用开支和工期交叉的计算。

在我方工程量清单和招标控制价编制期间，对合同段内容进行了细致分化。审核结算时，基坑支护和土方开挖工程仅有两份设计变更，桩基工程仅有两份签证；审核时间由1人在两周内完成，节约了人力成本；投资方面，结算金额均控制在合同金额范围内，并通过了二审单位审核。

（3）合同段施工范围的确认。每一个工程我方均与建设单位、项目管理单位和设计单位进行细致研究，对施工范围及工作内容归类，如主体总承包工程，经过了多次建议及征求意见后才最终确定，如图6-12和表6-10所示。

	医院主体招标范围（二次征求意见稿）	2015/5/21 16:53	Microsoft Word ...	54 KB
医院主体招标范围（二次征求意见稿）1	2015/5/18 14:53	Microsoft Word ...	54 KB
医院主体招标范围、工作界面划分的建议-512	2015/5/12 22:06	Microsoft Word ...	56 KB
医院主体招标范围、工作界面划分的建议hjq	2015/5/12 21:09	Microsoft Word ...	55 KB
医院主体招标范围、工作界面划分的建议-ltq	2015/5/12 21:50	Microsoft Word ...	51 KB
医院主体招标范围、工作界面划分的建议-云岭	2015/5/13 9:41	Microsoft Word ...	56 KB

图6-12　征求意见稿

表6-10　　　　本次施工招标范围、清单编制范围、施工范围（二次征求意见稿）

单位工程	分部（子分部）工程	招标范围（清单编制范围）	施工范围
土建工程	地下土建、地上土建	①所有结构部分（合防辐射区域）施工图图示内容，砌体工程部分按施工图图示内容； ②有吊顶的区域：内墙面抹20m厚1∶2.5水泥砂浆（比吊顶底标高100），删面层、装饰面不在本次招标范围；楼地面找平层和面层不在本次招标范围内，即为原结构梁板； ③无吊顶的区域（包括地下车库、车道、各层的机电设房、强电间、弱电间、管道进、风机房）：墙面、地面、天棚按施工图图示内容； ④所有卫生间、外阳台、露台地面找平层、防水、回填、面层均不在本次范围内，即为原始结构； ⑤屋顶面合面层均为施工图图示内容，有安装太阳能的屋面均要做集热器基础； ⑥用于安装抗震阻尼器的墙体为施工图图示内容； ⑦地下室防水，地下室剩余土方及坑中坑土方开挖、基坑周边及地下室顶板土方回填按施工图图示（至设计标高，但地下室顶板土方不含绿化用土）； ⑧室内防火门及防火卷帘门按施工图图示内容，其他室内门窗均不在本次招标范围	招标范围
	人防工程	施工图图示所有内容	招标范围，须由具备人防施工资质的专业分包单位施工

续表

单位工程	分部（子分部）工程	招标范围（清单编制范围）	施工范围
土建工程	外装部分：石材幕墙、玻璃幕	①外墙装饰为施工图示内容； ②外阳台、露台、屋顶有金属栏杆的、屋顶防雷施工图图示内容	在拆除脚手架前完成外装施工
水工程	水、热水工程	①分室内管道、卫生洁具等不在本次招标范围； ②排水系统为主横干管（连接立管的水平管），其余连接排水点的支管不在本次招标范围（除水井地漏排水外）； ③地下室雨污按施工图图示内容，暂时预埋套管都要施工完毕且应增加封堵费用； ④太阳能热水系统的给水（含冷、热水管）做到伸出屋面300mm高，屋面以上的由专业公司负责，所有设备均由专业公司采购，施工（除冷水系统及冷水箱外）； ⑤地面给水排水管均做到第一个室外检查井，图纸未注明的，按建筑的外边线加3.0m计算	及室外施工完成
电气工程（强电）	电气工程（强电）	①照明、插座：吊顶区域，从总配电室低压端至楼层配电箱的上端负责接线（含配电箱）配电箱出线回路及末端未在本次招标范围；无吊顶的区域（包括地下车库、车道、各层的机电设备房、强电间、弱电间、管道井、风机房）按施工图图示内容； ②空调、给水排水、动力系统按施工图图示内容，医院设备动力做到总电源箱； ③地下室所有电气按施工图图示内容； ④高低压配电房设备不在本次招标范围； ⑤景观照明、夜景亮化（泛光照明）电源预留，电缆安装至配电箱上端（含接线、配电箱），配电箱以下、末端灯具等不在本次招标范围； ⑥弱电系统设备预留电源按施工图图示内容，电缆至配电箱包括配电箱； ⑦机械式车位按施工图图示内容，其他室内、外用电设施（出入院收费处闸机、污水处理站、衰变池、雨水回用池、调蓄池等）预留电源，电缆安装至配电箱上端（含接线）。配电箱及以下不在本次招标范围； ⑧电缆均从配电柜的低压出线端开始敷设电缆（含接线）	须与其他专业施工单位配合施工的，必须与相应专业施工单位同步施工，并以专业施工图为准
	防雷接地	①防雷接地按施工图图示内容； ②卫生间等电位按施工图图示内容至等电位箱，等电位箱之后部分不在本次招标范围	
通风空调工程	不含净化区域	除净化区域外，其他均按施工图图示内容	须与装修施工及净化施工等配合施工的，必须与相应专业施工单位同步施工

2. 招标文件的严谨性、预见性和可操作性

每一个合同段招标前期，我们均事先了解并明确工作内容的特殊性和过程管理的操作性，进而对招标文件相关内容着重描述和修改，尤其是招标规则、评分权重、合同条款的设置等内容。

（1）投标人须知前附表。为避免施工过程中可能发生的协调难、签证办理数量多等工程共性问题，我方根据以往项目经验及本项目的自有属性，对招标规则进行细化。

净化工程示例见表 6-11。

表 6-11　　　　　　　　　　　招　标　细　则

11.4	投标人应充分考虑施工进度及方案，因场地限制、技术间歇或其他原因导致施工停滞、降效而造成机械停滞费、窝工费、大型机械二次进退场费、降效费、脚手架及塔吊、临时设施、材料二次（及以上）搬运费、延期使用费等一切费用。结算时相关费用不予增加
11.5	投标人应充分考虑投标范围内的施工专项措施，投标人应综合考虑在投标报价内，结算时相关费用不予增加
11.6	投标人应充分考虑与土建施工单位、装修施工单位、医用气体施工单位、建筑智能化施工单位、物流系统施工单位、电梯安装单位、设备安装单位及其他专项施工单位的配合协调施工、由此造成施工停滞、降效、机械停滞费、窝工费、大型机械二次进退场费、临时设施延期使用、材料搬运费等一切费用，并充分考虑工期影响，综合考虑在投标报价内，结算时相关费用不予增加
11.7	投标人应充分考虑其他施工单位已完工程及承包范围内的已完工程的成品保护等费用，综合考虑在投标报价内，结算时相关费用不予增加
11.8	投标人在施工过程中对周围环境、道路污染必须有严格环境保护措施，并承担可能由此引发的纠纷、后果及赔偿责任。结算时相关费用不予增加
11.9	投标人应充分考虑施工过程中施工便道的修建及维护，并充分考虑施工过程中为确保施工机械作业而进行的场地铺垫等措施费用，结算时相关费用不予增加
11.10	投标人应充分了解场地周围情况，若因投标人施工原因造成周边建筑（构筑）物、道路、已完工程等出现缺陷，投标人应负责缺陷处理并承担相关损失
11.11	中标人必须购买工程保险（含建筑工程一切险、第三者责任险保险费），工程保险的投保手续由中标人自行办理，所需费用已包含在投标总价中，不再单独计算

（2）合同条款的设置。本项目为省重点工程，工期紧、任务重。多家施工单位在同一施工期间同时施工的情况异常突出，加之设计时间紧，设计变更较多，造成现场管理难、投资控制具有不确定性。为减少不必要的索赔和纠纷，合同条款增加内容如图 6-13 所示。

> （6）发包人无正当理由没有在约定期限内发出复工指示，导致承包人无法复工的违约责任：工期顺延；
>
> （7）其他：因设计变更导致的返工、工期顺延、费用仅计算返工部分的已完工程量的合同价款及变更后的合同价款，不进行窝工费用索赔；因等待设计文件（含变更和修改），工期顺延，不进行窝工费用索赔；因与相关专业施工单位配合而导致的工期滞后、工期顺延，不进行窝工费用索赔；因与相关专业施工单位配合而导致的返工，根据责任划分，相应单位承担返工费用

图 6-13　合同条款

有了上述一系列措施，过程管理中最大限度地减少了索赔内容以及纠纷的时间，为项目在规定时间内完成省政府目标任务提供了科学、有效的管理典范。

3. 招标控制价确定的多样性、合规性和可追溯性

通常的做法是造价公司根据设计图纸（招标图或施工图）计算图纸工程量，将计算所得工程量参照工程量清单规范列项，套用各地区自有定额，查阅材料信息指导价或进行市场询价，最终确定招标控制价。而对于某些特殊工程，如受品牌影响大（电梯）、受后期运营管理影响（机械式停车位）或者受专利技术限制（物流）等，很难按部就班地编制工程量清单和招标控制价。

下面结合"物资传输智能一体化系统设备采购、安装及服务"进一步阐明，以期抛砖引玉的效果。

首先，我们向建设单位和项目管理单位提出本工程未编制工程量清单的情况说明。内容如下。

关于《某省医院项目物资传输智能一体化系统设备采购、安装及服务》招标未编制工程量清单的情况说明

某医院投资有限公司

某有限责任公司：

我方收到某有限公司设计的某医院项目物流传输系统图纸，经仔细阅看图纸内容并进行市场了解，该工程不具备编制工程量清单的条件，原因如下：

1. 设计图纸。图纸中传输部分仅有平面图，且仅为示意图，无剖面大样、节点大样等，无法准确计算工程量。主要设备及材料表中，占主要投资传输线体模组数量为待定（实用个数）；电气控制部分中，各种柜体等无系统图；硬件及软件部分描述模糊，因此不能对细目特征进行很好的描述，甚至造成缺项、漏项。

2. 市场询价情况。为本工程能顺利进行招标，做到对投资的控制。我方就该系统进行市场了解并询价，通过对四家单位报价情况的分析对比，发现该物流系统并无统一的市场标准，各家报价参差不齐，如果编制清单，很容易造成指向性。

3. 中型智慧物流系统的局限性。在了解市场的同时，我们发现该物流系统工程属较先进工艺，且正在推广阶段，国内可承揽此项任务的单位不超过 10 家，且多为联合体施工。编制清单无法体现潜在投标人根据自身实力、优势充分竞争，限制了投标人的主观能动性。

鉴于以上几点，我方在本工程招标未编制工程量清单，请建设单位及项目管理单位核阅。

某工程造价咨询有限公司

某有限责任公司

某医院投资有限公司

其次，在建设单位和项目管理单位同意后，进行了招标形式的确定和最高限价（招标控制价）编制方式的确定。内容如下。

咨询函

某有限责任公司：

收到的某医院项目物流传输系统图纸（2015 年 9 月 9 日版），我们根据收到的图纸进行市场询价，现将询价情况作如下汇报：

一、询价情况

序号	单位名称	报价（万元）	联系电话	备注
1	某自动化科技有限公司	1796.70	15×××××××2	
2	某机器人科技有限公司	1937.28	17×××××××9	
3	某物流技术有限公司	2013.80	15×××××××8	
4	某物流系统工程有限公司	1950.00	17×××××××8	

二、报价内容

因报价单位依据设计图纸、根据自身业务情况进行组价，没有统一的报价明细。我方根据各单位报价明细进行整理，情况如下：

1. 该工程主要涉及以下分项

（1）垂直机械设备；（2）水平传输系统；（3）电气控制系统；（4）软件、硬件部分；（5）包装、运输、安装、调试与培训。

2. 各项报价情况 单位：万元

分 项 ＼ 单 位	某自动化科技有限公司	某机器人科技有限公司	某物流技术有限公司	某物流系统工程有限公司	备注
垂直机械设备	261	28 428	2625	36 386	
水平传输系统	805.7	798	780	1003.38	
电气控制系统	520	480	521.3	442.5	
软件、硬件部分	210	200	200	49.66	
包装、运输、安装、调试与培训	—	175	250	90.6	
合计	1796.7	1937.28	2013.8	1950	

根据以上已有报价，最高限价确定方案：

方案一按报价中分项相同最低报价取值，总价为 1623.76 万元；

方案二按报价中明细相同最低报价取值，总价为 1551.23 万元；

方案三按报价中明细相同次低报价取值，总价为 1885.50 万元；

方案四按方案二与方案三均值，总价为 1718.37 万元。

综上，我方建议在方案一与方案四区间内确定最高限价（即 1623.76～1718.37 之间取值），暂定为 1650.00 万元。

以上为我方咨询意见，该暂定总价未考虑报价单位可优惠的幅度，是否按此总价确定最高限价，请由业主及项目管理公司最终确定。

附件 1：对比分析表

附件 2：各单位询价资料明细

某工程造价咨询有限公司

某医院造价咨询项目部

最后，根据设计的技术要求和建设单位的需求进行带方案公开招标。

4. 方案经济优化

本项目桩型对比实例介绍如下。

（1）提出优化前提条件如下。

咨 询 函

某医院投资有限公司：

按贵公司 2014 年某月某日工作安排，需对某心血管病医院项目桩基础工程进行不同桩型经济对比分析，现需贵公司提供资料如下：

一、工程详细勘察资料；

二、基坑开挖后基底标高；

三、不同桩型设计方案：

1. 旋挖成孔灌注桩设计方案内容

桩顶设计标高、桩径要求、混凝土标号、单桩长度、总成桩数量（根数）；具体配筋要求；成桩工艺要求，如是否采用桩端后注浆等工艺，如有，应提供具体注浆要求及注浆管要求。

2. 静压管桩设计方案内容

桩顶设计标高、具体桩型要求、单桩长度、总成桩数量（根数）；成桩工艺要求，如是否需引孔。

3. 长螺旋钻孔灌注桩设计方案内容

桩顶设计标高、桩径要求、混凝土标号、单桩长度、总成桩数量（根数）；具体配筋要求。

四、提供旋挖成孔灌注桩和长螺旋钻孔灌注桩桩身余土处置方案，是按场地内集中堆放考虑还是按全部外运考虑。

五、在基础设计时，因选用的桩型不同，桩承台也会相应变化，要对不同桩型进行经济对比分析，还应考虑因桩型不同而导致的基础设计差异部分。请提供不同桩型所导致的基础设计差异部分工程量。

六、按贵公司时间要求，恳请贵公司协调相关单位在 2014 年某月某日 16:00 将所需资料提供给我公司为谢。

某工程造价咨询有限公司

（2）根据资料分析指标、对比优缺点。某有限公司提出三种桩基础选型方案：①PHC－AB600（110）静压管桩，有效桩长为 30m，总桩数约为 3800 根；主楼部分 1800 根，地下室及裙楼部分 2000 根（抗拔桩）；②桩径 $\phi600$ 长螺旋钻孔灌注桩，有效桩长为 30m，总桩数约为 3300 根；主楼部分 1500 根，地下室及裙楼部分 1800 根（抗拔桩）；③桩径 $\phi800$ 旋挖成孔灌注桩，有效桩长为 38m，总桩数约为 1800 根；主楼部分 800 根，地下室及裙楼部分 1000 根（抗拔桩）。

1）泥浆护壁旋挖成孔灌注桩。泥浆护壁旋挖成孔灌注桩的成孔工艺是排土桩，桩径可达 1m 以上，成桩的桩长可达 80m，能满足设计对单桩承载力的要求，且可以避免产生挤土效应。它可以在地面成桩，与基坑支护并行施工，成桩时不产生振动。本场地地层主要以可塑状态及硬塑状态黏性土地层为主，含水层一般较薄且富水性较弱，场地周边环境条件相对简单，有利于泥浆护壁旋挖成孔灌注桩的成孔。但存在下列两个问题：①施工过程中会产生大量的泥浆，一旦泥浆控制不好，将产生环境污染问题；②孔底沉渣厚度大小将对单桩承载力产生影响（可通过桩底后压浆进行处理）。

2）长螺旋钻孔灌注桩。长螺旋钻孔灌注桩是排土桩桩型，无泥浆排放，靠高压灌注混凝土，无孔壁坍塌问题，桩底沉渣很少，在同桩径的灌注桩中承载力较高。场地地层情况基本适宜，可以成孔；受施工机械的限制，桩长最长仅能达到 35m（桩长径比≤40），桩径最大为 0.8m，若选择长螺旋钻孔灌注桩作为工程桩，只能在基坑开挖完后在基坑内施工，不能与基坑支护工程并行施工。

3）静压预制桩。人工填土①层成分复杂，局部夹混凝土块，局部地段原始地面为混凝土地面，若在基坑施工前进行桩基础施工，则存在桩体穿过人工填土①层较难的问题，可以采用在基坑开挖后进行桩基施工方式处理。粉质黏土④层、粉土④l层局部地段间夹风化块石，粉质黏土⑤层、粉质黏土⑥层部分地段含风化砾，介于硬塑、坚硬状态。桩基施工成桩较为困难，须通过钻机引孔方式解决。同时如果沉桩数量较多，会形成较大的挤土效应，产生浮桩或产生较大的超孔隙水压力，影响单桩承载力。

在可供选择的桩基形式中，钻孔灌注桩和静压预制桩相比，静压预制桩单价较灌注桩低，但是具有挤土效应，对周围建筑环境及地下管线有一定的影响，而钻孔灌注桩具有低噪声、小震动、无挤土，对周围环境及邻近建筑物影响小，能穿越各种复杂地层，形成较大的单桩承载力，适应各种地质条件和不同规模建筑物等优点，因此优先推荐钻孔灌注桩。长螺旋钻孔灌注桩和泥浆护壁旋挖成孔灌注桩相比，均为排土桩，可以避免产生挤土效应，但长螺旋钻孔灌注桩桩长仅能达到 35m，设计在选择长螺旋钻孔灌注桩时须验算桩长能否满足拟建建（构）筑物对承载力的要求。

（3）提出优化方案。在认真分析本项目岩土工程详细勘察报告后，我们发现－6～－0.5m 土层结构如下。

1）人工填土：以褐红、褐灰色为主，主要由黏性土混 2‰～5‰ 不等的碎石组成，稍密至密实状态为主。部分地段表部存在薄层杂填土，该杂填土由建筑垃圾混褐红色、褐灰色黏性土组成。其形成时间在 5 年以上。该层层厚为 1.60～3.80m，分布于整个场地表部。

2）黏土：褐红色，硬塑状态。有光泽，无摇振反应，干强度及韧性中等。该层层厚为 0.50～5.20m，场地大部分地段均有分布。

因本项目桩基础计划在10～12月期间施工，是××市的旱季，雨水少，②黏土层稍加铺垫即可满足桩机行走要求。且该层及以上土层为不透水层，常年稳定水位为－4.5m。若先开挖 4m，在②黏土层进行桩基础施工，则地下室及裙楼部分桩基可选择长螺旋钻孔灌注桩。

（4）建议方案。综上分析，我们提出建议方案：通过条件优化，采用长螺旋钻孔灌注桩与旋挖成孔灌注桩组合方式。

1）在自然地面采取放坡加喷锚形式开挖 4m，坑底视土质情况局部回填砖渣以满足桩机行走。

2）开挖 4m 后地下室及裙楼部分桩身施工长度为 35m，考虑选用长螺旋灌注桩；主楼部分选用旋挖成孔灌注桩。

3）投资方面，开挖至－4m 后施工，减少了空桩段工程量、泥浆外运工程量，此两项节约投资 100 余万元；同时减少了泥浆对环境的影响、桩身质量也能得到有效控制。

案例四 以投资控制为核心的某总部 大厦工程 BIM 技术应用

一、项目基本概况

1. 项目概况

某大厦项目为商业综合体项目，含综合商业配套、眼科中心医院门诊中心、诊疗室、药房、住院部、研究所及行政办公用房。

该工程规划净用地面积 16 373.65m²，分为南北两个地块，北地块净用地面积 13 973.56m²，南地块净用地面积为 2400.09m²，南北两个地块各布置有商业、商务楼。项目总建筑面积 154 094.59m²。其中：北地块有北塔 23 层、南塔 21 层两栋塔楼，4～8 层由钢结构裙楼连接（裙楼底部为下沉广场），建筑面积约 138 148.9m²（含地下 5 层建筑面积 47 624.40m²）；南地块有 14 层塔楼一栋，建筑面积约 15 945.69m²（含地下两层建筑面积 3589.60m²）。项目总投资约 13 亿元，于 2016 年 12 月 26 日开工，计划于 2020 年 4 月 10 日竣工。

本项目建设单位采用业主自管模式，合同模式采用施工总承包及各专项工程的平行发包方式，委托某工程咨询股份有限公司（以下简称"某咨询"）提供包含设计、全过程造价控制、BIM 咨询并协助进行工程项目建设管理的全过程工程咨询服务。

2. 项目特点

该项目的主要特点如下。

（1）基础深，局部深度超过±0.000 以下 16m。

（2）施工场地狭窄，局部基础投影面积（不考虑施工预留工作面）与用地面积比值达到了 0.85。

（3）项目周边情况复杂，项目东面紧邻正在运营中的地铁一号线的轨行区间，南面有一座正在经营的加油站，西面地势高出±0.000 约 5m 且紧邻基坑边缘有住宅小区，北面靠近立交桥。

（4）项目为商业商务综合体，不同的使用需求对空间的要求不同，且医疗使用需求对空间的要求非常高。

上述项目特点给工程设计及现场施工管理带来了难度，同时，也要求咨询服务过程中需要综合考虑上述因素，协助建设单位有效推进项目实施。

二、咨询服务范围及组织模式

1. 咨询服务的业务范围及内容

某大厦项目的全过程工程咨询服务范围包括工程设计服务、工程造价咨询服务、BIM 应用咨询服务等，具体服务内容如下。

（1）工程设计服务。本项目设计服务工作范围包括所有地上、地下建筑物、构筑物、综合管网、道路、围墙等配套、附属工程的设计及技术服务工作；设计服务类别含方案设计、初步设计、报建图设计、施工图设计阶段的所有设计工作内容及其相关设计阶段的中后期服务工作，具体如下。

1) 方案设计。本项目方案设计由建设单位委托国外某设计院实施，某咨询提供的设计服务包含：配合国外设计院完成满足发包人要求，并符合国家及地方规定要求的报建设计深度的设计图纸及文件资料（配合方案设计院将所有方案整合成册，其中完成除建筑专业以外的各专业设计说明、管线综合图及日照分析等），对国外设计院提交的方案设计文件进行相关的检查并提出优化意见，负责通过政府职能部门要求的报规设计评审。

2) 扩初设计。负责对国外设计院提供的建筑专业扩初设计成果进行复核、校对、修改完善、增加签注以及法定图则的绘制等工作，并在此基础上完成包括但不限于建筑、结构、给水排水、强弱电、水暖空调、人防、园林景观等全部专业的设计图纸和文件资料，确保达到国家规定要求的扩初设计深度，负责通过政府主管部门要求的初步设计评审，同时完成各专业工程概算。

3) 报建图设计。设计并及时提供包括但不限于建筑（平面、立面、剖面）、给水排水、强弱电、水暖空调、人防、园林景观等一切项目报建所需要的设计图纸、文件资料和相关评估报告，确保达到国家规定要求的报建图深度，并协助发包人办理报建手续。

4) 施工图设计。设计完成施工图，并配合完成施工图审查，确保该施工图设计全面、完整、详实，达到国家有关文件规定的设计深度和要求。

5) 其他工作内容。设计服务过程中参加政府主管部门组织的相关评审会，协助发包人进行报审、报建并提供相关的专业咨询报告、咨询意见等；负责配合精装修、幕墙、智能化等其他专业设计工作，并根据发包人要求，对设计成果进行修改、完善。

（2）工程造价咨询服务。提供全过程造价管理工作，协助建设单位进行工程投资的管控，具体工作内容如下。

1) 设计阶段编制设计概算，并根据概算金额提出成本优化建议；协助进行多方案比选，完成设计阶段的成本测算。

2) 施工准备阶段协助进行合约策划、标段划分，确定合同模式，编制招标文件、合同文本等；编制招标工程量清单、招标控制价，协助进行清标、评标分析；协助建设单位进行合同谈判等。

3) 进行施工阶段的成本控制，建立动态成本控制月报，在设计团队的支持下控制变更、洽商费用；组织暂估价询价工作，进行暂估价的审核、确认；进行工程款的支付审核等工作。

4) 竣工阶段进行竣工结算审核工作。

（3）BIM 应用咨询服务。本项目 BIM 咨询服务包含以下两部分内容。

1) 通过 BIM 技术提供重点部位、关键区域的可视化设计方案比选、优化等工作，进行施工图的 BIM 建模，检查设计的错漏碰缺等问题，确保设计阶段的成本控制合理。

2) 施工阶段指导建设单位、参建单位基于 BIM 技术开展协同办公，竣工阶段建立完整的竣工模型等，具体包括：BIM 技术应用实施标准与流程制定；建筑结构模型建立与设计协调；机电设备模型建立与设计协调；幕墙模型建立与协调；重点部位装修模型建立与设计协调；多系统综合与协调；出具多系统综合协调成果图纸；搭建 BIM 技术协同工作平台（EBIM 平台）；机电设备安装施工进度筹划管理；工程变更的模型调整；建立完善的竣工模型，为项目的运维需求提供合理化建议及技术支持。

2. 咨询服务的组织模式

为确保建设单位与咨询单位之间信息沟通高效、顺畅，咨询单位内部的设计、造价、BIM、EBIM 等各专业之间有效整合，确保了咨询服务质量，项目实施之初，咨询服务项目组按照两个维度制定了工作开展的组织模式及管控体系。

（1）建设单位的项目管理组织模式。为有效组织该项目的建设管理工作，建设单位成立了项目管理领导小组以及在领导小组下的项目管理办公室具体负责项目实施，由某咨询成立全过程工程咨询项目组协助项目管理办公室具体实施项目的设计、造价控制及 BIM 应用等项目管理工作。对于项目现场的进度、质量、安全控制工作，建设单位主要借助监理单位的专业力量来进行管理，建设单位的项目管理组织模式具体如图 6-14 所示。

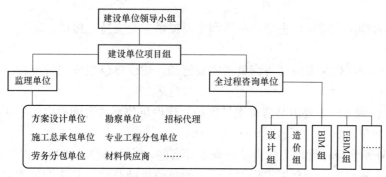

图 6-14　建设单位项目管理组织模式图

（2）全过程工程咨询单位内部组织架构。为有效整合公司各专业版块资源，更好地为建设单位提供集成的咨询服务，成立了"1＋N"模式的全过程工程咨询服务团队，其中"1"指在项目总监带领下的现场服务团队，承担计划、组织、指导、协调和控制职责，负责统筹管理各专项咨询工作小组，协助建设单位进行本项目的设计、投资、BIM 应用管理等工作，根据本项目全过程工程咨询的服务范围，本项目现场服务团队成员中含设计人员、造价人员、BIM 人员及项目管理工程师。"N"指各专项咨询工作小组，包括设计工作小组、造价工作小组、BIM 工作小组、EBIM 支持小组等。另外，考虑到本项目的复杂性，我们在项目总监下设置了技术负责人岗位，协助项目总监进行咨询服务质量的控制以及各专项咨询工作小组间的组织、协调等工作。本项目全过程工程咨询单位内部组织架构如图 6-15 所示。

3. 咨询服务团队的职责权限

本项目全过程工程咨询服务过程中，某咨询与建设单位组成一体化协同管理团队，协助甲方实施项目的设计、造价控制及 BIM 应用管理工作，同时借助 EBIM 管理平台，配合建设单位完成对工程进度、质量、安全的管理工作。全过程工程咨询团队在项目管理中的职责权限具体如下。

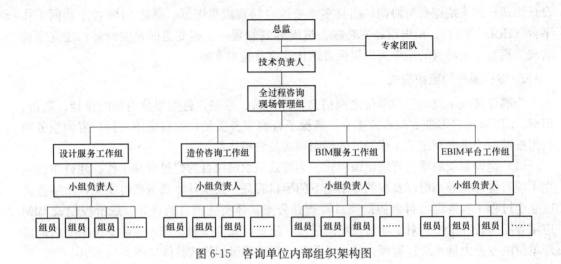

图 6-15　咨询单位内部组织架构图

（1）设计管理由建设单位主导，某咨询主要提供专业支持、协助、配合，并具体实施设计工作。

（2）造价控制工作主要由某咨询负责实施管理，建设单位主要进行审批、决策并提供协调、支持工作。

（3）BIM 咨询工作主要由某咨询主导实施，建设单位在某咨询提出的专业意见的基础上进行审批、决策。

（4）EBIM 平台应用管理工作由某咨询主导实施，建设单位负责协调相关单位配合。

（5）进度、质量安全管理等工作主要由建设单位借助监理的专业力量实施管理，某咨询提供协助、配合等工作。

三、咨询服务的运作过程

1. 确定咨询服务思路

本项目全过程工程咨询服务确定了以下服务思路。

（1）重视前期设计方案比选及设计优化工作。本项目涉及业态多且包含医疗用房，项目设计难度大，为有效地进行项目成本控制，确保设计质量，体现服务价值，我们在设计服务过程中引入 BIM 团队，充分利用 BIM 技术对项目关键部位或区域进行模拟并利用价值工程进行多方案比选，从建成后的物业运营维护、建造施工、造价控制等多角度考虑方案的比选，积极提出设计优化思路、方案等，确保设计质量和效果。

（2）策划先导，重视合约管理。按照"以投资控制为重点"的服务思路，在全过程咨询服务过程中，重视项目前期策划、重视合约规划及合约管理，充分考虑项目实际情况及特点等，拟定合理适用的关键合同条款，通过有效的前期策划及合约规划的制定，规范并保障项目的顺利实施。

（3）借助先进管理技术及手段提升项目管理水平。全过程工程咨询服务过程中，通过引入 EBIM 管理平台，协助建设单位建立以 BIM 模型为基础的一体化协同管理平台，通过平台有效地对工程质量、进度、投资等形成有效管控，同步形成完整的工程档案，并为后续物业运行提供基础。

2. 协助建设单位确定项目管理组织架构、完善工程管控体系

站在建设单位的角度想问题，为更好地开展工程咨询工作，最大限度发挥工程咨询的价值，服务之初建议并协助建设单位成立了以总经理为组长，招标部、合约部、设计部、工程部、机电设备部、医疗管理部、信息化建设部门负责人为组员的领导小组，同时，抽调建设单位各专业、各部门人员组成建设单位项目组直接与全过程工程咨询现场服务团队对接，并实行联合办公机制。

同时，在上述组织机构确定的基础上，协助建设单位完成了以下管理策划。

（1）协助建设单位建立了该项目的工程管控制度，结合已经确定的组织架构和管理模式，梳理了相关方职责权限、工作流程和管理制度、考核制度等。

（2）协助建设单位编制完成项目管理规划大纲，结合建设单位需求，明确了项目建设管理目标、制定了各项管理工作的总体管理思路、策略并制订了工作计划，分析了项目管理风险并提出了应对措施，为项目后续建设管理提供指导。

（3）建立了例会制度，确保沟通畅通。为确保与建设单位沟通畅通，工程咨询服务单位协助建设单位建立了例会沟通制度，采用定期例会与专题会议相结合的方式，促使多方人员面对面交流，缩短了信息传递的流程，为工程咨询服务单位及时、高效地服务于本工程项目奠定基础。

3. 咨询服务的运作过程

（1）建立咨询服务的内部组织架构，确定相关职责权限。确定"1＋N"的咨询服务模式，并建立对应的组织架构及岗位权责。由项目总监带领下的"1"作为全过程工程咨询现场服务团队，负责项目的计划、组织、指导、协调和控制工作，负责统筹管理各专项咨询工作小组并协助建设单位进行本项目的设计、投资、BIM 应用管理工作。各"N"具体负责设计、造价、BIM 等各专项咨询工作实施。

（2）确定咨询服务思路、编制咨询服务实施方案、建立咨询服务业务实施规范。结合项目实际情况及建设单位实际需求，提出本项目咨询服务思路、编制完成咨询服务实施方案。同时，为保证服务质量，在咨询工作开展前，制定完整、有效的全过程工程咨询服务管理制度，制定全过程工程咨询作业操作手册及标准、规范；打造一支专业、实力强劲的全过程咨询服务团队，为建设单位提供优质的全过程咨询服务，实现服务价值。

（3）建立了咨询服务团队内部沟通机制。为保证该总部大厦项目工程咨询服务工作沟通畅通、及时有效，建立了总监例会、月报等常态化的内部沟通机制，并通过 EBIM 协同办公平台实现信息及时传递和共享，具体介绍如下。

1）总监例会制度：为了保障所有参与某总部大厦项目工程咨询服务工作小组的信息来源的唯一性、及时性和有效性，实现工程项目信息的延续使用，咨询服务团队建立了某总部大厦项目总监例会制度，明确每月上旬召开一次项目总监例会，让会商成为一种常态。

2）月报制度：结合总监例会制度，制定了各工作组月报制度，要求每月最后一个工作日之前上报各工作小组当月工作开展情况，对需要协调解决的困难等重点汇报并由项目总监决定是否在总监例会上讨论解决。月报制度确保项目总监在本项目管理决策时数据真实、依据充分。

3）搭建 EBIM 内部沟通管理平台：搭建咨询服务团队内部协同办公平台，利用 EBIM 平台实现设计、BIM、造价等各专项咨询服务成果及相关信息的传递、共享，如图 6-16 所示。

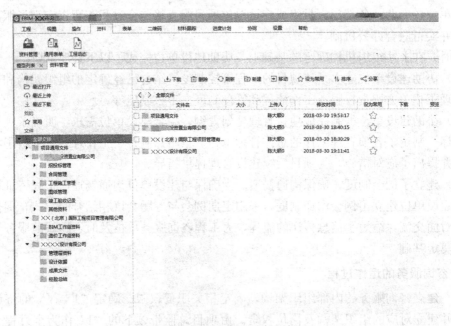

图 6-16 EBIM 管理平台示意图

（4）各专项工作小组咨询服务的运作过程。本项目在提供设计服务过程中，采用了传统二维设计与 BIM 技术应用同步开展工作的方式，通过建立的三维 BIM 模型，及时发现传统设计过程中容易出现的错、漏、碰、缺等问题，将设计优化工作落到实处，提高了设计深度及质量。同时，在设计优化过程中，造价工作组积极介入，对优化方案进行经济分析，确保优化成果具有最合理的经济价值。各工作小组具体运作模式如下。

1）设计工作小组的运作过程。

a. 建立工作岗位责任制度：对设计工作组所有的工作岗位明确责任与义务，为工作的开展提供制度保障。

b. 制订工作计划：按照合同文件的约定，结合建设单位提出的需求意见，以及工程项目设计工作控制时间节点，制订相应的工作计划。

c. 组织实施：在项目负责人的统筹安排下，由各专业设计工程师开展方案阶段、扩初设计阶段、施工图设计阶段等合同约定的设计工作。

d. 设计成果质量复核检查：由设计工作小组负责人组织，依据咨询服务的质量控制规范，结合相关法律法规、技术规范、标准、规程等，对设计成果进行质量复核，并在项目技术负责人、项目总监审核通过后，提交建设单位。

e. 设计交底：施工准备阶段，在全过程工程咨询现场管理团队、建设单位的组织下开展对施工单位的设计交底工作。

f. 与其他咨询服务工作的协同配合：在设计工作组中，确定专人负责及时将设计工作组审核通过的各阶段设计成果上传至平台，供其他咨询服务工作组下载、使用，负责协助小组负责人接收其他咨询工作组在工作中发现并反馈的设计成果错、漏、碰、缺、设计意图不明确等问题，交由设计工程师，在出具正式的设计成果前，对设计成果文件进行优化，提高设计成果文件的质量。

2）BIM 技术应用工作小组的运作过程。从设计阶段开始建立三维 BIM 模型，与其他各咨询服务工作小组联动办公，具体运作过程如下。

a. 建立 BIM 标准及方案：工作开始前，建立 BIM 工作标准、制定了 BIM 工作工作方案，为 BIM 工作开展提供了依据，为基于 BIM 技术实现项目信息化管理奠定了基础。

b. 建立 BIM 工作管理流程：为确保工作成果质量，针对本项目 BIM 工作开展，制定了工作流程，对建模工作、管综调整工作的成果质量实行 BIM 建模工程师自检、互检，以及 BIM 工作组负责人复核、技术负责人复核、总监审批的“三级复核”机制。

c. 基于 BIM 模型实现与工程设计联动办公，提高设计图纸的成果质量：利用 BIM 技术的碰撞检测功能，发现设计图纸的错、漏、碰、缺问题，同时将发现的问题通过项目现场管理团队反馈给设计工作小组，申请 BIM 工程师与二维图纸设计工程师面对面的联合办公，在 BIM 模型中实时对发现的问题进行调整、演示、优化，提高设计图纸的成果质量，具体如图 6-17 和图 6-18 所示。

大厦S1楼BIM模型与土建图纸交叉检查报告目录

序号	提问人	图号	问题描述	设计师回复的处理意见	处理结果	备注
70	××BIM	GS2-D05	两个板之间不能连接	地下室顶板图标高有误，室外消防水池顶板标高应为（-	BIM模型暂不调整（待新图）	
71	××BIM	GS2-D01	两个板之间不能连接	标高平面图室外板标高为4.2m为准。坡道顶标高5.05m。梁高1.2m梁底标高为3.85，室外板	BIM模型未调整	
72	××BIM	GS2-H09	没有找到LT-3的详图	LT-3见人防结构施工图。（人防需补充平面图）	BIM模型暂不调整（待新图）	
73	××BIM	GS2-H04、GS2-C11	梁的大样图与梁图中的梁位置有差异	以GS2-H04 大样图为准。（修改平面图）	BIM模型未调整	
74	××BIM	GS2-H03、GS2-C17	梁的剖面图与梁图中的梁位置有差异	楼梯大样图为准，修改平面图	BIM模型暂不调整（待新图）	
75	××BIM	GS2-H01	梁的剖面图与梁图中的梁位置有差异	楼梯大样图为准，修改平面图	BIM模型暂不调整（待新图）	
76	××BIM	GS2-H01	梁跟墙不在同一位置 是否需要修改	楼梯大样图为准，修改平面图	BIM模型暂不调整（待新图）	
77	××BIM	JS-10	墙贴柱边，与梁存在间隙	墙边贴梁边，图纸已修改	模型暂不绘制，待出新图后深化，已绘制	
78	××BIM	JS-10	这一块区域是否为楼地面五的做法？（结构板-200，但是建筑标高未降高差）	按楼面五设计	模型暂按250mm厚轻骨料回填处理。	
79	××BIM	JS-9	配电小件板顶标高-5.6，需要确认板厚，结构材质。	待设计回复	模型暂时用50mm建筑板替代	
82	××BIM	JS-11	这一段墙体上部需要做墙体，且需要确认上面的填充是用钢筋混凝土还是烧结页岩、加气砌块？	加气砌块	按图绘制，模型暂不调整	
83	××BIM	JS-25	南塔二十一层走道外墙无梁支撑，是否移动L11，L15？	梁按原图，不修改；墙也按原设计不动	按图绘制，模型暂不调整	
84	××BIM	JS12	5号、6号、7号风井，负一层夹层平面图与一层平面图位置偏差，是否有误？	一位置，水平连接用镀锌钢板	按图绘制，模型需调整，补充钢板	
85	××BIM	JS-11	中心下沉广场，楼梯处为二次钢结构设计内容，图纸未知，因此仅绘制楼梯，后期在做进一步深化。	钢结构公司二次设计	按图绘制，钢结构设计后再深化，模型暂不调整	
86	××BIM	JS-12	首层此处卷帘门尺寸应该不超过4600. 图中卷帘门为FJM7230.需要设计核对	卷帘门挨着柱子按照	模型按图绘制	

图 6-17　检查记录示意图

d. 协助设计工作组出具深化设计图：在传统 CAD 出图模式下，一旦图纸出现修改和调整的情况，各专业所有的图纸均需要逐一进行修改。由于修改图纸工作量比较大，还有可能出现漏改的情况。BIM 技术应用后，在 BIM 模型对初步设计成果进行优化调整，通过 BIM 软件自带的 CAD 图纸导出功能，能方便、快捷地导出工程所需要的各专业、各系统、各构件、任意局部的平面图、立面图、剖面图，而且在 BIM 模型中进行任意一项修

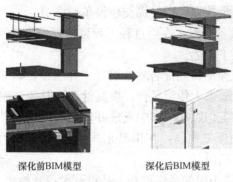

深化前BIM模型　　　　　　深化后BIM模型

图 6-18　基于 BIM 技术深化设计示意图

改和调整后，相关联的所有图纸都会随之修改和调整，降低了设计图纸修改工作的强度，具体如图 6-19 所示。

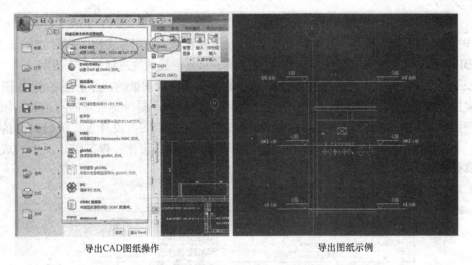

导出CAD图纸操作　　　　　　　　　　　导出图纸示例

图 6-19　基于 BIM 技术导出 CAD 图纸示意图

3）造价控制工作小组的运作过程。在工程造价咨询服务工作组的牵头组织下，由设计人员、技术负责人、专家团队共同讨论，提出了项目合约策划方案，确定了施工承包方式，对合同界面进行了划分，拟定了合同关键条款等关键内容，为建设单位提供了深度的造价管理服务。特别是在合同拟定过程中，基于本项目使用 EBIM 平台实现各参建单位有效协同管理的要求，协助建设单位制定了《某总部大厦项目建设工程施工总承包技术标要求之 BIM 技术要求》，为项目选择合适的施工总承包单位创造了基础。

另外，工程造价咨询服务工作小组在提供工程量清单、招标控制价编制的服务过程中，工程量计算和工程量清单编制工作均采取标准化作业的工作模式，同时对作业过程中遇到的问题，及时通过项目现场管理团队协调其他工程咨询服务工作小组进行共同处理。工程造价咨询服务工作小组提供咨询服务的运作过程如下。

a. CAD 图纸实行标准化集中整理：工作中收到的图纸由计量工作组按照分工情况，

对图纸中图层、模块等按照标准流程进行处理。处理后的图纸及时分配给钢筋、土建、计价等工作组开展后续工作。

b. 工程量计算标准化：计量工作组根据标准化作业手册，将算量工作按照专业或构件细分成不同的工作小组，各工作小组按照标准化作业规范、流程完成建模工作，各工作小组模型整合过程中同步实施算量模型完整性复核的工作；从整合的模型中提取工程量并填入标准工程量清单，填量过程中对有项无量和有量无项的分部分项工程再次复查，实现对工程量准确性的第二次复核。

c. 计价清单编制标准化：计价清单编制工作组根据标准化作业手册及标准化处理后的图纸，编制工作内容、项目特征描述完整，无工程量的计价清单。

d. 工程量计算和计价清单交叉检查：工程量清单编制完成后，在将工程量逐一录入工程量清单的过程中，再一次对有项无量和有量无项分部分项工程的模型进行复查，确保工程项目招标控制价清单的完整性，确保工程项目控制价的合理性。

e. 后台工作组长：复核后台各工作组的工作成果质量，收集工作开展过程中发现的图纸问题，通过造价项目组长向项目现场管理团队汇报，经由项目现场管理团队协调、推动使设计成果质量优化。

f. 现场工作组：根据建设单位现场管理工作需求，进行对施工现场设计变更、技术洽商、现场签证等零星项目的核算；测算多方案设计中所有方案的成本数据，从造价的角度为建设单位选择合适的方案，提供参考意见，运作过程如图 6-20 和图 6-21 所示。

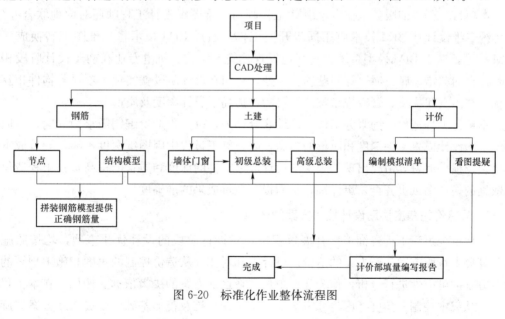

图 6-20 标准化作业整体流程图

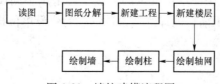

图 6-21 墙柱建模流程图

4）EBIM 技术支持小组的运作过程。EBIM 技术支持小组工作开展主要以 BIM 工作组在工作开展中的应用需求为导向，以满足其应用需求为目标。基于 BIM 协同工作要求进行 BIM 共享环境的建设，利用 EBIM 私有云平台实现建设单位项目管理各个环节之间的信息共享和协同作业，支持扩展与企业信息化提供资源的整合、信息的共享以及业务的协同。建立支撑工程信息共享的 BIM 信息交换接口，实现 BIM 模型的导入、系统内模型数据的整合、模型及信息的导出、模型与信息的交互浏览、全过程模型的动态更新等。按照项目需求及时对 EBIM 协同管理平台的维护升级。

目前，EBIM 协同管理平台已实现施工阶段基于 EBIM 平台对成本管理及材料设备跟踪、贯穿工程项目全生命周期、全过程的 BIM 模型展示、传递与完善、基于 EBIM 平台、结合 BIM 模型实现全过程资料管理、全过程参建各方基于 EBIM 平台的实时协同功能。

四、咨询服务已实现的实践成效

1. 以造价及 BIM 技术为推手，提高设计深度及质量

众所周知，工程项目在招标阶段所使用的施工图设计深度，往往决定了招标控制价的准确度，而招标控制价的准确度将影响中标结果的合理性以及后续的成本控制工作。甚至有些工程项目因施工图设计深度不够，导致编制招标控制价的工程量清单出现缺系统、缺工作内容、缺分部分项工程等失误，进而导致招标控制价成果质量失控。

本项目工程咨询服务工作中，BIM 工程师与二维图纸设计工程师面对面地联合办公，使传统二维设计与 BIM 技术应用同步开展工作，通过 BIM 技术将二维图纸转换成三维 BIM 模型，基于 BIM 模型系统、直观地发现建筑、结构、机电专业在初步设计阶段相互之间存在的"错、碰、撞"等问题约 120 处，从而在设计阶段就实现了项目各构件相互零干扰、整体空间优化、管线排布整洁的目的，提高了设计深度及质量。

本项目工程造价咨询服务工作与设计联合办公，以工程造价编制需求为导向，逆向推动施工图设计成果文件深度和质量的提高，防止施工过程中因图纸深度不够，导致成本控制风险及损失浪费等情况出现。施工图设计成果文件的深度和质量的提高，让工程造价编制依据的设计图纸更齐全、更详细，从而提高造价成果的准确度。

2. 从造价的角度协助设计技术方案的选择

本项目全过程工程咨询工作开展过程中，对设计阶段的设计优化事项，均按照施工图预算要求将原方案、新方案的造价进行计算和对比，从造价控制的角度和施工预算的深度对方案的可行性进行分析，作为建设单位选择最优方案的决策依据。例如，在本工程项目中，从成本控制的角度考虑将原方案的"人工挖孔桩及筏形基础"变更为新方案"旋挖桩及筏形基础"，在新方案保证结构安全的前提下，采用不同设计院进行论证。咨询服务过程中，通过提供方案变更前后的详细造价数据，为建设单位提供决策依据。具体资料见表 6-12。

表 6-12　　　　　　　　某总部大厦项目 S1 桩基选型造价对比表

	基础类型	桩基部分（元）	建筑部分（元）	合计（元）	与挖孔桩差价（元）
某总部大厦项目 S1 地下室	人工挖孔桩及筏形基础	16 342 651.27	24 858 095.67	41 200 746.94	
	旋挖桩及筏形基础—阡陌	19 152 367.47	24 284 732.74	43 437 100.21	−2 236 353.27
	旋挖桩及筏形基础—中岩	15 836 436.22	24 284 732.74	40 121 168.96	1 079 577.98

3. 实现了设计方案的可视化优化及比选

本项目设计过程中，在设计方案比选阶段，利用 BIM 技术的优势，快速地实现了不同方案之间的转换，并且展示效果更加直观、形象。

本工程为了保证整个总部大厦外观整洁，内部视野开阔，外墙外立面采用了玻璃幕墙。但在设置楼层边缘防护栏杆时，栏杆扶手的高度刚好在 0.9～1.2m 的幕墙线条位置，此位置遮挡了室内坐着办公人员的视线。为选择更好的栏杆方案，经过 BIM 工程师与设计师沟通，在 BIM 模型中演示了降低栏杆高度、玻璃栏杆、外部线条离地高度调整至 2.8m 位置三种方案供建设单位选择，确保选择的方案最贴近建设单位的实际需求，实现了设计方案的可视化比选，具体如图 6-22 所示。

原方案：不锈钢栏杆+幕墙线条栏杆顶部　　优化方案一：玻璃栏杆+幕墙线条在楼层上部方案效果　　优化方案二：不锈钢栏杆+幕墙线条在楼层上部方案效果

图 6-22　栏杆设计方案可视化比选示意图

4. 形成的其他有价值的成果文件

（1）建立 BIM 技术应用标准体系。建设单位在本项目中首次应用 BIM 技术，缺乏对应的 BIM 应用目标、应用标准、应用指南等指导性文件。基于此情况，为了更好地应用 BIM 技术，实现建设单位内部各部门联动办公，结合建设单位原有的管理流程及管理制度，制定了《设计阶段 BIM 实施指南》《施工阶段 BIM 实施指南》《整体工作计划方案》《BIM 实施标准》等文件，为建设单位建立了 BIM 技术应用标准体系。

（2）协助建设单位对施工总承包单位进行选择。本项目采用基于 BIM 模型的 EBIM 信息化管理平台实现对项目的建设管理，要求各参加单位均需要具备 BIM 技术应用能力。针对建设单位首次在项目中应用 BIM 技术，不明确施工单位应该具备什么样的 BIM 应用水平、如何开展 BIM 技术应用的联动、协调工作的情况，在全过程工程咨询服务工作开展过程中，协助建设单位制定了《某总部大厦项目建设工程施工总承包技术标要求之 BIM 技术要求》，为建设单位选择合适的施工总承包单位提供了条件，如图 6−23 所示。

图 6-23　技术要求示意图

五、预计本项目后续实现的其他实践成效

1. 工程项目造价、质量、安全、进度、合同、信息集成管理的探索

（1）造价控制。以工程项目经济价值最大化为导向开展造价控制工作，实行多专业联动，尤其是与 BIM 技术应用的相互联动，提高施工图设计的深度和细度，使工程造价成果质量更优，为后续各阶段造价控制工作奠定了基础。在本项目中，对施工阶段造价控制工作中的进度款审核与工程变更审核工作做了以下的探索。

1）进度款审核：进度款（月或季度等）审核时，传统工作模式需要根据进度款的结算周期进行阶段性的工程量计算，参建各方都需要投入较大的人力。BIM 工作模式在初期搭建模型之后不再需要周期性地计算工程量，而是在已有 BIM 模型上直接按照形象进度提取工程量作为参考。由于参建各方（施工、监理、工程造价咨询服务、建设单位等）使用的是同一套 BIM 模型，因此输出的工程量都是唯一且一致的，不存在反复"报量、核量、确认"的过程，使管理效率明显提升。

2）工程变更审核：工程变更的计量是工程造价咨询服务中更消耗时间和人力的工作。

传统工作模式下，参建各方对于某一项设计变更或工程洽商的工程量需要进行反复的磋商，很多情况下还要进行现场测量。而在 BIM 模型上，只要对相应部位按照实际变更进行模型更新，即能可视化地反映工程量的增减。BIM 工作模式是在已有的同一 BIM 模型上进行更新，参建各方输出的工程量变化结果是一致的，没有人为操作的空间，极大地提高了变更审核的效率，减少了工程计量和各方沟通的人力成本。在进行变更决策时，BIM 模型对相应部位变更前后的可视化展示也是建设单位进行决策的有力依据。

（2）质量安全控制。全过程质量和安全信息都在 EBIM 平台上储存和调用，将所有质量安全信息挂接到 BIM 模型上，让质量安全问题能在全过程、各个层面上实现高效流转，从而实现对施工过程的实时监控、溯源。

（3）进度控制。结合到管理工作中的进度控制将不再局限于展示和分析，而是由各方作为使用主体，将虚拟模型作为实体模型的缩影，在计算机上开展进度的管理，这样将比传统进度管理模式更精细和更具有时效性。

（4）合同管理和信息管理。通过 BIM 模型与合同主体的挂接，从根本上解决了各参与方的"信息断层"问题，有利于工作面、工作范围的划分与管理，使合同所对接的范围更加清晰，并能管理、储存如工程量统计表、进度计划等合同管理相关资料，使合同管理更加高效且有依据。

2. BIM 模型中导出的工程量与传统计价模式下工程量符合性探索

本项目工程咨询工作开展的过程中，将工程设计、工程造价咨询服务、BIM 技术应用实行联动，通过 BIM 技术实现了二维图纸到三维可视、信息化模型的转换，在转换过程中将设计深度不够、施工工艺不明确、多专业协调后有缺陷的地方及时与设计沟通并优化，同时根据工程计量相关规则的要求，结合 BIM 软件操作，编制了《BIM 建模与造价模型需求相结合的操作指南》。最终，基于 BIM 模型输出工程量清单，将其与造价工作编制的工程量清单中的工程量进行对比分析，找出有差异的原因，后期将通过技术手段，逐步实现 BIM 模型中导出工程量符合传统计价模式下工程量的需求。本项目 BIM 模型及算量示意图如图 6-24 所示。

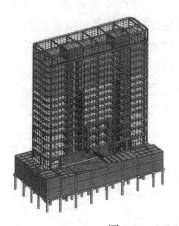

图 6-24 BIM 模型及算量示意图

附录 工程项目成本全过程控制建议及问题

一、施工企业成本管理存在的主要问题

（1）缺乏成本目标控制体系。

（2）施工组织设计阶段缺乏对成本控制的科学计划。

（3）管理人员缺乏先进的成本管理理论知识。

（4）缺乏责权利相结合的激励机制。成本控制缺乏激励机制，职工从事成本的积极性就无法调动，项目的好坏与经济效益脱钩、与管理和施工人员的经济效益脱钩，没有很好地将责权利三者结合，赏罚不明，成本控制缺乏制度约束，导致施工人员在成本控制过程中动力不足。再好的项目，再好的制度，再好的措施，如果不能激发出员工的工作热情，不能让其尽情发挥主观能动性，项目管理利润最大化的目标就不可能实现。

二、工程项目成本全过程控制的必要性

项目成本控制应从工程投标报价开始，直到项目竣工结算完成为止，贯穿项目实施全过程。工程项目成本全过程控制是由工程项目的自身特点决定的。施工项目作为一次性事业，生产过程具有明显的单件性，施工项目活动过程不可逆，也不重复，给工程项目带来了较大的风险性和管理的特殊性；施工项目的地点固定、体积庞大和结构复杂导致了施工中各种生产要素具有流动性、工程多和施工组织复杂。此外，施工周期长，作业条件恶劣，易受气候、地质条件等制约也都直接影响成本的高低，给施工项目的成本管理带来了很多困难。因此对工程项目必须实行全过程控制。

三、工程项目成本全过程控制的前提和方法

（1）开工前做好成本预测，明确成本目标。在工程开工前，建立成本核算领导小组，组织人员了解当地市场的实际情况，根据中标价格比较计划成本和责任成本，然后根据中标价格、当地货源及拟投入的各施工班组情况编制责任成本预算，确定责任成本目标，即制定适应成本预测的精细化的新流程机制。具体可以表示如下。

成本预测精细化流程

招投标阶段→施工图预算（成本控制部）

↓

工程开工之初→内控责任成本，施工预算（成本控制部与项目部）

↓→公司成本控制依据

工程开工之初→确定项目成本管理目标（项目部）

↓→项目部内控成本

工程开工之初→项目经济方案（项目部）

↓→项目成本指标制定

　↓→成本指标执行跟踪与分析

　↓→成本指标调整

　↓→项目成本指标执行评价

（2）加强施工阶段成本精细核算，优化施工方案和资源配置。在开工进场后，项目部根据投标时的承诺和工期、现场具体情况配置资源。正确选择施工方案是降低工程成本的关键所在，不同的现场平面设计和施工方案就有不同的生产成本。在满足合同要求的前提下，根据工程的规模、性质、复杂程度、现场条件、装备情况、人员素质等提出科学的方案和措施。利用网络技术编制施工进度计划及实施进度控制，合理进行人力、机械设备及资金的配置，以保证达到最优的质量、最安全的水平和最低的合理成本：①加强施工各环节成本的预测预控；②实行岗位核算精细化，明确各项费用的控制点，使岗位责任化、具体化。

（3）进行项目成本的分解。确定工程项目的人工、材料、机械及现场管理费用的消耗量，以及作为施工时各项目的具体控制目标，并将此控制目标分发至各相应部门。

（4）全过程的管理是对过程内或过程之间包含的若干影响成本的因素进行管理和控制。在工程项目成本的全过程控制中，出现成本偏差的主要原因是：①施工安排不当，导致人力和机械等停工或窝工；②施工方案安排不够合理，导致人、材、机费用增加；③质量控制不好，出现不合格品、废品，造成返工；④安全措施不力，导致机械损毁，人员伤亡事故；⑤材料管理或使用不规范；⑥机械设备的完好率和利用率达不到最佳状态；⑦没有做好施工现场的签证工作，为合理变更和索赔带来困难；⑧目标成本控制分析时，单价偏高或偏低，不能准确反映实际成本；⑨项目部管理费用控制不严、管理人员失职、管理行为不当或现场施工人员责任心不强；⑩合同条款不够完善或合同管理出现漏洞，造成合同争议、纠纷。

四、工程项目成本全过程控制的措施

1. 组织措施

建立成本管理控制体系，实行项目成本的全员控制。项目成本的全员控制，是指建立以项目经理为核心的成本控制体系，按照成本管理责任制进行职责分工，将成本目标分解落实到部门、班组及个人，树立"成本控制，人人有责"的大局观念，实现项目成本的全员控制，具体的控制体系如下图所示。

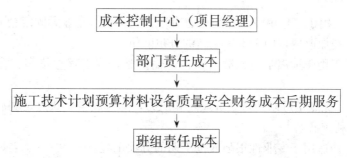

切实增强全员责任成本意识，加强成本管理，是消化市场压价让利因素，实现企业创效创牌的重要手段，是控制消耗、降低成本、提高企业市场竞争力的有效途径。

2. 过程控制

（1）事前计划准备。

1）在项目开工前，项目经理部除应做好前期准备工作外，还必须编制先进可行的可实施的施工方案，最好是编制多个方案进行优化选择。因为施工方案的优化选择是施工企业降低工程成本的主要途径。制定施工方案时以合同工期、计价依据、计价办法、施工图、现场实地情况和各项要求为依据，联系项目的规模、性质、复杂程度、现场等因素综合考虑。可以同时制定几个施工方案，互相比较，从中优选最合理、最经济的一个。同时拟定经济可行的技术组织措施计划，列入施工组织设计之中。为保证技术组织措施计划的落实并取得预期效果，工程技术人员、材料员、现场管理人员应明确分工，形成落实技术组织措施的一条龙服务。在保证施工三大控制要素的前提下越能实现收益的方案就是好的方案。

2）组织签订低价合理的分包合同与材料合同。分包合同及材料合同最好通过公开招标投标的方式，由公司经理组织经营、工程、材料和财务部门有关人员与项目经理一道，同分包商就合同价格和合同条款进行充分协商讨论后，经过双方反复磋商，最后由公司经理签订正式分包合同和材料合同。招标投标工作应本着公平公正的原则进行，招标书要求密封，评标工作由招标领导小组全体成员参加，不能少数人说了算，并且必须有层层审批手续。同时，还应建立分包商和材料商的档案，以选择最合理的分包商与材料商，从而达到控制支出的目的。

3）做好项目成本计划。成本计划是项目实施之前所做的成本管理准备活动，是项目管理系统运行的基础和先决条件。公司应根据施工组织设计和生产要素的配置等情况，按施工进度计划，编制项目月、季成本计划和项目总成本计划，计算出保本点和目标利润，作为控制施工过程生产成本的依据，使项目经理部人员及施工人员无论在工程进行到何进度时，都能事前清楚知道自己的目标成本，以便采取相应手段控制成本。

（2）事中实施控制。

1）人工费的管理与控制。人工费占全部工程费用的比例较大，一般都在 15% 左右。控制人工费时，可以依据企业自身特点和项目的实际情况，实行人工费分包，分包成本本着"量入为出"的原则。具体的人工费分包形式如下。

①清包工。劳务小包。用于总包单位管理工作多，但可选择分包队伍，提高利润和质量。

a. 劳务大包。用于总包单位管理简单、有序，适于总包企业无固定企业人员。

b. 定额人工费加取费，用于素质较高的分包队伍。

总之，清包工用于远离基地、机具设备运输困难，或工程总量多、管理人员好机具设备较少的情况。

②包工包料。优点是可以转移垫资风险和压力，降低成本。缺点是利润大部分流进分包商，总包商获利较低。

③专业分包。适用于专业性很强或抢工期的分项工程。

目前施工单位普遍采用清包工中的劳务小包和劳务大包。劳务小包计价的重点在于确定工种单价，可采取"倒算"的办法来确定分包单价，即分包单价加上项目自身成本费用不能突破内部责任成本预算指标，以保证项目部目标利润的实现。劳务大包，是按平方米造价一次包死的办法，计价的重点在于确定平方米包干价和工作内容。各种人工费分包形式都有其优缺点和使用范围，工程管理人员在实际操作过程中必须根据工程的自身特点来选取不同的分包方式，以达到提高利润、降低成本的目的。例如，商务区人工班组采用劳务小包，会使结算矛盾集中，周转材料浪费很大，造成不必要的损失，合同人工单价范围造成争议；上锦工地采用劳务大包，同样对人工单价范围及变更问题存在争议，两个工地合同外用工数量较多，现场签证用工问题没有从合同上根除。基于以上事实，必须加强劳务分包合同的细化，根除合同争议隐患，加强现场管理，从而减少损失。据此成本控制部应制定以下相关措施下发各项目部。

a. 人工费收方签证流程。

b. 人工费结算流程。

2）材料费的管理与控制。

a. 推行三级收料及限额领料。在工程建设中，材料成本占整个工程成本的比重最大，一般可达70％左右，而且有较大的节约潜力，往往在其他成本出现亏损时，要靠节约材料成本来弥补。因此，材料成本的节约，也是降低工程成本的关键。组成工程成本的材料包括主要材料和辅助材料。主要材料是指构成工程的主要材料，如钢材、木材、水泥等；辅助材料是完成工程所必须的手段材料，如氧、乙炔气、锯、砂轮片等。对施工主要材料实行限额发料，按理论用量加合理损耗的办法与施工作业队结算，节约时给予奖励，严格执行超出时由施工作业队自行承担，从施工作业队结算金额中扣除的规定，这样施工作业队将会更合理的使用材料，减少了浪费损失。

推行限额发料，首先要合理确定应发数量，这种数量的确定可以是以国家或地区定额管理部门测定的数据为准，也可以是施工作业与项目定额员共同测算并经双方确认的数据，即必须要经过双方的确认。其次是要推行三级收料，三级收料是限额发料的一个重要环节，是施工作业队对项目部采购材料的数量给予确认的过程，所谓三级收料，就是首先由材料部门的收料员清点数量，验收登记，记录签字，其次主办施工员清点数量，再由施工作业队清点并确认，当发现数量不足或过剩时，由材料部门解决。应发数量及实发数量确定后，施工作业队施工完毕，对其实际使用数量再次确认后，即可实行奖罚兑现。

通过限额发料、三级收料的办法不仅控制了收发料中的"缺斤短两"的现象，而且使材料得到了更合理有效的利用。

b. 组织材料合理进出场。一个项目往往有上百种材料，所以合理安排材料进出场的时间特别重要。首先应当根据施工进度编制材料计划，并确定好材料的进出场时间。如果进场太早，就会早付款给材料商，增加公司贷款利息，还可能增加二次搬运费，有些易受潮的材料更可能因堆放太久导致不能使用，需重新订货，增加成本；若材料进场太晚，不仅影响进度，还可能造成误期罚款或增加赶工费。其次应把好材料领用关和投料关，降低材料损耗率。由于品种、数量、铺设的位置不同，材料损耗也不一样。为了降低损耗，项目经理应组织工程师和造价工程师，根据现场实际情况与分包商确定一个合理损耗率，由其包干使用，节约双方分成，超额扣工程款，这样让每一个分包商或施工人员在材料用量上都与其经济利益挂钩，降低整个工程的材料成本。

材料成本控制流程图：

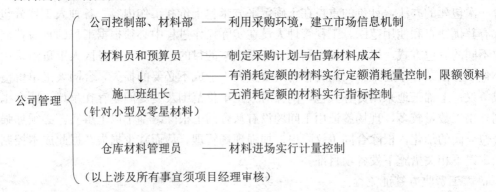

公司管理
- 公司控制部、材料部 —— 利用采购环境，建立市场信息机制
- 材料员和预算员 —— 制定采购计划与估算材料成本
  ↓ —— 有消耗定额的材料实行定额消耗量控制，限额领料
- 施工班组长 —— 无消耗定额的材料实行指标控制
  （针对小型及零星材料）
- 仓库材料管理员 —— 材料进场实行计量控制

（以上涉及所有事宜须项目经理审核）

因此，工地所需钢材、混凝土、水泥、砌块等大宗材料应采用招标办法，优选商家，具体数量由公司成本控制及项目部预算人员双重复核，公司材料部门采购，小型及零星材料由项目部预算人员复核，材料员采购。

3）机械费的管理与控制。机械使用费约占建筑产品成本的5~8%。施工机械备受现场条件、工期、质量、施工方案、工程特征等很多因素的影响，而定额中的机械费是综合考虑的，不随施工条件的变化调整。因此，要对机械性能、配备情况进行综合管理，力求在满足工期、质量、成本的前提下合理配备，提高机械设备的利用率和完好率。

施工设备包括外来和自有设备两种。对自有施工设备：一是派专人进行日常维修和保养，确保设备的完整和良好；二是对操作人员或机械手进行任务定额承包，提高设备利用率。对租用外来设备：一是根据设备租赁市场价格，选择价格合理、成新率高的设备；二是严格签订租赁合同；三是合理确定机械台班预算数量和设备进出场时间。总之，提高机械的使用率，最关键的是调动人的积极性，优化施工组织设计，提高机械设备的周转率，从而降低工程项目成本。

4）间接费的管理与控制。间接费大多属于固定成本，支出不随工程量变化而变化，在保证工程按合同实施的前提下，控制间接费的支出也是工程项目全过程控制的重要内容。一般可采用下列方法控制：保持项目管理机构精干、高效，以控制管理人员数量，降低间接劳务总的工资性支出；合理组织施工设备、人员、物资的进退场，以节约进退场的费用支出；对差旅费、通信费实行包干；尽量减少财务费用支出等。项目部施工管理人员的配置应合理选择劳务班组管理人员，以补充项目部技术力量，从而减少相应管理费用。

5）重视设计变更，合理利用索赔与反索赔。任何工程在实际施工中都会遇到设计变更、工程量增减、合同有差异等问题。这些事情一旦发生，应及时办理签证手续，取得索赔，设计变更将导致工程量的增减和施工工艺的改变，因此要及时对变更内容进行合理估价，办理增减手续，通过工程款结算从甲方得到赔偿。这是项目管理的一项重要工作，关系到项目效益的好坏，同时也是降低成本的一项重要途径。

工程项目成本的全过程控制直接影响到工程的盈利，是一个系统工程，需从多方面进行管控。进行工程项目成本管理，需要强化成本效益观念，使投入和产出相匹配，并使产出在大于投入的前提下实现利润最大化。利润的提高一方面要控制工程成本；另一方面是通过提高项目质量，缩短施工工期等手段提高企业品牌价值，实现企业的可持续发展。

6）加强竣工结算中的精细核算。结算主要分两大方面：一方面是同甲方的结算；另一方面是同工程中发生的外分包单位的结算。同甲方的结算主要体现在变更和签证上，在平时施工中注意工程上发生的一切变更项目，小到一个门口增加一根过梁，大到结构上的变更，项目部都要及时准确得出具体变更及预算，让甲方认可签字，作为结算时的依据。在人工费的结算上，签订合同时要制定水电费用自付的条款，所有外包单位使用工地上的水电、临时设施、机具等费用一并在结算中扣除。

工程结算流程如下：

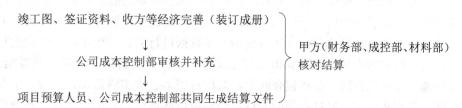

工程结算

竣工图、签证资料、收方等经济完善（装订成册）

↓

公司成本控制部审核并补充

↓

项目预算人员、公司成本控制部共同生成结算文件

甲方（财务部、成控部、材料部）
核对结算

（3）事后分析总结。事后分析是下一个循环周期事前科学预测的开始，是成本控制工作的继续。在坚持每月、每季度综合分析的基础上，采取回头看的方法，及时检查、分析、纠偏，以达到控制成本和提高效益的目标。

五、强化意识，完善机制，保障精细核算全面实施

（1）加强项目部对施工项目成本核算意识及观念的转变，建立和完善项目成本核算的管理体制。建立项目经理责任制和项目成本核算制是实行项目管理的关键，而"两制"建设中，项目成本核算制是基础，如果它未建立起来，项目经理责任制就会留于形式。项目成本核算又是项目成本管理的依据和基础，没有成本核算，其他成本分析考核、成本控制、成本计划等工作就无从谈起。企业经营核算部门作为一个施工成本管理与核算的职能部门，应当充分发挥其应有的职能，挖掘其内在的潜力，调动其工作人员的积极性，使项目管理人员真正认识到施工成本管理在项目施工管理中占据着不可替代的重要地位。在抓进度、质量的同时，还要严抓施工成本核算管理，创造良好的社会、经济效益。对项目的施工成本，管理员进行集中管理和统一调配，成本核算员进行施工项目成本核算时，必须具有独立性。现行的成本核算管理制度下，各项目成本核算员的切身利益依附于项目部，这样成本核算员在行使职能时，得不到充分的发挥，成本管理弱化，工作积极性和能动性受到限制，难以与公司成本核算员进行有效配合工作。因此，改革现行的成本核算员管理体制，由公司对各项目成本核算员实行统一委派，集中管理，不定期轮岗，定期或不定期学习、交流、考核、激励竞争上岗，使工程项目成本核算员的切身利益与工程项目分离，才能建立健康有序的施工成本管理与核算工作网络程序。

（2）加强施工成本核算监督力度，增强成本核算员自身的素质建设和工作责任感。各工程项目经理部人员应自觉认真学习和严格贯彻执行企业制定的施工成本控制与核算管理制度，并保持自律，不利用职权或工作之便干扰成本核算管理工作，使施工成本管理真正

落到实处。成本核算员要对施工生产中发生的与施工成本相关的工程变更项及时收集整理并办理签证手续，定期向公司经营部门上报审核，以便及时准确地控制施工成本并掌握工程施工情况，防止给工程竣工结算带来不必要的损失。公司应制定相应约束机制和激励机制对成本核算员行使职权提供必要的保障。作为职能部门应加强监督力度，培养人员的责任感，充分调动他们的工作能力。同时，要全面提高核算员的技术业务素质，对那些未经过专业学习和培训、未按规定持证上岗、业务不熟悉、核算能力有限、无法保证成本核算质量和工作的人员，要迅速组织培训学习，尽快提高他们的素质。对在业务上敷衍了事、弄虚作假、欺上瞒下、得过且过的人员，要注意提高他们的业务素质和道德素质的水平，提高他们的工作责任感。

（3）抓好成本预测、预控，认真履行经济合同。项目成本的管理，首先必须抓好项目成本的预测预控。工程签约后，公司和项目部同时开展编制施工预算、成本计划，另外编制工程施工任务单和所需机械台班，然后根据上述数据进行对比、校正，再结合现行、当地人工、材料、机械的市场价，测算出工程总实际成本。在项目的各项成本测算出来后，公司与项目部签订承包合同。在承包合同中，对项目成本、成本降低率、质量、工期、安全、文明施工等详实约定。通过合同的签订，确保项目部和公司总部责、权、利分明，双方按合同中的责任，自觉地履行各自的职责，以保证项目施工顺利完成。

（4）选择、使用好的劳务分承包方，激励、用活企业操作层。随着国企内部机制的改革，企业逐步精减队伍，优化结构。为了满足项目的劳动力需求，必须选择一定量的劳务队伍，选用的劳务队伍时要选择一些信誉好的、实力强的队伍进行综合评议，建立相对稳定而又定期考核的动态管理的合格劳务分包方。劳务分包实行招投标制度。公司成立招标领导小组，评委由项目经理、生产、劳资、质安等人员组成，制定招标文件，邀请两家以上的分包方投标，根据投标方的标书、资信等确定中标队伍，劳务分包从招标到签约自始至终要在公平、公开、公正的原则下运行，杜绝暗箱操作。加强劳务资金的集中管理很重要。项目部每月对劳务队伍的当月完成工作量进行核算，汇总后由项目经理进行审核、签字，报公司施工管理部门，施工管理部门根据劳务完成量与项目部报送公司的已完成工作量表进行核对后，报财务部门。财务部门根据劳务分包合同核定拨付劳务费用的额度，报公司经理审批，工程发生变更的劳务增加费，如无经济签证，则公司不予确认。项目部尽量避免分包合同以外的诸如时工、杂工等费用的发生。通过劳务分包的管理运作，逐步将市场机制引入本企业自身队伍操作层的管理中，激活企业操作层的活力。

（5）加强材料管理。加强材料管理是项目成本控制的重要环节。一般工程项目，材料成本占造价的60%左右，控制工程成本、材料成本尤其重要，如果忽视材料管理、项目成本管理就无从谈起，材料管理必须是全方位、全过程管理。首先，工程从中标后，公司和项目部组织施工技术人员编制施工预算，经过审批后的施工预算作为项目部编制材料需求量计划的依据，同时也是项目部对操作层限额领料的依据。施工预算报材料部门，由材料部门根据项目部编制的采购计划和企业的资金情况采购材料，如施工过程中发现超额用料，材料管理人员必须立即查核原因，如属于工程变更造成，则必须有工程变更证明材料方可领用，强化材料计划的严格性。公司材料采购实施招投标，各项目部施工预算中的主要材料由公司材料采购部门采购，其他材料由项目部自行采购，采购时采用"总量订货，分批采购"，避免积压和浪费。材料的采购量和单价要有专门机构监控。项目部委托书中对所委托采购材料的质量、价格、服务、验收办法、交货时间均应予以约定。

在材料控制方面，从扭转和克服粗放式管理为出发点，推行"四无"管理：①无据不收；②无点不卸，减少二次搬运；③无监不供，材料人员不仅管发料，而且要清楚材料用在何处，无论是定点卸料还是料场发料，必须有施工人员在场监督；④无单不发，必须遵守工地材料发放的领料单制度，不签写收料单不发放材料。

（6）要注意提高项目承包班子的整体素质。项目经理是企业法人在项目上的个权委托人。以项目经理为代表的项目管理班子的素质很重要，如果这层人素质低下，将直接反映出整个项目的管理水平低下，因此，要想方设计法提高项目承包班子人员的素质，特别是项目经理的整体素质。要组织进行内部交流学习，向同行吸取先进经验，不断提高项目经理的管理水平。

参 考 文 献

[1] 中国建设工程造价管理协会. 建设项目全过程造价咨询规程（2017）[S]. 北京：中国计划出版社，2017.

[2] 中国建设工程造价管理协会. 建设工程造价管理理论与实务（四）[M]. 中国计划出版社，2017.

[3] 中国建设工程造价管理协会. 建设工程造价管理相关文件汇编 [M]. 北京：中国计划出版社，2016.

[4] 中华人民共和国国家标准. 建设工程工程量清单计价规范. GB 50500—2013. 北京：中国计划出版社，2013.

[5] 中华人民共和国国家标准. 工程造价术语标准. GB/T 50875—2013. 北京：中国计划出版社，2013.

[6] 刘振亚. 企业资产全寿命周期管理 [M]. 北京：中国电力出版社，2015.

[7] 左进，韩洪云. 中国建筑业全生命周期价值链的应用研究 [J]. 价值工程，2004（6）.

[8] R Haas，W. R Hudson，J. P. Zaniewski. Modern Pavement Mangement Systems，Krieger Publishing Company，Malabar，Fla.，1994.

[9] 宋体民. 全生命周期工程造价管理研究 [J]. 科技资讯，2005（25）.

[10] Benjamin S Blanchard. life cycle costing—A Review Teroteehnica [J]. 1979（1）. 9-15.

[11] 廖祖仁，傅崇伦. 产品寿命周期费用评价法 [M]. 北京：国防工业出版社，1993.

[12] 孟宪海. 全寿命周期成本管理与价值管理 [J]. 国际经济合作，2007（5）.

[13] 徐扬光. 设备综合工程学概论 [M]. 北京：国防工业出版社，1988.

[14] 付晓灵. 谈工程项目管理中的绿色工程 [J]. 工程建设与设计，2003（1）：34-35.

[15] 柯洪. 建立并完善政府投资基本建设项目绩效评价指标体系——服务财政预算管理 [D]. 天津：天津理工大学.

[16] 郭岩巍. 基于价值视角的设施管理研究 [D]. 天津：天津理工大学，2008.

[17] 周伟强. 传统文化的领悟在本土建筑设计中的重要性 [J]. 山西建筑，2009，35（12）：33-34.

[18] 董江艳. 水利施工工程的资料整理 [J]. 北京农业，2012（18）：194.

[19] 宋秋霞，陈友富，阳大兵. 提高工程结算审核质量的探讨 [J]. 水利与建筑工程学报，2012，10（4）：136-138.

[20] 叶波，徐超明. 论竣工决算的重要性及其编制方法 [J]. 煤矿设计，1999（12）：44-45.

[21] 李强. 论工程建设造价分析和竣工决算的编制方法 [J]. 山西建筑，2007（29）：258-259.

[22] 胡冰洋. 浅析工程建设项目的竣工决算编制方法 [J]. 现代经济信息，2009（13）：106.

[23] 陈锋. 基于BIM技术的项目协同管理平台的实践 [J]. 中国住宅设施，2017（2）：62-64.

[24] 上海市城乡建设和管理委员会. 上海市建筑信息模型技术应用指南（2015版）[J]. 上海建材，2015（4）：5-12.

[25] 操双春. 基于BIM技术的工程造价管理研究 [J]. 中国工程咨询，2016，26（3）：46-47.

[26] 王健. 基于BIM云平台在建筑节能全生命周期的应用研究 [D]. 合肥：安徽建筑大学，2016.

[27] 邓晓梅，黄晞烨，崔晶晶. 论工程项目廉洁管理标准体系的构建 [J]. 河南社会科学，2014，22（3）：5-10.

[28] 黄晞烨. 工程项目廉洁管理标准体系研究 [D]. 北京：清华大学，2008.

[29] 何林倩，徐保根. 工程建设项目之廉洁管理探析 [J]. 项目管理技术，2010，8（8）：55—58.

[30] 崔晶晶. 工程项目腐败致因模型与廉洁管理体系的开发应用 [D]. 北京：清华大学，2013.

[31] 任远. 代建制"防腐败"[J]. 中国投资，2009（8）：98-99.

[32] 赵彬，曾思颖. 基于 BIM 的设施管理信息需求与应用框架研究 [J]. 项目管理技术，2017，15（3）. 78-83.

[33] 杜维栋. 基于挣值法的工程项目成本控制研究 [D]. 秦皇岛：燕山大学，2011.

[34] 王德栓. 挣值管理在工程项目管理中的应用研究 [D]. 天津：河北工业大学，2006.

[35] 王俊博. 基于挣价法的房地产项目施工阶段成本进度控制研究 [D]. 北京：北京工业大学，2013.

[36] 李龙. 浅析工程量清单模式下的工程结算编制过程 [J]. 现代营销（学苑版），2013（5）：194-195.

[37] 揭贤径. 风电建设项目全过程造价管理研究 [D]. 大连：大连海事大学，2013.

[38] 陈红. 建设工程竣工结算审核分析 [J]. 建筑技术开发，2016，43（1）：106-107.

[39] 尹贻林，孙昌增. 工程量清单计价模式下竣工结算审核的有关问题分析 [J]. 哈尔滨商业大学学报（社会科学版），2010（1）：53-57.

[40] 周元明. 工程量清单计价模式下工程结算阶段造价管理 [J]. 科技资讯，2011（26）：162.

[41] 叶涛，黄小勤. 浅谈公路工程竣工决算 [J]. 技术与市场，2012，19（7）：234.

[42] 孟春霞. 浅谈基本建设项目竣工图的编制工作 [J]. 兰台世界，2011（S1）：116.

[43] 董跃中. 工程施工和竣工结算阶段的工程造价控制 [J]. 价值工程，2010，29（33）：36.

[44] 卢燕娴. 浅谈项目竣工图的编制工作 [J]. 广东科技，2012，21（9）：219-220，223.

[45] 规范编制组. 2013 建设工程计价计量规范辅导 [M]. 北京：中国计划出版社，2013.

[46] 阎俊爱，张素姣. 建筑工程概预算 [M]. 北京：化学工业出版社，2014.

[47] 朱溢镕，阎俊爱，韩红霞. 建筑工程计量与计价 [M]. 北京：化学工业出版社，2016.

[48] 方春艳. 工程结算与决算 [M]. 北京：中国电力出版社，2016.

[49] 苗曙光. 建筑工程竣工结算编制与筹划指南 [M]. 北京：中国电力出版社，2006.

[50] 许斌成. 建筑工程工程量清单计价全程解析：从招标投标到竣工结算 [M]. 长沙：湖南大学出版社，2009.

[51] 孔燕平. 市政道路竣工结算方法研究 [J]. 城市建设理论研究（电子版），2011（21）.

[52] 黄麒. 关于铁路工程验工计价的思考 [J]. 低碳世界，2016（11）：198-199.

[53] 陈汪全. 工程项目全过程造价确定与控制方法研究 [D]. 天津：南开大学，2005.

[54] 胡团结. 工程项目竣工结算审计的研究与探讨 [D]. 上海：同济大学，2007.

[55] 卢丽群. 工程竣工结算的一般程序及方法 [J]. 城市建设理论研究（电子版），2012（15）.

[56] 张健. 浅谈市政工程结算的审核 [J]. 城市建设理论研究（电子版），2016（4）.

[57] 徐元华. 浅谈造价工程师对工程进度款的控制工作 [J]. 城市建设理论研究（电子版），2013（23）.

[58] 吉锋. 浅析建设工程竣工结算管理的重点 [J]. 山西建筑，2018（3）：233-234.

[59] 黄宾彬，杨毅. 浅谈公路工程计量支付原则和方法 [J]. 山西建筑，2009（14）：214-215.

[60] 张鼎祖，谢志明，喻采平，等. 工程项目审计学 [M]. 北京：人民交通出版社，2013.

[61] 赵庆华. 工程审计 [M]. 2 版. 南京：东南大学出版社，2015.